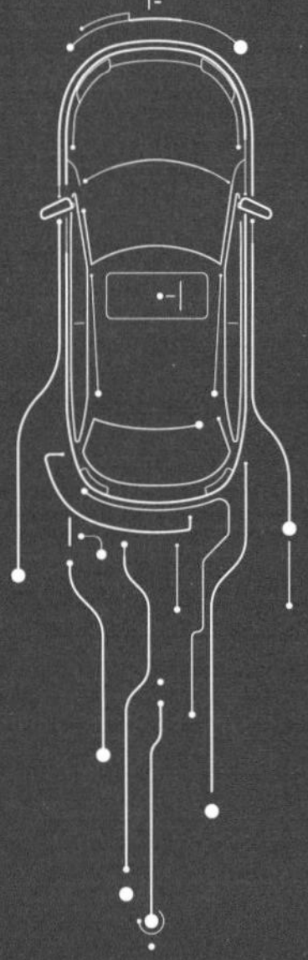

新能源与智能汽车技术丛书

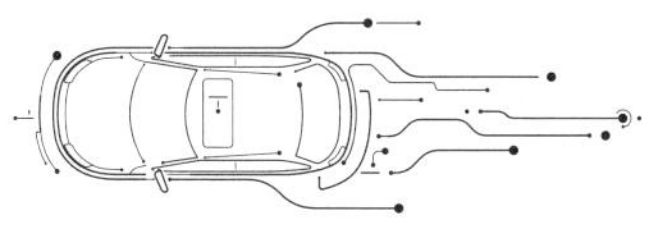

SLAM Navigation and Positioning Technology of Autonomous Vehicles

无人驾驶汽车SLAM导航定位技术

时培成　编著

化学工业出版社
·北京·

内 容 简 介

随着人工智能的兴起，基于各种深度学习的图像处理方法被应用到无人驾驶汽车SLAM（同步定位与地图构建）导航定位中，极大推动了无人驾驶汽车的进步与发展。本书主要介绍SLAM相关数学知识及核心算法在无人驾驶汽车导航定位中的应用，其中，既包括数学理论基础，如仿射变换、SVD分解，又包括SLAM的经典算法实现，如因子图优化、卡尔曼滤波等。本书从学术界及工业界的角度，全面展示了SLAM经典算法，如基于视觉的经典SLAM算法——ORB-SLAM2，以及基于激光雷达的经典SLAM算法——LOAM。本书还指出了多传感器、深度学习等关键技术在无人驾驶汽车SLAM导航定位中的应用，以及当前需要攻克的重点、难点。

本书可作为高等院校汽车工程、自动控制等专业高年级本科生、研究生的参考教材，同时也可供相关领域的技术人员参考。

图书在版编目（CIP）数据

无人驾驶汽车SLAM导航定位技术/时培成编著．—北京：化学工业出版社，2024.2

（新能源与智能汽车技术丛书）

ISBN 978-7-122-44564-3

Ⅰ.①无… Ⅱ.①时… Ⅲ.①无人驾驶-汽车-导航系统②无人驾驶-汽车-定位系统 Ⅳ.①U469.79

中国国家版本馆CIP数据核字（2023）第237300号

责任编辑：张海丽　　文字编辑：郑云海

责任校对：宋　玮　　装帧设计：王晓宇

出版发行：化学工业出版社（北京市东城区青年湖南街13号　邮政编码100011）

印　　装：大厂聚鑫印刷有限责任公司

787mm×1092mm　1/16　印张15　彩插2　字数348千字　2024年2月北京第1版第1次印刷

购书咨询：010-64518888　　售后服务：010-64518899

网　　址：http://www.cip.com.cn

凡购买本书，如有缺损质量问题，本社销售中心负责调换。

定　　价：118.00元

前言

同步定位与地图构建（Simultaneous Localization and Mapping，SLAM）是一项引人瞩目的技术，它在机器人学、计算机视觉和人工智能领域发挥着重要作用。SLAM 的目标是通过机器人或者其他载体携带的传感器来感知环境，并实时定位自身和构建地图，使机器人能够在未知环境中进行导航和执行任务。

SLAM 的概念最早在 20 世纪 80 年代提出，当时的研究者们意识到在没有先验地图的情况下，机器人需要能够通过传感器数据来同时实现定位和建图。然而，由于当时计算能力和传感器技术的限制，SLAM 的研究进展相对缓慢。随着计算能力和传感器技术的进步，SLAM 逐渐成为机器人领域的重要研究方向。

目前，随着研究的深入，SLAM 算法在工业界得到了广泛的应用，为自主导航、智能车辆、增强现实和无人机等应用领域提供了可行性方案。在众多的应用场景中，SLAM 系统通过结合传感器数据（如摄像头、激光雷达和惯性测量单元）和数据处理算法，能够实时地估计机器人在三维空间中的位置和姿态，并将这些信息用于构建地图。虽然 SLAM 在各领域有着惊艳的表现，但对于初学者来说，学习难度较大。

为了带领读者更快地了解并走进 SLAM 的科研大门，本书以 SLAM 的传感器种类为切入点，分别展示了以相机为核心的视觉 SLAM 算法和以激光雷达为核心的激光 SLAM 算法。当然，这些算法需要一些数学基础，为此本书在第 2 章阐述了 SLAM 的核心数学计算方法与实例，以帮助读者更快地了解算法的本质。

在抛开一系列繁杂的计算后，我们首先需要知道的是 SLAM 的核心是处理感知和运动不确定性。因为在未知环境中，机器人必须通过传感器获取信息，并使用算法对这些信息进行处理和融合，以准确地估计自身的位置和地图。同时，机器人在移动过程中还必须处理传感器噪声、数据关联问题以及动态环境的变化等复杂情况。总体而言，SLAM 技术可以划分为前端和后端两个主要部分：前端负责感知数据的处理和特征提取，用于构建地图和进行自身定位；后端则负责通过优化算法将前端提取的信息进行整合和优化，以提高定位和地图的准确性。

另外，近年来，深度学习技术在 SLAM 领域取得了显著的进展，这也是本书包含的重要内容。因为深度学习在特征提取、数据关联和姿态估计等方面展现出了强大的能力，通过将深度神经网络与传统 SLAM 方法相结合，可以实现更准确和鲁棒的定位和地图重建。在这一交叉领域中，还有许多未知的区域等待着读者进行探索。因此，本书着重带领大家了解和掌握最经典的 SLAM 算法，并在此基础上引入了部分基于深度学习的算法，为大家打开 SLAM 新技术的大门。

本书由时培成撰写，参与资料收集、整理的有张程辉、江彤、毛飞、李屹、张建国、张庆、杨礼、董心龙、许柳柳等研究生。

这里要特别感谢梁涛年、周定华、海滨、王文冲等高级工程师，他们为本书的编写提供了宝贵的意见和建议。此外，还要感谢汪步云、陈孟元、张荣芸教授，他们为本书提供了相关数据和统计信息。

编著者

2023 年 8 月

目录

第1章

SLAM基础知识

1.1 引言

机器人技术的广泛应用，同时也催生了一系列与之相关的研究。SLAM 技术就是其中之一。自 SLAM 出现以来，它已被广泛地应用于机器人技术领域。移动机器人领域热门词汇见图 1-1。SLAM 技术能够让机器人在未知环境中实现自主导航，同时也可以应用于许多领域，如自动驾驶、虚拟现实、工业自动化等。而为了更好地理解和应用 SLAM 技术，本书将从 SLAM 技术概述基础、SLAM 数学基础、基于视觉 SLAM 算法、基于 CAM＋IMU 视觉惯性里程计算法、基于激光 SLAM、基于 Lidar＋IMU 激光惯性里程计算法以及基于多传感器融合的 SLAM 算法展开。本书的主要目的是为读者提供一个系统、全面的 SLAM 技术知识体系，同时让读者能够快速理解并掌握 SLAM 技术。

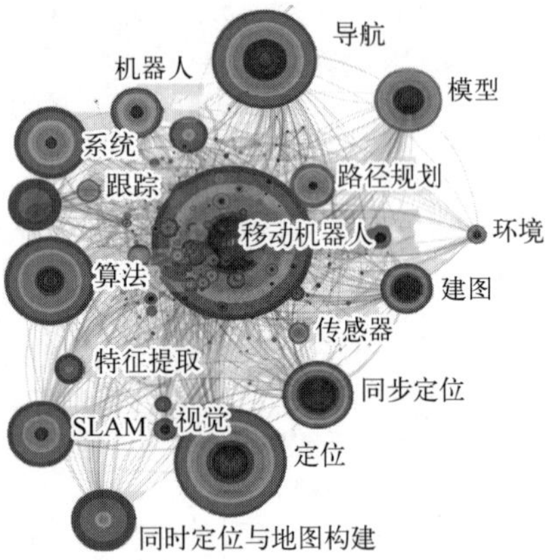

图 1-1　移动机器人领域的热门词汇

1.1.1 什么是 SLAM？

SLAM 是 Simultaneous Localization and Mapping 的缩写，中文译作“同步定位与地图构建”。它是指搭载特定传感器的主体，在没有环境先验信息的情况下，于运动过程中建立环境的模型，同时估计自己的运动。SLAM 问题最早在机器人领域提出：机器人在未知环境中从一个未知位置开始移动，在运动过程中通过重复观测到的环境特征定位自身位置和姿态，再根据自身位置构建周围环境的增量式地图，从而达到同时定位和地图构建的目的。通俗来讲，SLAM 回答两个问题：我在哪儿，我周围是什么。就如同人到了一个陌生环境中一样，SLAM 试图要解决的就是恢复出观察者自身和周围环境的相对空间关系，“我在哪儿”对应的就是定位问题，而“我周围是什么”对应的就是建图问题，即给出周围环境的一个描述。回答了这两个问题，其实就完成了对自身和周边环境的空间认知。有了这个基础，就可以进行路径规划去到要去的目的地，在此过程中还需要及时检测躲避遇到的障碍物，保证运行安全。例如，扫地机器人就是一个很典型的 SLAM 问题。所谓完全的地图（A Consistent Map）是指不受障碍行进到房间可进入的每个角落。

SLAM 通过构建外部地图了解世界，通过跟踪内部参数了解自身。“定位”和“建图”，可以看成感知的“内外兼修”，一方面要明白自身的状态（即位置），另一方面也要了解外在环境（即地图）。

1.1.2 SLAM 的发展历史

如图 1-2 所示，SLAM 的发展可以追溯到 20 世纪 80 年代，当时主要是应用于机器人领域的定位与导航问题。SLAM 问题最早被提出是在 1986 年 IEEE Robotics and Automation Conference（ICRA）会议上，当时概率方法逐渐开始应用于机器人技术以及人工智能等领域，于是研究者们希望运用估计理论去解决定位与地图创建问题。会议上，Raja Chaatila、Oliver Faugers 和 Randal Smith 等人一致性地为地图创建方法提出了很多建设性意见。通过这次会议，也确立了一致的、概率的地图构建方式在今后机器人技术研究中的重要地位。1995 年，在国际机器人研究座谈会上（ISSR’95），Durrant-Whyte 等人一篇移动机器人的综述文章中，首次使用了术语“SLAM”。随着计算机硬件和传感器技术的不断发展，SLAM 技术得以不断完善和拓展，目前已经成为机器人、自动驾驶和增强现实等领域的核心技术之一。

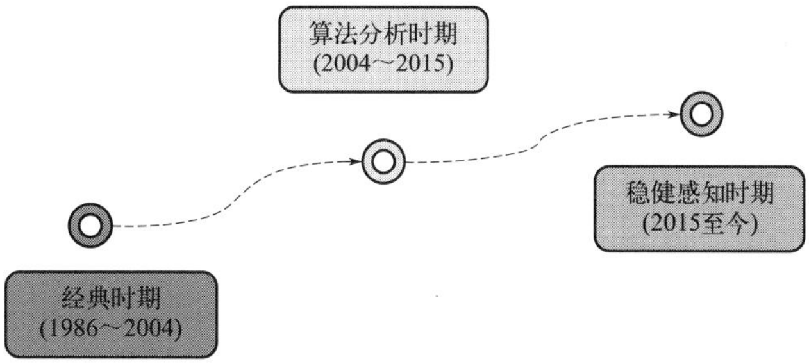

图 1-2　SLAM 发展时代概览

Durrant-Whyte 和 Bailey 在两次调查中，对 SLAM 问题的前 20 年的研究进行了全面的历史回顾。调查内容中包含我们所说的经典时代，其引入了 SLAM 的主要概率公式，包括基于扩展卡尔曼滤波器、Rao-Blackwellized 粒子滤波器和最大似然估计的方法；此外，它还描述了与提高效率和稳定的数据关联相关的基本挑战。

随后的时期是我们所说的算法分析时期（2004～2015 年），并由 Dissanayake 等人在算法分析期对 SLAM 的基本特性进行了研究，包括可观察性、收敛性和一致性。在这一时期，有人开发了主要的开源 SLAM 库。

自 2015 年起，正式进入 SLAM 的第三个时期，即稳健感知时期，其特点为：

① 稳健性能：SLAM 系统在广泛的环境中以长时间的低故障率运行；该系

统包括故障安全机制，并具有自调整能力，因为它可以使系统选择参数适应场景。

② 高级的理解：SLAM 系统超越了基本的几何结构重建，从而获得了对环境的高级理解（如高级的几何结构、语义、物理、启示）。

③ 资源意识：SLAM 系统根据可用的感知和计算资源量身定制，并提供根据可用资源来调整计算负荷的方法。

④ 任务驱动的感知：SLAM 系统能够选择相关的感知信息，过滤掉不相关的传感器数据，以支持机器人必须执行的任务。

SLAM 技术发展主要里程碑见图 1-3。

经典时期

- 1986年，J.C.Smith和R.Simmons提出了第一个基于激光传感器的SLAM算法。
- 1995年，D.Fox等人提出了EKF-SLAM(Extended Kalman Filter SLAM)算法，将扩展卡尔曼滤波(EKF)应用于SLAM问题中，并在移动机器人领域取得了重要进展。
- 2000年，S.Thrun等人提出了一种基于粒子滤波的SLAM算法(Particle Filter SLAM)，该算法通过使用一组粒子来表示机器人的位置和地图，从而避免了对机器人状态分布的过度假设。
- 2003年，D.Scaramuzza等人提出了一种基于视觉传感器的SLAM算法(Visual SLAM)，该算法使用相机获取环境信息，并通过计算特征点的运动轨迹来估计机器人的位置和地图。

算法分析时期

- 2005年，J.Civera等人提出了一种基于惯性测量单元和激光传感器的SLAM算法(Inertial-aided Laser SLAM)，该算法利用惯性测量单元和激光传感器的优势，同时避免了它们各自的缺点。
- 2007年，M.Montemerlo等人提出了一种基于图优化的SLAM算法(GraphSLAM)，该算法将机器人的运动和环境特征表示为图结构，并通过最小化误差函数来实现联合优化。
- 2013年，D.Fourie等人提出了一种基于RGB-D传感器的SLAM算法(RGB-D SLAM)，该算法通过结合RGB和深度图像来实现机器人的定位和地图构建。

稳健感知时期

- Lego-LOAM是TiXiao Shan发表在IROS2018的文章，其是以LOAM为框架衍生出的新算法，主要在于两点提升：轻量级和地面优化。
- 2019年，V.Usenko等人提出了一种基于深度神经网络的SLAM算法(DeepTIO)，该算法通过将视觉和惯性传感器的数据输入到一个深度神经网络中，实现了高精度的位置估计和地图构建。
- S-LOAM宾夕法尼亚大学GRASP实验室于2020年发表在RAL上的文章，旨在解决在森林环境中的SLAM问题。
- M-LOAM是香港科技大学RAM实验室在2021年发表在IEEE Transactions on Robotics的文章，旨在通过结合多个激光雷达的输入，来提升机器人的感知范围。

图 1-3　SLAM 技术发展的主要里程碑

1.1.3　应用和挑战

SLAM 通常应用于导航机器人、自动驾驶汽车、无人机、VR/AR 等设备中，用于绘制周围环境，并计算出地图内的自我运动。

（1）自主导航

SLAM 可以辅助机器人执行路径规划、自主探索、导航等任务。国内的科沃斯、塔米以及最新面世的岚豹扫地机器人都可以通过 SLAM 算法结合激光雷达或者摄像头的方法，让扫地机器人高效绘制室内地图，智能分析和规划扫地环境，从而步入了智能导航的阵列。扫地机器人见图 1-4。

（2）无人驾驶

SLAM 可以快速构建局部 3D 地图，并与地理信息系统（GIS）、视觉对象识别技术相结合，可以辅助无人机识别路障并自动避障规划路径。曾经刷爆美国朋友圈的 Hover Camera 无人机，就应用了 SLAM 技术。SLAM 技术可以为

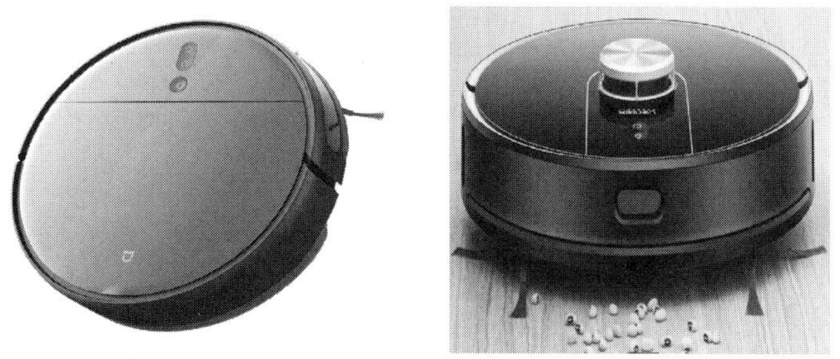

图 1-4　扫地机器人

无人驾驶车辆提供实时的位置估计和场景地图构建，从而实现自主导航和避障。通过 SLAM 技术，无人驾驶车辆可以在未知道路和复杂环境中实现自主驾驶，从而提高行驶的安全性和效率。无人驾驶、无人机见图 1-5。

图 1-5　无人驾驶、无人机

（3）增强现实

SLAM 技术能够构建视觉效果更为真实的地图，从而针对当前视角渲染虚拟物体的叠加效果，使之更真实。SLAM 技术可以为增强现实等虚拟交互系统提供空间定位和姿态估计，从而实现虚拟对象与现实场景的精确对齐。通过 SLAM 技术，用户可以在现实场景中实现更加自然的虚拟交互和游戏体验。VR/AR 代表性产品，如微软 Hololens、谷歌 ProjectTango 以及 MagicLeap，都应用了 SLAM 作为视觉增强手段，如图 1-6 所示。

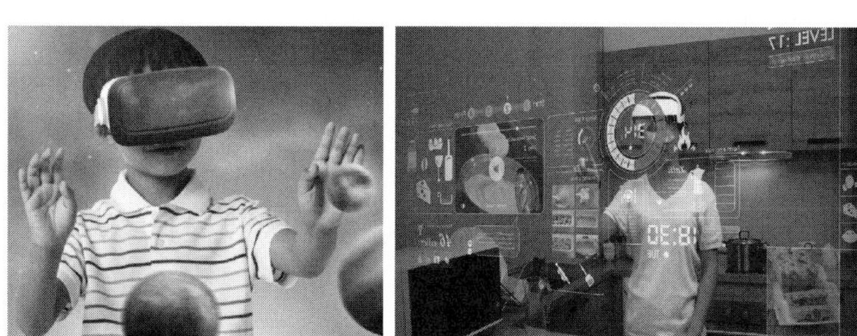

图 1-6　VR/AR 增强技术

（4）三维建模

SLAM 技术在三维建模方面的应用通常称为视觉 SLAM 或 RGB-D SLAM，其中 RGB 指红绿蓝三种颜色，D 指深度。这种技术使用 RGB 相机和深度传感器（如 Microsoft Kinect 或 Intel RealSense）来创建三维环境地图（图 1-7），同时定位机器人或车辆自身的位置。

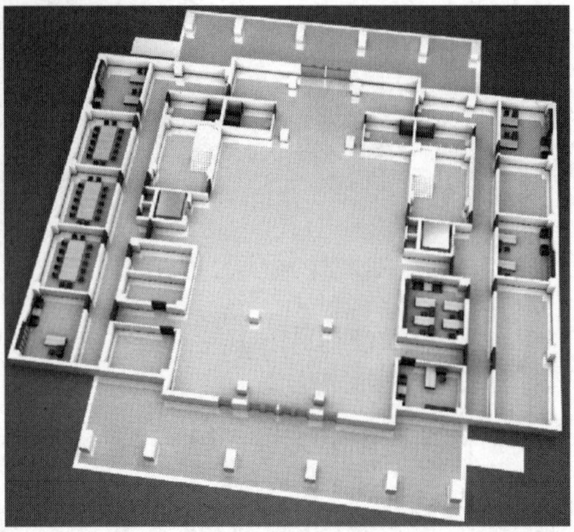

图 1-7　三维地图模型

SLAM 技术可以为三维建模和虚拟现实等领域提供实时的场景地图构建和位置估计，从而实现高精度的三维重建和虚拟现实体验。通过 SLAM 技术，可以将实际场景和虚拟场景进行精确对齐，从而提供更加自然和逼真的虚拟现实体验。比较有前景的就是三维的机器视觉，如普林斯顿大学的肖剑雄教授结合 SLAM 和 Deep Learning 做了一些三维物体的分类和识别，实现了一个对场景深度理解的机器人感知引擎。

1.2　应用于 SLAM 的视觉传感器

在本书中，激光雷达和各种相机通常被归类为视觉传感器。这是因为它们能够捕获和接收光信号，并将其转换成数字信息以供计算机处理。虽然激光雷达使用的是激光光束而不是可见光谱，但它仍然属于视觉传感器的范畴。目前 SLAM 常用的视觉传感器主要分为激光雷达和相机两大类，激光雷达（Lidar）提供三维的点云数据，相机（Camera）提供具有丰富细节的像素数据，这两类传感器互相配合，可以更好地提高 SLAM 的工作精度。在具体的 SLAM 算法中，又会根据传感器的不同，将 SLAM 技术划分为视觉 SLAM 和激光 SLAM 两类。

1.2.1　激光雷达

激光雷达是目前研究和使用最多的 SLAM 传感器，它们提供了机器人本体与周围环境障碍物的距离信息。常见的激光雷达厂家有 Sick、倍加福、镭神等。激光雷达能以很高的精度测出机器人周围障碍点的角度和距离，从而很方便地实现 SLAM、避障等功能。

激光雷达分为单线程和多线程两类。其中，单线程激光雷达智能实时导航，但其缺乏高度信息，无法成像，如图 1-8 所示。

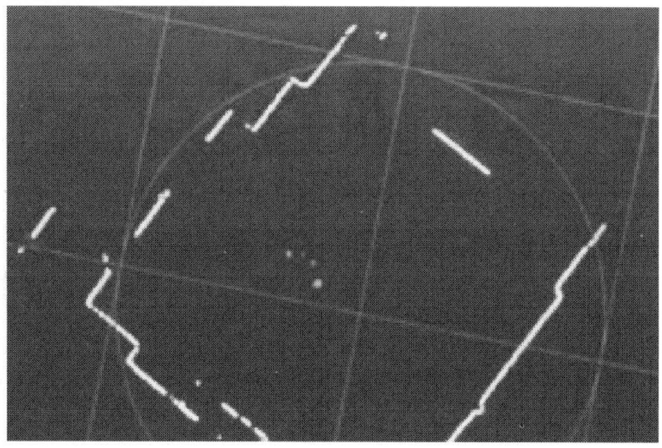

图 1-8 激光雷达二维成像

多线程激光雷达可以三维动态实时成像，并且还能还原物体形状大小，即还原空间的三维信息，所以自动驾驶都用多线程激光雷达，见图 1-9。

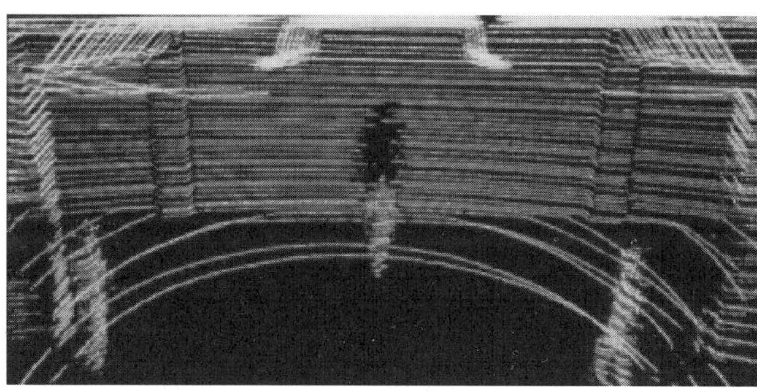

图 1-9 多线程激光雷达成像

使用激光雷达建图，多数使用滤波器方法，如卡尔曼滤波器与粒子滤波器。激光雷达的技术特点：

① 精度很高，比较稳定。

② 速度快，计算量也不大，容易做成实时 SLAM。

③ 理论研究成熟。激光雷达用于 SLAM 的技术方案（EKF-SLAM）因为研究较早，现在已经非常成熟。当然，人们对 EKF-SLAM 的缺点也有较清楚的认识，如不易表示回环、线性化误差严重、必须维护路标点的协方差矩阵等。

④ 价格高。激光雷达的价格相对摄像头偏高，一般一千多元起，贵的有上万元。

⑤ 体积大。相对于摄像头，激光雷达的体积大不少。

激光 SLAM 与视觉 SLAM 对比见表 1-1。

表 1-1　激光 SLAM 和视觉 SLAM 的对比

优/劣势	激光 SLAM	视觉 SLAM
优势	可靠性高，技术成熟	结构简单、安装的方式多元化
	建图直观、精度高、不存在累计误差	无传感器探测距离限制、成本低
	地图可用于路径规划	可提取语义信息
劣势	受激光雷达探测范围限制	环境光影响大，暗处(无纹理区域)无法工作
	安装有结构要求	运算负荷大，构建的地图本身难以直接用于路径规划与导航
	地图缺乏语义信息	传感器动态性还需提高，地图构建时会存在累计误差

1.2.2　相机

视觉 SLAM 是最近几年 SLAM 研究热点之一，像特斯拉的新能源汽车就采用了 4 个摄像头，前后左右各一个。随着 CPU、GPU 处理速度的增长、NPU 的广泛应用，许多以前被认为无法实时化的视觉算法，得以在 10Hz 以上的速度运行。

视觉传感器主要分为：单目、双目、RGB-D 三类。此外，还有鱼眼、全景等特殊相机，由于其在研究和产品中都属于少数，故在此不做介绍。就实现的难度而言，依次排序为：单目视觉难度最大，其次是双目视觉，最后是 RGB-D。由 ASUS Xtion Pro 相机捕获的图像和深度的不确定性结果如图 1-10 所示。

(a) RGB(彩色图像)　(b) Depth(深度图像)　(c) Uncertainty(深度图像的不确定性)

图 1-10　由 ASUS Xtion Pro 相机捕获的图像和深度的不确定性结果

(1) 单目相机

只使用一个摄像头实现 SLAM 的做法称为单目 SLAM（Monocular SLAM），见图 1-11。这种方式结构简单、成本低，所以单目 SLAM 非常受研究者关注。你肯定见过单目相机的数据：照片。是的，作为一张照片，它有什么特点呢？

照片，本质上是拍照时的场景（Scene），在相机的成像平面上留下的一个投影。它以二维的形式反映了三维的世界。显然，这个过程丢掉了场景的一个维度，也就是所谓的深度（或距离）。在单目相机中，我们无法通过单个图片来

图 1-11　单目相机

计算场景中物体离我们的距离（远近）——之后我们会看到，这个距离将是SLAM 中非常关键的信息。人类见过大量的图像，形成了一种天生的直觉，即对大部分场景都有一个直观的距离感（空间感），它帮助我们判断图像中物体的远近关系。例如，我们能够辨认出图像中的物体，并且知道它们大致的大小；比如近处的物体会挡住远处的物体，而太阳、月亮等天体一般在很远的地方；再如物体受光照后会留下影子。这些信息可以都帮助我们判断物体的远近，但也存在一些情况，使这个距离感失效，这时我们无法判断物体的远近以及它们的真实大小。换言之，在单张图像里，你无法确定一个物体的真实大小。它可能是一个很大但很远的物体，也可能是一个很近但很小的物体。由于近大远小的原因，它们可能在图像中变成同样大小的样子。这种方式的优势是传感器特别简单、成本特别低，所以单目 SLAM 非常受研究者关注。但单目有个最大的问题，就是无法确切得到深度信息。

单目相机有以下一些主要特点：

① 单目 SLAM 只能估计一个相对深度，由于绝对深度未知，单目 SLAM 没法得到机器人运动轨迹以及地图的真实大小。直观地说，如果把轨迹和房间同时放大 2 倍，单目看到的像是一样的。

② 单目相机必须通过运动才能获取深度。它无法仅根据一张图像获得图像中物体离自己的相对距离。为了估计这个相对深度，单目 SLAM 要靠运动中的三角测量，来求解相机运动并估计像素的空间位置。也就是说，它的轨迹和地图，只有在相机运动之后才能收敛，如果相机不进行运动，就无法得知像素的位置。

③ 相机必须进行旋转和平移。相机运动还不能是纯粹的旋转，这就给单目 SLAM 的应用带来了一些麻烦，好在日常使用 SLAM 时，相机都会发生旋转和平移。

由于单目相机只是三维空间的二维投影，所以，如果需要恢复三维结构，必须移动相机的视角。在单目 SLAM 中，也是同样的原理。我们必须移动相机之后，才能估计 SLAM 运动（Motion），同时估计场景中物体的远近和大小，不妨称之为结构（Structure）。那么，怎么估计这些运动和结构呢？从生活经验中我们知道，如果相机往右移动，那么图像里的东西就会往左边移动——这就给我们推测运动提供了信息。另一方面，我们还知道近处的物体移动快，远处的物体则运动缓慢。于是，当相机移动时，这些物体在图像上的运动，形成了视差。通过视差，我们就能定量地判断哪些物体远，哪些物体近。然而，即使我们知道了物体远近，它们仍然只是一个相对的值。就像我们在看电影时，虽然能够知道电影场景中哪些物体比另一些大，但我们无法确定电影里那些物体的“真实尺度”：那些大楼是真实的高楼大厦，还是放在桌上的模型？而摧毁大厦的是真实怪兽，还是穿着特定服装的演员？直观地说，如果把相机的运动和场景大小同时放大 2 倍，单目所看到的像是一样的。同样的，把这个大小乘以任意倍数，我们都将看到一样的景象。这说明了单目 SLAM 估计的轨迹和地图将与真实的轨迹、地图相差一个因子，也就是所谓的尺度（Scale）。由于单目 SLAM 无法仅凭图像确定这个真实尺度，所以又称其有尺度不确定性。平移之后才能计算深度，以及无法确定真实尺度，这两件事情给单目 SLAM 的应用造成了很大的麻烦。它们的本质原因是通过单张图像无法确定深度。为了得到这个深度，双目和深度相机应运而生。

(2) 双目相机

双目相机（Stereo）和深度相机的目的在于，通过某种手段测量物体离我们的距离，克服单目相机无法知道距离的缺点。如果知道了距离，场景的三维结构就可以通过单个图像恢复出来，也就消除了尺度不确定性。尽管都是测量距离，但双目相机与深度相机测量深度的原理是不一样的。双目相机由两个单目相机组成（图 1-12），但这两个相机之间的距离［称为基线（Baseline）］是已知的。我们通过这个基线来估计每个像素的空间位置——这和人眼非常相似。人类可以通过左右眼图像的差异判断物体的远近，在计算机上也是同样的道理。如果对双目相机进行拓展，也可以搭建多目相机，不过本质上并没有什么不同。

图 1-12　双目相机

计算机上的双目相机需要大量的计算才能（不太可靠地）估计每一个像素点的深度，相比于人类真是非常笨拙。双目相机测量到的深度范围与基线相关。基线距离越大，能够测量到的就越远，所以无人车上搭载的双目通常会是个很大的家伙。双目相机的距离估计是比较左右眼的图像获得的，并不依赖其他传感设备，所以它既可以应用在室内，亦可应用于室外。双目或多目相机的缺点是配置与标定均较为复杂，其深度量程和精度受双目的基线与分辨率限制，而且视差的计算非常消耗计算资源，需要使用 GPU 和 FPGA 设备加速后，才能实时输出整张图像的距离信息。因此，在现有的条件下，计算量是双目的主要问题之一。与单目不同的是：双目立体视觉既可以在运动时估计深度，也可在静止时估计深度，消除了单目视觉的许多麻烦。不过，双目或多目相机配置与标定均较为复杂，其深度量程也受双目的基线与分辨率限制。此外，通过双目图像计算深度所需的计算量也非常大。

(3) 深度相机

深度相机（又称 RGB-D 相机，在本书中主要使用 RGB-D 这个名称）是 2010 年左右开始兴起的一种相机（图 1-13），它最大的特点是可以通过红外结构光或 Time-of-Flight（ToF）原理，像激光传感器那样，通过主动向物体发射光并接收返回的光，测出物体离相机的距离。这部分并不像双目那样通过软件计算来解决，而是通过物理的测量手段，所以相比于双目相机，深度相机可节省大量的计算量。目前常用的 RGB-D 相机包括 Kinect/Kinect V2、Xtion live pro、Realsense 等。不过，现在多数 RGB-D 相机还存在测量范围窄、噪声大、视野小、易受日光干扰、无法测量透射材质等问题。该类设备主要用于室内 SLAM，室外则较难应用。

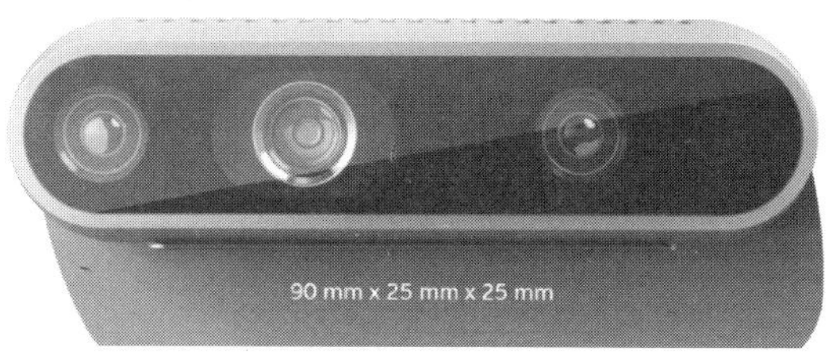

图 1-13　深度相机

RGB-D 即 RGB＋Depth Map。RGB 色彩模式是工业界的一种颜色标准，是通过对红（R）、绿（G）、蓝（B）三个颜色通道的变化以及它们相互之间的叠加来得到各式各样的颜色的。RGB 即是代表红、绿、蓝三个通道的颜色，这个标准几乎包括了人类视力所能感知的所有颜色，是目前运用最广的颜色系统之一。在 3D 计算机图形中，Depth Map（深度图）是包含与视点场景对象距离有关的信息图像或图像通道。其中，Depth Map 类似于灰度图像，只是它的每个像素值是传感器距离物体的实际距离。通常 RGB 图像和 Depth 图像是配准的，因而像素点之间具有一对一的对应关系。

RGB-D 相机是一种可以获得彩色图并测量深度的相机。RGB-D 相机有以下特点：

① 通过结构光或 Time-of-Flight 原理，直接测出物体离摄像头的距离，相比于双目立体视觉，它的速度非常快，可以用于实时应用。

② 它能够提供比单目或双目相机更丰富的信息。

③ 目前多数 RGB-D 相机仍存在视场角小、分辨率低等诸多问题，主要用于室内 SLAM。

1.3　视觉传感器的数据预处理

相机能够感受丰富的纹理细节，是 SLAM 理解世界的重要传感器。当相机传感器采集到数据后，经过图像分割得到感兴趣区域，接着使用集合运算、特征过滤筛选等手段对区域进行处理，最后得到目标区域参数，提取得到相关需要的数据结果。另一方面，虽然相机拥有强大色彩和纹理信息，但缺少真实世界的距离信息。随着 SLAM 的深入研究，能够采集点云（具有深度信息的数据）的视觉传感器成为了该技术的研究热点，点云数据处理技术也成为最有前景的技术之一。常见的三维点云关键点提取算法有 ISS3D、Harris3D、SIFT3D。点云的分割又分为区域提取、线面提取、聚类等，这些分割点云的方法是目标识别的基础。

1.3.1 图像信息提取技术

如何更好地从图像中提取语义信息是计算机视觉领域的一个研究热点，其本质是从场景中提取对象特征信息。尽管卷积神经网络（CNN）等神经网络也有助于语义信息提取，但现代语义视觉 SLAM（VSLAM）更依赖于目标检测等语义提取模块。目标检测和图像语义分割都是从图像中提取语义信息的方法。图像的语义分割是在像素级理解图像，以获得图像中的深层信息，包括空间、类别和边缘。基于深度神经网络的语义分割技术突破了传统语义分割的瓶颈。与语义分割相比，目标检测仅获取图像的目标信息和空间信息。此外，它通过绘制对象的候选框来识别每个对象的类别，因此目标检测比语义分割更快。与对象检测相比，语义分割技术具有更高的准确性，但其速度要低得多。

基于深度学习的计算机视觉算法的单模态场景理解见图 1-14。

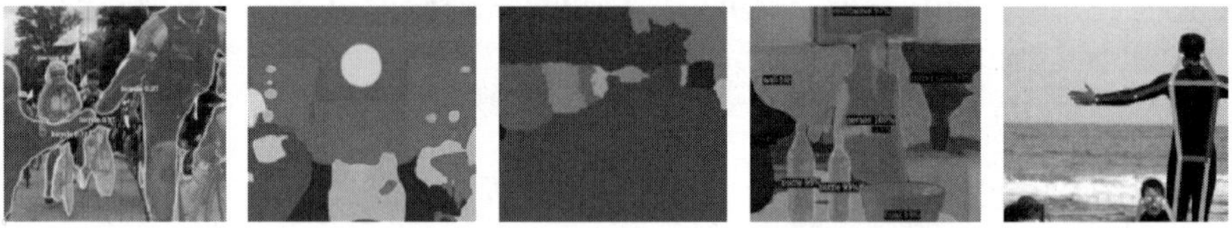

(a) 目标检测　(b) 语义分割　(c) 实例分割　(d) 全景分割　(e) 关键点检测

图 1-14　基于深度学习的计算机视觉算法的单模态场景理解

1.3.2 语义与位置

定位精度是 SLAM 系统中最基本的评估标准之一，也是移动机器人执行许多任务的先决条件。引入环境语义信息可以有效改善视觉 SLAM 定位中的尺度不确定性和累积漂移，从而在不同程度上提高定位精度。

在轨迹估计方面，几何特征只能为摄像机姿态提供短期约束，这将在大范围环境的遥感器中产生大的偏差。相反，当光照强度、观察距离和角度变化时，作为高级特征的对象可以保持其语义信息不变。例如，桌子在任何光线和角度下仍然是桌子，其更稳定的性能可以为相机姿态提供长期约束。此外，语义 SLAM 可以有效地解决传统视觉 SLAM 对光照变化敏感和干扰系统定位鲁棒性的问题。视觉 SLAM 定位本质上是摄像机姿态估计。语义信息可以提高视觉 SLAM 系统在强光照和高摄像机旋转下的定位精度。然而，在实践中，语义信息的引入不可避免地会降低整个系统的运行速度，这是视觉 SLAM 中亟待解决的问题。在大多数情况下，视觉 SLAM 在定位精度方面表现良好。利用语义帮助视觉 SLAM 系统进一步提高定位精度值得研究。

绘制相机运动轨迹如图 1-15 所示。

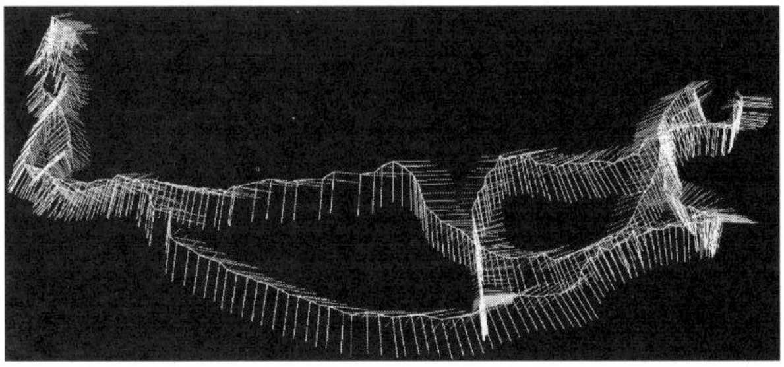

图 1-15　绘制相机运动轨迹

1.3.3　语义与映射

VSLAM 和深度学习的另一个关键节点是 SLAM 的语义图构建，大多数语义 VSLAM 系统都基于这一思想。对于机器人来说，要理解环境以及人类，并从一个地方到另一个地方执行不同的任务，需要不同方位视角提供精确定位。机器人应该有能力以人为中心理解其环境。它需要区分房间和走廊，或者未来厨房和客厅的不同功能。因此，涉及人类概念（如房间类型、对象及其空间布局）的语义属性被认为是未来机器人的必要属性。近年来，随着深度学习的快速发展，包含语义信息的语义地图逐渐进入人们的视野。语义 SLAM 系统中的语义地图使机器人能够获得几何信息，如环境的特征点。此外，它还可以识别环境中的对象，并获得位置、属性和类别等语义信息。与传统 VSLAM 构建的地图相比，机器人可以具备感知能力。机器人处理复杂环境和完成人机交互非常重要。语义地图构建是 SLAM 研究的热点之一。近年来，深度学习技术发展迅速。越来越多的研究人员将深度学习与 SLAM 技术相结合，他们使用目标检测、语义分割等算法来获取环境的语义信息。此外，将其整合到环境地图中以构建环境语义地图。语义图构建的研究主要分为两个方向：面向场景的语义图构建和面向对象的语义图构造。

深度学习在姿态估计、深度估计和闭环检测方面取得了许多成就。然而，在 VSLAM 中，深度学习目前无法撼动传统方法的主导地位。当然，将深度学习应用于语义 VSLAM 研究可以获得更多有价值的发现，这可以快速促进语义 VSLAM 的发展。使用 CNN（图 1-16）或 RNN 提取环境中的语义信息，可以提高 VSLAM 中不同模块的性能。语义信息用于姿态估计和回环检测，可以显著提高 VSLAM 的性能，这也证明了语义信息在 VSLAM 系统中的有效性。为现代语义 VSLAM 的发展提供技术支持，是现代语义 VSLAM 的开端。使用目标检测和语义分割等深度学习方法创建语义地图，是语义 SLAM 发展的重要代表。根据不同的目标检测方法，语义 SLAM 可分为两种类型：

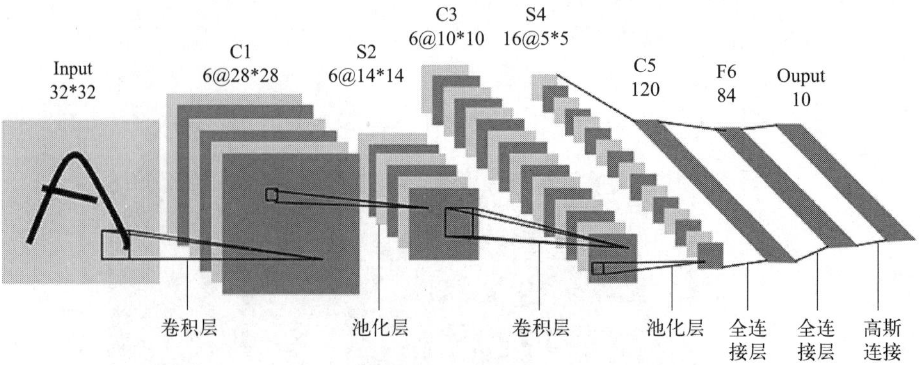

图 1-16 CNN 模型

一种是使用传统方法检测目标，实时单目对象 SLAM 是其中最常见的一种，其使用大量的二进制字和对象模型数据库来提供实时检测。然而它非常有限，因为语义类有很多类型的 3D 对象实体，如“汽车”。

另一种方法是使用深度学习方法进行对象识别。

语义和 SLAM 似乎是独立的模块，但实际上并非如此。在许多应用中，两者是并行不悖的。一方面，语义信息可以帮助 SLAM 提高映射和定位的准确性，特别是对于复杂的动态场景，传统 SLAM 的映射和定位大多基于像素级几何匹配。通过语义信息，可以将数据关联从传统像素级升级到对象级，提高复杂场景的准确性。另一方面，通过使用 SLAM 技术计算对象之间的位置约束，可以应用于同一对象在不同角度和不同时间的识别结果，从而提高语义理解的准确性。语义和 SLAM 的集成不仅有助于提高两者的准确性，还可促进 SLAM 在机器人技术中的应用，如机器人路径规划和导航、根据人类指令搬运物体、做家务以及伴随人类运动等。

例如，我们希望机器人从卧室走到厨房去拿苹果。这是如何工作的？依靠传统的 SLAM，机器人计算其位置（自动）和苹果的位置（手动），然后进行路径规划和导航。如果苹果在冰箱中，还需要手动设置冰箱和苹果之间的关系。然而，当有了语义 SLAM 技术后，人类发送给机器人“请去厨房给我拿一个苹果”就更自然了，机器人会自动完成剩下的工作。如果在操作过程中，机器人前面有污染的地面，传统的路径规划算法需要手动标记污染区域，以便机器人可以绕过它。

语义信息可以帮助机器人更好地理解周围环境。将语义信息集成到 VSLAM 是近年来受到越来越多关注的一个新兴领域。本书将从定位、映射和动态对象移除两个方面阐述我们对语义 VSLAM 的理解。深度学习对 VSLAM 的最大贡献是语义信息的引入，它可以在不同程度上提高传统方法不同模块的性能，特别是在语义地图的构建方面，它推动了整个智能机器人领域的创新。

1.3.4 点云特征提取技术

目前，深度学习技术作为计算机视觉领域的主要研究工具，已在二维图像和自然语言处理领域取得了一系列突破性的进展。同样的，三维点云数据本身也可由点与其领域点之间的相互作用，构成从低层（局部几何信息）到高层（全局语义信息）的特征表示，使得深度学习技术可以扩展至三维点云的研究与应用当中。相对于二维图像的规则排列，三维点云数据在空间中具有无序性和不规则性的特点，同时，点云物体和点云场景具有旋转不变性和尺度不变性。为此，该领域的研究者们尝试将点云数据以不同的方式进行组织和建模，使得深度学习技术能够拓展到点云数据的特征提取上。

目前已有的方法大致分为以下五类：基于多视图投影的方法、基于体素的方法、基于图的方法、基于领域点卷积的方法以及基于点集的方法。

① 基于多视图投影的方法：将三维点云进行多个视角投影，从而将其转化为一组深度图像，然后在各个投影图像上直接利用为二维图像设计的深度卷积网络（Deep Convolution Neural Network，DCNN）进行特征提取，随后将提取出来的特征图进行融合，以完成各类感知任务。因此，如何有效地确定投影图像的数量和角度分布，以及如何将投影得到的深度图像进行特征融合，是此类方法需要解决的关键问题。基于视图的主要工作见表 1-2。

表 1-2　基于视图的主要工作

方法名称	年份	关键思想	特点
MVCNN	2017	对同一个三维形状的每一个视角通过独立的卷积网络提取特征，通过池化聚合特征	利用传统的二维图像卷积网络训练模型，于三维点云学习具有启发性意义
SnapNet	2017	针对 RGB 图像使用全卷积网络进行像素标记，同时将三维点云数据对空间中的点进行标记	跨模态结合 RGB 图像与点云数据
PVRNet	2018	直接处理点云数据得到点云特征，同时利用卷积提取点云多视图特征，将两个特征融合进行点云学习	融合点云和视图数据来进行三维形状识别
MVD	2021	从数据分布的角度，基于立面对象的特征构建了一个新的分层网络多视图数据域，实现深度学习模型和先验知识的融合	将不同的信息应用于网格中
文献	2021	利用场景视点偏移预测模块从多视图中过滤冗余视图	点云变换会引起的信息丢失和遮挡问题
VMF	2020	选择不同虚拟视图的三维网格和渲染多个二维通道训练模型	将虚拟视图与真实视图融合
SVPC	2020	将语义注释从合成模型转移到单视点云，用指导模型与点云建立匹配关系，最终将注释从指导模型转移至输入点云	代替多视图，使用单视图实现点云的局部分割

② 基于体素的方法：将空间划分为规则的三维网格，将三维网格中的每个三维格子称为体素，以实现类似于二维图像像素规则序列。此类方法使得三维卷积能够直接应用在点云数据上，但存在明显的局限性，即低分辨率的体素化将导致细节信息的损失，高分辨率的体素化又将导致巨量的内存和算力消

耗。在物体分类任务中，VoxelNet 将三维点云空间离散化为规则的三维格网，在规则的三维网格上利用三维深度卷积网络进行特征学习。VoxelNet 网络结构见图 1-17。

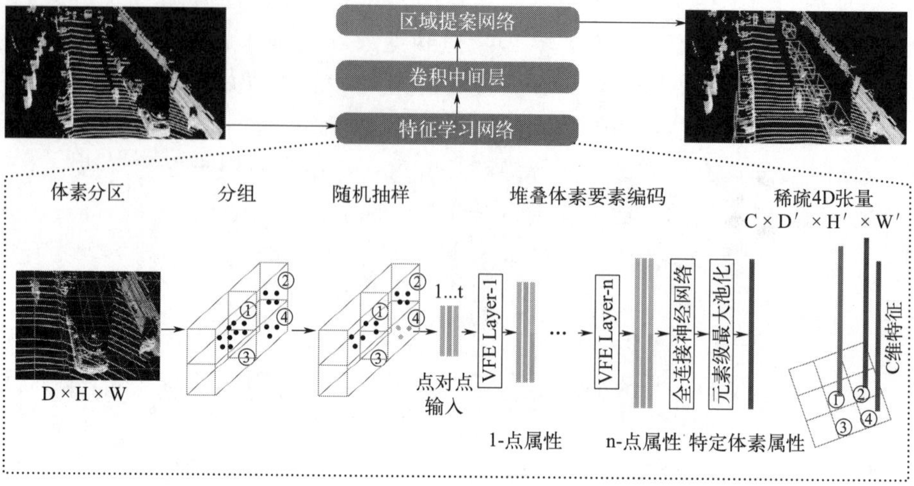

图 1-17　VoxelNet 网络结构

③ 基于图的方法：将三维点云按照图的结构进行组织，随后在图上定义卷积运算进行特征学习，主要分为频域卷积和空域卷积。频域卷积依据拉普拉斯矩阵的特征向量来定义卷积运算。

④ 基于领域点卷积的方法：根据点云局部相邻点的空间分布（一般为连续分布或离散分布）来定义卷积运算操作，相邻点特征的加权组合即为卷积和的运算输出结果，相邻点的权重则是根据其相对于中心点的空间位置关系决定。

⑤ 基于点集的方法：旨在将三维点云作为点集来进行处理，作为能够有效应对点云的无序性的一类方法，其学习过程简单高效，是近年来进展显著的三维点云深度特征学习方法。基于点集的方法具有简单高效的特点，但是单纯将三维点云看作点集忽略了点云邻近点间的互相作用，从而难以学习到三维点云的局部细节和几何结构。

1.3.5　点云分割技术

近年来，基于深度学习的点云研究吸引了越来越多学者的关注，研究者在一些发布的公开数据集上进行点云分割算法研究，从而提出了不少的算法与模型。点云分割技术可分为传统方法和基于深度学习的方法这两大类别。如图 1-18 所示，传统方法可分为基于边缘、区域增长、基于属性、基于模型 4 个类别，基于深度学习的技术可分为间接方法和直接方法两大类。

早期实现点云分割的方法是使用手工提取特征，应用经典的机器学习的算法构建模型来实现分割任务的，如支持向量机、随机森林、条件随机场、马尔可夫随机场等。此类方法在当时的分割任务中取得了较为优秀的结果。随着相

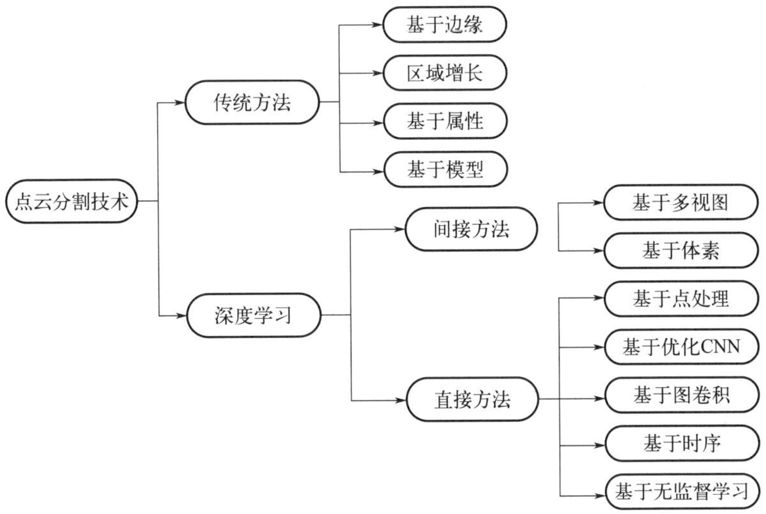

图 1-18　点云分割方法分类

关技术的发展，点云数据越来越容易获取，相应的数据集在不断扩充。然而，手工提取特征的方法主要依赖研究者的先验知识，已不足以应对如今庞大的点云数据。此外，在实际应用中对于算法的实时性和鲁棒性要求越来越高，而传统方法提取特征时间周期长，不满足现实需要。

随着以数据为驱动的深度学习技术的发展，卷积神经网络（Convolutional Neural Networks，CNN）广泛地应用到视觉任务中，并在点云分割方法中占据了主导地位。点云分割算法起源于二维图像算法，早期研究者将三维点云坐标投影至二维平面上，使用二维算法解决三维问题。然而投影转换过程中信息损失较大，限制了处理效果。同时期还有一些研究者将不规则点云转换成规则的体素网格。虽然它们有效地处理了不规则点云数据，但由于数据的间接表示和存储限制的问题，导致大量的几何结构信息丢失并造成数据稀疏。随后，斯坦福大学 Qi 等人提出了 PointNet 网络模型（图 1-19），该方法直接从点云数据入手，无须做任何中间转换操作，从而保留了点云的固有信息。自此，直接对点云处理的方法逐渐发展起来。

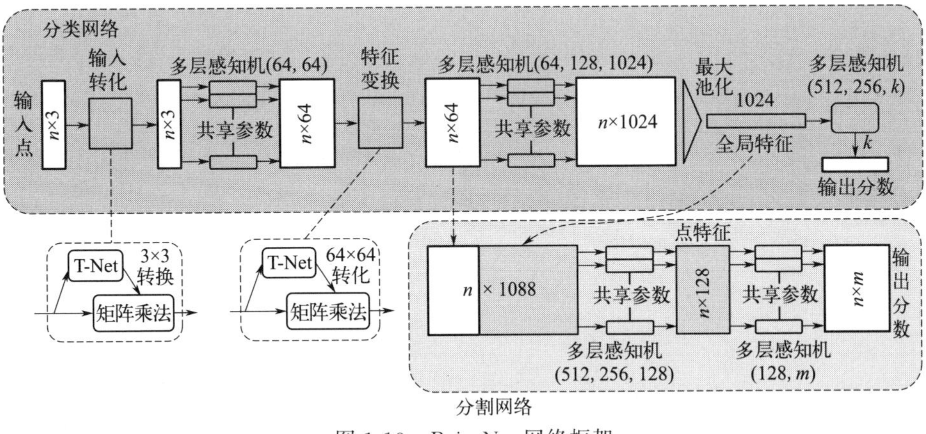

图 1-19　PointNet 网络框架

1.4 如何实现 SLAM?

1.4.1 SLAM 的工作流程

图 1-20 是 SLAM 的基本工作流程。首先是传感器数据的采集，SLAM 系统依赖于各种传感器来收集环境信息，如激光雷达、相机、IMU（惯性测量单元）等。这些传感器产生的数据可以被用来推断机器人的运动、周围环境的几何形状以及环境的语义信息。其次是对传感器采集到的数据进行处理，SLAM 系统需要识别环境中的显著特征，例如角点、边缘、平面等。这些特征通常是不变的，并且可以被用来跟踪机器人的位置和姿态。一旦特征被提取出来，SLAM 系统会使用跟踪算法来跟踪它们，并估计机器人的运动和姿态。

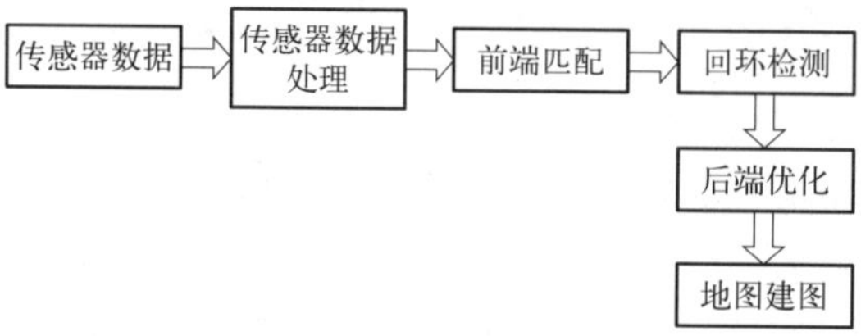

图 1-20　SLAM 的基本工作流程

VSLAM 是目前机器人技术、自动驾驶和增强现实等领域的关键技术之一，是智能移动平台感知周围环境的基础，如图 1-21 所示。由于图像或视频可以提供丰富的环境信息，大多数关于定位和映射的研究都集中在 VSLAM 算法上。

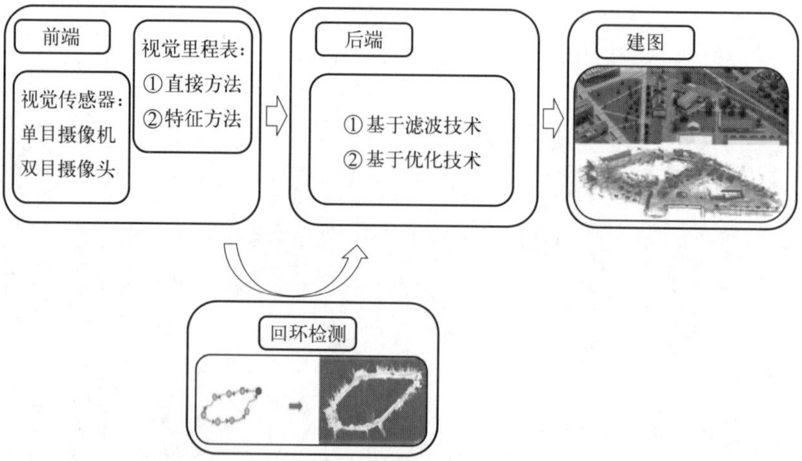

图 1-21　VSLAM 框架

VSLAM 的操作过程一般分为前端和后端两部分。在前端，视觉传感器主要负责收集移动过程中的数据，并将数据传输到视觉里程表，视觉里程表估计相邻图像或点的数据，形成一个局部地图，评估机器人的位置。后端负责优化前端信息，最后，生成一个完整的地图。回路检测的目的是通过比较前后信息来判断机器人行走的位置是否一致，以避免漂移。

（1）前端匹配

前端匹配是 SLAM 系统中非常重要的一步，因为它决定了后端优化的输入数据。在前端匹配的过程中，SLAM 系统会使用传感器数据中提取到的特征来进行帧间的配准。例如，对于相机，系统会使用特征描述子来计算两幅图像之间的相似度，然后使用 RANSAC 等方法估计两幅图像之间的相对运动。对于激光雷达，系统会使用 ICP 等算法将两次扫描之间的点云进行配准。配准的结果被用来估计机器人的运动和姿态以及构建环境的地图。前端匹配是 SLAM 系统中最关键的部分之一，它的质量决定了后端优化的输入数据的精度和鲁棒性。因此，前端匹配算法需要具备高效、准确、鲁棒和实时性等特点。VSLAM 的前端处理输入图像、获得运动关系，以确定当前帧的位置。它主要由视觉传感器和视觉里程表两部分组成。视觉传感器负责读取和预处理照相机的图像信息。视觉里程表根据相邻图像的数据估计摄像机的运动，为后端提供更好的初始值。

（2）回环检测

回环检测是指检测机器人在运动过程中是否经过了之前已经访问过的位置，即闭环路径。当机器人经过之前访问过的位置时，由于误差的累积，可能会导致机器人在当前位置的估计值与实际位置存在偏差，从而导致地图构建和机器人自定位的误差增大。

为了解决这个问题，SLAM 系统需要识别并处理闭环路径。回环检测的目的是在机器人运动的轨迹中检测到闭环，并通过闭环约束来校正机器人状态的估计值，从而减小误差。回环检测通常涉及以下步骤：

① 特征描述子匹配。SLAM 系统使用特征描述子来匹配先前访问的位置与当前位置之间的特征点，如 ORB 特征点描述子（图 1-22）。匹配后，系统会得到一个相似变换矩阵，该矩阵可以用来估计机器人在闭环路径上的位姿。

② 位姿估计和优化。通过特征点的匹配，SLAM 系统可以估计机器人在闭环路径上的位姿。然后，系统会使用优化算法来根据闭环约束优化机器人的位姿，从而校正之前的估计误差。

③ 地图更新。回环检测后，系统需要更新地图以反映新的闭环约束，这通常涉及地图的重建或调整，以确保地图与当前估计的机器人状态一致。

回环检测用于纠正错误。它可以向除相邻帧之外的其他帧添加约束，并与定位和映射密切相关。后端估计优化了前端提供数据时的最大误差，回路检测可以消除误差积累造成的影响。回环检测对于 SLAM 系统来说，可以大幅度提高定位和地图构建的精度。然而，回环检测也是 SLAM 系统中比较困难的问题，因为在复杂环境下，机器人可能经过多个相似的场景，这使得回环检测非常具有挑战性。

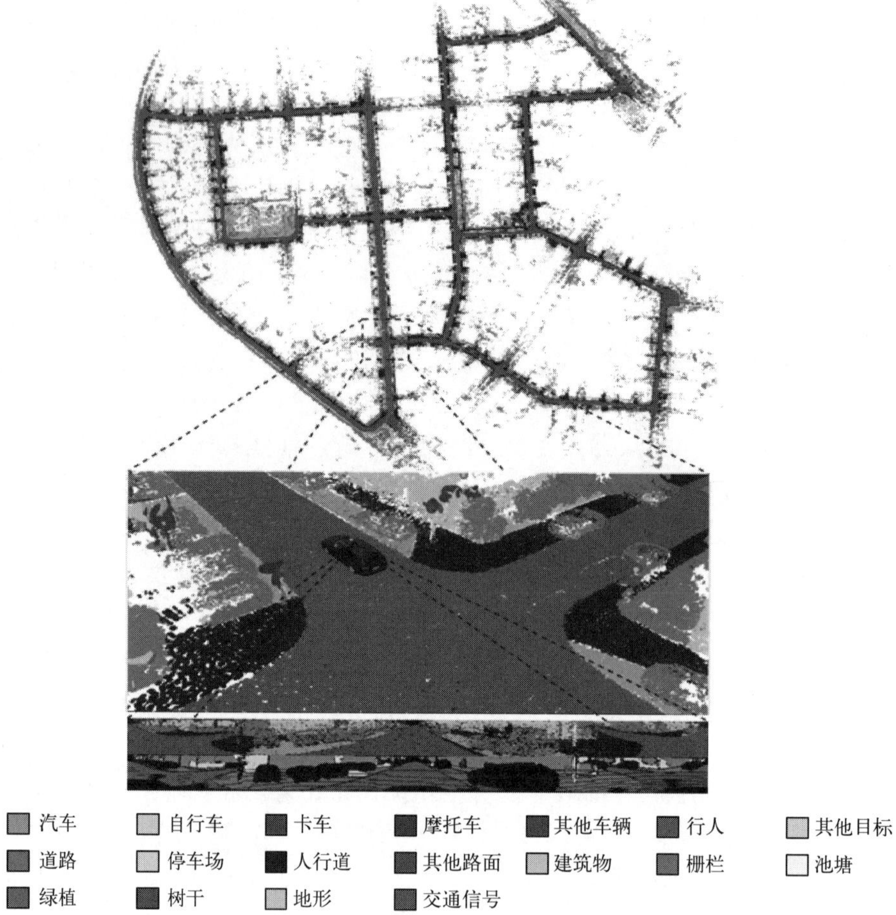

图 1-22　使用 ORB-SLAM2 创建的环境

使用 SUMA++的三维语义地图，提供了更丰富的信息，以更好地理解机器人周围的环境

(3) 后端优化

在 SLAM 中，后端优化是指通过最小化误差来调整机器人的轨迹和地图，以提高系统的精度和鲁棒性。在前端匹配和回环检测的基础上，SLAM 系统会得到一系列的机器人位姿和地图特征点的估计值。这些估计值通常存在噪声和误差，因此需要通过后端优化来进一步优化机器人的轨迹和地图，从而减小误差。

后端优化通常采用图优化的方法，其中机器人轨迹和地图特征点被建模为图中的节点，机器人姿态和地图特征点之间的约束被建模为图中的边。然后，系统会使用最小二乘法或非线性优化算法来最小化约束误差，从而优化机器人轨迹和地图。

SLAM 系统中的后端优化通常可以分为两个阶段：全局优化和增量优化。

全局优化通常在地图构建的早期阶段进行，它会处理所有已知的数据，尝试找到最优的机器人轨迹和地图。这通常需要耗费大量的时间和计算资源，因此一般只在离线场景下使用。增量优化通常在地图构建的后期阶段进行，它会处理新的数据并将其与先前的数据进行融合。增量优化通常比全局优化更快，并且可以实时地更新地图，因此在实时 SLAM 中得到了广泛应用。

(4) 建图

建图是指将机器人在运动过程中所感知到的环境信息转化为地图的过程。建图是实现 SLAM 的一个重要部分，它旨在实时构建机器人所在环境的地图，以支持机器人的导航、路径规划和任务执行。建图的核心任务是将传感器获取到的数据与机器人当前位置的估计相结合，来构建一个描述环境的地图。这通常包括处理激光雷达或摄像头数据、提取环境的特征点，并将它们与机器人的姿态相结合，来估计机器人所处的位置。然后，这些位置信息将被用于更新地图，使其与实际环境更加一致。

在建图过程中，地图通常被表示为一个二维或三维的网格或点云，其中每个单元格或点表示环境的一部分，可以用于导航和路径规划等任务。建图是一个非常复杂的过程，需要处理大量的传感器数据，并进行实时的计算和更新。在实际应用中，常用的建图算法包括基于滤波器的方法、基于图优化的方法、基于概率模型的方法等。同时，也需要考虑算法的计算效率、鲁棒性和精度等因素，以保证系统能够在实时场景下稳定地运行。

对于无人驾驶汽车来说，建图的准确性、稳定性和速度都有更高的要求。由于每种技术都有其缺点，因此需要根据应用程序环境选择合适的映射技术，同时，最新的方法已经被证明具有更稳健的性能和多样化的场景，这丰富了 VSLAM 领域的当前状态。

1.4.2 地图构建和更新

在经典的 SLAM 模型中，地图代表所有路标点的集合。一旦我们确定了路标点的位置，那就可以说我们完成了建图。SLAM 作为一种底层技术，往往是用来为上层应用提供信息的。如果上层是机器人，那么应用层的开发者可能希望使用 SLAM 来做全局的定位，并且让机器人在地图中导航——如扫地机器人需要完成扫地工作，希望计算一条能够覆盖整张地图的路径。或者，如果上层是一个增强现实设备，那么开发者可能希望将虚拟物体叠加在现实物体之中，特别地，还可能需要处理虚拟物体和真实物体的遮挡关系。我们发现，应用层面对于“定位”的需求是相似的，他们希望 SLAM 提供相机或搭载相机的主体的空间位姿信息。而对于地图，则存在着许多不同的需求。在视觉 SLAM 看来，“建图”是服务于“定位”的；但是在应用层面看来，“建图”明显还带有许多其他的需求。关于地图的用处，我们大致归纳如下（图 1-23）：

① 定位。定位是地图的一个基本功能。我们希望能够把地图保存下来，让机器人在下次开机后依然能在地图中定位，这样只需对地图进行一次建模，而不是每次启动机器人都重新做一次完整的 SLAM。

② 导航。导航是指机器人能够在地图中进行路径规划，从任意两个地图点间寻找路径，然后控制自己运动到目标点的过程。该过程中，我们至少需要知道地图中哪些地方不可通过，哪些地方可以通过。这就超出了稀疏特征点地图

的能力范围，我们必须有另外的地图形式，至少是一种稠密的地图。

③ 避障。避障也是机器人经常碰到的一个问题。它与导航类似，但更注重局部的、动态的障碍物的处理。同样的，仅有特征点，我们无法判断某个特征点是否为障碍物，所以需要稠密地图。

④ 重建。有时候，我们希望利用 SLAM 获得周围环境的重建效果，并把它展示给其他人看。这种地图主要用于向人展示，所以我们希望它看上去比较舒服、美观。或者，我们也可以把该地图用于通信，使其他人能够远程地观看我们重建得到的三维物体或场景——如三维的视频通话或者网上购物等。这种地图亦是稠密的，并且我们还对它的外观有一些要求。我们可能不满足于稠密点云重建，更希望能够构建带纹理的平面，就像电子游戏中的三维场景那样。

⑤ 交互。交互主要指人与地图之间的互动。例如，在增强现实中，我们会在房间里放置虚拟的物体，并与这些虚拟物体之间有一些互动——如点击墙面上放着的虚拟网页浏览器来观看视频，或者向墙面投掷物体，希望它们有（虚拟的）物理碰撞。另一方面，机器人应用中也会有与人、与地图之间的交互。例如，机器人可能会收到命令“取桌子上的报纸”，那么，除了有环境地图之外，机器人还需要知道哪一块地图是“桌子”，什么叫作“之上”，什么又叫作“报纸”。这需要机器人对地图有更高级层面的认知——亦称为语义地图。

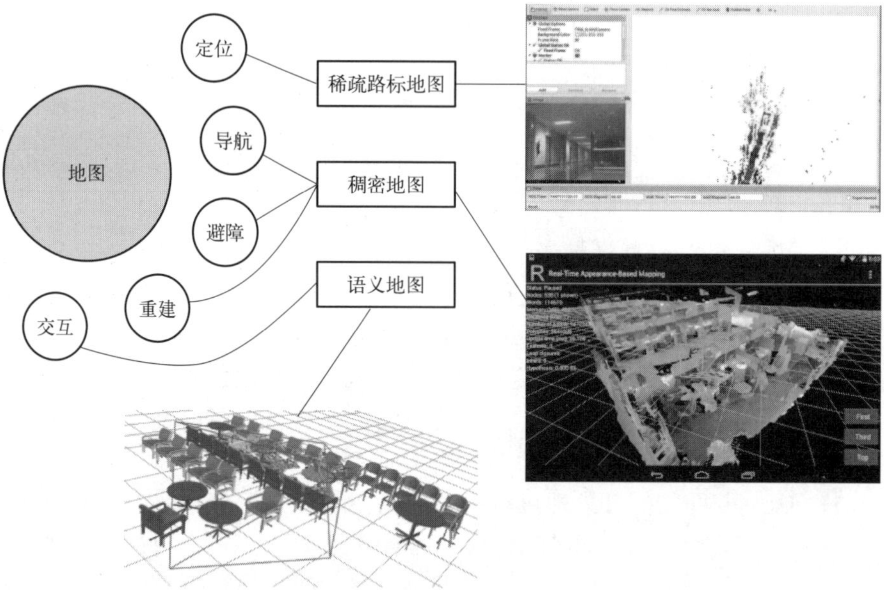

图 1-23　各种地图的示意图

图 1-23 形象地解释了上面讨论的各种地图类型与用途之间的关系。稠密地图是相对于稀疏地图而言的——稀疏地图只建模感兴趣的部分，也就是特征点（路标点）；而稠密地图建模所有看到过的部分。对于同一个桌子，稀疏地图可能只建模了桌子的四个角，而稠密地图则会建模整个桌面。虽然从定位角度看，只有四个角的地图也可以用于对相机进行定位，但由于我们无法从四个角推断这几个点之间的空间结构，所以无法仅用四个角来完成导航、避障等需要稠密地图才能完成的工作。

1.4.3 SLAM 数据集

众所周知，由于设备的昂贵和设备操作的复杂性，大多数 SLAM 系统在多个公共数据集上评估其算法，以证明其在某些方面的有效性（图 1-24）。较常用的 SLAM 数据集包括 KITTI、TUM RGB-D、ICL-NUIM。

① KITTI 数据集由德国卡尔斯鲁厄理工学院和丰田美国技术研究院联合创办，是目前国际上自动驾驶场景下常用的数据集之一。KITTI 数据集的数据采集平台装配有 2 个灰度摄像机、2 个彩色摄像机、1 个 Velodyne 64 线 3D 激光雷达、4 个光学镜头以及 1 个 GPS 导航系统。

② TUM RGB-D 数据集包含 bag 和 tgz 两种格式，bag 包中图像以 15Hz 频率发布，tgz 包中存放着 RGB 图像以及深度图。

③ ICL-NUIM 数据集是一个 RGB-D 数据集，数据格式和 TUM 数据集是“兼容”（类似）的，可以用于评估 RGB-D SLAM，此外，该数据集还提供了三维环境的真值，因此可以用于对 RGB-D 三维重建结果进行评估。这些数据集来自不同的环境，适用于不同的 VSLAM 算法。

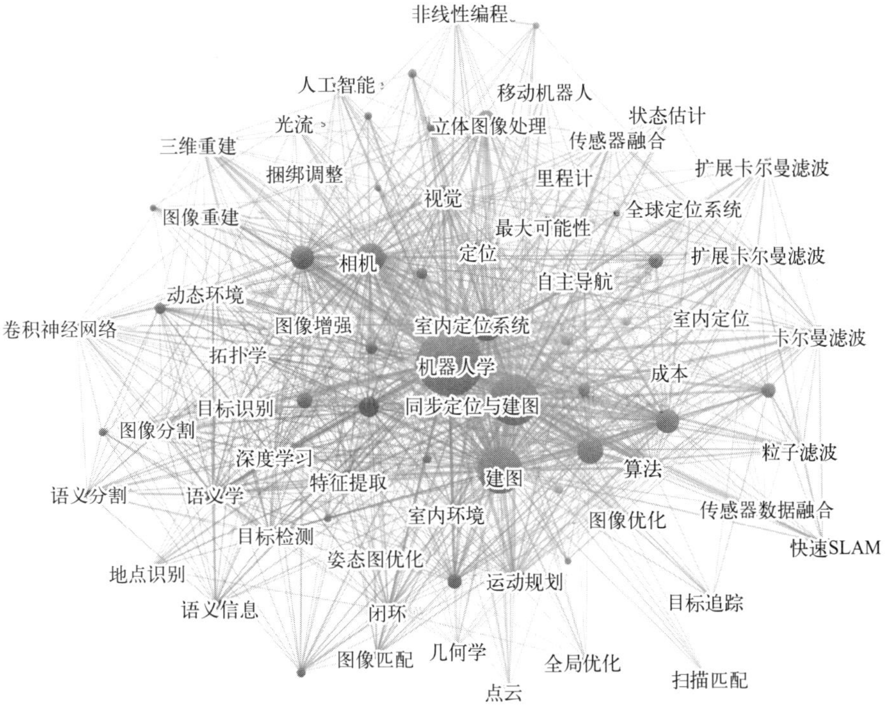

图 1-24 Scopus 数据库，涵盖了机器人技术和同步定位和映射（SLAM）的研究

数据集通常基于传感器的差异或适用的场景进行分类，以帮助不同的 SLAM 系统理解和利用现有的 SLAM 数据集。根据传感器的不同，与 SLAM 相关的数据集可以分为激光雷达、视觉和视觉-激光雷达融合数据集三类。视觉 SLAM 数据集实例见图 1-25。

图 1-25　一些用于评估的视觉 SLAM 数据集的实例

1.5 SLAM 中的关键问题

(1) 不确定信息的描述

在完全未知环境中由机器人依靠其自身携带的传感器所提供的信息建立环境模型是移动机器人进行自主定位和导航的前提之一。所谓完全未知环境是指机器人对环境一无所知、不存在任何先验信息，如环境形状、障碍物位置、人为设定的参照物等。在这种环境下，移动机器人必须依赖传感器获得信息，如里程计、声呐、激光测距仪、视觉等。由于传感器自身的限制，感知信息存在不同程度的不确定性，如激光测距仪的不确定性主要来自距离的测量误差以及反光镜旋转和激光散射引起的测量角误差。如图 1-26 所示，感知信息的不确定性必然导致所构建的环境模型不完全精确的，同样，当依靠模型和感知进行决策时也带有不确定性，即不确定性具有传递性。

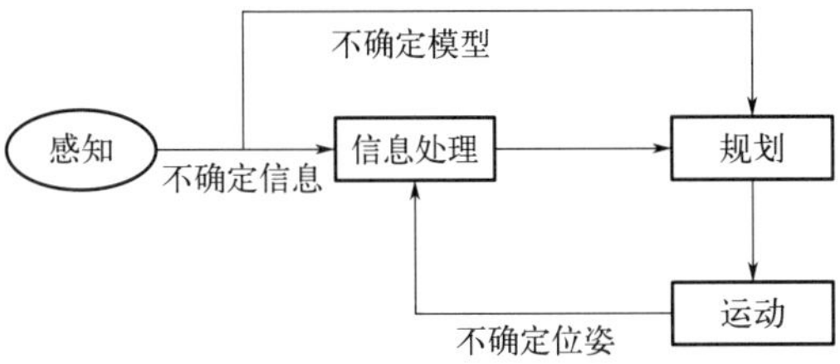

图 1-26　不确定信息的描述

对不确定性进行度量的方法主要有概率度量、信任度量、可能性度量、模糊度量和证据理论等几种。目前，在 AMR 地图构建中使用较多的是概率度量和模糊度量。概率度量主要存在两种形式：

① 以均值、方差和协方差等概率特征来描述不确定信息。这种度量方法的优点是均值等概率特征具有明确的几何意义，缺点是概率特征的离散计算公式还没有确定的形式。

② 以概率模型来描述不确定信息，主要采用 Bayes 法则与 Markov 假设。这种度量方法的优点是以随机概率模型描述机器人的位姿和环境信息，鲁棒性非常好，缺点是概率模型的计算量非常大而且必须事先知道模型的先验概率，给实际应用造成了困难。

(2) 定位与环境特征提取

移动机器人自定位与环境建模问题是紧密相关的。环境模型的准确性依赖于定位精度，而定位的实现又离不开环境模型。在未知环境中，机器人没有什么参照物，只能依靠自己并不十分准确的传感器来获取外界信息，如同一个盲人在一个陌生环境中摸索。在这种情况下，定位是比较困难的。有地图的定位和有定位的地图创建都是容易解决的，但无地图的定位和未解决定位的地图创建如同“鸡-蛋”问题，无从下手。

已有的研究中对这类问题的解决方法可分为两类：

① 利用自身携带的多种内部传感器（包括里程仪、罗盘、加速度计等），通过多种传感信息的融合减少定位的误差，使用的融合算法多为基于卡尔曼滤波的方法。这类方法由于没有参考外部信息，在长时间漫游后误差的积累会比较大。

② 在依靠内部传感器估计自身运动的同时，使用外部传感器（如激光测距仪、相机等）感知环境，对获得的信息进行分析，提取环境特征并保存，通过对环境特征的比较对自身位置进行校正。但这种方法依赖于能够取得环境特征。

环境特征提取的方法有：

① Hough Transform，是一类基于灰度图检测直线和其他曲线的方法。该

方法需要一簇能被搜索的预先准备的特定曲线，并根据显示的灰度图中一簇曲线产生曲线参数。

② Clustering 分析，是一种数据探测工具，对于未分类样例是有效的，同时，它的目标就是把所针对的对象分组成自然类别或基于相似性或距离的簇类。在被提取对象类别未知的情况中，簇技术是一类比 HoughTransform 更有效的技术。簇类应是以“凝聚”为中心，而不是支离破碎的、不相交的。而环境特征有时是很难提取出的，如环境特征不够明显时或者传感器信息比较少，难以从一次感知信息中获得环境特征。

(3) 累计误差

SLAM 中的误差主要来自三个方面：观测误差、里程计的误差、错误的数据关联带来的误差。当机器人在已知地图的环境中进行定位时，机器人可以通过观测位置已知的特征标志对里程计的误差进行补偿，每一次观测使机器人的位置误差趋向于观测误差与特征标志的位置误差之和。然而在 SLAM 中，由于机器人的位置和环境中的特征标志的位置都是未知的，观测信息不能有效纠正里程计的误差，机器人的位置误差随着机器人的运动距离而增大。而机器人的位置误差的增大将导致错误的数据关联，从而增大特征标志的位置误差；反过来，特征标志的误差又将增大机器人的位置误差。因此，机器人的位置误差与特征标志的位置误差密切相关。它们之间的相互影响使机器人和特征标志的位置估计产生累计误差，难以保证地图的一致性。

本章小结

本章主要介绍了 SLAM 的基础知识，从 SLAM 的基础定义、视觉传感器分类，到传感器的数据处理，简要介绍了如何实现 SLAM，尽可能为读者建立完整的 SLAM 框架，为后续深入学习做好铺垫。

接下来的第 2 章主要详细介绍 SLAM 中所涉及的最基本数学基础，为了帮助广大学者深入理解 SLAM 技术，对数学理论进行系统性梳理，通过对 SLAM 数学理论发展演变过程的介绍，帮助广大学习者把握 SLAM 技术背后的本质；第 3 章主要介绍传统的视觉 SLAM 方法并且结合语义信息的视觉 SLAM 算法，详细地从视觉里程计、后端优化、回环检测以及构图四部分来介绍；第 4 章扩展了对相机和惯性传感器的视觉惯性里程计算法的介绍；第 5 章详细介绍激光雷达工作方式以及几种经典的基于激光 SLAM 算法；第 6 章是在第 5 章基础上，介绍融合惯性传感器后所涉及的基于 Lidar+IMU 的激光惯性里程计算法；第 7 章是本书的总结，汇总了多传感器融合的 SLAM 算法。

参考文献

[1] Liu H, Zhang G, Bao H. A survey of monocular simultaneous localization and mapping [J]. Journal of Computer-Aided Design & Computer Graphics, 2016, 28 (6): 855-868.

[2] Davison A J, Reid I D, Molton N D, et al. MonoSLAM: Real-time single camera SLAM [J].

IEEE transactions on pattern analysis and machine intelligence, 2007, 29 (6): 1052-1067.
[3] Jia G, Li X, Zhang D, et al. Visual-SLAM Classical framework and key Techniques: A review [J]. Sensors, 2022, 22 (12): 4582.
[4] Liu H, Zhang G, Bao H. A survey of monocular simultaneous localization and mapping [J]. Journal of Computer-Aided Design & Computer Graphics, 2016, 28 (6): 855-868.
[5] Barfoot T D. State estimation for robotics [M]. Cambridge University Press, 2017.
[6] Rueckauer B, Delbruck T. Evaluation of event-based algorithms for optical flow with ground-truth from inertial measurement sensor [J]. Frontiers in neuroscience, 2016, 10: 176.
[7] Gao X, Zhang T. Robust RGB-D simultaneous localization and mapping using planar point features [J]. Robotics and Autonomous Systems, 2015, 72: 1-14.
[8] Cadena C, Carlone L, Carrillo H, et al. Past, present, and future of simultaneous localization and mapping: Toward the robust-perception age [J]. IEEE Transactions on Robotics, 2016, 32 (6): 1309-1332.
[9] Chen K, Zhang J, Liu J, et al. Semantic visual simultaneous localization and mapping: A survey [J]. arXiv preprint arXiv: 2209.06428, 2022.
[10] Tourani A, Bavle H, Sanchez-Lopez J L, et al. Visual SLAM: What Are the Current Trends and What to Expect? [J]. Sensors, 2022, 22 (23): 9297.
[11] Chen W, Shang G, Ji A, et al. An overview on visual slam: From tradition to semantic [J]. Remote Sensing, 2022, 14 (13): 3010.
[12] Macario B A, Michel M, Moline Y, et al. A comprehensive survey of visual slam algorithms [J]. Robotics, 2022, 11 (1): 24.
[13] Whelan T, Leutenegger S, Salas-Moreno R, et al. ElasticFusion: Dense SLAM without a pose graph [C] //Robotics: Science and Systems, 2015.
[14] Long J, Shelhamer E, Darrell T. Fully convolutional networks for semantic segmentation [C] // Proceedings of the IEEE conference on computer vision and pattern recognition, 2015: 3431-3440.
[15] Bavle H, Sanchez-Lopez J L, Cimarelli C, et al. From slam to situational awareness: Challenges and survey [J]. Sensors, 2023, 23 (10): 4849.
[16] Newcombe R A, Lovegrove S J, Davison A J. DTAM: Dense tracking and mapping in real-time [C] //2011 International Conference on Computer Vision. IEEE, 2011: 2320-2327.
[17] Engel J, Schöps T, Cremers D. LSD-SLAM: Large-scale direct monocular SLAM [C] //European conference on computer vision. Cham: Springer International Publishing, 2014: 834-849.
[18] Davison A J, Reid I D, Molton N D, et al. MonoSLAM: Real-time single camera SLAM [J]. IEEE Transactions on Pattern Analysis and Machine Intelligence, 2007, 29 (6): 1052-1067.
[19] Mur-Artal R, Montiel J M M, Tardos J D. ORB-SLAM: A versatile and accurate monocular SLAM system [J]. IEEE Transactions on Robotics, 2015, 31 (5): 1147-1163.
[20] Jia G, Li X, Zhang D, et al. Visual-SLAM Classical framework and key techniques: A review [J]. Sensors, 2022, 22 (12): 4582.
[21] Nistér D, Naroditsky O, Bergen J. Visual odometry [C] //Proceedings of the 2004 IEEE Computer Society Conference on Computer Vision and Pattern Recognition, 2004, 1: I-I.
[22] Huang B, Zhao J, Liu J. A survey of simultaneous localization and mapping with an envision in 6G wireless networks [J]. arXiv preprint arXiv: 1909.05214, 2019.
[23] Liu H, Zhang G, Bao H. A Survey of Monocular Simultaneous Localization and Mapping [J]. J. Comput. Aided Des. Comput. Graph., 2016, 28, 855-868.
[24] Khoshelham K, Elberink S O. Accuracy and resolution of kinect depth data for indoor mapping applications [J]. sensors, 2012, 12 (2): 1437-1454.
[25] Henry P, Krainin M, Herbst E, et al. RGB-D Mapping: Using Depth Cameras for Dense 3D Modeling of Indoor Environments [J]. Exp. Robot, 2014, 79: 477-491.

[26] Grisetti G, Kümmerle R, Strasdat H, et al. G2O: A general framework for (hyper) graph optimization [C] //Proceedings of the IEEE International Conference on Robotics and Automation (ICRA), 2011: 9-13.

[27] Endres F, Hess J, Sturm J, et al. 3-D mapping with an RGB-D camera [J]. IEEE transactions on robotics, 2013, 30 (1): 177-187.

[28] Xin J, Gou J, Ma X, et al. A Large Viewing Angle 3-Dimensional V-Slam Algorithm with a Kinect-Based Mobile Robot System [J]. Jiqiren/Robot, 2014, 36, 560-568.

[29] Dryanovski I, Valenti R G, Xiao J. Fast visual odometry and mapping from RGB-D data [C] //2013 IEEE International Conference on Robotics and Automation. IEEE, 2013: 2305-2310.

[30] Stowers J, Hayes M, Bainbridge-Smith A. Altitude control of a quadrotor helicopter using depth map from Microsoft Kinect sensor [C] //2011 IEEE International Conference on Mechatronics. IEEE, 2011: 358-362.

[31] Lozano-Perez T. Autonomous robot vehicles [M]. Springer Science & Business Media, 2012.

[32] Moutarlier P, Chatila R. An experimental system for incremental environment modelling by an autonomous mobile robot [C] //Experimental Robotics I: The First International Symposium Montreal, Berlin, Heidelberg: Springer, 2006: 327-346.

[33] Golfarelli M, Maio D, Rizzi S. Elastic correction of dead-reckoning errors in map building [C] //1998 IEEE/RSJ International Conference on Intelligent Robots and Systems. Innovations in Theory, Practice and Applications. IEEE, 1998, 2: 905-911.

[34] Duan C, Junginger S, Huang J, et al. Deep learning for visual SLAM in transportation robotics: A review [J]. Transportation Safety and Environment, 2019, 1 (3): 177-184.

[35] 袁亮．基于状态估计的服务机器人主动感知系统的研究 [J]. 组合机床与自动化加工技术, 2014 (5): 73-77.

[36] Bavle H, Sanchez-Lopez J L, Shaheer M, et al. Situational graphs for robot navigation in structured indoor environments [J]. IEEE Robotics and Automation Letters, 2022, 7 (4): 9107-9114.

[37] Dai W, Zhang Y, Li P, et al. Rgb-d slam in dynamic environments using point correlations [J]. IEEE Transactions on Pattern Analysis and Machine Intelligence, 2020, 44 (1): 373-389.

[38] Williams B, Cummins M, Neira J, et al. A comparison of loop closing techniques in monocular SLAM [J]. Robotics and Autonomous Systems, 2009, 57 (12): 1188-1197.

[39] Xu J, Cao H, Li D, et al. Edge assisted mobile semantic visual slam [C] //IEEE Conference on Computer Communications, 2020: 1828-1837.

第 2 章

SLAM数学基础

2.1 仿射变换

3D空间中的变换，除了欧氏变换之外，还存在其余几种，其中欧氏变换是最简单的。在SLAM中仿射变换保持了向量的长度和夹角，相当于把一个刚体原封不动地进行了移动或旋转，但不改变它自身的样子。而其他几种变换则会改变它的外形，但它们都拥有类似的矩阵表示。

2.1.1 仿射变换的定义

仿射变换，又称仿射映射，是指在几何中，一个向量空间进行一次线性变换并接上一次平移变换，变换为另一个向量空间。更一般地说，仿射变换是仿射空间的自同构（欧氏空间是特定的仿射空间），也就是说，一个函数将仿射空间映射到自身，同时保留任何仿射子空间的维数（意味着它发送点到点、线到线、平面到平面等）和平行线段长度的比例。因此，平行仿射子空间集在仿射变换后保持平行。仿射变换不一定保持线与线之间的角度或点与点之间的距离，尽管它确实保持了直线上点与点之间距离的比值。如果 X 是仿射空间的点集，那么 X 上的每一个仿射变换都可以表示为 X 上的一个线性变换和 X 的平移变换的复合。与纯线性变换不同，仿射变换不需要保留仿射空间的原点，因此，每个线性变换都是仿射的，但并不是每个仿射变换都是线性的。仿射变换的例子包括平移、缩放、同构、相似、反射、旋转、剪切映射，以及它们的任意组合。把仿射空间看作射影空间在无穷远处的超平面的补，仿射变换就是射影空间的射影变换，使超平面在无穷远处不变，限制在超平面的补中。

在仿射变换之前有必要去了解一下线性变换，线性变换是仿射变换的基础。什么是线性变换？线性变换严格的定义是：在线性代数中，一个线性变换是指将一个向量空间中的每一个向量映射到另一个向量空间中，保持向量空间中的加法和数乘运算不变的映射。也就是说，对于任意的向量 $\boldsymbol{v}_1$ 和 $\boldsymbol{v}_2$ 以及任意的标量 a 和 b，都满足以下两个性质：

线性性：
$$T(a\boldsymbol{v}_1+b\boldsymbol{v}_2)=aT(\boldsymbol{v}_1)+bT(\boldsymbol{v}_2) \tag{2-1}$$

保持零向量：
$$T(\mathbf{0})=\mathbf{0} \tag{2-2}$$

式中，$\mathbf{0}$ 表示零向量；T 表示线性变换。

线性变换可以用矩阵来表示。对于一个 n 维向量空间 $\mathbf{V}$ 和 m 维向量空间 $\mathbf{W}$ 中的线性变换 T，它可以表示为一个 m 乘 n 的矩阵 $\mathbf{A}$，使得对于任意的 n 维向量 $\boldsymbol{x}\in\mathbf{V}$，都有：

$$T(\boldsymbol{x})=\mathbf{A}\boldsymbol{x} \tag{2-3}$$

在实际应用中，线性变换广泛应用于各种领域，如物理学、工程学、计算机科学等。它们是很多数学理论和实际问题的基础，如矩阵论、线性代数、傅里叶分析、机器学习等。

在线性变换的基础上进一步理解仿射变换。仿射变换的严格定义：给定两个向量空间 $\boldsymbol{V}$ 和 $\boldsymbol{W}$，一个仿射变换 T：$\boldsymbol{V}\rightarrow\boldsymbol{W}$ 是由一个线性变换 L：$\boldsymbol{V}\rightarrow\boldsymbol{W}$ 和一个平移向量 $\boldsymbol{b}\in\boldsymbol{W}$ 所组成的函数：

$$T(\boldsymbol{v})=L(\boldsymbol{v})+\boldsymbol{b}, \quad \boldsymbol{v}\in\boldsymbol{V} \tag{2-4}$$

其中，L 是一个线性变换，满足：

加法：
$$L(\boldsymbol{u}+\boldsymbol{v})=L(\boldsymbol{u})+L(\boldsymbol{v}), \quad \forall\, \boldsymbol{u}, \boldsymbol{v}\in V \tag{2-5}$$

数乘：
$$L(\lambda\boldsymbol{v})=\lambda L(\boldsymbol{v}), \quad \forall\, \boldsymbol{v}\in\boldsymbol{V}, \lambda\in R \tag{2-6}$$

此外，仿射变换还要满足平移不变性，即对于任意的 $\boldsymbol{v}$，$\boldsymbol{u}\in\boldsymbol{V}$ 和 $\alpha\in R$：

$$T(\boldsymbol{v}+\alpha\boldsymbol{u})=T(\boldsymbol{v})+\alpha T(\boldsymbol{u}) \tag{2-7}$$

直观来说，仿射变换是将一个向量空间中的向量进行线性变换和平移变换的组合，保持向量空间中的平行性质，但不一定保持长度和角度。在实际应用中，仿射变换广泛应用于计算机视觉、计算机图形学等领域，用于实现图像处理、图像配准、三维建模等任务。

仿射变换（Affine Transformation）其实是另外两种简单变换的叠加：一个是线性变换，一个是平移变换。仿射变换变化包括缩放（Scale）、平移（Transform）、旋转（Rotate）、反射（Reflection，对图形照镜子）、错切（Shear Mapping，感觉像是一个图形的倒影）。原来的直线仿射变换后还是直线，原来的平行线经过仿射变换之后还是平行线，这就是仿射。二维的仿射变换矩阵有 6 个自由度，二维仿射变换的表达如下：

$$\begin{bmatrix} x' \\ y' \\ 1 \end{bmatrix}=\begin{bmatrix} a_{11} & a_{12} & t_x \\ a_{21} & a_{22} & t_y \\ 0 & 0 & 1 \end{bmatrix}\begin{bmatrix} x \\ y \\ 1 \end{bmatrix} \tag{2-8}$$

（x'，y'）是变换后的点的坐标，a_{11}、a_{12}、a_{21}、a_{22} 是仿射变换的参数，t_x、t_y 是平移参数。在仿射变换中，a_{11}、a_{12}、a_{21}、a_{22} 可以表示旋转、缩放和错切等操作。t_x、t_y 则表示平移操作。把式(2-8) 用矩阵简写为：

$$\boldsymbol{x}'=\boldsymbol{M}\boldsymbol{x}=\begin{bmatrix} \boldsymbol{A} & \boldsymbol{t} \\ \boldsymbol{0}^{\mathrm{T}} & 1 \end{bmatrix}\boldsymbol{x} \tag{2-9}$$

式中，$\boldsymbol{M}$ 为变换矩阵；$\boldsymbol{A}$ 为仿射矩阵。

式(2-9) 中，矩阵 $\boldsymbol{A}$ 是线性变换部分并且非奇异，$\boldsymbol{t}$ 是平移向量。我们主要看线性变换部分，看到底进行了什么样的变换，以及变换顺序如何。$\boldsymbol{x}$ 表示原图像，$\boldsymbol{x}'$表示变换后的图像。$\boldsymbol{A}$ 是一个 2×2 非奇异矩阵。一个平面仿射变换有 6 个自由度对应于 6 个矩阵元素。转换可以从三点对应中计算出来。与欧氏变换不同的是，仿射变换只要求 $\boldsymbol{A}$ 是一个可逆矩阵，而不必是正交矩阵。仿射变换也叫正交投影。经过仿射变换之后，立方体就不再是方的了，但是各个面仍然是平行四边形。

在 SLAM 中，仿射变换常用于相机标定和相机姿态估计等任务中。例如，在图像对齐的任务中，可以通过计算两幅图像之间的仿射变换将它们对齐。在视觉 SLAM 中，由于相机运动通常是刚性变换，因此可以使用仿射变换来估计相邻帧之间的运动。

2.1.2 仿射变换的特例

(1) 平移变换

仿射变换中的平移变换是指将平面上的所有点沿着固定方向和距离移动的变换。平移变换不改变平面上的形状和大小，只改变位置。在二维仿射变换中，平移变换表示如下。

将 x、y 平移指定值，$\boldsymbol{A}$ 矩阵为单位矩阵，$\boldsymbol{T}$ 矩阵为指定值，则式(2-9) 中 $\boldsymbol{M}$ 矩阵为：

$$\boldsymbol{M}=\begin{bmatrix}1 & 0 & \boldsymbol{T}_x\\ 0 & 1 & \boldsymbol{T}_y\\ 0 & 0 & 1\end{bmatrix} \tag{2-10}$$

用图像表达如图 2-1 所示。

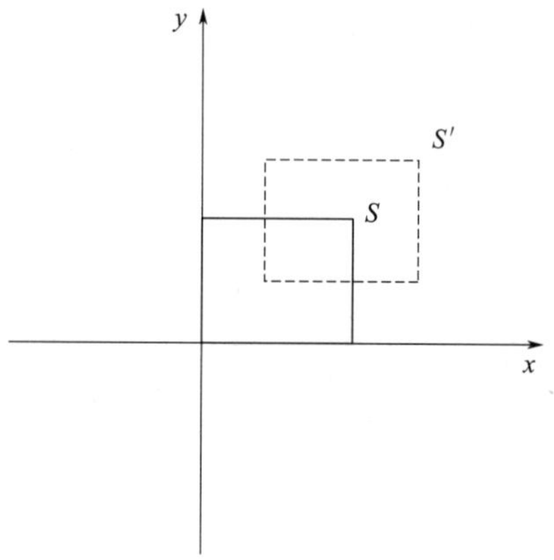

图 2-1　平移变换

(2) 反射变换

反射变换是仿射变换的一种形式，它会将平面上的点关于某个直线进行翻转。在 SLAM 中，反射变换可以用来描述一些场景，如镜面反射或者相机的镜头效应。需要注意的是，反射变换不是一般意义上的仿射变换，因为它不满足仿射变换的平移不变性。也就是说，如果对平面上的点进行反射变换后再进行平移，得到的结果会与先进行平移再进行反射变换的结果不同。

如图 2-2，相对 x 轴反射，则 x 不变，y 变为相反号，则式(2-9) 中 $\boldsymbol{M}$ 矩阵为：

$$\boldsymbol{M}=\begin{bmatrix}1 & 0 & 0\\ 0 & -1 & 0\\ 0 & 0 & 1\end{bmatrix} \tag{2-11}$$

用图像表达如图 2-2 所示。

(3) 旋转变换

在 SLAM 中，旋转变换是指将一个物体绕着某个固定的点或固定的轴进行旋转的变换。在二维空间中，旋转变换可以表示为一个二维矩阵，通常称为旋

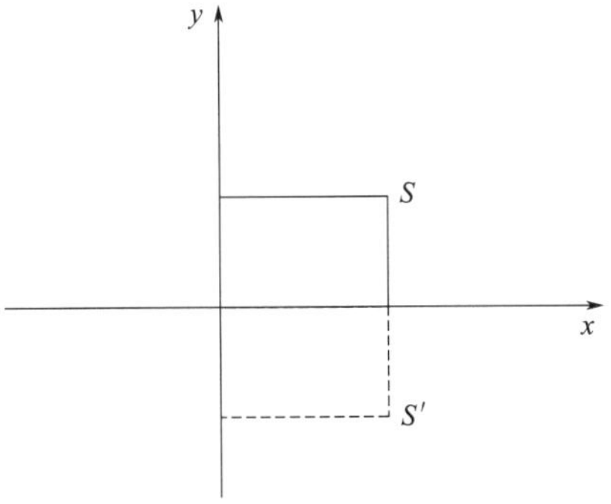

图 2-2　反射变换

转矩阵。以顺时针旋转 θ 为例，式(2-9) 中 $\mathbf{A}$ 矩阵改变，其他参数不变：

$$\mathbf{A}=\begin{bmatrix}\cos\theta & -\sin\theta \\ \sin\theta & \cos\theta\end{bmatrix} \tag{2-12}$$

用图像表达如图 2-3 所示。

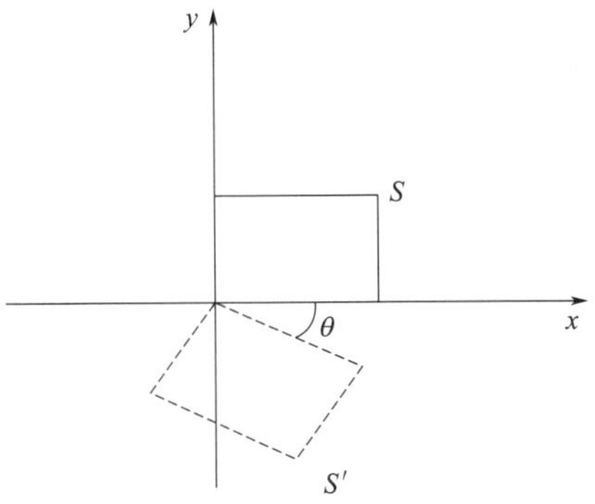

图 2-3　旋转变换

表 2-1 为常见的仿射变换。

表 2-1　常见仿射变换的形式

变换名称	仿射矩阵	实例
原图像	$\begin{bmatrix}1 & 0 & 0 \\ 0 & 1 & 0 \\ 0 & 0 & 1\end{bmatrix}$	
平移	$\begin{bmatrix}1 & 0 & v_x>0 \\ 0 & 1 & v_y=0 \\ 0 & 0 & 1\end{bmatrix}$	

变换名称	仿射矩阵	实例
反射	$\begin{bmatrix} -1 & 0 & 0 \\ 0 & 1 & 0 \\ 0 & 0 & 1 \end{bmatrix}$	
缩放	$\begin{bmatrix} c_x=2 & 0 & 0 \\ 0 & c_y=1 & 0 \\ 0 & 0 & 1 \end{bmatrix}$	
旋转	$\begin{bmatrix} \cos\theta & -\sin\theta & 0 \\ \sin\theta & \cos\theta & 0 \\ 0 & 0 & 1 \end{bmatrix}$	
错切	$\begin{bmatrix} 1 & c_x=0.5 & 0 \\ c_y=0 & 1 & 0 \\ 0 & 0 & 1 \end{bmatrix}$	

2.1.3 仿射变换的性质

在 SLAM 中，仿射变换是指一个线性变换加上一个平移变换。具体来说，假设有两个坐标系 A 和 B，他们之间的仿射变换可以表示为一个 3×3 的矩阵 $\boldsymbol{T}$：

$$\boldsymbol{T}=\begin{bmatrix} \boldsymbol{R} & \boldsymbol{t} \\ 0 & 1 \end{bmatrix} \tag{2-13}$$

式中，$\boldsymbol{R}$ 是 3×3 的旋转矩阵；$\boldsymbol{T}$ 是三维平移向量。$\boldsymbol{T}$ 将坐标系 A 中的点 $\boldsymbol{p}_A$ 转换为坐标系 B 中的点 $\boldsymbol{p}_B$：

$$\boldsymbol{p}_B=\boldsymbol{T}\boldsymbol{p}_A \tag{2-14}$$

仿射变换具有以下性质：

① 保持直线的平行性：在 A 中平行的两条直线在 B 中仍然平行。

② 保持比例关系：在 A 中等比例的线段在 B 中仍然等比例。

③ 保持重心位置不变：在 A 中的点集的重心在 B 中仍然保持不变。

④ 可逆性：如果 $\boldsymbol{T}$ 是一个仿射变换，则 $\boldsymbol{T}^{-1}$ 也是一个仿射变换。

⑤ 仿射变换可以通过三个非共线的点唯一确定。

这些性质在 SLAM 中非常有用，因为它们可以用来约束变换的自由度，从而提高 SLAM 算法的精度和鲁棒性。

2.2 对极约束和 Essential 矩阵、Fundamental 矩阵

对极约束是立体视觉中的一种几何关系。当两个摄像机从两个不同的位置观察三维场景时，三维点及其在二维图像上的投影之间存在许多几何关系，从而产生图像点之间的约束。这些关系是基于针孔相机模型的假设推导出来的。在 SLAM 中，可以从两张图像中得到一对匹配好的特征点，如果有若干对这样的匹配点，就可以通过这些二维图像点的对应关系，恢复出两帧之间摄像机的运动情况，这正是对极约束在 SLAM 中的重要作用。

2.2.1 预备知识（各种坐标转换）

对于一个三维空间点 $P(X,Y,Z)$，根据相机的成像原理，它与对应的图像上的点的像素坐标（u,v）会有这样的对应关系：

$$u=f_x\frac{X}{Z}+c_x \tag{2-15}$$

$$v=f_y\frac{X}{Z}+c_y \tag{2-16}$$

这个关系可以写成矩阵的形式，关系式如下：

$$Z\begin{bmatrix}u\\v\\z\end{bmatrix}=\begin{bmatrix}f_x & 0 & c_x\\0 & f_y & c_y\\0 & 0 & 1\end{bmatrix}\begin{bmatrix}X\\Y\\Z\end{bmatrix}=\boldsymbol{KP} \tag{2-17}$$

式中，$\boldsymbol{K}$ 是相机的内参，它在相机制造后就已经确定了，我们可以通过相机标定来获取它。这样对于 $P(X,Y,Z)$ 来说，有图 2-4。

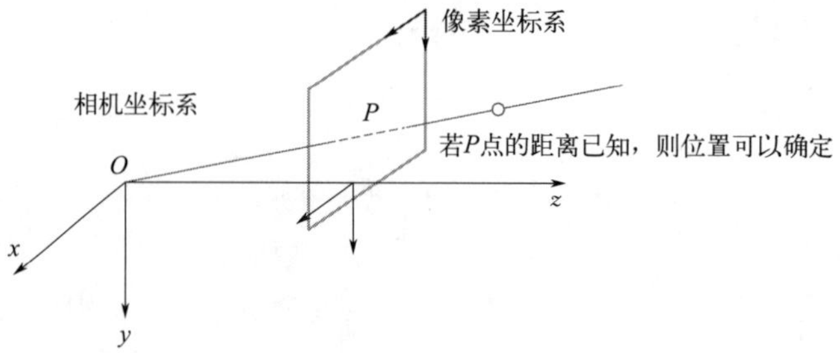

图 2-4　相机坐标系与像素坐标系

我们可以从 P 点的三维坐标，通过相机内参矩阵，很容易算出它在图像上投影点的像素坐标。但关键问题是，如何在知道图像上某点 $P(u,v)$ 的像素坐标的情况下，算出它所对应的点 P 在三维空间中的坐标(X,Y,Z)。我们再看一下三维坐标与像素坐标的对应关系式(2-15) 和式(2-16)，就会发现一个问题：已知像素坐标 (u,v) 和相机内参，也只能求得 X、Y 与 Z 的比值，即 X/Z 和 Y/Z，并不能直接求出来 X、Y、Z 的具体值。对于图 2-4 来说，灰色连线上所有的点，都会投影在同一点 $P(u,v)$ 上，那应该是哪个位置的点呢？

2.2.2　对极几何

上面说了通过一张图像很难知道对应的三维空间点到底在哪，于是有人想到了这样的办法：

在图 2-5 里，p_1 和 p_2 是三维空间点 P 分别在两张图像上的投影点，射线 O_1p_1 和射线 O_2p_2 是点 P 可能的空间位置。我们把 O_1O_2P 组成的平面称为极平面，O_1O_2 称为基线，而 O_1O_2 和两个图像平面的交点 e_1 和 e_2 称为极点，极平面与图像平面的相交线称为极线。

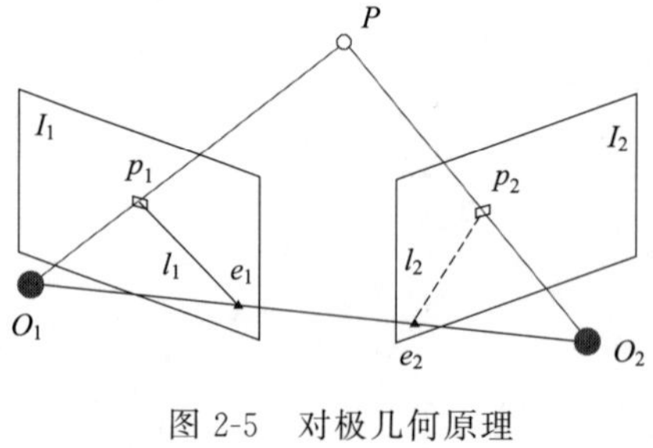

图 2-5　对极几何原理

再整理一下目前未知量和已知量：未知点 P 的位置，第二次拍照或者第二个相机的位置 O_2 是已知的，两个像平面的点 p_1 和 p_2 是已知的，如果再已知 O_1 和 O_2 的空间位置，就能很轻松地知道两条灰色线在哪里交叉，也就能求出点 P 的空间位置。那么反过来，如果我们已知点 P 和相机 O_1 的空间位置，就能求出相机 O_2 的位置。

相机 O_2 是从相机 O_1 的位置运动来的，我们把这个运动拆分成旋转和平移两部分，分别用 $\boldsymbol{R}$ 和 $\boldsymbol{t}$ 来表示。假设点 P 的三维坐标为：

$$\boldsymbol{P}=[X,Y,Z]^{\mathrm{T}} \tag{2-18}$$

那么它和两个像平面的投影 p_1 和 p_2 应该满足式(2-19) 的关系，其中 $\boldsymbol{K}$ 依然表示相机内参，与两投影点具体的约束关系如下：

$$Z\boldsymbol{p}_1=\boldsymbol{KP},\quad Z\boldsymbol{p}_2=\boldsymbol{K}(\boldsymbol{RP}+\boldsymbol{t}) \tag{2-19}$$

前面通过像平面点 $P(u,v)$只能求出 X/Z、Y/Z，不妨设 $Z=1$，相当于在相机前方 $Z=1$ 处设立了一个平面，那么根据之前的公式，这个平面上的点与 $P(u,v)$应该有这样的关系：

$$Z\begin{bmatrix} v \\ u \end{bmatrix}=\boldsymbol{KP}=\boldsymbol{K}\begin{bmatrix} X \\ Y \\ Z \end{bmatrix} \tag{2-20}$$

两边同时除以 Z：

$$\begin{bmatrix} v \\ u \end{bmatrix}=\boldsymbol{KP}=\boldsymbol{K}\begin{bmatrix} X/Z \\ Y/Z \\ 1 \end{bmatrix} \tag{2-21}$$

这样就得到了一个点（$X/Z,Y/Z,1$）和像平面点 $P(u,v)$ 的关系，之前设立的 $Z=1$ 的平面称为归一化平面，而（$X/Z,Y/Z,1$）就是空间点 P 在这个平面上的投影，设这个投影点为 X，于是可以推导 P 在两个相机的归一化平面点 x_1、x_2 与像平面点 p_1、p_2 存在这样的关系：

$$\boldsymbol{x}_1=\boldsymbol{K}^{-1}\boldsymbol{p}_1,\quad \boldsymbol{x}_2=\boldsymbol{K}^{-1}\boldsymbol{p}_2 \tag{2-22}$$

将它代入式(2-19)，能得到：

$$\boldsymbol{x}_2=\boldsymbol{Rx}_1+\boldsymbol{t} \tag{2-23}$$

由 $\boldsymbol{t}$ 可以得到一个它的反对称矩阵 $\boldsymbol{t}^\wedge$（参考李群和李代数）：

$$\boldsymbol{t}=[t_1,t_2,t_3]^{\mathrm{T}},\quad \boldsymbol{t}^\wedge=\begin{bmatrix} 0 & -t_3 & t_2 \\ t_3 & 0 & -t_1 \\ -t_2 & t_1 & 0 \end{bmatrix} \tag{2-24}$$

将式(2-23) 两边同时左乘 $\boldsymbol{t}^\wedge$，然后再左乘$\boldsymbol{x}_2^{\mathrm{T}}$，得到：

$$\boldsymbol{x}_2^{\mathrm{T}}\boldsymbol{t}^\wedge\boldsymbol{x}_2=\boldsymbol{x}_2^{\mathrm{T}}\boldsymbol{t}^\wedge\boldsymbol{Rx}_1 \tag{2-25}$$

式(2-25) 左乘 $\boldsymbol{t}^\wedge$就相当于和 $\boldsymbol{t}$ 做外积，而 $\boldsymbol{t}^\wedge\boldsymbol{x}_2$ 是一个同时与 $\boldsymbol{t}$、$\boldsymbol{x}_2$ 相垂直的向量，因此式(2-25) 等号左边为 0，即：

$$\boldsymbol{x}_2^{\mathrm{T}}\boldsymbol{t}^\wedge\boldsymbol{Rx}_1=0 \tag{2-26}$$

再把 $\boldsymbol{x}_1=\boldsymbol{K}^{-1}\boldsymbol{p}_1$ 和 $\boldsymbol{x}_2=\boldsymbol{K}^{-1}\boldsymbol{p}_2$ 代入式(2-26)，得到：

$$p_2^T K^{-T} t^\wedge R K^{-1} p_1 = 0 \tag{2-27}$$

这时候发现，不需要知道 P 点的空间位置也不需要真正利用归一化平面，只需要知道 p_1 和 p_2，即两张图上同一点的像素坐标，以及相机的内参矩阵 $\boldsymbol{K}$，就可以求解两张图之间相机的运动 $\boldsymbol{R}$、$\boldsymbol{t}$ 了！把中间的部分记作两个矩阵：本质矩阵 $\boldsymbol{E}$、基础矩阵 $\boldsymbol{F}$，则有：

$$\boldsymbol{E} = \boldsymbol{t}^\wedge \boldsymbol{R}, \boldsymbol{F} = \boldsymbol{K}^{-T} \boldsymbol{E} \boldsymbol{K}^{-1} \tag{2-28}$$

$$\boldsymbol{x}_2^T \boldsymbol{E} \boldsymbol{x}_1 = \boldsymbol{p}_2^T \boldsymbol{F} \boldsymbol{p}_1 = 0 \tag{2-29}$$

可以看出，本质矩阵 $\boldsymbol{E}$、基础矩阵 $\boldsymbol{F}$ 的差距只有相机内参 $\boldsymbol{K}$，而 $\boldsymbol{K}$ 是可以通过相机标定获得的，两个矩阵求出一个就能求出另一个，而这两个矩阵就包含着想要求解的相机运动 $\boldsymbol{R}$、$\boldsymbol{t}$。

2.2.3 本质矩阵和基础矩阵

上面说过，本质矩阵 $\boldsymbol{E}$、基础矩阵 $\boldsymbol{F}$，得其一就可以求解相机的运动。我们再来看一下刚才得到的结论：

$$\boldsymbol{x}_2^T \boldsymbol{E} \boldsymbol{x}_1 = 0 \tag{2-30}$$

式中，$\boldsymbol{x}_1$、$\boldsymbol{x}_2$ 是点 P 在对应的两个相机的归一化平面的坐标，为了方便描述，我们使用 $\boldsymbol{x}_1 = [u_1, v_1, 1]^T$ 的形式来表示它；$\boldsymbol{E}$ 是我们需要求解的本质矩阵，那么可这样表示：

$$\boldsymbol{E} = \begin{bmatrix} e_1 & e_2 & e_3 \\ e_4 & e_5 & e_6 \\ e_7 & e_8 & e_9 \end{bmatrix} \tag{2-31}$$

于是之前的式子变成这样：

$$[u_2, v_2, 1] \begin{bmatrix} e_1 & e_2 & e_3 \\ e_4 & e_5 & e_6 \\ e_7 & e_8 & e_9 \end{bmatrix} \begin{bmatrix} u_1 \\ v_1 \\ 1 \end{bmatrix} = 0 \tag{2-32}$$

把矩阵 $\boldsymbol{E}$ 展开，写成向量的形式：

$$\boldsymbol{e} = [e_1, e_2, e_3, e_4, e_5, e_6, e_7, e_8, e_9]^T \tag{2-33}$$

那么，对极约束可以写成与 $\boldsymbol{e}$ 有关的线性形式：

$$[u_1 u_2, u_1 v_2, u_1, v_1 u_2, v_1 v_2, v_1, u_2, v_2, 1] \cdot \boldsymbol{e} = 0 \tag{2-34}$$

同理，对于其他点对也有相同的表示。把所有点都放到一个方程中，则变成线性方程组（u_i、v_i 表示第 i 个特征点，以此类推）：

$$\begin{bmatrix} u_1^1u_2^1 & u_1^1v_2^1 & u_1^1 & v_1^1u_2^1 & v_1^1v_2^1 & v_1^1 & u_2^1 & v_2^1 & 1 \\ u_1^2u_2^2 & u_1^2v_2^2 & u_1^2 & v_1^2u_2^2 & v_1^2v_2^2 & v_1^2 & u_2^2 & v_2^2 & 1 \\ \vdots & \vdots & \vdots & \vdots & \vdots & \vdots & \vdots & \vdots & \vdots \\ u_1^8u_2^8 & u_1^8v_2^8 & u_1^8 & v_1^8u_2^8 & v_1^8v_2^8 & v_1^8 & u_2^8 & v_2^8 & 1 \end{bmatrix} \begin{bmatrix} e_1 \\ e_2 \\ e_3 \\ e_4 \\ e_5 \\ e_6 \\ e_7 \\ e_8 \\ e_9 \end{bmatrix} = 0$$

这 8 个方程构成了一个线性方程组。它的系数矩阵由特征点位置构成，大小为 8×9。$\boldsymbol{e}$ 位于该矩阵的零空间中。如果系数矩阵是满秩的（即秩为 8），那么它的零空间维数为 1，也就是 $\boldsymbol{e}$ 构成一条线。这与 $\boldsymbol{e}$ 的尺度等价性是一致的。如果八对匹配点组成的矩阵满足秩为 8 的条件，那么 $\boldsymbol{E}$ 的各元素就可由上述方程解得。接下来的问题是，如何根据已经估得的本质矩阵 $\boldsymbol{E}$ 恢复出相机的运动 $\boldsymbol{R}$、$\boldsymbol{t}$。这个过程是由奇异值分解（SVD）得到的。

2.3 SVD 奇异值分解

在 2.2 节中，我们利用极几何求出了相关的位姿信息，这个问题可以用迭代最近点（Iterative Closest Point，ICP）求解。读者应该注意到，3D 位姿估计问题中，并没有出现相机模型，也就是说，仅考虑两组 3D 点之间的变换时和相机并没有关系。因此，在激光 SLAM 中也会碰到 ICP，不过由于激光数据特征不够丰富，我们无从知道两个点集之间的匹配关系，只能认为距离最近的两个点为同一个，所以这个方法称为迭代最近点。而在计算机视觉中，特征点为我们提供了较好的匹配关系，所以整个问题就变得更简单了。在 RGB-D SLAM 中，可以用这种方式估计相机位姿。下面我们用 ICP 指代匹配好的两组点间运动估计问题。和 PnP 类似，ICP 的求解也分为两种方式：利用线性代数的求解（主要是 SVD）、利用非线性优化方式的求解（类似于 Bundle Adjustment）。

2.3.1 预备知识

回顾一下本质矩阵 $\boldsymbol{E}$ 的定义：

$$\boldsymbol{E} = \boldsymbol{t}^{\wedge}\boldsymbol{R} \tag{2-35}$$

式中，$\boldsymbol{t}^{\wedge}$是由平移向量 $\boldsymbol{t}$ 生成的一个反对称矩阵，根据反对称矩阵的性质可以把这个反对称矩阵表示成：

$$\boldsymbol{t}^{\wedge} = k\boldsymbol{UZU}^{\mathrm{T}} \tag{2-36}$$

式中，$\boldsymbol{U}$ 是一个正交矩阵；k 是一个实数；$\boldsymbol{Z}$ 是下面这个矩阵（反对称矩阵分解的性质)：

$$\boldsymbol{Z}=\begin{bmatrix}0 & 1 & 0\\ -1 & 0 & 0\\ 0 & 0 & 0\end{bmatrix} \tag{2-37}$$

设 $\boldsymbol{U}$ 为：

$$\boldsymbol{U}=\begin{bmatrix}u_1 & u_2 & u_3\\ u_4 & u_5 & u_6\\ u_7 & u_8 & u_9\end{bmatrix} \tag{2-38}$$

那么式(2-36) 可以写成：

$$k\boldsymbol{UZU}^{\mathrm{T}}=\begin{bmatrix}u_1 & u_2 & u_3\\ u_4 & u_5 & u_6\\ u_7 & u_8 & u_9\end{bmatrix}\begin{bmatrix}0 & 1 & 0\\ -1 & 0 & 0\\ 0 & 0 & 0\end{bmatrix}\begin{bmatrix}u_1 & u_4 & u_7\\ u_2 & u_5 & u_8\\ u_3 & u_6 & u_9\end{bmatrix} \tag{2-39}$$

计算可得：

$$k\boldsymbol{UZU}^{\mathrm{T}}=k\begin{bmatrix}0 & u_1u_5-u_2u_4 & u_1u_8-u_2u_7\\ u_2u_4-u_1u_5 & 0 & u_4u_8-u_5u_7\\ u_2u_7-u_1u_8 & u_5u_7-u_4u_8 & 0\end{bmatrix} \tag{2-40}$$

这是一个反对称矩阵，说明式(2-36) 是成立的，这样就能把求解 $\boldsymbol{t}^{\wedge}$转化成了求解 $\boldsymbol{U}$，那么如何找到这样一个 $\boldsymbol{U}$ 呢？答案是奇异值分解 (SVD)。

2.3.2 奇异值分解

回顾一下特征值分解，如果有一个 $m\times m$ 的实对称矩阵 $\boldsymbol{A}$，那么这个 $\boldsymbol{A}$ 可以被分解为：

$$\boldsymbol{A}=\boldsymbol{Q\Sigma Q}^{\mathrm{T}} \tag{2-41}$$

式中，$\boldsymbol{Q}$ 是标准正交阵，其列向量为 $\boldsymbol{A}$ 的特征向量；$\boldsymbol{\Sigma}$ 是一个只有主对角元素非零且对角线元素是由大到小排列的 $\boldsymbol{A}$ 的特征值的对角矩阵。这个例子中，矩阵 $\boldsymbol{A}$ 比较特殊，如果有一个一般性的矩阵，是否也能做类似的操作呢？这个操作就是奇异值分解。对于一个 $m\times n$ 的实数矩阵 $\boldsymbol{A}$，进行奇异值分解，可以得到：

$$\boldsymbol{A}=\boldsymbol{U\Sigma V}^{\mathrm{T}} \tag{2-42}$$

分解的结果是：得到了 $m\times m$ 的矩阵 $\boldsymbol{U}$ 和 $n\times n$ 的矩阵 $\boldsymbol{V}$，它们都是正交矩阵，而中间的 $\boldsymbol{\Sigma}$ 则是一个 $m\times n$ 的、仅在主对角线有值的矩阵，我们称这些值为奇异值。对于原矩阵与分解结果，又有这样的关系：

$$\boldsymbol{AA}^{\mathrm{T}}=\boldsymbol{U\Sigma V}^{\mathrm{T}}\boldsymbol{V\Sigma}^{\mathrm{T}}\boldsymbol{U}^{\mathrm{T}}=\boldsymbol{U\Sigma\Sigma}^{\mathrm{T}}\boldsymbol{U}^{\mathrm{T}} \tag{2-43}$$

$$\boldsymbol{A}^{\mathrm{T}}\boldsymbol{A}=\boldsymbol{V\Sigma}^{\mathrm{T}}\boldsymbol{U}^{\mathrm{T}}\boldsymbol{U\Sigma V}^{\mathrm{T}}=\boldsymbol{V\Sigma}^{\mathrm{T}}\boldsymbol{\Sigma V}^{\mathrm{T}} \tag{2-44}$$

这两个式子和上面的特征值分解形式上非常相似，并且 $\boldsymbol{AA}^{\mathrm{T}}$、$\boldsymbol{A}^{\mathrm{T}}\boldsymbol{A}$ 分别是 $m\times m$、$n\times n$ 的两个对称矩阵，$\boldsymbol{\Sigma\Sigma}^{\mathrm{T}}$、$\boldsymbol{\Sigma}^{\mathrm{T}}\boldsymbol{\Sigma}$ 也分别是 $m\times m$、$n\times n$ 的、只有主对角线有值且值为 $\boldsymbol{A}$ 的奇异值的矩阵。可以发现，对 $\boldsymbol{AA}^{\mathrm{T}}$、$\boldsymbol{A}^{\mathrm{T}}\boldsymbol{A}$ 分别做特征值

分解，求出的特征矩阵就分别为 $\boldsymbol{U}$ 和 $\boldsymbol{V}^{\mathrm{T}}$ 了！对本质矩阵 $\boldsymbol{E}$ 做奇异值分解，可以得到：

$$\boldsymbol{E}=\boldsymbol{U\Sigma V}^{\mathrm{T}} \tag{2-45}$$

通过上面的方法，可以求出其中的 $\boldsymbol{U}$、$\boldsymbol{\Sigma}$ 和 $\boldsymbol{V}^{\mathrm{T}}$。可是这有什么用呢？我们再回过头看看本质矩阵 $\boldsymbol{E}$、平移 $\boldsymbol{t}$、旋转 $\boldsymbol{R}$ 之间的关系：

$$\boldsymbol{E}=\boldsymbol{t}^{\wedge}\boldsymbol{R} \tag{2-46}$$

$$\boldsymbol{t}^{\wedge}=k\boldsymbol{UZU}^{\mathrm{T}} \tag{2-47}$$

$$\boldsymbol{E}=k\boldsymbol{UZU}^{\mathrm{T}}\boldsymbol{R} \tag{2-48}$$

对其中的 $\boldsymbol{Z}$，引入一个正交矩阵 $\boldsymbol{W}$，来把它做以下变形：

$$\boldsymbol{Z}=\begin{bmatrix}0 & 1 & 0\\ -1 & 0 & 0\\ 0 & 0 & 0\end{bmatrix}=\mathrm{diag}(1,1,0)\begin{bmatrix}0 & -1 & 0\\ 1 & 0 & 0\\ 0 & 0 & 1\end{bmatrix}=\mathrm{diag}(1,1,0)\boldsymbol{W} \tag{2-49}$$

式中，diag(1,1,0) 表示一个只有主对角线有值，且分别为 1、1、0 的 3×3 矩阵，于是本质矩阵 $\boldsymbol{E}$ 变成：

$$\boldsymbol{E}=\boldsymbol{t}^{\wedge}\boldsymbol{R}=k\boldsymbol{UZU}^{\mathrm{T}}\boldsymbol{R}=k\boldsymbol{U}\mathrm{diag}(1,1,0)\boldsymbol{WU}^{\mathrm{T}}\boldsymbol{R} \tag{2-50}$$

观察式(2-50)，其中 k 由于 $\boldsymbol{E}$ 的尺度不定性可以去掉。$\boldsymbol{W}$、$\boldsymbol{U}^{\mathrm{T}}$、$\boldsymbol{R}$ 都是正交矩阵，它们的组合也是一个正交矩阵，记作 $\boldsymbol{V}^{\mathrm{T}}$，有：

$$\boldsymbol{E}=\boldsymbol{t}^{\wedge}\boldsymbol{R}=\boldsymbol{U}\mathrm{diag}(1,1,0)\boldsymbol{V}^{\mathrm{T}} \tag{2-51}$$

对比关于 $\boldsymbol{E}$ 的奇异值分解结果：

$$\boldsymbol{E}=\boldsymbol{U\Sigma V}^{\mathrm{T}} \tag{2-52}$$

式(2-51) 和式(2-52) 中的 $\boldsymbol{U}$ 和 $\boldsymbol{V}^{\mathrm{T}}$ 均是 3×3 正交矩阵，diag(1,1,0) 和 $\boldsymbol{\Sigma}$ 均是仅有主对角线有值的 3×3 矩阵，也就是说，只要把本质矩阵 $\boldsymbol{E}$ 进行奇异值分解，就可以得到式(2-51) 中的 $\boldsymbol{U}$ 和 $\boldsymbol{V}^{\mathrm{T}}$。

现在唯一的疑问就是 diag(1,1,0) 和 $\boldsymbol{\Sigma}$ 是否对应。其实我们能够证明，本质矩阵 $\boldsymbol{E}$ 是具有两个相等奇异值的矩阵，并且由于 $\boldsymbol{E}$ 的尺度不定性，完全可以将两个奇异值设为 1，具体可以参考 SVD 分解与矩阵的迹。

本质矩阵 $\boldsymbol{E}$、平移 $\boldsymbol{t}$、旋转 $\boldsymbol{R}$ 的关系，其实就是将 $\boldsymbol{E}$ 进行奇异值分解后的结果。进而可以通过分解后的 $\boldsymbol{U}$ 求出平移 $\boldsymbol{t}^{\wedge}$：

$$\boldsymbol{t}^{\wedge}=k\boldsymbol{UZU}^{\mathrm{T}} \tag{2-53}$$

最后通过自定的 $\boldsymbol{W}$ 分解出 $\boldsymbol{V}^{\mathrm{T}}$，求得旋转 $\boldsymbol{R}$：

$$\boldsymbol{V}^{\mathrm{T}}=\boldsymbol{WU}^{\mathrm{T}}\boldsymbol{R} \tag{2-54}$$

但这里还有一个问题，就是通过 $\boldsymbol{U}$ 来表示 $\boldsymbol{t}^{\wedge}$时，我们设定 $\boldsymbol{Z}$ 为：

$$\boldsymbol{Z}=\begin{pmatrix}0 & 1 & 0\\ -1 & 0 & 0\\ 0 & 0 & 0\end{pmatrix}\text{或者 }\boldsymbol{Z}=\begin{pmatrix}0 & -1 & 0\\ 1 & 0 & 0\\ 0 & 0 & 0\end{pmatrix} \tag{2-55}$$

都能满足要求［实际上是 $\boldsymbol{E}$ 的分解有 diag(1,1,0) 和 diag(−1,−1,0) 两种情况］，这就造成了我们最终求得的 $\boldsymbol{t}^{\wedge}$共有两种，对应的 $\boldsymbol{R}$ 也有两种，共计四组解：

$$\boldsymbol{t}_1^{\wedge}=k\boldsymbol{U}\mathrm{diag}(1,1,0)\boldsymbol{WU}^{\mathrm{T}} \tag{2-56}$$

$$\boldsymbol{t}_2^{\wedge}=k\boldsymbol{U}\mathrm{diag}(-1,-1,0)\boldsymbol{WU}^{\mathrm{T}} \tag{2-57}$$

这四组解实际上分别是图 2-6 的四种情况。

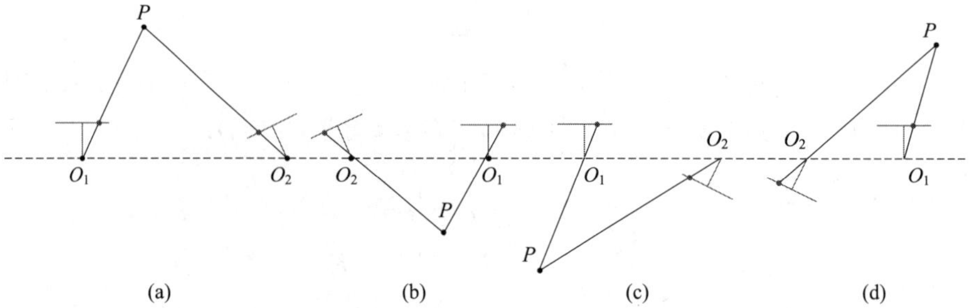

图 2-6　P 点对应的四种情况

我们都知道三维点 P 的深度只可能大于零，所以最后能正确筛选出正确的解。

总结：

通过对极几何，两张图像上对应点 p_1 和 p_2 以及与相机的旋转 $\boldsymbol{R}$、平移 $\boldsymbol{t}$ 存在这样的关系：

$$\boldsymbol{p}_2^{\mathrm{T}}\boldsymbol{K}^{-\mathrm{T}}\boldsymbol{t}^{\wedge}\boldsymbol{R}\boldsymbol{K}^{-1}\boldsymbol{p}_1=0 \tag{2-58}$$

$$\boldsymbol{E}=\boldsymbol{t}^{\wedge}\boldsymbol{R},\boldsymbol{F}=\boldsymbol{K}^{-\mathrm{T}}\boldsymbol{E}\boldsymbol{K}^{-1} \tag{2-59}$$

$$\boldsymbol{x}_2^{\mathrm{T}}\boldsymbol{E}\boldsymbol{x}_1=\boldsymbol{p}_2^{\mathrm{T}}\boldsymbol{F}\boldsymbol{p}_1=0 \tag{2-60}$$

其中，本质矩阵 $\boldsymbol{E}$ 可以通过找到两张图中的 8 对两两对应的图像点，通过八点法求解得出，而本质矩阵 $\boldsymbol{E}$ 通过奇异值分解（SVD）可求解出旋转 $\boldsymbol{R}$ 以及平移 $\boldsymbol{t}$。

2.4 单应性

在计算机视觉中，单应性（Homography）是指一种二维图像变换，将一张图像中的像素点映射到另一张图像中对应的像素点。在 SLAM 中，单应性通常被用来对两张图像之间的对应关系进行建模，用来估计相机的运动以及场景的几何结构。通过在两张图像之间寻找对应的特征点，并使用这些特征点计算单应性矩阵，可以估计相邻帧之间的相机运动。如果已知场景中的一些点的位置，也可以使用单应性矩阵来将这些点从一个图像投影到另一个图像中，从而进行地图构建。单应性矩阵通常使用线性代数方法进行计算。在实际应用中，为了提高精度，可能需要使用迭代优化方法对单应性进行微调。总之，单应性在 SLAM 中扮演着非常重要的角色，它能够帮助我们理解相邻帧之间的相机运动以及场景的几何结构，是实现视觉 SLAM 的重要基础之一。

除了基本矩阵和本质矩阵，还有一种矩阵称为单应矩阵（Homography）$\boldsymbol{H}$，它描述了两个平面之间的映射关系。若场景中的特征点都落在同一平面上（如墙、地面等），则可以通过单应性来进行运动估计。这种情况在无人机携带的俯视相机或扫地机器人携带的顶视相机中比较常见。

由于之前没提到过单应性，我们稍微介绍一下。

单应矩阵通常描述处于共同平面上的一些点在两张图像之间的变换关系（图 2-7）。考虑图像 I_1 和 I_2 有一对匹配好的特征点 p_1 和 p_2，这些特征点落在某平面上，则这个平面满足方程：

$$\boldsymbol{n}^{\mathrm{T}}\boldsymbol{P}+d=0$$

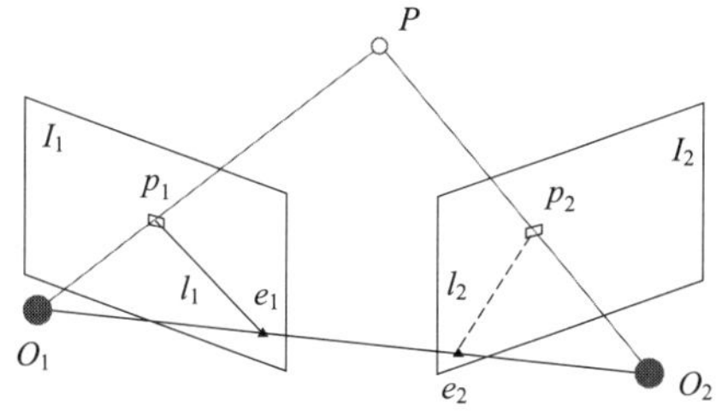

图 2-7　单应变换图解

稍加整理，得：

$$-\frac{\boldsymbol{n}^{\mathrm{T}}\boldsymbol{P}}{d}=1 \tag{2-61}$$

然后，回顾式(2-19)，得：

$$\begin{aligned}\boldsymbol{p}_2&=\boldsymbol{K}(\boldsymbol{R}\boldsymbol{P}+\boldsymbol{t})\\&=\boldsymbol{K}\left[\boldsymbol{R}\boldsymbol{P}+\boldsymbol{t}\left(-\frac{\boldsymbol{n}^{\mathrm{T}}\boldsymbol{P}}{d}\right)\right]\\&=\boldsymbol{K}\left(\boldsymbol{R}-\frac{\boldsymbol{t}\boldsymbol{n}^{\mathrm{T}}}{d}\right)\boldsymbol{P}\\&=\boldsymbol{K}\left(\boldsymbol{R}-\frac{\boldsymbol{t}\boldsymbol{n}^{\mathrm{T}}}{d}\right)\boldsymbol{K}^{-1}\boldsymbol{p}_1\end{aligned} \tag{2-62}$$

于是，可以得到一个直接描述图像坐标 p_1 和 p_2 之间的变换，把中间这部分记为 $\boldsymbol{H}$，有：

$$\boldsymbol{p}_2=\boldsymbol{H}\boldsymbol{p}_1 \tag{2-63}$$

它的定义与旋转、平移以及平面的参数有关。与基础矩阵 $\boldsymbol{F}$ 类似，单应矩阵 $\boldsymbol{H}$ 也是一个 3×3 的矩阵，求解时的思路也和 $\boldsymbol{F}$ 类似。同样地，可以先根据匹配点计算 $\boldsymbol{H}$，然后将它分解以计算旋转和平移。把式(2-63) 展开，得：

$$\begin{bmatrix}u_2\\v_2\\1\end{bmatrix}=\begin{bmatrix}h_1&h_2&h_3\\h_4&h_5&h_6\\h_7&h_8&h_9\end{bmatrix}\begin{bmatrix}u_1\\v_1\\1\end{bmatrix} \tag{2-64}$$

注意，这里的等号是在非零因子下成立的。在实际处理中，通常乘以一个非零因子使得 $h_9=1$（在它取非零值时）。然后根据第三行，去掉这个非零因子，于是有：

$$u_2=\frac{h_1u_1+h_2v_1+h_3}{h_7u_1+h_8v_1+h_9} \tag{2-65}$$

$$v_2=\frac{h_4u_1+h_5v_1+h_6}{h_7u_1+h_8v_1+h_9} \tag{2-66}$$

整理得：

$$h_1u_1+h_2v_1+h_3-h_7u_1u_2-h_8v_1u_2=u_2 \tag{2-67}$$

$$h_4u_1+h_5v_1+h_6-h_7u_1v_2-h_8v_1v_2=v_2 \tag{2-68}$$

这样一组匹配点对就可以构造出两项约束（事实上有三个约束，但是因为线性相关，只取前两个），于是自由度为 8 的单应矩阵可以通过 4 对匹配特征点算出（注意这些特征点不能有三点共线情况），即求解以下的线性方程组（当 $h_9=0$ 时，右侧为零）：

$$\begin{bmatrix} u_1^1 & v_1^1 & 1 & 0 & 0 & 0 & -u_1^1u_2^1 & -v_1^1u_2^1 \\ 0 & 0 & 0 & u_1^1 & v_1^1 & 1 & -u_1^1v_2^1 & -v_1^1v_2^1 \\ u_1^2 & v_1^2 & 1 & 0 & 0 & 0 & -u_1^2u_2^2 & -v_1^2u_2^2 \\ 0 & 0 & 0 & u_1^2 & v_1^2 & 1 & -u_1^2v_2^2 & -v_1^2v_2^2 \\ u_1^3 & v_1^3 & 1 & 0 & 0 & 0 & -u_1^3u_2^3 & -v_1^3u_2^3 \\ 0 & 0 & 0 & u_1^3 & v_1^3 & 1 & -u_1^3v_2^3 & -v_1^3v_2^3 \\ u_1^4 & v_1^4 & 1 & 0 & 0 & 0 & -u_1^4u_2^4 & -v_1^4u_2^4 \\ 0 & 0 & 0 & u_1^4 & v_1^4 & 1 & -u_1^4v_2^4 & -v_1^4v_2^4 \end{bmatrix} \begin{bmatrix} h_1 \\ h_2 \\ h_3 \\ h_4 \\ h_5 \\ h_6 \\ h_7 \\ h_8 \end{bmatrix} = \begin{bmatrix} u_2^1 \\ v_2^1 \\ u_2^2 \\ v_2^2 \\ u_2^3 \\ v_2^3 \\ u_2^4 \\ v_2^4 \end{bmatrix} \tag{2-69}$$

这种做法把 $\boldsymbol{H}$ 矩阵看成了向量，通过解该向量的线性方程来恢复 $\boldsymbol{H}$，又称直接线性变换法（Direct Linear Transform）。与本质矩阵相似，求出单应矩阵以后需要对其进行分解，才可以得到相应的旋转矩阵 $\boldsymbol{R}$ 和平移向量 $\boldsymbol{t}$。分解的方法包括数值法与解析法。与本质矩阵的分解类似，单应矩阵的分解同样会返回四组旋转矩阵与平移向量，并且同时可以计算出它们分别对应的场景点所在平面的法向量。如果已知成像的地图点的深度全为正值（即在相机前方），则又可以排除两组解。最后仅剩两组解，这时需要通过更多的先验信息进行判断。通常我们可以通过假设已知场景平面的法向量来解决，如场景平面与相机平面平行，那么法向量 $\boldsymbol{n}$ 的理论值为 1^{T}。单应性在 SLAM 中具重要意义。当特征点共面，或者相机发生纯旋转的时候，基础矩阵的自由度下降，这就出现了所谓的退化（Degenerate）。现实中的数据总包含一些噪声，这时候如果我们继续使用八点法求解基础矩阵，基础矩阵多余出来的自由度将会主要由噪声决定。为了能够避免退化现象造成的影响，通常我们会同时估计基础矩阵 $\boldsymbol{F}$ 和单应矩阵 $\boldsymbol{H}$，选择重投影误差比较小的那个作为最终的运动估计矩阵。

2.5 Homography、Essential 矩阵在共面、非共面及旋转场景中的应用

相信大家对于 Homography、Fundamental、Essential 矩阵已经有了一定认知，如单应性（Homography）矩阵（如下所示 $\boldsymbol{E}$ 为单位矩阵）可以为：

$$\boldsymbol{H}_{ba}=\boldsymbol{K}_b\left(\boldsymbol{R}_{ba}-\frac{\boldsymbol{t}_{ba}\boldsymbol{n}_a^{\mathrm{T}}}{d_a}\right)\boldsymbol{K}_a^{-1}=\boldsymbol{K}_b\boldsymbol{R}_{ba}\left(\boldsymbol{E}+\frac{1}{d_a}\cdot\boldsymbol{t}_{ab}\boldsymbol{n}_a^{\mathrm{T}}\right)\boldsymbol{K}_a^{-1} \tag{2-70}$$

式中，$\boldsymbol{K}_a$、$\boldsymbol{K}_b$ 是两个相机的内参；d_a 是相机坐标系 a 到特征点平面的距离；$\boldsymbol{n}$ 是特征点平面法向量；$\boldsymbol{R}_{ba}$、$\boldsymbol{t}_{ba}$ 是相机坐标系 a 到相机坐标系 b 的旋转矩阵与平移矩阵。

另外，再来看看本质矩阵 Essential 以及基本矩阵 Fundamental：

$$\boldsymbol{E}_{ba}=\boldsymbol{t}_{ba}^{\wedge}\boldsymbol{R}_{ba}=\boldsymbol{t}_{ba}\times\boldsymbol{R}_{ba},\boldsymbol{p}_a^{\mathrm{T}}\boldsymbol{E}_{ba}\boldsymbol{p}_b=0 \tag{2-71}$$

$$\boldsymbol{F}_{ba}=(\boldsymbol{K}_b^{-\mathrm{T}}\boldsymbol{E}_{ba}\boldsymbol{K}_a^{-1}),\boldsymbol{v}_a^{\mathrm{T}}\boldsymbol{F}_{ba}\boldsymbol{v}_b=0 \tag{2-72}$$

需要注意，上面的 $\boldsymbol{p}_a$、$\boldsymbol{p}_b$ 是归一化之后的图像坐标，$\boldsymbol{v}_a$、$\boldsymbol{v}_b$ 为像素坐标。从上面的式子中可以很明显地看到，在已知 a、b 摄像头内参的情况下，可以把 $\boldsymbol{F}$ 换成 $\boldsymbol{E}$ 矩阵，然后再进行处理，一般在工程中也是这样做的。那么下面就来详细地讨论一下单应性矩阵 Homography 以及本质矩阵 Essential 在不同场景中的应用。

2.5.1 Homography 应用

首先来看一下单应性 Homography 矩阵，根据前文已经知道，Homography 矩阵是由特征点所在平面推导而来，其平面参数就是式(2-70) 中的 d_a 和 $\boldsymbol{n}_a$。既然是由特征点共面推导而来，那么它的适用场景肯定是特征点共面。但是这里存在一个问题，例如，在三维空间中有 4 个特征点共面，并且已知其分别在相机 a、b 的投影（归一化图像坐标）。这样根据两个相机的投影图像，可以获得 4 对匹配特征点的图像坐标，就可以求解出 $\boldsymbol{H}$ 矩阵。此时，在投影图像 a 中选取一个非共面图像坐标（该坐标对应的三维点，与之前的 4 个三维点不在同一平面），使用 $\boldsymbol{H}$ 矩阵就能求解出投影图像 b 中对应的坐标。简单来说，就是由共面的 4 对匹配点计算出来的 $\boldsymbol{H}$ 矩阵，应用在不共面的图像坐标上，这个时候，会造成什么样的后果，或者说什么样的误差？这个误差是否可以求解？求解出来之后我们是否能够纠正呢？

(1) 纯旋转

首先观察式(2-70)，当 $t_{ba}=0$，可以发现式(2-70) 变成：

$$\boldsymbol{H}_{ba}=\boldsymbol{K}_b\boldsymbol{R}_{ba}\boldsymbol{K}_a^{-1} \tag{2-73}$$

也就是说，当两个相机坐标系原点相同，或者说同一相机在仅旋转的情况下，$\boldsymbol{H}_{ba}$ 与深度是没有关系的，无论选取的是三维空间中的哪个点，使用 $\boldsymbol{H}_{ba}$ 矩阵，都能完美地从图像坐标系 a 转换到图像坐标系 b 中。但是从另外一个角度来说，如果位移 $\boldsymbol{t}_{ba}=0$（或者为无穷趋近于 0 时候），则无法计算出深度 d_a，这个问题在后面会进行讲解。所以，在做全景拼接的时候，要尽量只用纯旋转。

(2) 非纯旋转

如果其为非共面点，也非纯旋转，那么会造成什么样的影响呢？如图 2-8 所示，假设 p' 为非共面的点，首先连接其相机坐标系 O_1 的原点，其与投影平面相交于 x_1。这个时候可以这样理解，x_1 代表的是三维空间中的 p 点。根据前面来推导，已经知道齐次坐标是具备尺度不变性的，那么点 x_1 与点 p' 的意义是一样的，都可以认为是 p 点在不同平面的投影（主要跟坐标 z 相关）。如果已知 x_1 坐标，然后通过齐次坐标，利用共面点求解出来的 $\boldsymbol{H}_{21}$ 计算出在上述图像中的投影为 x_2。因为 $\boldsymbol{H}_{21}$ 会强制 p'落到三维平面上，也就是当作 p 点来对待，这样投影到图像中就成了点 x_2。但是根据对极几何的原理，其应该是 x_2'，如果在已知 $\boldsymbol{R}_{21}$ 与 $\boldsymbol{t}_{21}$ 的情况下，通过如下公式，可以计算出点 x_2'：

$$\boldsymbol{x}_2'=\boldsymbol{R}_{21}\boldsymbol{x}_1+\boldsymbol{t}_{21} \tag{2-74}$$

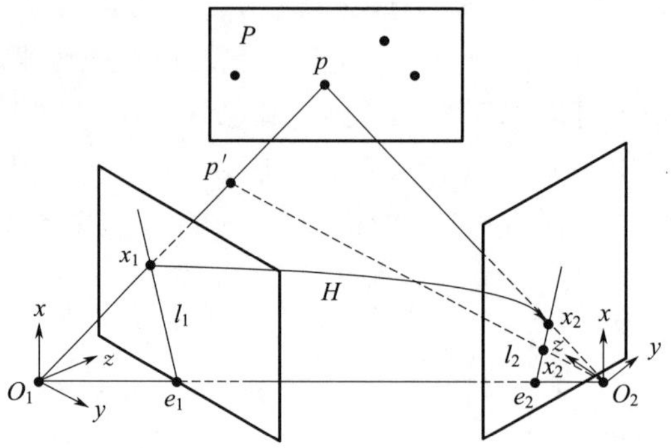

图 2-8　非纯旋转条件下的单应性

另外：

$$\boldsymbol{x}_2=\boldsymbol{H}_{21}\boldsymbol{x}_1 \tag{2-75}$$

2.5.2　Essential 应用

显然，x_2、x_2'是位于极线上的，它们的坐标如果都知道，就能够得到极线方程，其上一个点 p'确定一条直线，如果还有另外一个非共面的点，那么就能够再确定一条极线。新的图示如图 2-9 所示。

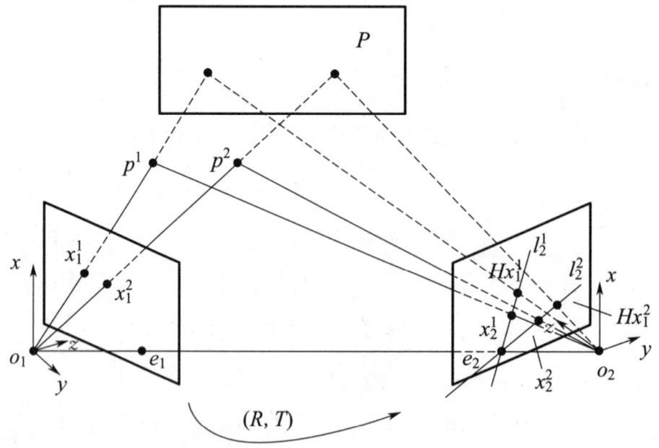

图 2-9　本质矩阵的应用

如果能够确定联调极线，那么极点 e_2 也就被确定了。极点确定了，$\boldsymbol{H}_{21}$ 也知道，那么不使用本质矩阵，也可以构建极线几何。这就是六点法，四个共面

的点确定 $\boldsymbol{H}$，再由两个非共面的点确定极点。但是八点法计算求解本征矩阵不能应用于共面的情形，利用“向量叉乘自己结果为0”这条性质即可推导：

$$\boldsymbol{x}_2=\boldsymbol{H}_{21}\boldsymbol{x}_1 \Rightarrow \boldsymbol{x}_2\boldsymbol{H}_{21}\boldsymbol{x}_1=0$$

另外，任意三维向量 $\boldsymbol{v}$ 和 $\boldsymbol{x}_2$ 的叉乘肯定垂直于向量 $\boldsymbol{x}_2$，且由于共面，所以有：

$$\boldsymbol{v}\times\boldsymbol{x}_2\perp\boldsymbol{H}_{21}\boldsymbol{x}_1\Rightarrow(\boldsymbol{v}\times\boldsymbol{x}_2)^{\mathrm{T}}\boldsymbol{H}_{21}\boldsymbol{x}_1=0\Rightarrow-\boldsymbol{x}_2^{\mathrm{T}}\boldsymbol{v}\times\boldsymbol{H}_{21}\boldsymbol{x}=0\Rightarrow\boldsymbol{x}_2^{\mathrm{T}}\boldsymbol{v}\times\boldsymbol{H}_{21}\boldsymbol{x}_1=0$$

根据上面的推导，可以得到本质矩阵 $\boldsymbol{E}=\boldsymbol{v}\times\boldsymbol{H}_{21}$，很明显，任意一个向量叉乘 $\boldsymbol{H}_{21}$ 之后，其都可以作为一个本质矩阵。这说明，$\boldsymbol{E}$ 在这种情况下有无穷多解都能满足 $\boldsymbol{x}_2^{\mathrm{T}}\boldsymbol{E}\boldsymbol{x}_1=0$，所以说这种情况下是不适合使用八点法的。

2.6 卡方分布和卡方检验

外点、野值会严重影响 SLAM 的精度，因此必须把它们剔除。常用的做法是，计算一个误差，当这个误差大于设定阈值的时候就认为其为外点。那么问题来了，阈值怎么选？一般将 SLAM 采集的数据看作两个独立的服从标准正态分布随机变量的平方和，它服从 2 个自由度的卡方分布（Chi-Squared Distribution），从而将不好的数据进行剔除，以提高精度。

2.6.1 什么是卡方分布?

卡方分布（Chi-Square Distribution）是概率论与统计学中常用的一种概率分布。k 个独立的标准正态分布变量的平方和服从自由度为 k 的卡方分布。卡方分布是一种特殊的伽马分布，是统计推断中应用最为广泛的概率分布之一，例如用于假设检验和置信区间的计算。

由卡方分布延伸出来皮尔逊卡方检验常用于：

① 样本某性质的比例分布与总体理论分布的拟合优度（如某行政机关男女比是否符合该机关所在城镇的男女比）；

② 同一总体的两个随机变量是否独立（如人的身高与交通违规的关联性）；

③ 二或多个总体同一属性的同素性检验（如意大利面店和寿司店的营业额有没有差距）。

卡方分布的定义：若有 k 个独立的随机变量 Z_1，Z_2，…，Z_k 且符合标准正态分布 N(0,1)，则这 k 个随机变量的平方和：

$$X=\sum_{i=1}^{k}Z_i^2 \tag{2-76}$$

被称为服从自由度为 k 的卡方分布，可以记为：

$$X\sim\chi^2(k)\text{或}X\sim\chi_k^2$$

为了进一步理解卡方分布，首先要理解一下 Γ 分布（伽马分布）。在高等微积分中已经证明过，对于 $\alpha>0$，积分

$$\int_0^{\infty} y^{\alpha-1} e^{-y} dy \tag{2-77}$$

存在且积分值为正数，这个积分称为 α 的伽马函数，写成：

$$\Gamma(\alpha)=\int_0^{\infty} y^{\alpha-1} e^{-y} dy \tag{2-78}$$

如果 $\alpha=1$，显然：

$$\Gamma(1)=\int_0^{\infty} e^{-y} dy=1 \tag{2-79}$$

如果 $\alpha>1$，用分部积分法可得：

$$\Gamma(\alpha)=(\alpha-1)\int_0^{\infty} y^{\alpha-2} e^{-y} dy=(\alpha-1)\Gamma(\alpha-1) \tag{2-80}$$

因此，如果 α 是比 1 大的正整数，那么：

$$\Gamma(\alpha)=(\alpha-1)(\alpha-2)\cdots(3)(2)(1)\Gamma(1)=(\alpha-1)! \tag{2-81}$$

因为 $\Gamma(1)=1$，这表明可以取 $0!=1$。

用积分形式定义了 $\Gamma(\alpha)$，引入新变量 $y=x/\beta$，其中 $\beta>0$，那么：

$$\Gamma(\alpha)=\int_0^{\infty}\left(\frac{x}{\beta}\right)^{\alpha-1} e^{\frac{x}{\beta}}\left(\frac{1}{\beta}\right) dx \tag{2-82}$$

或者等价的：

$$1=\int_0^{\infty} \frac{1}{\Gamma(\alpha)\beta^{\alpha}} x^{\alpha-1} e^{-\frac{x}{\beta}} dx \tag{2-83}$$

因为 $\alpha>0$，$\beta>0$，$\Gamma(\alpha)>0$，所以：

$$f(x)=\begin{cases}\dfrac{1}{\Gamma(\alpha)\beta^{\alpha}} x^{\alpha-1} e^{-\frac{x}{\beta}} & 0<x<\infty \\ 0 & \text{其他}\end{cases} \tag{2-84}$$

$f(x)$ 是连续型随机变量的 pdf（概率密度函数），有这种 pdf 形式的随机变量 X 满足参数为 α、β 的伽马分布，写作 X 满足 $\Gamma(\alpha,\beta)$ 分布。

伽马分布是等待时间的概率模型。例如，在寿命测试中，直到死亡的等待时间是用伽马分布建模的随机变量。为了理解这个概念，假定区间长度 w 是时间区间，特别地令随机变量 W 是得到 k 变量所需要的时间，其中 k 是固定的正整数，那么 W 的 cdf（累积分布函数）为：

$$G(w)=P(W\leqslant w)=1-P(W>w) \tag{2-85}$$

然而，对于 $w>0$，事件 $W>w$ 等价于时间区间 w 内少于 k 变化量的概率，即如果随机变量 X 是区间 w 内变化量，那么：

$$P(W>w)=\sum_{x=0}^{k-1} P(X=x)=\sum_{x=0}^{k-1} \frac{(\lambda w)^x e^{-\lambda w}}{x!} \tag{2-86}$$

如果接受这个结论，那么对 $w>0$ 就有：

$$G(w)=1-\int_{\lambda w}^{\infty} \frac{z^{k-1} e^{-z}}{\Gamma(k)} dz=\int_0^{\lambda w} \frac{z^{k-1} e^{-z}}{\Gamma(k)} dz \tag{2-87}$$

且对于 $w \leqslant 0$，$G(w)=0$。改变积分变量，将 $z=\lambda y$ 代入，可得：

$$G(w)=\int_0^w \frac{\lambda^k y^{k-1} e^{-\lambda y}}{\Gamma(k)} dy, \quad w>0 \tag{2-88}$$

对于 $w \leqslant 0$，$G(w)=0$。所以 W 的 pdf 为：

$$g(w)=G'(w)=\begin{cases} \dfrac{\lambda^k y^{k-1} e^{-\lambda y}}{\Gamma(k)} & 0<w<\infty \\ 0 & 其他 \end{cases} \tag{2-89}$$

即 W 满足 $\alpha=k$、$\beta=1/\lambda$ 的伽马分布，如果 W 是第一次变化的等待时间，即 $k=1$，那么 W 的 pdf 为：

$$g(w)=\begin{cases} \lambda e^{-\lambda w} & 0<w<\infty \\ 0 & 其他 \end{cases} \tag{2-90}$$

W 满足参数为 λ 的指数分布。接下来计算伽马分布的 mgf（矩生成函数）。因为：

$$M(t)=\int_0^{\infty} e^{tx} \frac{1}{\Gamma(\alpha)\beta^{\alpha}} x^{\alpha-1} e^{-\frac{x}{\beta}} dx=\int_0^{\infty} \frac{1}{\Gamma(\alpha)\beta^{\alpha}} x^{\alpha-1} e^{-\frac{x(1-\beta t)}{\beta}} dx \tag{2-91}$$

如果令 $y=x(1-\beta t)/\beta$，$t<1/\beta$ 或者 $x=\beta y/(1-\beta t)$，则可得到：

$$M(t)=\int_0^{\infty} \frac{\beta/(1-\beta t)(1-\beta t)}{\Gamma(\alpha)\beta^{\alpha}} \left(\frac{\beta y}{1-\beta t}\right)^{\alpha-1} e^{-y} dy \tag{2-92}$$

即：

$$M(t)=\left(\frac{1}{1-\beta t}\right)^{\alpha} \int_0^{\infty} \frac{1}{\Gamma(\alpha)} y^{\alpha-1} e^{-y} dy=\frac{1}{1-\beta t}, \quad t<\frac{1}{\beta} \tag{2-93}$$

现在：

$$M'(t)=(-\alpha)(1-\beta t)^{-\alpha-1}(-\beta) \tag{2-94}$$

且：

$$M''(t)=(-\alpha)(-\alpha-1)(1-\beta t)^{-\alpha-2}(-\beta)^2 \tag{2-95}$$

因此，对于伽马分布有：

$$\mu=M'(0)=\alpha\beta \tag{2-96}$$

且：

$$\sigma^2=M''(0)-\mu^2=\alpha(\alpha+1)\beta^2-\alpha^2\beta^2=\alpha\beta^2 \tag{2-97}$$

卡方分布是伽马分布的一个特例。令伽马分布中的参数 $\alpha=r/2$，参数 $\beta=2$，即可得到卡方分布。

2.6.2 什么是卡方检验?

卡方检验（Chi-Squared Test）是一种统计量的分布在零假设成立时近似服从卡方分布的假设检验。在没有其他的限定条件或说明时，卡方检验一般代指的是皮尔森卡方检定。在卡方检验的一般运用中，研究人员将观察量的值划分成若干互斥的分类，并且使用一套理论（或零假设）尝试去说明观察量的值落入不同分类的概率分布的模型。而卡方检验的目的就在于去衡量这个假设对观察结果所反映的程度。卡方检验是一种用途很广的假设检验方法，属于非参数检验的范畴。主要是比较两个或两个以上样本率以及两个分类变量的关联性分析。其根本思想在于比较理论频次与实际频次的吻合程度或拟合优度问题。

比较著名的卡方检验是皮尔森卡方检验：1900年，皮尔森发表了著名的关于χ^2检验的文章，该文章被认为是现代统计学的基石之一。在该文章中，皮尔森研究了拟合优度检验：假设实验中从总体中随机取样得到的n个观察值被划分为k个互斥的分类，这样每个分类都有一个对应的实际观察次数$x_i(i=1,2,\cdots,k)$。研究人员对实验中各个观察值落入第i个分类的概率p_i的分布提出零假设，从而获得了对应所有第i分类的理论期望次数$m_i=np_i$以及限制条件：

$$\sum_{i=1}^{k}p_i=1 \text{ 以及 } \sum_{i=1}^{k}m_i=\sum_{i=1}^{k}x_i=n \tag{2-98}$$

皮尔森提出，在上述零假设成立以及n趋向∞的时候，以下统计量的极限分布趋向χ^2分布：

$$X^2=\sum_{i=1}^{k}\frac{(x_i-m_i)^2}{m_i}=\sum_{i=1}^{k}\frac{x_i^2}{m_i}-n \tag{2-99}$$

皮尔森首先讨论零假设中所有分类的理论期望次数m_i均为足够大且已知的情况，同时假设各分类的实际观测次数x_i均服从正态分布。皮尔森由此得到当样本容量n足够大时，X^2趋近服从自由度为$k-1$的χ^2分布。然而，皮尔森在讨论当零假设中的理论期望次数m_i未知并依赖于必须由样本去进行估计的若干参数的情况时，记m_i为实际的理论期望次数以及m'_i为估计的理论期望次数，认为

$$X^2-X'^2=\sum_{i=1}^{k}\frac{x_i^2}{m_i}-\sum_{i=1}^{k}\frac{x_i^2}{m'_i} \tag{2-100}$$

的值通常为正且足够小，以至于可以忽略。皮尔森总结为，如果认为X'^2也服从自由度为$k-1$的χ^2分布，那么由此近似带来的误差通常足够小，并不会对实际决策的结论带来实质性的影响。

2.6.3 卡方分布和卡方检验在SLAM中的应用

相信做算法的同学都知道，卡方检验可以用来做特征选择。为什么这么说？因为卡方检验就是检验两个变量之间有没有关系。现在有一个变量是特征，有一个变量是分类结果，通过卡方检验计算特征与分类结果之间的相关性，自然就可以做特征选择。

举一个常见的投硬币的例子。给定一个正常的硬币，现在投掷50次，问正反面出现的次数？那我们肯定会说，最可能出现的情况是25次正面25次反面，26次正面24次反面也有很大可能，甚至30次正面20次反面也有可能。但是如果是5次正面45次反面，这个可能性就非常非常小。上面的方式，是已知硬币正常的结果，预测出现正反面的次数。卡方检验恰好与此相反，是根据观察到

的现象，即出现的正反面次数，来判断结果，即硬币是否正常。还是以抛掷硬币为例，如果事先不知道硬币是否正常，抛 50 次硬币观察到的现象是 5 次正面 45 次反面，这个时候可以断定硬币是不正常的。

在 SLAM 中，卡方检验和卡方分布都有一定的应用。首先，卡方检验可用于判断激光雷达传感器测量数据是否符合高斯分布，从而决定在后续的数据处理中是否应该采用高斯分布模型进行建模。具体来说，假设有一组激光雷达数据 x_1，x_2，…，x_n，我们想要检验它们是否符合高斯分布，这时可以使用卡方检验，具体步骤如下：

① 假设激光雷达数据符合某个高斯分布模型，并计算该模型的均值和方差。

② 根据该高斯分布模型，将数据分成若干个区间，计算每个区间的理论概率。

③ 对每个区间，计算该区间内数据的个数，并计算该区间的实际概率。

④ 计算每个区间的卡方值（即观测值与理论值之间的差异），并将所有卡方值相加，得到总的卡方统计量。

⑤ 根据卡方分布表，查找对应自由度和显著性水平的临界值。如果总的卡方统计量大于临界值，则可以拒绝该高斯分布模型，否则接受该模型。

其次，卡方分布在 SLAM 中也有应用。例如，在扩展卡尔曼滤波（Extended Kalman Filter，EKF）中，卡方分布可用于计算置信度区间。具体来说，EKF 用于估计机器人在环境中的状态，其中包括机器人的位置和方向。每当机器人进行一次观测或运动时，EKF 会更新状态估计，并计算置信度区间，以反映对状态估计的不确定性。置信度区间通常使用卡方分布进行计算，具体方法如下：

① 根据当前状态估计，计算观测模型的预测值。

② 根据观测值和预测值之间的差异，计算卡方统计量。

③ 根据卡方分布表，查找对应自由度和置信度水平的临界值，得到置信度区间。

通过以上步骤，可以得到当前状态估计的置信度区间，以便进行下一步的决策。

2.6.4 卡方检验计算方法

卡方的计算方法：

$$\chi^2=\sum\frac{(f_0-f_e)^2}{f_e} \tag{2-101}$$

式中，f_0 为实际观测到的频次；f_e 是期望得到的频次。式(2-101) 中，分子代表了实际值与期望值的偏差，而分母则是标准化过程。因此，卡方的值越小，表示观测值与期望值（理论值）越接近，说明两个变量之间越符合卡方分布。而卡方分布的前提是变量之间相互独立，因此，卡方值越小，表示两个变量之间越独立。

以经典的四格表为例，卡方检验的基本流程如下：

① 建立假设检验，原假设一般都是变量之间相互独立。

② 计算期望频次。

③ 代入卡方统计公式计算卡方值。

④ 计算自由度。

⑤ 查表，比较卡方值、P 值或者 α 值。

选取一个具体实例来说明上述过程。为了验证肺癌与吸烟的关系，假设得到如表 2-2 所示数据。

表 2-2 是否患肺病与是否吸烟人数统计

是否肺病患者	吸烟	不吸烟	合计	吸烟比例
是	158	169	327	48%
否	82	311	393	20%
合计	240	480	720	33%

首先，假设吸烟与肺癌两者之间没关系，计算期望值，见表 2-3。

表 2-3 是否患肺病与是否吸烟人数期望值统计

是否肺病患者	吸烟	不吸烟	合计	吸烟比例
是	109	218	327	33%
否	131	262	393	33%
合计	240	480	720	33%

然后，代入卡方值计算公式：

$$\chi^2=\sum\frac{(f_0-f_e)^2}{f_e} \tag{2-102}$$

$$\chi^2=(158-109)^2/109+(169-218)^2/218+(82-131)^2/131+(311-262)^2/262 =60.53$$

而自由度的计算方法可以简单抽象成（行数－1）（列数－1），所以四格表的自由度为 1。最后一步，查表。通过表 2-3 可以看出，自由度为 1，显著性水平为 0.05，当卡方值＜3.84 的时候，可以接受原假设，即变量之间没有相关性。卡方值越小，不相关的概率越大。现在卡方值远大于 3.84，说明两者不相关的概率很小，即抽烟与肺癌有关。

2.7 矩阵变换

SLAM 系统在前端获得位置信息后，由于传感器测量噪声，使得位姿和观测模型均产生误差，从而影响定位精度。因此，后端需要对前端采集到位姿和路标信息进行纠正。一旦地图建成，就要调整机器人位姿，尽量满足这些几何约束。而在前端建图的过程中需要寻求最优解，要用到雅可比矩阵以及泰勒展开式。

2.7.1 雅可比矩阵

假设某函数从 $f: R^n \to R^m$，从 $x \in R^n$ 映射到向量 $f(x) \in R^m$，其雅可比矩阵是 $m \times n$ 的矩阵，换句话讲，也就是从 R^n 到 R^m 的线性映射，其重要意义在于它表现了一个多变数向量函数的最佳线性逼近。因此，雅可比矩阵类似于单变数函数的导数。此函数 f 的雅可比矩阵 $\boldsymbol{J}$ 为 $m \times n$ 的矩阵，定义如下：

$$\boldsymbol{J}=\begin{bmatrix}\dfrac{\partial f}{\partial x_1} & \cdots & \dfrac{\partial f}{\partial x_n}\end{bmatrix}=\begin{bmatrix}\dfrac{\partial f_1}{\partial x_1} & \cdots & \dfrac{\partial f_1}{\partial x_n}\\ \vdots & \ddots & \vdots \\ \dfrac{\partial f_m}{\partial x_1} & \cdots & \dfrac{\partial f_m}{\partial x_n}\end{bmatrix} \tag{2-103}$$

矩阵的分量可以表示成：

$$\boldsymbol{J}_{ij}=\frac{\partial f_i}{\partial x_j} \tag{2-104}$$

示例：

$F: R^3 \to R^4$，其各分量为：

$$y_1=x_1$$
$$y_2=5x_3$$
$$y_3=4x_2^2-2x_3$$
$$y_4=x_3\sin x_1$$

其雅可比矩阵为：

$$J_F(x_1,x_2,x_3)=\begin{bmatrix}\dfrac{\partial y_1}{\partial x_1} & \dfrac{\partial y_1}{\partial x_2} & \dfrac{\partial y_1}{\partial x_3}\\ \dfrac{\partial y_2}{\partial x_1} & \dfrac{\partial y_2}{\partial x_2} & \dfrac{\partial y_2}{\partial x_3}\\ \dfrac{\partial y_3}{\partial x_1} & \dfrac{\partial y_3}{\partial x_2} & \dfrac{\partial y_3}{\partial x_3}\\ \dfrac{\partial y_4}{\partial x_1} & \dfrac{\partial y_4}{\partial x_2} & \dfrac{\partial y_4}{\partial x_3}\end{bmatrix}=\begin{bmatrix}1 & 0 & 0\\ 0 & 0 & 5\\ 0 & 8x_2 & -2\\ x_3\cos x_1 & 0 & \sin x_1\end{bmatrix} \tag{2-105}$$

此例子说明雅可比矩阵不一定为方阵。

总结：

雅可比矩阵可以理解为：

若在 n 维欧氏空间中的一个向量映射成 m 维欧氏空间中的另一个向量的对应法则为 F，F 由 m 个实函数组成，即：

$$\begin{cases}y_1=f_1(x_1,\cdots,x_n)\\ y_2=f_2(x_1,\cdots,x_n)\\ \qquad\vdots\\ y_m=f_m(x_1,\cdots,x_n)\end{cases}$$

那么雅可比矩阵是一个 $m\times n$ 矩阵：

$$\boldsymbol{J}=\left[\frac{\partial f}{\partial x_1}\cdots\frac{\partial f}{\partial x_n}\right]=\begin{bmatrix}\frac{\partial f_1}{\partial x_1} & \cdots & \frac{\partial f_1}{\partial x_n}\\ \vdots & \ddots & \vdots\\ \frac{\partial f_m}{\partial x_1} & \cdots & \frac{\partial f_m}{\partial x_n}\end{bmatrix} \tag{2-106}$$

其中，雅可比矩阵就是这个变换对应的偏导组成的矩阵。输入向量 $\boldsymbol{x}=(x_1,x_2,\cdots,x_n)$，输出量 $\boldsymbol{y}=(y_1,y_2,\cdots,y_m)$，$x\in R^n$，$y=f(x)\in R^m$。如果 p 是 R^n 中的一点，F 在点 p 处可微分，根据数学分析，雅可比矩阵 $J_F(p)$ 就是在这点的导数。

在此情况下，$J_F(p)$ 这个线性映射即 F 在点 p 附近的最优线性逼近，也就是说，当 x 足够靠近点 p 时，有：

$$F(\boldsymbol{x})\approx F(p)+J_F(p)(\boldsymbol{x}-p) \tag{2-107}$$

当 $m=n$ 时，矩阵 $J_F(p)$ 就会变成一个方阵，F 就变成从 n 维欧氏空间到 n 维欧氏空间的映射，方阵的行列式就是雅可比行列式。将式(2-107) 移项得：

$$F(\boldsymbol{x})-F(p)=J_F(p)(\boldsymbol{x}-p) \tag{2-108}$$

即：

$$\Delta\boldsymbol{y}\approx J_F(p)\Delta\boldsymbol{x} \tag{2-109}$$

其中：

$$\mathrm{d}\boldsymbol{y}=\begin{bmatrix}\mathrm{d}y_1\\ \mathrm{d}y_2\\ \vdots\\ \mathrm{d}y_n\end{bmatrix},\quad \mathrm{d}\boldsymbol{x}=\begin{bmatrix}\mathrm{d}x_1\\ \mathrm{d}x_2\\ \vdots\\ \mathrm{d}x_n\end{bmatrix} \tag{2-110}$$

即：

$$\begin{bmatrix}\mathrm{d}y_1\\ \mathrm{d}y_2\\ \vdots\\ \mathrm{d}y_n\end{bmatrix}=\begin{bmatrix}\frac{\partial f_1}{\partial x_1} & \frac{\partial f_1}{\partial x_2} & \cdots & \frac{\partial f_1}{\partial x_n}\\ \frac{\partial f_2}{\partial x_1} & \frac{\partial f_2}{\partial x_2} & \cdots & \frac{\partial f_2}{\partial x_n}\\ \vdots & \vdots & \ddots & \vdots\\ \frac{\partial f_n}{\partial x_1} & \frac{\partial f_n}{\partial x_2} & \cdots & \frac{\partial f_n}{\partial x_n}\end{bmatrix}\begin{bmatrix}\mathrm{d}x_1\\ \mathrm{d}x_2\\ \vdots\\ \mathrm{d}x_n\end{bmatrix} \tag{2-111}$$

$$\begin{bmatrix}\mathrm{d}y_1\\ \mathrm{d}y_2\\ \vdots\\ \mathrm{d}y_n\end{bmatrix}=\begin{bmatrix}\frac{\partial f_1}{\partial x_1}\mathrm{d}x_1+\frac{\partial f_1}{\partial x_2}\mathrm{d}x_2+\cdots+\frac{\partial f_1}{\partial x_n}\mathrm{d}x_n\\ \frac{\partial f_2}{\partial x_1}\mathrm{d}x_1+\frac{\partial f_2}{\partial x_2}\mathrm{d}x_2+\cdots+\frac{\partial f_2}{\partial x_n}\mathrm{d}x_n\\ \vdots\\ \frac{\partial f_n}{\partial x_1}\mathrm{d}x_1+\frac{\partial f_n}{\partial x_2}\mathrm{d}x_2+\cdots+\frac{\partial f_n}{\partial x_n}\mathrm{d}x_n\end{bmatrix} \tag{2-112}$$

将上述向量写成基于正交的单位向量的形式：

$$\begin{bmatrix} \mathrm{d}y_1 & 0 & \cdots & 0 \\ 0 & \mathrm{d}y_2 & \cdots & 0 \\ \vdots & \vdots & \ddots & \vdots \\ 0 & 0 & \cdots & \mathrm{d}y_n \end{bmatrix} = \begin{bmatrix} \frac{\partial f_1}{\partial x_1}\mathrm{d}x_1 & \frac{\partial f_1}{\partial x_2}\mathrm{d}x_2 & \cdots & \frac{\partial f_1}{\partial x_n}\mathrm{d}x_n \\ \frac{\partial f_2}{\partial x_1}\mathrm{d}x_1 & \frac{\partial f_2}{\partial x_2}\mathrm{d}x_2 & \cdots & \frac{\partial f_2}{\partial x_n}\mathrm{d}x_n \\ \vdots & \vdots & \ddots & \vdots \\ \frac{\partial f_n}{\partial x_1}\mathrm{d}x_1 & \frac{\partial f_n}{\partial x_2}\mathrm{d}x_2 & \cdots & \frac{\partial f_n}{\partial x_n}\mathrm{d}x_n \end{bmatrix} \tag{2-113}$$

行列式的绝对值表示微元的体积，左侧行列式一定为正，体积不可能为负，右侧行列式加绝对值：

$$\begin{vmatrix} \mathrm{d}y_1 & 0 & \cdots & 0 \\ 0 & \mathrm{d}y_2 & \cdots & 0 \\ \vdots & \vdots & \ddots & \vdots \\ 0 & 0 & \cdots & \mathrm{d}y_n \end{vmatrix} = \begin{Vmatrix} \frac{\partial f_1}{\partial x_1}\mathrm{d}x_1 & \frac{\partial f_1}{\partial x_2}\mathrm{d}x_2 & \cdots & \frac{\partial f_1}{\partial x_n}\mathrm{d}x_n \\ \frac{\partial f_2}{\partial x_1}\mathrm{d}x_1 & \frac{\partial f_2}{\partial x_2}\mathrm{d}x_2 & \cdots & \frac{\partial f_2}{\partial x_n}\mathrm{d}x_n \\ \vdots & \vdots & \ddots & \vdots \\ \frac{\partial f_n}{\partial x_1}\mathrm{d}x_1 & \frac{\partial f_n}{\partial x_2}\mathrm{d}x_2 & \cdots & \frac{\partial f_n}{\partial x_n}\mathrm{d}x_n \end{Vmatrix} \tag{2-114}$$

将公共因数提出：

$$\begin{vmatrix} \mathrm{d}y_1 & 0 & \cdots & 0 \\ 0 & \mathrm{d}y_2 & \cdots & 0 \\ \vdots & \vdots & \ddots & \vdots \\ 0 & 0 & \cdots & \mathrm{d}y_n \end{vmatrix} = \begin{Vmatrix} \frac{\partial f_1}{\partial x_1} & \frac{\partial f_1}{\partial x_2} & \cdots & \frac{\partial f_1}{\partial x_n} \\ \frac{\partial f_2}{\partial x_1} & \frac{\partial f_2}{\partial x_2} & \cdots & \frac{\partial f_2}{\partial x_n} \\ \vdots & \vdots & \ddots & \vdots \\ \frac{\partial f_n}{\partial x_1} & \frac{\partial f_n}{\partial x_2} & \cdots & \frac{\partial f_n}{\partial x_n} \end{Vmatrix} \mathrm{d}x_1 \mathrm{d}x_2 \cdots \mathrm{d}x_n \tag{2-115}$$

即，此微元的体积为：

$$\mathrm{d}y_1 \mathrm{d}y_2 \cdots \mathrm{d}y_n = |J_F(p)| \mathrm{d}x_1 \mathrm{d}x_2 \cdots \mathrm{d}x_n$$

而 $|J_F(p)|$ 也称为 Jacobian 行列式的矩阵线性变换比例因子（当 $m=n=2$ 时称为面积比例因子，当 $m=n\geqslant 3$ 称为体积比例因子）：

$$|J_F(p)| = \frac{\mathrm{d}y_1 \mathrm{d}y_2 \cdots \mathrm{d}y_n}{\mathrm{d}x_1 \mathrm{d}x_2 \cdots \mathrm{d}x_n}, \mathrm{d}x_1 \mathrm{d}x_2 \cdots \mathrm{d}x_n \neq 0$$

2.7.2 黑森矩阵（二阶矩阵方块矩阵）

黑森矩阵（德语：Hesse-Matrix；英语：Hessian Matrix 或 Hessian），又译作海森矩阵、海塞矩阵或海瑟矩阵等，是一个由多变量实值函数的所有二阶偏导数组成的方块矩阵。假设有一实值函数 $f(x_1, x_2, \cdots, x_n)$，如果 f 的所有二阶偏导数都存在并在定义域内连续，那么函数 f 的黑森矩阵为：

$$\boldsymbol{H}=\begin{bmatrix} \dfrac{\partial^2 f}{\partial x_1^2} & \dfrac{\partial^2 f}{\partial x_1 \partial x_2} & \cdots & \dfrac{\partial^2 f}{\partial x_1 \partial x_n} \\ \dfrac{\partial^2 f}{\partial x_2 \partial x_1} & \dfrac{\partial^2 f}{\partial x_2^2} & \cdots & \dfrac{\partial^2 f}{\partial x_2 \partial x_n} \\ \vdots & \vdots & \ddots & \vdots \\ \dfrac{\partial^2 f}{\partial x_n \partial x_1} & \dfrac{\partial^2 f}{\partial x_n \partial x_2} & \cdots & \dfrac{\partial^2 f}{\partial x_n^2} \end{bmatrix}$$

黑森矩阵是对函数局部曲率的度量，它提供了有关函数在给定点处局部曲率和凸性的信息。如果黑森矩阵是正定的，那么函数在该点是严格凸函数；如果它是负定的，那么函数在该点是严格凹函数。当黑森矩阵是半正定或半负定时，函数在该点是具有相应凸或凹性质的。黑森矩阵使用小标记号表示为：

$$\boldsymbol{H}_{ij}=\frac{\partial^2 f}{\partial x_i \partial x_j} \tag{2-116}$$

雅可比矩阵与黑森矩阵：

f 关于 $\boldsymbol{x}$ 的梯度 $\nabla f(\boldsymbol{x})$ 定义为一个 n 维向量，其中第 i 个元素是 f 对 x_i 的一次偏导数，即：

$$\nabla f(\boldsymbol{x})=\begin{bmatrix} \dfrac{\partial f}{\partial x_1} \\ \dfrac{\partial f}{\partial x_2} \\ \vdots \\ \dfrac{\partial f}{\partial x_n} \end{bmatrix} \tag{2-117}$$

梯度 $\nabla f: R^n \rightarrow R^n$ 是一个向量函数，∇f 的雅可比矩阵如下：

$$J(\boldsymbol{x})=\begin{bmatrix} \dfrac{\partial}{\partial x_1}\left(\dfrac{\partial f}{\partial x_1}\right) & \dfrac{\partial}{\partial x_2}\left(\dfrac{\partial f}{\partial x_1}\right) & \cdots & \dfrac{\partial}{\partial x_n}\left(\dfrac{\partial f}{\partial x_1}\right) \\ \dfrac{\partial}{\partial x_1}\left(\dfrac{\partial f}{\partial x_2}\right) & \dfrac{\partial}{\partial x_2}\left(\dfrac{\partial f}{\partial x_2}\right) & \cdots & \dfrac{\partial}{\partial x_n}\left(\dfrac{\partial f}{\partial x_2}\right) \\ \vdots & \vdots & \ddots & \vdots \\ \dfrac{\partial}{\partial x_1}\left(\dfrac{\partial f}{\partial x_n}\right) & \dfrac{\partial}{\partial x_2}\left(\dfrac{\partial f}{\partial x_n}\right) & \cdots & \dfrac{\partial}{\partial x_n}\left(\dfrac{\partial f}{\partial x_n}\right) \end{bmatrix} \tag{2-118}$$

因此，可证明梯度 ∇f 的雅可比矩阵即为黑森矩阵。

2.7.3 多元函数的泰勒定理

由高等数学知识可知，若一元函数 $f(x)$ 在 $x=x_0$ 点的某个邻域内具有任意阶导数，则函数 $f(x)$ 在 $x=x_0$ 点处的泰勒展开式为：

$$f(x)=f(x_0)+f'(x_0)\Delta x+\frac{f''(x_0)}{2!}\Delta x^2+\cdots \tag{2-119}$$

其中，$\Delta x=x-x_0$。

同理，二元函数 $f(x_1,x_2)$ 在 $x_0(x_{10},x_{20})$点处的泰勒展开式为：

$$\begin{aligned}f(x_1,x_2)=&f(x_{10},x_{20})+f_{x_1}(x_{10},x_{20})\Delta x_1+f_{x_2}(x_{10},x_{20})\Delta x_2\\&+\frac{1}{2}[f_{x_1x_1}(x_{10},x_{20})\Delta x_1^2+2f_{x_1x_2}(x_{10},x_{20})\Delta x_1\Delta x_2+f_{x_2x_2}(x_{10},x_{20})\Delta x_2^2]+\cdots\end{aligned} \tag{2-120}$$

其中，$\Delta x_1=x_1-x_{10}$，$\Delta x_2=x_2-x_{20}$，$f_{x_1}=\frac{\partial f}{\partial x_1}$，$f_{x_2}=\frac{\partial f}{\partial x_2}$，$f_{x_1x_1}=\frac{\partial^2 f}{\partial x_1^2}$，$f_{x_2x_2}=\frac{\partial^2 f}{\partial x_2^2}$，$f_{x_1x_2}=\frac{\partial^2 f}{\partial x_1 x_2}=\frac{\partial^2 f}{\partial x_2 x_1}$。

将式(2-120) 写成矩阵形式，则有：

$$f(x)=f(x_0)+\nabla f(x_0)^{\mathrm{T}}\Delta \boldsymbol{x}+\frac{1}{2}\Delta \boldsymbol{x}^{\mathrm{T}}G(x_0)\Delta \boldsymbol{x}+\cdots \tag{2-121}$$

其中，$\Delta \boldsymbol{x}=\begin{bmatrix}\Delta x_1\\ \Delta x_2\end{bmatrix}$，$\Delta \boldsymbol{x}^{\mathrm{T}}=[\Delta x_1 \quad \Delta x_2]$是 $\Delta \boldsymbol{x}$ 的转置，$\nabla f(x_0)=\begin{bmatrix}\frac{\partial f}{\partial x_1}\\ \frac{\partial f}{\partial x_2}\end{bmatrix}$是函数 $f(x_1,x_2)$在 $x_0(x_{10},x_{20})$的梯度，矩阵：

$$G(x_0)=\begin{bmatrix}\frac{\partial^2 f}{\partial x_1^2} & \frac{\partial^2 f}{\partial x_1\partial x_2}\\ \frac{\partial^2 f}{\partial x_2\partial x_1} & \frac{\partial^2 f}{\partial x_2^2}\end{bmatrix}$$

即函数 $f(x_1,x_2)$ 在 $x_0(x_{10},x_{20})$点处的 2×2 黑森矩阵。它是由函数 $f(x_1,x_2)$ 在 $x_0(x_{10},x_{20})$点处的所有二阶偏导数组成的方阵。由函数的二次连续性有：

$$\frac{\partial^2 f}{\partial x_1\partial x_2}=\frac{\partial^2 f}{\partial x_2\partial x_1}$$

所以，黑森矩阵 $G(x_0)$ 为对称矩阵。将二元函数的泰勒展开式推广到多元函数，函数 $f(x_1,x_2,\cdots,x_n)$在 $x_0(x_1,x_2,\cdots,x_n)$点处的泰勒展开式为：

$$f(x)=f(x_0)+\nabla f(x_0)^{\mathrm{T}}\Delta \boldsymbol{x}+\frac{1}{2}\Delta \boldsymbol{x}^{\mathrm{T}}G(x_0)\Delta \boldsymbol{x}+\cdots \tag{2-122}$$

其中：

$$\nabla f(x_0)=\begin{bmatrix}\frac{\partial f}{\partial x_1} & \frac{\partial f}{\partial x_2} & \cdots & \frac{\partial f}{\partial x_n}\end{bmatrix}^{\mathrm{T}} \tag{2-123}$$

为函数 $f(x)$在 $x_0(x_1,x_2,\cdots,x_n)$点的梯度。

$$
G(x_0)=\begin{bmatrix} \dfrac{\partial^2 f}{\partial x_1^2} & \dfrac{\partial^2 f}{\partial x_1 \partial x_2} & \cdots & \dfrac{\partial^2 f}{\partial x_1 \partial x_n} \\ \dfrac{\partial^2 f}{\partial x_2 \partial x_1} & \dfrac{\partial^2 f}{\partial x_2^2} & \cdots & \dfrac{\partial^2 f}{\partial x_2 \partial x_n} \\ \vdots & \vdots & \ddots & \vdots \\ \dfrac{\partial^2 f}{\partial x_n \partial x_1} & \dfrac{\partial^2 f}{\partial x_n \partial x_2} & \cdots & \dfrac{\partial^2 f}{\partial x_n^2} \end{bmatrix} \tag{2-124}
$$

为函数 $f(x)$ 在 $x_0(x_1,x_2,\cdots,x_n)$点的 $n\times n$ 的黑森矩阵。若函数有 n 次连续性，则函数的 $n\times n$ 黑森矩阵是对称矩阵。

多元函数的泰勒定理描述了一个多元函数在一个点处的局部近似。如果 $f:R^n\rightarrow R$ 是一个 $k+1$ 阶可微函数，并且 x，$x_0\in\mathbb{R}^n$，那么 x 点处的泰勒展开式：

$$
f(x)=\sum_{|\alpha|=0}^{k}\frac{1}{\alpha\,!}D^{\alpha}f(x_0)(x-x_0)^{\alpha}+R_k(x,x_0) \tag{2-125}
$$

式中，α 是一个 n 元非负整数向量；$|\alpha|$表示 α 的元素之和；$D^{\alpha}f(x_0)$ 是 f 在 x_0 点处关于变量 $x_1,\cdots,x_n$ 的 $\alpha_1,\cdots,\alpha_n$ 阶偏导数的乘积；$(x-x_0)^{\alpha}$ 是 $(x_1-x_{0,1})^{\alpha_1}\cdots(x_n-x_{0,n})^{\alpha_n}$；$R_k(x,x_0)$是余项，可以表示为：

$$
R_k(x,x_0)=\sum_{|\alpha|=k+1}\frac{1}{\alpha\,!}D^{\alpha}f(\xi)(x-x_0)^{\alpha} \tag{2-126}
$$

式中，ξ 是 x_0 和 x 之间的某个点，即 x_0 和 x 的连线上的某个点。泰勒展开式提供了一个函数在一个点附近的局部近似。当余项 $R_k(x,x_0)$ 趋近于 0 时，展开式越接近原函数 $f(x)$。特别地，如果 f 是二次可微函数，那么泰勒展开式的余项可以写成 $R_1(x,x_0)=\dfrac{1}{2}(x-x_0)^{\mathrm{T}}H(\xi)(x-x_0)$的形式，其中，$H(\xi)$ 是 f 在 ξ 处的黑森矩阵。雅可比矩阵是实向量值函数 f 在坐标域内的微分 $\mathrm{d}f$ 的坐标形式，即有 $\mathrm{d}f(h)=Jh$，也可以认为是多元泰勒展开的一阶项系数。黑森矩阵则是坐标域上的实值函数（标量场）泰勒展开的二阶项系数，类比一元函数情形，可用其判断一阶项为零的点是否是极值点以及有怎样的极值类型。

2.7.4 函数的极值条件

对于一元函数 $f(x)$，在给定区间内某 $x=x_0$ 点处可导，并在 $x=x_0$ 点处取得极值，其必要条件是：

$$
f'(x_0)=0 \tag{2-127}
$$

即函数 $f(x)$ 的极值必定在驻点处取得，或者说可导函数 $f(x)$ 的极值点必定是驻点；但反过来，函数的驻点不一定是极值点。检验驻点是否为极值点，可以采用二阶导数的正负号来判断。根据函数 $f(x)$ 在 $x=x_0$ 点处的泰勒展开式，考虑到上述极值必要条件，有：

$$f(x)=f(x_0)+\frac{f''(x_0)}{2!}\Delta x^2+\cdots \tag{2-128}$$

若 $f(x)$ 在 $x=x_0$ 点处取得极小值，则要在 $x=x_0$ 某一邻域内一切点 x 都必须满足：

$$f(x)-f(x_0)>0 \tag{2-129}$$

即要求：

$$\frac{f''(x_0)}{2!}\Delta x^2>0 \tag{2-130}$$

亦即要求：

$$f''(x_0)>0 \tag{2-131}$$

$f(x)$ 在 $x=x_0$ 点处取得极大值的讨论与之类似。于是有极值充分条件：

设一元函数 $f(x)$ 在 $x=x_0$ 点处具有二阶导数，且 $f'(x_0)=0$，$f''(x_0)\neq 0$，则

① 当 $f''(x_0)>0$ 时，函数 $f(x)$ 在 $x=x_0$ 处取得极小值；

② 当 $f''(x_0)<0$ 时，函数 $f(x)$ 在 $x=x_0$ 处取得极大值。

则当 $f''(x_0)=0$ 时，无法直接判断，还需要逐次检验其更高阶导数的正负号。由此有一个规律：若其开始不为零的导数阶数为偶数，则驻点是极值点；若为奇数，则为拐点，而不是极值点。对于二元函数 $f(x_1,x_2)$，在给定区域内某 $x_0(x_{10},x_{20})$点处可导，并在 $x_0(x_{10},x_{20})$点处取得极值，其必要条件是

$$f_{x_1}(x_0)=f_{x_2}(x_0)=0 \tag{2-132}$$

即

$$\nabla f(x_0)=0 \tag{2-133}$$

同样，这只是必要条件，要进一步判断 $x_0(x_{10},x_{20})$是否为极值点需要找到取得极值的充分条件。根据函数 $f(x_1,x_2)$ 在 $x_0(x_{10},x_{20})$ 点处的泰勒展开式，考虑到上述极值必要条件，有：

$$f(x_1,x_2)=f(x_{10},x_{20})+\frac{1}{2}[f_{x_1x_1}(x_0)\Delta x_1^2+2f_{x_1x_2}(x_0)\Delta x_1\Delta x_2+f_{x_2x_2}(x_0)\Delta x_2^2]+\cdots$$

设 $A=f_{x_1x_1}(x_0)$，$B=f_{x_1x_2}(x_0)$，$C=f_{x_1x_2}(x_0)$，则：

$$f(x_1,x_2)=f(x_{10},x_{20})+\frac{1}{2}(A\Delta x_1^2+2B\Delta x_1\Delta x_2+C\Delta x_2^2)+\cdots \tag{2-134}$$

或：

$$f(x_1,x_2)=f(x_{10},x_{20})+\frac{1}{2A}[(A\Delta x_1+B\Delta x_2)^2+(AC-B^2)\Delta x_2^2]+\cdots \tag{2-135}$$

若 $f(x_1,x_2)$ 在 $x_0(x_{10},x_{20})$ 点处取得极小值，则要求在 $x_0(x_{10},x_{20})$ 某一邻域内一切点 x 都必须满足：

$$f(x_1,x_2)-f(x_{10},x_{20})>0 \tag{2-136}$$

即要求：

$$\frac{1}{2A}[(A\Delta x_1+B\Delta x_2)^2+(AC-B^2)\Delta x_2^2]>0 \tag{2-137}$$

亦即要求 $A>0$，$AC-B^2>0$：

$$\left.\frac{\partial^2 f}{\partial x_1^2}\right|_{x_0}>0,\left[\frac{\partial^2 f}{\partial x_1^2}\frac{\partial^2 f}{\partial x_2^2}-\left(\frac{\partial^2 f}{\partial x_1 \partial x_2}\right)^2\right]_{x_0}>0 \tag{2-138}$$

此条件反映了 $f(x_1,x_2)$ 在 $x_0(x_{10},x_{20})$ 点处的黑森矩阵 $G(x_0)$ 的各阶主子式都大于零，即对于：

$$G(x_0)=\begin{bmatrix}\dfrac{\partial^2 f}{\partial x_1^2} & \dfrac{\partial^2 f}{\partial x_1 \partial x_2}\\ \dfrac{\partial^2 f}{\partial x_2 \partial x_1} & \dfrac{\partial^2 f}{\partial x_2^2}\end{bmatrix}_{x_0} \tag{2-139}$$

要求：

$$\left.\frac{\partial^2 f}{\partial x_1^2}\right|_{x_0}>0,|G(x_0)|=\left|\begin{matrix}\dfrac{\partial^2 f}{\partial x_1^2} & \dfrac{\partial^2 f}{\partial x_1 \partial x_2}\\ \dfrac{\partial^2 f}{\partial x_2 \partial x_1} & \dfrac{\partial^2 f}{\partial x_2^2}\end{matrix}\right|_{x_0}>0 \tag{2-140}$$

$f(x_1,x_2)$ 在 $x_0(x_{10},x_{20})$ 点处取得极大值的讨论与之类似，于是有极值充分条件：设二元函数 $f(x_1,x_2)$ 在 $x_0(x_{10},x_{20})$ 点的领域内连续且具有一阶和二阶连续偏导数，又有 $f_{x_1}(x_0)=f_{x_2}(x_0)=0$，同时令 $A=f_{x_1x_1}(x_0)$，$B=f_{x_1x_2}(x_0)$，$C=f_{x_2x_2}(x_0)$，则：

① 当 $A>0$，$AC-B^2>0$ 时，函数 $f(x_1,x_2)$ 在 $x_0(x_{10},x_{20})$ 处取得极小值；

② 当 $A<0$，$AC-B^2>0$ 时，函数 $f(x_1,x_2)$ 在 $x_0(x_{10},x_{20})$处取得极大值。

此处可以判断，当 $AC-B^2<0$ 时，函数 $f(x_1,x_2)$ 在 $x_0(x_{10},x_{20})$ 点处没有极值，此点称为鞍点；而当 $AC-B^2=0$ 时，无法直接判断对称。补充一个规律：当 $AC-B^2=0$ 时，如果有 $A\equiv 0$，那么函数 $f(x_1,x_2)$ 在 $x_0(x_{10},x_{20})$ 有极值，且当 $C>0$ 有极小值，仅当 $C<0$ 有极大值。

由线性代数的知识可知，若矩阵 $G(x_0)$满足：

$$\left.\frac{\partial^2 f}{\partial x_1^2}\right|_{x_0}>0,\left|\begin{matrix}\dfrac{\partial^2 f}{\partial x_1^2} & \dfrac{\partial^2 f}{\partial x_1 \partial x_2}\\ \dfrac{\partial^2 f}{\partial x_2 \partial x_1} & \dfrac{\partial^2 f}{\partial x_2^2}\end{matrix}\right|_{x_0}>0$$

则矩阵 $G(x_0)$ 是正定矩阵，或者说矩阵 $G(x_0)$ 正定。

若矩阵 $G(x_0)$ 满足：

$$\left.\frac{\partial^2 f}{\partial x_1^2}\right|_{x_0}<0,\left|\begin{matrix}\dfrac{\partial^2 f}{\partial x_1^2} & \dfrac{\partial^2 f}{\partial x_1 \partial x_2}\\ \dfrac{\partial^2 f}{\partial x_2 \partial x_1} & \dfrac{\partial^2 f}{\partial x_2^2}\end{matrix}\right|_{x_0}>0$$

则矩阵 $G(x_0)$ 是负定矩阵，或者说矩阵 $G(x_0)$ 负定。

于是，二元函数 $f(x_1,x_2)$ 在 $x_0(x_{10},x_{20})$ 点处取得极值的条件表述为：二元函数 $f(x_1,x_2)$ 在 $x_0(x_{10},x_{20})$ 点处的黑森矩阵正定，取得极小值；在 $x_0(x_{10},x_{20})$ 点处的黑森矩阵负定，取得极大值。对于多元函数 $f(x_1,x_2,\cdots,x_n)$，若在 $x_0(x_1,x_2,\cdots,x_n)$点处取得极值且极值存在的条件为：

$$\nabla f(x_0)=\begin{bmatrix}\dfrac{\partial f}{\partial x_1} & \dfrac{\partial f}{\partial x_2} & \cdots & \dfrac{\partial f}{\partial x_n}\end{bmatrix}_{x_0}^{\mathrm{T}}=0 \tag{2-141}$$

取得极小值的充分条件为：

$$G(x_0)=\begin{bmatrix}\dfrac{\partial^2 f}{\partial x_1^2} & \dfrac{\partial^2 f}{\partial x_1\partial x_2} & \cdots & \dfrac{\partial^2 f}{\partial x_1\partial x_n}\\ \dfrac{\partial^2 f}{\partial x_2\partial x_1} & \dfrac{\partial^2 f}{\partial x_2^2} & \cdots & \dfrac{\partial^2 f}{\partial x_2\partial x_n}\\ \vdots & \vdots & \ddots & \vdots\\ \dfrac{\partial^2 f}{\partial x_n\partial x_1} & \dfrac{\partial^2 f}{\partial x_n\partial x_2} & \cdots & \dfrac{\partial^2 f}{\partial x_n^2}\end{bmatrix}_{x_0} \tag{2-142}$$

正定，即要求 $G(x_0)$ 的各阶主子式都大于零：

$$\left.\frac{\partial^2 f}{\partial x_1^2}\right|_{x_0}>0,\ \left|\begin{matrix}\dfrac{\partial^2 f}{\partial x_1^2} & \dfrac{\partial^2 f}{\partial x_1\partial x_2}\\ \dfrac{\partial^2 f}{\partial x_2\partial x_1} & \dfrac{\partial^2 f}{\partial x_2^2}\end{matrix}\right|_{x_0}>0,\cdots,|G(x_0)|>0$$

取得极大值的充分条件为：

$$G(x_0)=\begin{bmatrix}\dfrac{\partial^2 f}{\partial x_1^2} & \dfrac{\partial^2 f}{\partial x_1\partial x_2} & \cdots & \dfrac{\partial^2 f}{\partial x_1\partial x_n}\\ \dfrac{\partial^2 f}{\partial x_2\partial x_1} & \dfrac{\partial^2 f}{\partial x_2^2} & \cdots & \dfrac{\partial^2 f}{\partial x_2\partial x_n}\\ \vdots & \vdots & \ddots & \vdots\\ \dfrac{\partial^2 f}{\partial x_n\partial x_1} & \dfrac{\partial^2 f}{\partial x_n\partial x_2} & \cdots & \dfrac{\partial^2 f}{\partial x_n^2}\end{bmatrix}_{x_0} \tag{2-143}$$

负定。

2.8 旋转矩阵、旋转向量、欧拉角推导与相互转换

在 SLAM 程序中，处理多源数据必然涉及坐标转换，如 GPS 从大地坐标系转换到站心坐标、激光雷达从传感器坐标系（根据安装位置）转换到机器的刚体坐标等。在坐标系之间的变换过程中不乏各种向量、矩阵的乘法、求逆以及分解等运算，甚至在部分 API 中出现了复杂的多维运算。下面详细分析一些具体的坐标转换之间的关系，包括旋转矩阵、旋转向量以及欧拉角之间的相互转换。

2.8.1 欧拉角

对于在三维空间里的一个参考系，任何坐标系的取向都可以用三个欧拉角来表现。参考系（固定系）是静止不动的，而坐标系（固连系）则固定于刚体，随着刚体的旋转而旋转。参阅图 2-10，设 xyz 轴为参考系的参考轴，XYZ 轴为物体自身的坐标轴，xOy 平面与 XOY 平面的相交线为交点线，用 N 表示。

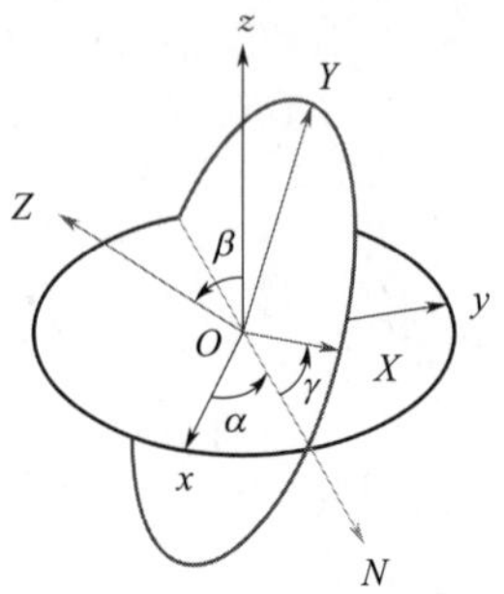

图 2-10　坐标系上的欧拉角

根据旋转的欧拉角先后的旋转顺序可以分为顺规和逆规。顺规主要包括对称型欧拉角：XYX，XZX，YXY，YZY，ZXZ，ZYZ。ZXZ 顺规的欧拉角可以静态地定义为：α（进动角）是 x 轴与交点线的夹角，β（章动角）是 z 轴与 Z 轴的夹角，γ（自旋角）是交点线与 X 轴的夹角。对于夹角的顺序和标记，夹角的两个轴的指定，并没有任何强制规定。每当用到欧拉角时，必须先明确表示出夹角的顺序，指定其参考轴。实际上，有许多方法可以设定两个坐标系的相对取向。欧拉角方法只是其中的一种。此外，不同的作者会用不同组合的欧拉角来描述，或用不同的名字表示同样的欧拉角。因此，使用欧拉角前，必须先做好明确的定义。

(1) 欧拉角的范围

α、γ 值的范围为 $[0,\ 2\pi)$，β 值的范围为 $[0,\ \pi]$。一般情况下，对应于每一个取向，设定的一组欧拉角都是独特唯一的。然而，当 $\beta=0$ 或 π 时，会出现环架锁定现象（参考万向节锁死问题），具体而言：

① 当 $\beta=0$ 时，α 与 γ 之和（在模 2π 意义下）相等的欧拉角对应同一个取向，如 $\left(\frac{\pi}{2},\ 0,\ 0\right)$、$\left(\frac{\pi}{3},\ 0,\ \frac{\pi}{6}\right)$、$\left(\frac{4\pi}{3},\ 0,\ \frac{7\pi}{6}\right)$。

② 当 $\beta=\pi$ 时，α 与 γ 只差相等的欧拉角对应同一个取向，如 $\left(\frac{\pi}{2},\ \pi,\ 0\right)$ 和 $\left(\pi,\ \pi,\ \frac{\pi}{2}\right)$ 对应的取向相同。

环架锁定是由于欧拉旋转定义本身造成的，这种旋转围绕固定轴的顺序是先 Z、再 X、再 Y 的旋转操作，与其最终所预期的三个轴向可以旋转的结果并非一定是一对一的映射，某些情况下是多对一的映射，造成一些旋转自由度的缺失，也就是“死锁”。为了避免这种情况，在编程的过程中更多地使用四元数形式进行姿态表示与旋转表示。

(2) 欧拉角表示的旋转矩阵

前面提到，设定刚体取向的旋转矩阵 $\boldsymbol{R}$ 是由三个基本旋转矩阵合成的：

$$\boldsymbol{R}=\begin{bmatrix}\cos\gamma & \sin\gamma & 0\\ -\sin\gamma & \cos\gamma & 0\\ 0 & 0 & 1\end{bmatrix}\begin{bmatrix}1 & 0 & 0\\ 0 & \cos\beta & \sin\beta\\ 0 & -\sin\beta & \cos\beta\end{bmatrix}\begin{bmatrix}\cos\alpha & \sin\alpha & 0\\ -\sin\alpha & \cos\alpha & 0\\ 0 & 0 & 1\end{bmatrix} \tag{2-144}$$

式(2-144) 右侧，从右到左依次代表绕着 X 轴的旋转（α）、绕着交点线的旋转（β）、绕着 Z 轴的旋转（γ）。经过一番运算：

$$\boldsymbol{R}=\begin{bmatrix} \cos\alpha\cos\gamma-\cos\beta\sin\alpha\sin\gamma & \sin\alpha\cos\gamma+\cos\beta\cos\alpha\sin\gamma & \sin\beta\sin\gamma \\ -\cos\alpha\sin\gamma-\cos\beta\sin\alpha\cos\gamma & -\sin\alpha\sin\gamma+\cos\beta\cos\alpha\cos\gamma & \sin\beta\cos\gamma \\ \sin\beta\sin\alpha & -\sin\beta\cos\alpha & \cos\beta \end{bmatrix} \tag{2-145}$$

$\boldsymbol{R}$ 的逆矩阵是：

$$[\boldsymbol{R}]^{-1}=\begin{bmatrix} \cos\alpha & -\sin\alpha & 0 \\ \sin\alpha & \cos\alpha & 0 \\ 0 & 0 & 1 \end{bmatrix}\begin{bmatrix} 1 & 0 & 0 \\ 0 & \cos\beta & -\sin\beta \\ 0 & \sin\beta & \cos\beta \end{bmatrix}\begin{bmatrix} \cos\gamma & -\sin\gamma & 0 \\ \sin\gamma & \cos\gamma & 0 \\ 0 & 0 & 1 \end{bmatrix} \tag{2-146}$$

$$[\boldsymbol{R}]^{-1}=\begin{bmatrix} \cos\alpha\cos\gamma-\cos\beta\sin\alpha\sin\gamma & -\cos\alpha\sin\gamma-\cos\beta\sin\alpha\cos\gamma & \sin\beta\sin\alpha \\ \sin\alpha\cos\gamma+\cos\beta\cos\alpha\sin\gamma & -\sin\alpha\sin\gamma+\cos\beta\cos\alpha\cos\gamma & -\sin\beta\cos\alpha \\ \sin\beta\sin\gamma & \sin\beta\cos\gamma & \cos\beta \end{bmatrix} \tag{2-147}$$

注意，$\boldsymbol{R}$ 的逆矩阵（反矩阵）也是 $\boldsymbol{R}$ 的转置矩阵（Transpose Matrix），不需要用传统方式去求解其逆矩阵，也不用特别记忆，甚至在撰写算法时也可以不用额外配置内存。这是旋转矩阵（包括坐标旋转矩阵及向量旋转矩阵）的特性。这个特性也适用于由连续数个个别旋转矩阵连乘所构成的复合旋转矩阵，如以上的 $\boldsymbol{R}$。

2.8.2 旋转矩阵

旋转矩阵（Rotation Matrix）是在乘以一个向量的时候改变向量的方向但不改变其大小的矩阵。旋转矩阵不包括点反演，点反演可以把右手坐标系改变成左手坐标系或反之。所有旋转加上反演形成了正交矩阵的集合。旋转可分为主动旋转与被动旋转两种。主动旋转是指将向量逆时针围绕旋转轴所做出的旋转。被动旋转是对坐标轴本身进行的逆时针旋转，它相当于主动旋转的逆操作。

旋转矩阵的性质，设 M 是任何维的一般旋转矩阵，$\boldsymbol{M}\in \mathrm{R}^{n\times n}$：

① 两个向量的点积（内积）在它们都被一个旋转矩阵操作之后保持不变：$\boldsymbol{a}^{\mathrm{T}}\cdot\boldsymbol{b}=(\boldsymbol{Ma})^{\mathrm{T}}\cdot\boldsymbol{Mb}$。

② 得出旋转矩阵的逆矩阵是它的转置矩阵：$\boldsymbol{MM}^{-1}=\boldsymbol{MM}^{\mathrm{T}}=\mathbf{I}$，这里的 $\mathbf{I}$ 是单位矩阵。

一个矩阵是旋转矩阵，当且仅当它是正交矩阵并且它的行列式值是 1。正交矩阵的行列式值是 ±1；如果行列式值是 -1，则它包含了一个反射而不是真的旋转矩阵。旋转矩阵是正交矩阵且它的列向量为 $\mathbb{R}^n$ 的一个正交基，就是说旋转矩阵在任何两个列向量之间的标量积是零（正交性）且每个列向量是单位向量。

任何旋转矩阵可以表示为斜对称矩阵 $\mathbf{A}$ 的指数：

$$\boldsymbol{M}=\exp(\boldsymbol{A})=\sum_{k=0}^{\infty}\frac{\boldsymbol{A}^k}{k!} \tag{2-148}$$

这里的指数是以泰勒级数定义的，而 $\boldsymbol{A}^k$ 是以矩阵乘法定义的。矩阵 $\mathbf{A}$ 叫作旋转的“生成元”。旋转矩阵的李代数是它的生成元的代数，它就是斜对称矩阵的代数。生成元可以通过 $\boldsymbol{M}$ 的矩阵对数来找到。

（1）二维空间旋转向量

在二维空间中，旋转可以用一个单一的角 θ 定义。作为约定，正角表示逆时针旋转。把笛卡儿坐标的列向量关于原点逆时针旋转 θ 的矩阵是：

$$M(\theta)=\begin{bmatrix}\cos\theta & -\sin\theta\\ \sin\theta & \cos\theta\end{bmatrix}=\cos\theta\begin{bmatrix}1 & 0\\ 0 & 1\end{bmatrix}+\sin\theta\begin{bmatrix}0 & -1\\ 1 & 0\end{bmatrix}=\exp\left(\theta\begin{bmatrix}0 & -1\\ 1 & 0\end{bmatrix}\right) \tag{2-149}$$

（2）三维空间旋转向量

在三维空间中，旋转矩阵有一个等于单位 1 的实特征值。旋转矩阵指定关于对应的特征向量的旋转（欧拉旋转定理）。如果旋转角是 θ，则旋转矩阵的另外两个（复数）特征值是 $\exp(\mathrm{i}\theta)$ 和 $\exp(-\mathrm{i}\theta)$。从而得出三维旋转的迹数等于 $1+2\cos\theta$，这可用来快速计算任何三维旋转的旋转角。三维旋转矩阵的生成元是三维斜对称矩阵。因为只需要三个实数来指定三维斜对称矩阵，得出只用三个实数就可以指定一个三维旋转矩阵。

（3）生成旋转矩阵的方式

生成旋转矩阵的一种简单方式是把它作为三个基本旋转的序列复合。关于右手笛卡儿坐标系的 x、y 和 z 轴的旋转分别叫作 roll、pitch 和 yaw 旋转（图 2-11）。因为这些旋转被表达为关于一个轴的旋转，它们的生成元很容易表达。

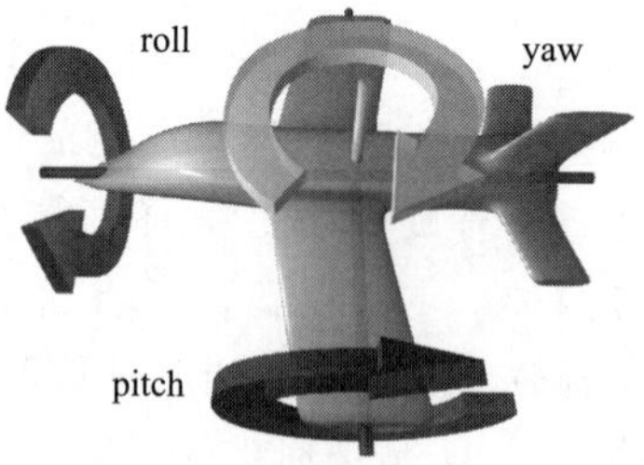

图 2-11　右手笛卡儿坐标系下的 roll、pitch 和 yaw

绕 x 轴的主动旋转定义为：

$$R_x(\theta_x)=\begin{bmatrix}1 & 0 & 0\\ 0 & \cos\theta_x & -\sin\theta_x\\ 0 & \sin\theta_x & \cos\theta_x\end{bmatrix}=\exp\left(\theta_x\begin{bmatrix}0 & 0 & 0\\ 0 & 0 & -1\\ 0 & 1 & 0\end{bmatrix}\right) \tag{2-150}$$

式中，θ_x 是 roll 角，和右手螺旋的方向相同（在 yz 平面逆时针）。

绕 y 轴的主动旋转定义为：

$$R_y(\theta_y)=\begin{bmatrix}\cos\theta_y & 0 & \sin\theta_y\\ 0 & 1 & 0\\ -\sin\theta_y & 0 & \cos\theta_y\end{bmatrix}=\exp\left(\theta_y\begin{bmatrix}0 & 0 & 1\\ 0 & 0 & 0\\ -1 & 0 & 0\end{bmatrix}\right) \tag{2-151}$$

式中，θ_y 是 pitch 角，和右手螺旋的方向相同（在 zx 平面逆时针）。

绕 z 轴的主动旋转定义为：

$$R_z(\theta_z)=\begin{bmatrix}\cos\theta_z & -\sin\theta_z & 0\\ \sin\theta_z & \cos\theta_z & 0\\ 0 & 0 & 1\end{bmatrix}=\exp\left(\theta_z\begin{bmatrix}0 & -1 & 0\\ 1 & 0 & 0\\ 0 & 0 & 0\end{bmatrix}\right) \tag{2-152}$$

式中，θ_z 是 yaw 角，和右手螺旋的方向相同（在 xy 平面逆时针）。

在飞行动力学中，roll、pitch 和 yaw 角通常分别采用符号 γ、α、β；但是为了避免混淆于欧拉角，这里使用符号 θ_x、θ_y 和 θ_z。任何三维旋转矩阵 $\boldsymbol{M}\in \mathrm{R}^{3\times 3}$ 都可以用这三个角 θ_x、θ_y 和 θ_z 来刻画，并且可以表示为 roll、pitch 和 yaw 矩阵的乘积。

2.8.3 欧拉角转换为旋转矩阵

对于两个三维点 $p_1(x_1,y_1,z_1)$、$p_2(x_2,y_2,z_2)$，由点 p_1 经过旋转矩阵 $\boldsymbol{R}$ 旋转到 p_2，则有：

$$\boldsymbol{R}=\begin{bmatrix}r_{11} & r_{12} & r_{13}\\ r_{21} & r_{22} & r_{23}\\ r_{31} & r_{32} & r_{33}\end{bmatrix},\quad \begin{bmatrix}x_2\\ y_2\\ z_2\end{bmatrix}=\boldsymbol{R}\begin{bmatrix}x_1\\ y_1\\ z_1\end{bmatrix} \tag{2-153}$$

任何一个旋转可以表示为依次绕着三个旋转轴旋三个角度的组合。这三个角度称为欧拉角。对于在三维空间里的一个参考系，任何坐标系的取向都可以用三个欧拉角来表现，如图 2-12 所示（灰色是起始坐标系，而黑色的是旋转之后的坐标系）：

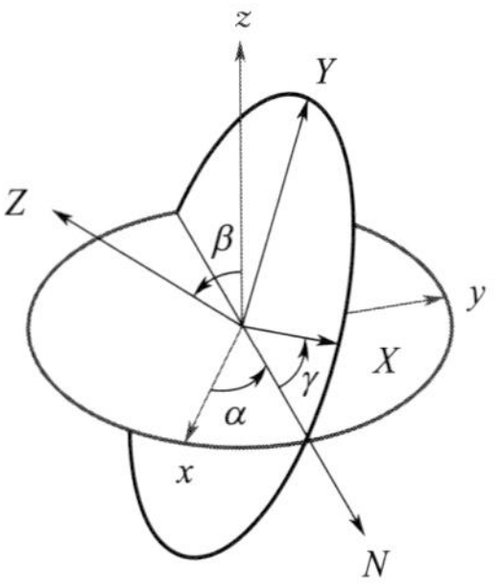

图 2-12　坐标系上的欧拉角

$$R_x(\theta)=\begin{bmatrix}1 & 0 & 0\\ 0 & \cos\theta & -\sin\theta\\ 0 & \sin\theta & \cos\theta\end{bmatrix},R_y(\theta)=\begin{bmatrix}\cos\theta & 0 & \sin\theta\\ 0 & 1 & 0\\ -\sin\theta & 0 & \cos\theta\end{bmatrix},$$

$$R_z(\theta)=\begin{bmatrix}\cos\theta & -\sin\theta & 0\\ \sin\theta & \cos\theta & 0\\ 0 & 0 & 1\end{bmatrix}$$

因此欧拉角旋转矩阵如下：

$$\begin{aligned}\boldsymbol{R}&=R_z(\phi)R_y(\theta)R_x(\psi)\\&=\begin{bmatrix}\cos\theta\cos\phi & \sin\psi\sin\theta\cos\phi-\cos\psi\sin\theta & \cos\psi\sin\theta\cos\phi+\sin\psi\sin\phi\\ \cos\theta\sin\phi & \sin\psi\sin\theta\sin\phi+\cos\psi\cos\phi & \cos\psi\sin\theta\sin\phi-\sin\psi\cos\theta\\ -\sin\theta & \sin\psi\cos\theta & \cos\psi\cos\theta\end{bmatrix}\end{aligned}$$

则可以如下表示欧拉角：

$$\theta_x=a\tan2(r_{32},r_{33}),\theta_y=a\tan2(-r_{31},\sqrt{r_{32}^2+r_{33}^2}),\theta_z=a\tan2(r_{21},r_{11})$$

用来实现旋转矩阵和欧拉角之间的相互变换（Python版）的代码可扫描二维码下载。

2.8.4 旋转矩阵与旋转向量

处理三维旋转问题时，通常采用旋转矩阵的方式来描述。一个向量乘以旋转矩阵等价于向量以某种方式进行旋转。除了采用旋转矩阵描述外，还可以用旋转向量来描述旋转，旋转向量的长度（模）表示绕轴逆时针旋转的角度（弧度）。旋转向量与旋转矩阵可以通过罗德里格斯（Rodrigues）变换进行转换：

$$\theta\leftarrow\text{norm}(\boldsymbol{r})$$

$$\boldsymbol{r}\leftarrow\boldsymbol{r}/\theta$$

$$\boldsymbol{R}=\cos\theta\mathbf{I}+(1-\cos\theta)\boldsymbol{r}\boldsymbol{r}^{\mathrm{T}}+\sin\theta\begin{bmatrix}0 & -r_z & r_y\\ r_z & 0 & -r_x\\ -r_y & r_x & 0\end{bmatrix}\tag{2-154}$$

式中，norm 为求向量的模。

反变换也可以很容易地通过如下公式实现：

$$\sin\theta\begin{bmatrix}0 & -r_z & r_y\\ r_z & 0 & -r_x\\ -r_y & r_x & 0\end{bmatrix}=\frac{\boldsymbol{R}-\boldsymbol{R}^{\mathrm{T}}}{2}\tag{2-155}$$

用来实现旋转向量到旋转矩阵及旋转矩阵到旋转向量的转换（Python 版）代码可扫描二维码下载。

2.9 G2O 优化

本节将介绍另一个（主要在 SLAM 领域）广为使用的优化库——G2O（General Graphic Optimization）。它是一个基于图优化的库。图优化是一种将非线性优化与图论结合起来的理论，因此在使用它之前，用一点篇幅介绍优化和图优化的基本知识。

2.9.1 预备知识：优化

图优化本质上是一个优化问题，所以先理解优化问题是什么。优化问题有三个最重要的因素：目标函数、优化变量、优化约束。一个简单的优化问题可以描述如下：

$$\min_{x} F(x) \tag{2-156}$$

式中，x 为优化变量；$F(x)$ 为优化函数。此问题称为无约束优化问题，因为式(2-156) 没有给出任何约束形式。SLAM 中优化问题多为无约束优化，所以本节着重介绍无约束的形式。

当 $F(x)$ 有一些特殊性质时，对应的优化问题也可以用一些特殊的解法。例如，$F(x)$ 为一个线性函数时，则为线性优化问题（不过线性优化问题通常在有约束情形下讨论）；反之，则为非线性优化。对于无约束的非线性优化，如果已知它梯度的解析形式，就能直接求那些梯度为零的点，来解决这个优化：

$$\frac{\mathrm{d}F}{\mathrm{d}x}=0 \tag{2-157}$$

梯度为零的地方可能是函数的极大值、极小值或者鞍点。由于现在 $F(x)$ 的形式不确定，所以只能遍历所有的极值点，找到最小的函数值作为最优解。但一般情况下不这样进行求解，因为很多时候 $F(x)$ 的形式太复杂，导致无法写出导数的解析形式，或者难以求解导数为零的方程。因此，多数时候使用迭代方式求解。从一个初值 x_0 出发，不断在当前值附近求导找到梯度，然后沿着梯度方向走出一步，从而使得函数值下降一点。这样反复迭代，理论上对于任何函数都能找到一个极小值点。

迭代的策略主要体现在如何选择下降方向以及如何选择步长两个方面，主要有 Gauss-Newton（GN）法和 Levenberg-Marquardt（LM）法两种方法，虽然它们主要在迭代策略上有所不同，但是寻找梯度并迭代则是一样的。

2.9.2 图优化的概念

所谓的图优化，就是把一个常规的优化问题以图（Graph）的形式来表述。图是由顶点（Vertex）和边（Edge）组成的结构，而图论则是研究图的理论。记一个图为 $G=\{V,E\}$，其中 V 为顶点集，E 为边集。顶点想象成普通的点即可。边是什么呢？一条边连接着若干个顶点，表示顶点之间的一种关系。边可以是有向的或是无向的，对应的图称为有向图或无向图。边也可以连接一个顶点（Unary Edge，一元边）、两个顶点（Binary Edge，二元边）或多个顶点（Hyper Edge，多元边）。最常见的边连接两个顶点。当一个图中存在连接两个以上顶点的边时，称这个图为超图（Hyper Graph）。而 SLAM 问题就可以表示成一个超图（在不引起歧义的情况下，后面直接以图指代超图）。

怎么把 SLAM 问题表示成图呢？SLAM 的核心是根据已有的观测数据，计算机器人的运动轨迹和地图。假设在时刻 k，机器人在位置 x_k 处，用传感器进行一次观测，得到了数据 z_k。传感器的观测方程为：

$$z_k = h(x_k) \tag{2-158}$$

由于误差的存在，z_k 不可能精确地等于 $h(x_k)$，于是就有了误差：

$$e_k = z_k - h(x_k) \tag{2-159}$$

那么，若以 x_k 为优化变量，以 $\min\limits_x F_k(x_k) = \| e_k \|$ 为目标函数，就可以求得 x_k 的估计值。这实际上就是用优化来求解 SLAM 的思路。

所谓的优化变量 x_k、观测方程 $z_k = h(x_k)$ 等，它们具体是什么呢？这个取决于表达式的参数化（Parameterazation）。x 可以是一个机器人的 Pose（位姿），如六自由度下为 4×4 的变换矩阵 $\boldsymbol{T}$ 或者 3 自由度下的位置与转角 $[x, y, \theta]$；也可以是一个空间点，如三维空间的 $[x, y, z]$ 或二维空间的 $[x, y]$。相应的，观测方程也有很多形式，如：

① 机器人两个 Pose 之间的变换；

② 机器人在某个 Pose 处用激光测量到了某个空间点，得到了它离自己的距离与角度；

③ 机器人在某个 Pose 处用相机观测到了某个空间点，得到了它的像素坐标。

同样，它们的具体形式很多样化，故在讨论 SLAM 问题时，不应仅仅局限于某种特定的传感器或姿态表达方式。

那么到底该怎样才能表达成图呢？在图中，以顶点表示优化变量，以边表示观测方程。由于边可以连接一个或多个顶点，所以把它的形式写成更广义的 $z_k = h(x_{k1}, x_{k2}, \cdots)$，以表示不限制顶点数量的意思。对于刚才提到的三种观测方程，边和顶点是什么形式呢？边是一条 Binary Edge（二元边），顶点为两个 Pose，边的方程为：

$$T_1 = \Delta T T_2 \tag{2-160}$$

机器人在某个 Pose 处用激光测量到了某个空间点，得到了它离自己的距离与角度以及两个顶点，其中一个为 2D Pose—— $[x, y, \theta]^{\mathrm{T}}$，一个为 Point（像素点）—— $[\lambda_x, \lambda_y]^{\mathrm{T}}$，观测数据距离 r 和角度 b，那么观测方程为：

$$\begin{bmatrix} r \\ b \end{bmatrix} = \begin{bmatrix} \sqrt{(\lambda_x - x)^2 + (\lambda_y - y)^2} \\ \arctan\left(\dfrac{\lambda_y - y}{\lambda_x - x}\right) - \theta \end{bmatrix} \tag{2-161}$$

机器人在某个 Pose 处用相机观测到了某个空间点并得到了它的像素坐标，此时 Binary Edge 二元边的顶点为一个 3D Pose——T 和一个空间点 $\boldsymbol{X} = [x, y, z]^{\mathrm{T}}$，观测数据为像素坐标 $\boldsymbol{Z} = [u, v]^{\mathrm{T}}$。那么观测方程为：

$$\boldsymbol{Z} = \boldsymbol{C}(\boldsymbol{R}\boldsymbol{x} + \boldsymbol{t}) \tag{2-162}$$

式中，$\boldsymbol{C}$ 为相机内参；$\boldsymbol{R}$、$\boldsymbol{t}$ 为旋转和平移。

举这些例子，是为了更好地理解顶点和边是什么东西。由于机器人可能使用各种传感器，故我们不限制顶点和边的参数化之后的样子。例如，在某些特殊的情况下，机器人既加了激光，也用了相机，还用了IMU、轮式编码器、超声波等各种传感器来做SLAM。为了求解整个问题，图中就会有各种各样的顶点和边。但是不管如何，都是可以用图来优化的。

2.9.3 图优化的实现

图优化是怎么做的？假设一个带有 n 条边的图，其目标函数可以写成：

$$\min_{x}\sum_{k=1}^{n} e_k(\boldsymbol{x}_k,\boldsymbol{z}_k)^{\mathrm{T}}\boldsymbol{\Omega}_k e_k(\boldsymbol{x}_k,\boldsymbol{z}_k) \tag{2-163}$$

关于这个目标函数，有以下几点都是很重要的，请读者仔细去理解：

① e 函数在原理上表示一个误差，是一个矢量，作为优化变量 $\boldsymbol{x}_k$ 和 $\boldsymbol{z}_k$ 符合程度的一个度量。它越大表示 $\boldsymbol{x}_k$ 越不符合 $\boldsymbol{z}_k$。但是，由于目标函数必须是标量，所以必须用它的平方形式来表达目标函数。最简单的形式是直接做成平方：$e(\boldsymbol{x},\boldsymbol{z})^{\mathrm{T}}e(\boldsymbol{x},\boldsymbol{z})$。进一步，为了表示对误差各分量重视程度的不一样，还使用一个信息矩阵 $\boldsymbol{\Omega}$ 来表示各分量的不一致性。

② 信息矩阵 $\boldsymbol{\Omega}$ 是协方差矩阵的逆，是一个对称矩阵。它的每个元素 $\boldsymbol{\Omega}_{i,j}$ 作为 e_ie_j 的系数，可以看成对 e_i、e_j 这个误差项相关性的一个预计。最简单的是把 $\boldsymbol{\Omega}$ 设成对角矩阵，对角阵元素的大小表明我们对此项误差的重视程度。

③ 这里的 $\boldsymbol{x}_k$ 可以指一个顶点、两个顶点或多个顶点，取决于边的实际类型。所以，更严谨的方式是把它写成 $e_k(\boldsymbol{z}_k,\boldsymbol{x}_{k1},\boldsymbol{x}_{k2},\cdots)$，但是那样写法实在是太烦琐，所以就简单地写成现在的样子。由于 $\boldsymbol{z}_k$ 是已知的，为了数学上的简洁，再把它写成 $e_k(\boldsymbol{x}_k)$ 的形式。

根据上述提出的三点，于是总体优化问题变为 n 条边加和的形式：

$$\min F(x)=\sum_{k=1}^{n} e_k(\boldsymbol{x}_k)^{\mathrm{T}}\boldsymbol{\Omega}_k e_k(\boldsymbol{x}_k) \tag{2-164}$$

边的具体形式有很多种，可以是一元边、二元边或多元边，它们的数学表达形式取决于传感器或你想要描述的东西。例如，视觉SLAM中，在一个相机Pose的 T_k 处对空间点 $\boldsymbol{x}_k$ 进行了一次观测，得到 $\boldsymbol{z}_k$，那么这条二元边的数学形式为：

$$e_k(\boldsymbol{x}_k,\boldsymbol{T}_k,\boldsymbol{z}_k)=[\boldsymbol{z}_k-C(\boldsymbol{R}\boldsymbol{x}_k+\boldsymbol{t})]^{\mathrm{T}}\boldsymbol{\Omega}_k[\boldsymbol{z}_k-C(\boldsymbol{R}\boldsymbol{x}_k-\boldsymbol{t})] \tag{2-165}$$

单个边其实并不复杂。

如果有很多个节点和边的图该怎么办呢？由于其构成了一个庞大的优化问题，故一般并不展开它的数学形式，只关心它的优化解。那么，为了求解优化，需要知道两样东西：一个初始点和一个迭代方向。为了数学上的方便，先考虑第 k 条边 $e_k(\boldsymbol{x}_k)$。假设它的初始点为 $\widetilde{\boldsymbol{x}}_k$，并且给它一个 $\Delta\boldsymbol{x}$ 的增量，那么边的估计值就变为 $F_k(\widetilde{\boldsymbol{x}}_k+\Delta\boldsymbol{x})$，而误差值则从 $e_k(\widetilde{\boldsymbol{x}})$ 变为 $e_k(\widetilde{\boldsymbol{x}}_k+\Delta\boldsymbol{x})$。首先对误差项进行一阶展开：

$$e_k(\widetilde{x}_k+\Delta x)\approx e_k(\widetilde{x}_k)+\frac{\mathrm{d}\boldsymbol{e}_k}{\mathrm{d}\boldsymbol{x}_k}\Delta\boldsymbol{x}=\boldsymbol{e}_k+\boldsymbol{J}_k\Delta\boldsymbol{x} \tag{2-166}$$

这里的 $\boldsymbol{J}_k$ 是 $\boldsymbol{e}_k$ 关于 $\boldsymbol{x}_k$ 的导数，矩阵形式下为雅可比矩阵。在估计点附近做了一次线性假设，认为函数值是能够用一阶导数来逼近的，当然这在 $\Delta\boldsymbol{x}$ 很大的时候就不成立了。于是，对于第 k 条边的目标函数项，有：

$$\begin{aligned}F_k(\widetilde{\boldsymbol{x}}_k+\Delta\boldsymbol{x})&=e_k(\widetilde{\boldsymbol{x}}_k+\Delta\boldsymbol{x})^{\mathrm{T}}\boldsymbol{\Omega}_k e_k(\widetilde{\boldsymbol{x}}_k+\Delta\boldsymbol{x})\\&\approx e_k(\widetilde{\boldsymbol{x}}_k+\boldsymbol{J}_k\Delta\boldsymbol{x})^{\mathrm{T}}\boldsymbol{\Omega}_k(\boldsymbol{e}_k+\boldsymbol{J}\Delta\boldsymbol{x})\\&=\boldsymbol{e}_k^{\mathrm{T}}\boldsymbol{\Omega}_k\boldsymbol{e}_k+2\boldsymbol{e}_k^{\mathrm{T}}\boldsymbol{\Omega}_k\boldsymbol{J}_k\Delta\boldsymbol{x}+\Delta\boldsymbol{x}^{\mathrm{T}}\boldsymbol{J}_k^{\mathrm{T}}\boldsymbol{\Omega}_k\boldsymbol{J}_k\Delta\boldsymbol{x}\\&=C_k+2\boldsymbol{b}_k\Delta\boldsymbol{x}+\Delta\boldsymbol{x}^{\mathrm{T}}\boldsymbol{H}_k\Delta\boldsymbol{x}\end{aligned} \tag{2-167}$$

式(2-167) 最后一项是个定义整理式，一般把和 $\Delta\boldsymbol{x}$ 无关的整理成常数项 C_k，把一次项系数写成 $2\boldsymbol{b}_k$，二次项则为 $\boldsymbol{H}_k$（注意到二次项系数其实是 Hessian 矩阵）。请注意 C_k 实际就是该边变化前的取值。所以，在 $\boldsymbol{x}_k$ 发生增量后，目标函数 F_k 项改变的值为：

$$\Delta F_k=2\boldsymbol{b}_k\Delta\boldsymbol{x}+\Delta\boldsymbol{x}^{\mathrm{T}}\boldsymbol{H}_k\Delta\boldsymbol{x} \tag{2-168}$$

目标是找到 $\Delta\boldsymbol{x}$，使得这个增量变为极小值。所以直接令它对于 $\Delta\boldsymbol{x}$ 的导数为零，有：

$$\frac{\mathrm{d}F_k}{\mathrm{d}\Delta\boldsymbol{x}}=2\boldsymbol{b}+2\boldsymbol{H}_k\Delta\boldsymbol{x}=0\Rightarrow\boldsymbol{H}_k\Delta\boldsymbol{x}=-\boldsymbol{b}_k \tag{2-169}$$

所以归根结底是求解一个线性方程组：

$$\boldsymbol{H}_k\Delta\boldsymbol{x}=-\boldsymbol{b}_k \tag{2-170}$$

显然，式(2-170) 只是简单的线性问题，读者当然会有这种感觉，因为线性规划是规划中最为简单的，求解比较方便。为何 21 世纪前 SLAM 不这样做呢？这是因为在每一步迭代中都要求解一个雅可比矩阵和一个黑森矩阵。而一个图中经常有成千上万条边、几十万个待估计参数，这在以前被认为是无法实时求解的。那为何后来又可以实时求解了呢？SLAM 研究者逐渐认识到，SLAM 构建的图并非全连通图，它往往是很稀疏的。例如，一个地图里大部分路标点只会在很少的时刻被机器人看见，从而建立起一些边，大多数时候它们是看不见的。体现在数学公式中，虽然总体目标函数 $F(x)$ 有很多项，但某个顶点 x_k 就只会出现在和它有关的边里面！这会导致什么？这导致许多和 x_k 无关的边，如 e_j，对应的雅可比矩阵 $\boldsymbol{J}_j$ 就直接是个零矩阵！而总体的雅可比矩阵 $\boldsymbol{J}$ 中，和 x_k 有关的那一列大部分为零，只有少数的地方，也就是和 x_k 顶点相连的边出现了非零值。对于式(2-170) 相应的二阶导矩阵 $\boldsymbol{H}$ 中，大部分也是零元素。这种稀疏性能很好地帮助我们快速求解上面的线性方程。稀疏代数库包括 SBA、PCG、CSparse、Cholmod 等，G2O 正是使用它们来求解图优化问题的。要补充的是，在数值计算中，可以给出雅可比矩阵和黑森矩阵的解析形式进行计算，也可以让计算机去数值计算这两个矩阵，仅仅只需要给出误差的定义方式即可。

最后总结一下做图优化的流程：

① 选择图里的节点与边的类型，确定它们的参数化形式；

② 往图里加入实际的节点和边；

③ 选择初值，开始迭代；

④ 每一步迭代中，计算对应于当前估计值的雅可比矩阵和黑森矩阵；

⑤ 求解稀疏线性方程 $\boldsymbol{H}_k \Delta \boldsymbol{x} = -\boldsymbol{b}_k$，得到梯度方向；

⑥ 继续用 GN 或 LM 进行迭代，如果迭代结束，返回优化值。

实际上，G2O 能帮读者做好第③～⑥步，读者要做的只是前两步而已。下面我们就来尝试做这件事。

2.9.4 G2O 优化

讲完了优化的基本知识，来看一下 G2O 的结构。G2O 是一种通用图优化。为何叫通用呢？由于 G2O 的核里带有各种各样的求解器，而它的顶点、边的类型则多种多样。通过自定义顶点和边，只要一个优化问题能够表达成图，那么就可以用 G2O 去求解它。常见的，比如 Bundle Adjustment、ICP、数据拟合，都可以用 G2O 来做。

从代码层面来说，G2O 是一个 C++编写的项目，用 cmake 构建。它是一个重度模板类的 C++项目，其中，矩阵数据结构多来自 Eigen。首先来看一下它的目录（图 2-13）下面都有什么吧。此项目比较经典，有兴趣的读者可以在 Github 上搜索获得。

RainerKuemmerle Implement drawing covariance matrix in examples/slam2d (#... ✓ 893611e 2 days ago		1,460 commits
.github/workflows	Add workaround for ccache on macOS runner (#684)	3 days ago
benchmarks	Drop broken single precision feature	2 months ago
cmake_modules	Add spdlog to g2o's exported config (#683)	3 days ago
doc	Update gitignore in doc folder	2 months ago
g2o	Implement drawing covariance matrix in examples/slam2d (#685)	2 days ago
script	Add workflow for checking clang-format	2 years ago
unit_test	Fix compiler warnings (#681)	3 days ago
.clang-format	Set DerivePointerAlignment to false in clang-format	7 months ago
.codacy.yaml	Adjust codacy setup	2 years ago
.gitignore	Update gitignore	2 months ago
CMakeLists.txt	Relax Eigen to 3.3	2 weeks ago
Makefile	syntax cleanups so far	9 years ago
README.md	Complete logger implementation	2 weeks ago
codecov.yml	Create codecov.yml	3 years ago
config.h.in	Add logger implementation	last month

图 2-13　G2O 源码目录

如图 2-13，G2O 项目中含有若干文件夹。除去那些 gitignore 之类的零碎文件，主要有以下几个：

① G2O：最重要的源代码，一些三方库。

② cmake _ modules：给 cmake 用来寻找库的文件。我们用 G2O 时也会用它里头的东西，如 FindG2O. cmake。

③ doc：txt 文档，包括 G2O 自带的说明书（难度较大的一个说明文档）。

④ script：在 Android 等其他系统中编译用的脚本，由于本部分主要在 Ubuntu 环境下展开，就不多讲了。

综上所述，最重要的就是 G2O 的源代码文件，如图 2-14 所示。

RainerKuemmerle Implement drawing covariance matrix in examples/slam2d (#685) ✓ 893611e · 2 days ago History

Name	Last commit message	Last commit date
..		
EXTERNAL	Adjust c++17 targets	2 months ago
apps	Implement set of small fixes	last month
autodiff	Drop CXX_STANDARD on g2o_ceres_ad INTERFACE lib	2 months ago
core	simplify allVerticesFixedNs using folding	last week
examples	Implement drawing covariance matrix in examples/slam2d (#685)	2 days ago
solvers	Complete logger implementation	2 weeks ago
stuff	Fix compiler warnings (#681)	3 days ago
types	Complete logger implementation	2 weeks ago
.gitignore	update .gitignore	12 years ago
CMakeLists.txt	Move autodiff header to new folder	2 months ago
what_is_in_these_directories.txt	initial commit of the g2o code, corresponds to rev637	12 years ago

图 2-14　G2O 最重要源码部分

G2O 源代码文件夹的主要内容有：

① apps：一些应用程序。常用的 G2O _ viewer 就在这里，其他还有一些不常用的命令行工具等。

② core：核心组件。很重要！基本的顶点、边、图结构的定义以及算法的定义、求解器接口的定义在这里。

③ examples：一些例程，可以参照着这里的东西来写，不过注释不太多。

④ solvers：求解器的实现，主要来自 Choldmod、CSparse，在使用 G2O 时要先选择其中一种。

⑤ stuff：对用户来讲可有可无的一些工具函数。

⑥ types：各种顶点和边。很重要！用户在构建图优化问题时，先要想好自己的顶点和边是否已经提供了定义。如果没有，要自己实现；如果有，就用 G2O 提供的即可。

⑦ EXTERNAL：三方库，有 Ceres、CSparse、Freeglut，可以选择性地编译。

就经验而言，solvers 给人的感觉是大同小异，而 types 的选取，则是 G2O 用户主要关心的内容。core 下面的内容，读者要争取弄得比较熟悉，才能确保使用中出现错误时可以正确地应对。

那么，G2O 最基本的类结构是怎么样的呢，以及如何来表达一个 Graph、选择求解器呢？先来看图 2-15。

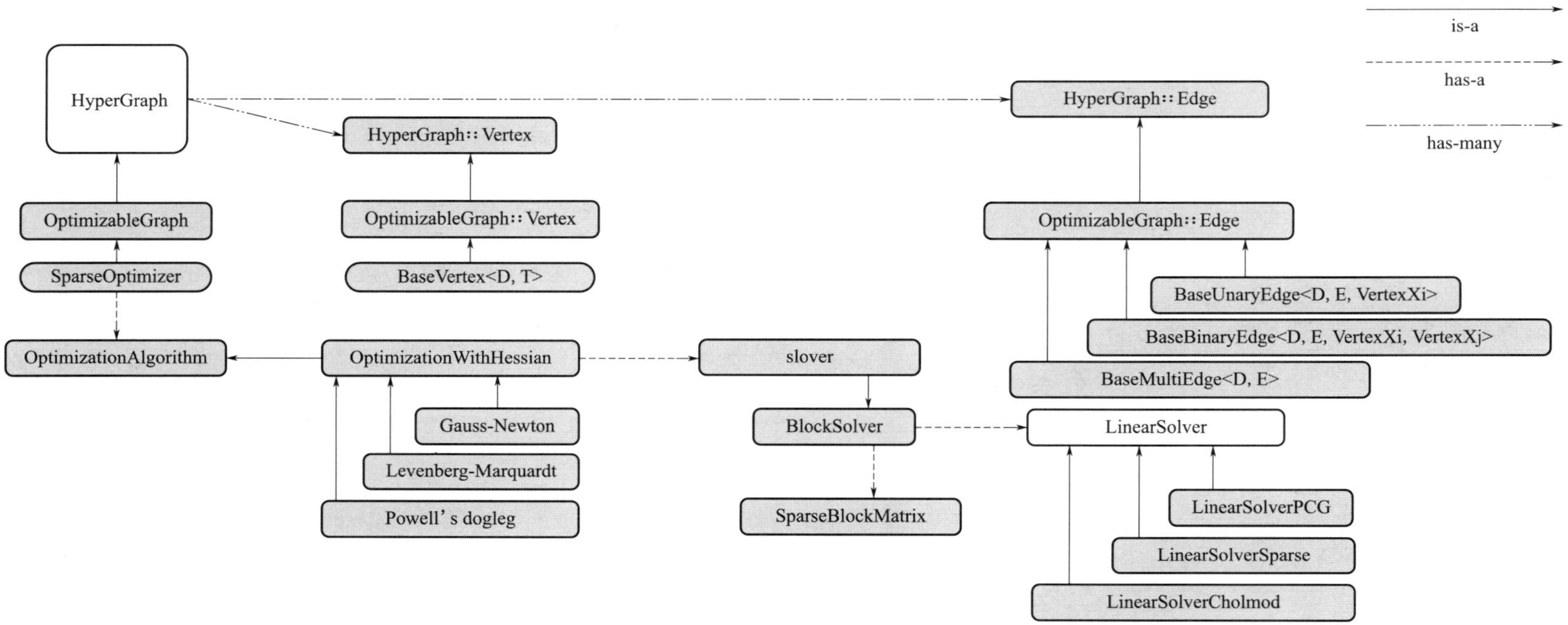

图 2-15　G2O 基本结构 Graph

这个图第一次看，可能觉得有些混乱。但是随着 G2O 越用越多，你会发现越来越喜欢这个图……现在请读者跟着下面的顺序来看这个图。在优化之前，需要指定使用的求解器和迭代算法。从图中下半部分可以看到，一个 SparseOptimizer 拥有一个 OptimizationAlgorithm，继承自 Gauss-Newton（GN）、Levernberg-Marquardt（LM）、Powell′s dogleg 三者之一（一般常用的是 GN 或 LM）。同时，这个 OptimizationAlgorithm 拥有一个 solver，它含有两个部分。一部分是 SparseBlockMatrix，用于计算稀疏的雅可比矩阵和黑森矩阵；另一部分是用于计算迭代过程中最关键的一步：

$$\boldsymbol{H}\Delta\boldsymbol{x}=-\boldsymbol{b} \tag{2-171}$$

这就需要一个线性方程的求解器。而这个求解器，可以从 PCG、CSparse、Choldmod 三者中选一。综上所述，在 G2O 中选择优化方法一共需要三个步骤：

① 选择一个线性方程求解器，从 PCG、CSparse、Choldmod 中选，实际则来自 G2O/solvers 文件夹中定义的方法。

② 选择一个 BlockSolver。

③ 选择一个迭代策略，从 GN、LM、Doglog 中选。

这样一来，一个完整的 G2O 优化过程就实现了。

本章小结

本章主要介绍了一些视觉 SLAM 必要的数学理论基础，涉及计算机视觉中有关仿射变换、对极约束、本质矩阵和基础矩阵、图像单应性变换，以及旋转矩阵、向量和欧拉角推导与相互转换的有关知识。当然也提到了一些线性代数和概率论的知识，如 SVD 奇异值分解、卡方分布、卡方检验和雅可比矩阵。这些知识为后面的 G2O 算法、Bundle Adjustment 算法以及地图构建等算法打下基础。

参考文献

[1] Qin T，Li P，Shen S. Vins-mono：A robust and versatile monocular visual-inertial state estimator [J]. IEEE Transactions on Robotics，2018，34（4）：1004-1020.

[2] Liu H，Zhang G，Bao H. A survey of monocular simultaneous localization and mapping [J]. Journal of Computer-Aided Design & Computer Graphics，2016，28（6）：855-868.

[3] Jung J H，Cha J，Chung J Y，et al. Monocular visual-inertial-wheel odometry using low-grade IMU in urban areas [J]. IEEE Transactions on Intelligent Transportation Systems，2020，23（2）：925-938.

[4] Chai W，Li C，Zhang M，et al. An enhanced pedestrian visual-inertial SLAM system aided with vanishing point in indoor environments [J]. Sensors，2021，21（22）：7428.

[5] Wang H，Huang S，Khosoussi K，et al. Dimensionality reduction for point feature SLAM problems with spherical covariance matrices [J]. Automatica，2015，51：149-157.

[6] Newman P，Ho K. SLAM-loop closing with visually salient features [C] //Proceedings of the 2005 IEEE International Conference on Robotics and Automation. IEEE，2005：635-642.

[7] Stuelpnagel J. On the parametrization of the three-dimensional rotation group [J]. SIAM Review, 1964, 6 (4): 422-430.

[8] Chen S Y. Kalman filter for robot vision: A survey [J]. IEEE Transactions on industrial electronics, 2011, 59 (11): 4409-4420.

[9] Agarwal S, Furukawa Y, Snavely N, et al. Building rome in a day [J]. Communications of the ACM, 2011, 54 (10): 105-112.

[10] Hess W, Kohler D, Rapp H, et al. Real-time loop closure in 2D LIDAR SLAM [C] //2016 IEEE International Conference on Robotics and Automation (ICRA) . IEEE, 2016: 1271-1278.

第3章

基于视觉的SLAM算法

3.1 引言

根据汽车搭载传感器的不同，可以将 SLAM 算法主要分为基于视觉的 SLAM 算法、基于激光的 SLAM 算法和基于多传感器融合的 SLAM 算法三类。本章将介绍基于视觉的 SLAM 算法。视觉 SLAM 传感器依靠相机对目标物体进行定位，依照工作方式相机可分为单目相机、双目相机以及深度相机三类。单目相机使用一个摄像头来获取二维空间的位置信息；双目相机由两个单目相机组装而成，可在静置状态下依靠采集到的位置信息进行数据处理来计算像素距离；深度相机则运用了红外传感器技术直接采集像素深度信息，计算量较小。相较于单目相机和双目相机，深度相机采集位置信息更快且更加丰富。本章主要介绍基于视觉的 SLAM 算法的基础知识与经典算法。

3.2 相机模型与标定

相机模型是一种用于描述相机成像原理的数学模型，它可以将相机观测到的图像信息转换成三维空间中的坐标信息。在 SLAM 算法中，相机模型是非常重要的一部分，因为它可以帮助我们理解相机如何工作，以及如何从相机图像中提取出有用的信息来进行定位和地图构建。常见的相机模型有针孔相机模型、多视角相机模型和鱼眼相机模型等，它们分别适用于不同类型的相机和成像方式。其中最常用的是针孔相机模型。

3.2.1 针孔相机模型

针孔相机模型是计算机视觉中最基本的模型之一，它是用于建立计算机视觉中的三维空间与二维图像之间联系的数学模型。在 SLAM 算法中，针孔相机模型被广泛使用，因为它可以将相机成像过程转化为一系列的线性方程，方便计算机进行处理和优化。针孔相机模型的基本假设是相机与物体之间的距离非常远，从而可以将物体看作在无限远处的平面上。在这种假设下，相机通过一条称为光轴的直线来与平面上的物体相交。相机的视野被定义为一个由视点和成像平面构成的金字塔形区域，所有在这个区域内的点都能够被相机成像。

针孔相机模型通常使用三维坐标系和二维像素坐标系来描述物体和图像。三维坐标系通常以相机的光心为原点，相机的光轴为 z 轴的正方向。二维像素坐标系通常以图像的左上角为原点，x 轴向右延伸，y 轴向下延伸。在这个模型中，一个三维点可以通过相机的内参矩阵和外参矩阵来转化为一个二维像素坐标。内参矩阵包含了相机的内部参数，包括焦距、主点、畸变等。外参矩阵包含了相机的外部参数，包括相机的旋转矩阵和平移向量。这些参数可以通过相机标定的方法来获取。相机标定是一种通过观察已知位置的物体以及它们在图像中的对应关系，来获取相机内外参数的方法。

针孔相机模型如图 3-1 所示，其中 O 为摄像机的光心，也是针孔模型中的针孔。现实世界的空间点 P 经过小孔 O 投影之后，落在物理成像平面 O'-x'-y' 上，成像点为 P'。设 P 的坐标为 $[X,Y,Z]^{\mathrm{T}}$，P' 的坐标为 $[X',Y',Z']^{\mathrm{T}}$，并且设物理成像平面到小孔的距离为 f（焦距）。那么，根据三角形相似关系，有：

$$\frac{Z}{f}=-\frac{X}{X'}=-\frac{Y}{Y'} \tag{3-1}$$

式中，负号表示成的像是倒立的。

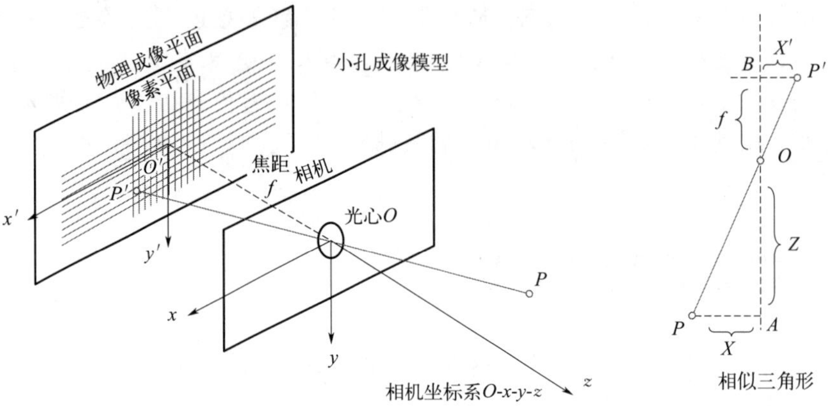

图 3-1　针孔相机模型

假设物体位于相机坐标系中的位置为（X,Y,Z），在相机坐标系下的坐标为 $P=(X_c,Y_c,Z_c)$。设成像平面距离相机的焦距为 f，成像平面上一个像素点的大小为 p，相机的内参矩阵为 $\boldsymbol{K}$。

那么，可以用以下公式将相机坐标系下的点 P 投影到成像平面上：

$$\begin{bmatrix} u \\ v \\ 1 \end{bmatrix}=\boldsymbol{K}\begin{bmatrix} f & 0 & 0 & 0 \\ 0 & f & 0 & 0 \\ 0 & 0 & 1 & 0 \end{bmatrix}[\boldsymbol{R} \quad \boldsymbol{t}]\begin{bmatrix} X \\ Y \\ Z \\ 1 \end{bmatrix} \tag{3-2}$$

式中，$\boldsymbol{R}$ 是相机的旋转矩阵；$\boldsymbol{t}$ 是相机的平移向量；$\boldsymbol{K}$ 是相机的内参矩阵；u 和 v 是在成像平面上的像素点坐标。在这个公式中，将点 P 从相机坐标系变换到了世界坐标系，然后再将其投影到了成像平面上。

相机的内参矩阵 $\boldsymbol{K}$ 通常可以表示为以下形式：

$$\boldsymbol{K}=\begin{bmatrix} f_x & 0 & c_x \\ 0 & f_y & c_y \\ 0 & 0 & 1 \end{bmatrix} \tag{3-3}$$

式中，f_x 和 f_y 是成像平面的焦距；c_x 和 c_y 是成像平面的中心点坐标。

通过针孔相机模型，我们可以计算出物体在成像平面上的投影坐标，进而用这些坐标来恢复物体的三维形状和相机的运动轨迹。在 SLAM 算法中，针孔相机模型通常用于计算相邻图像之间的位移和旋转，从而推断出相机的运动轨迹，同时也可以用于计算相邻图像之间的视差和深度信息，进一步增强地图的质量和精度。

3.2.2 畸变与相机标定

畸变是指相机成像时由于光学器件的非理想性质而引起的图像失真。在针孔相机模型中，由于透镜和成像平面之间的距离以及透镜形状等因素，会导致图像产生两种畸变：径向畸变和切向畸变。

径向畸变主要分为两大类，桶形畸变和枕形畸变，如图 3-2 所示。

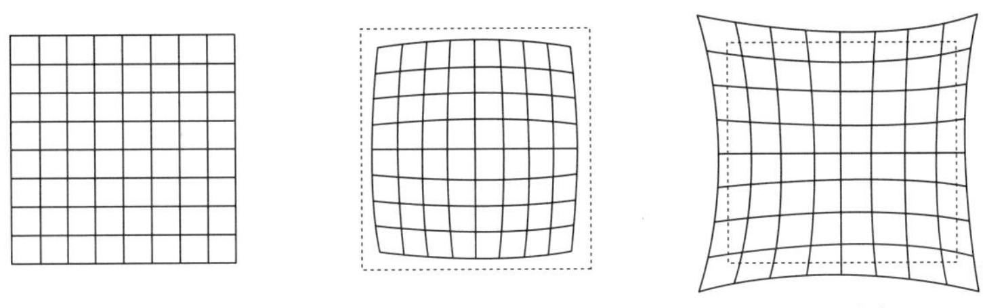

图 3-2 径向畸变的两种类型

桶形畸变是由于图像放大率随着离光轴的距离增加而减小，而枕形畸变却恰好相反。在这两种畸变中，穿过图像中心和光轴有交点的直线保持形状不变。

径向畸变可以被建模为相机坐标系下的点（x_c，y_c）到成像平面上的像素点（u，v）的映射关系：

$$\begin{bmatrix} u \\ v \end{bmatrix} = \begin{bmatrix} 1+k_1r^2+k_2r^4+k_3r^6 \\ 1+k_1r^2+k_2r^4+k_3r^6 \end{bmatrix} \begin{bmatrix} x_c \\ y_c \end{bmatrix} \tag{3-4}$$

式中，k_1、k_2 和 k_3 是径向畸变系数；$r^2 = x_c^2 + y_c^2$。

除了透镜的形状会引入径向畸变外，在相机的组装过程中不能使透镜和成像面严格平行也会引入切向畸变，如图 3-3 所示。

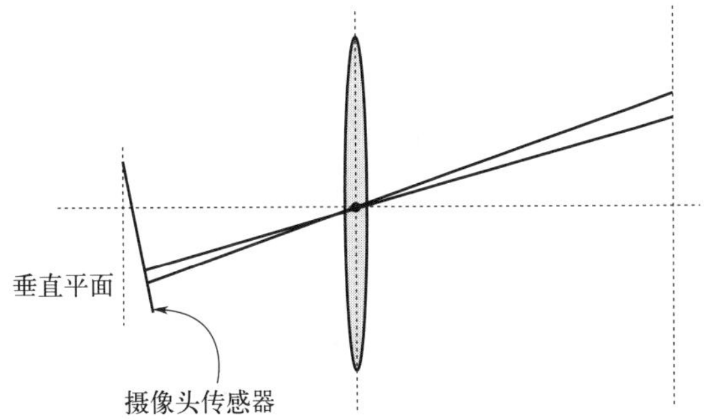

图 3-3 切向畸变来源示意图

切向畸变可以被建模为：

$$\begin{bmatrix} u' \\ v' \end{bmatrix} = \begin{bmatrix} 1+p_1r^2+p_2r^4 \\ 1+p_3r^2+p_4r^4 \end{bmatrix} \begin{bmatrix} u \\ v \end{bmatrix} + \begin{bmatrix} 2p_1u'v'+p_2(r^2+2u'^2) \\ p_3(r^2+2v'^2)+2p_4u'v' \end{bmatrix} \tag{3-5}$$

式中，p_1、p_2、p_3 和 p_4 是切向畸变系数。

相机标定是计算机视觉中的一项重要技术，它是指通过对相机内部参数和外部参数的计算来准确描述相机在三维空间中的位置和方向。在 SLAM 算法中，相机标定是非常重要的一步，它直接影响后续相机位姿估计和三维重建的精度。下面详细介绍相机标定的知识，包括相机内部参数和外部参数的计算。

相机内部参数通常包括焦距、主点坐标和像素尺寸等参数，它们是相机固有的参数，因此在使用相机时需要进行标定。其中，最重要的参数是焦距 f，它是指相机成像时将物体投影到成像平面上所需的距离。通常情况下，焦距是通过对成像平面与物体之间的距离进行测量得到的，但是在实际应用中，我们可以通过相机标定来求得。假设在三维空间中，物体的坐标为 (X,Y,Z)，在相机坐标系中，物体的坐标为 (x,y,z)，则相机内部参数可以用以下公式来描述：

$$\begin{bmatrix} u \\ v \\ 1 \end{bmatrix} = \boldsymbol{K} \begin{bmatrix} x \\ y \\ z \end{bmatrix} \tag{3-6}$$

式中，u 和 v 表示在图像坐标系中的坐标；$\boldsymbol{K}$ 是相机内部参数矩阵，包括焦距 f、主点坐标 (u_0,v_0) 和像素尺寸 (s_x,s_y) 等参数，它可以表示为：

$$\boldsymbol{K} = \begin{bmatrix} f_x & s & u_0 \\ 0 & f_y & v_0 \\ 0 & 0 & 1 \end{bmatrix} \tag{3-7}$$

式中，f_x 和 f_y 分别表示 x 和 y 方向的焦距；s 表示图像的倾斜度，一般为 0；u_0 和 v_0 分别表示主点坐标。

相机外部参数是指相机在三维空间中的位置和方向，通常用相机坐标系与世界坐标系之间的转换关系来描述。假设在世界坐标系中物体的坐标为 (X,Y,Z)，在相机坐标系中物体的坐标为 (x,y,z)，则相机坐标系与世界坐标系之间的转换关系可以表示为：

$$\begin{bmatrix} x & y & z & 1 \end{bmatrix} = \boldsymbol{T} \begin{bmatrix} X & Y & Z & 1 \end{bmatrix} = \begin{bmatrix} \boldsymbol{R} & \boldsymbol{t} \\ \boldsymbol{0}_{1\times 3} & 1 \end{bmatrix} \begin{bmatrix} X & Y & Z & 1 \end{bmatrix} \tag{3-8}$$

式中，$\boldsymbol{T}$ 是相机坐标系到世界坐标系的变换矩阵，包括旋转矩阵 $\boldsymbol{R}$ 和平移向量 $\boldsymbol{t}$，即：

$$\boldsymbol{T} = \begin{bmatrix} \boldsymbol{R} & \boldsymbol{t} \\ \boldsymbol{0}_{1\times 3} & 1 \end{bmatrix} \tag{3-9}$$

式中，$\boldsymbol{0}_{1\times 3}$ 表示一个 1×3 的零向量；$\boldsymbol{R}$ 是一个 3×3 的旋转矩阵，用于描述相机坐标系与世界坐标系之间的旋转关系；$\boldsymbol{t}$ 是一个 3×1 的平移向量，用于描述相机坐标系在世界坐标系中的位置。

相机标定的流程通常包括以下步骤：

① 确定标定板，选择一张具有高对比度、尺寸已知的标定板，如黑白棋盘格或者激光标定板。

② 拍摄标定板图像，在不同的位置和姿态下拍摄多张标定板图像，保证每

张图像都能够覆盖标定板的所有角点。

③ 检测角点，对每张标定板图像进行角点检测，得到每个角点在图像坐标系中的坐标。

④ 计算相机内部参数，使用角点坐标和标定板的实际尺寸，通过最小二乘法计算相机内部参数，包括焦距、主点坐标和像素尺寸等。

⑤ 计算相机外部参数，使用角点坐标和标定板的实际尺寸，通过 PnP 算法计算相机外部参数，包括旋转矩阵和平移向量等。

⑥ 优化相机参数，使用 Bundle Adjustment 等方法对相机参数进行优化，提高标定结果的精度和鲁棒性。

3.3 特征点提取与匹配

在 SLAM 中，特征点提取和匹配是非常重要的步骤，它们用于检测场景中的关键特征点，并将它们与先前的帧或地图进行匹配。在图像处理领域中，特征点又被称为兴趣点或者角点，它通常具有旋转不变性、光照不变性和视角不变性等优点，是图像的重要特征之一，常被应用到目标匹配、目标跟踪、三维重建等领域。点特征主要指图像中的明显点，如突出的角点、边缘端点、极值点等，用于点特征提取的算子称为兴趣点提取（检测）算子，常用的有 Harris 角点检测、SIFT 特征检测、FAST 特征检测等。特征点提取是指在图像中检测出这些特征点的过程，特征点匹配是指将两个或多个图像中的特征点进行对应的过程。本章将详细介绍特征点提取和匹配的概念以及常用方法。

3.3.1 Harris 角点检测

Harris 角点检测是一种经典的特征点检测算法，用于在图像中寻找角点(Corner)，即图像中具有明显变化的像素点。Harris 角点检测算法可以鲁棒地处理图像旋转、尺度变换和噪声等干扰，因此被广泛应用于计算机视觉领域，如物体识别、三维重建、SLAM 等。

Harris 角点检测算法基于以下假设：对于一个窗口内的像素点，如果在其周围不同方向上移动一个小的距离，该像素点的亮度变化比其他方向上的像素点更明显，那么该像素点可能是一个角点。

可以将 Harris 角点检测算法分为以下三步：

① 当窗口（小的图像片段）同时向 x 和 y 两个方向移动时，计算窗口内部的像素值变化量 $E(u,v)$；

② 对于每个窗口，都计算其对应的一个角点响应函数 R；

③ 对该函数进行阈值处理，如果 $R > threshold$，表示该窗口对应一个角点特征。

接下来对每一步进行详细介绍。

第一步，如何确定哪些窗口会引起较大的灰度值变化？让一个窗口的中心位于灰度图像的一个位置（x,y），这个位置的像素灰度值为 $I(x,y)$。如果这个窗口分别向 x 和 y 方向移动一个小的位移 u 和 v 到一个新的位置（$x+u,y+v$），这个位置的像素灰度值就是 $I(x+u,y+v)$。$[I(x+u,y+v)-I(x,y)]$就是窗口移动引起的灰度值的变化值。

设 $w(x,y)$ 为位置（x,y）处的窗口函数，表示窗口内各像素的权重，最简单的就是把窗口内所有像素的权重都设为 1。有时也会把 $w(x,y)$ 设定为以窗口中心为原点的高斯分布（二元正态分布）。如果窗口中心点像素是角点，那么窗口移动前后，中心点的灰度值变化非常强烈，所以该点权重系数应该设大一点，表示该点对灰度变化的贡献较大；而离窗口中心（角点）较远的点，这些点的灰度变化比较小，于是将权重系数设小一点，表示该点对灰度变化的贡献较小。则窗口在各个方向上移动（u,v）所造成的像素灰度值的变化量计算公式如下：

$$E(u,v)=\sum_{(x,y)} w(x,y)\times[I(x+u,y+v)-I(x,y)]^2 \tag{3-10}$$

对于一个角点来说，$E(u,v)$ 会非常大。因此，我们可以最大化上面这个函数来得到图像中的角点。用上面的函数计算 $E(u,v)$ 会非常慢，因此，我们使用泰勒展开式（只有一阶）来得到这个公式的近似形式。

对于二维的泰勒展开式公式为：

$$T(x,y)\approx f(u,v)+(x-u)f_x(u,v)+(y-v)f_y(u,v)+\cdots \tag{3-11}$$

对 $I(x+u,y+v)$ 套用上面的公式，可以得到：

$$I(x+u,y+v)\approx I(x,y)+uI_x+vI_y \tag{3-12}$$

式中，I_x 和 I_y 是 I 的偏微分，在图像中就是在 x 和 y 方向的梯度图：

$$I_x=\frac{\partial I(x,y)}{\partial x},\quad I_y=\frac{\partial I(x,y)}{\partial y} \tag{3-13}$$

接下来继续推导：

$$\begin{aligned}E(u,v)&=\sum_{(x,y)} w(x,y)\times[I(x,y)+uI_x+vI_y-I(x,y)]^2\\&=\sum_{(x,y)} w(x,y)\times(uI_x+vI_y)^2\\&=\sum_{(x,y)} w(x,y)\times(u^2I_x^2+v^2I_y^2+2uvI_xI_y)\end{aligned} \tag{3-14}$$

把 u 和 v 拿出来，得到最终的形式：

$$E(u,v)\approx[u,v]\boldsymbol{M}\begin{bmatrix}u\\v\end{bmatrix} \tag{3-15}$$

其中，矩阵 $\boldsymbol{M}$ 为：

$$\boldsymbol{M}=\sum_{(x,y)} w(x,y)\begin{bmatrix}I_x^2 & I_xI_y\\ I_xI_y & I_y^2\end{bmatrix}\rightarrow \boldsymbol{R}^{-1}\begin{bmatrix}\lambda_1 & 0\\ 0 & \lambda_2\end{bmatrix}\boldsymbol{R} \tag{3-16}$$

最后是把实对称矩阵对角化处理后的结果，可以把 $\boldsymbol{R}$ 看成旋转因子，其不影响两个正交方向的变化分量。经对角化处理后，将两个正交方向的变化分量提取出来，就是 λ_1 和 λ_2（特征值）。

现在已经得到 $E(u,v)$ 的最终形式，我们的目的是要找到会引起较大的灰度值变化的那些窗口。灰度值变化的大小则取决于矩阵 $\boldsymbol{M}$。

第二步，如何找到这些窗口？可以使用矩阵的特征值来实现。计算每个窗口对应的得分（角点响应函数 R）：

$$R=\det(\boldsymbol{M})-k[\operatorname{trace}(\boldsymbol{M})]^2 \tag{3-17}$$

式中，$\det(\boldsymbol{M})=\lambda_1\lambda_2$ 是矩阵的行列式；$\operatorname{trace}(\boldsymbol{M})=\lambda_1+\lambda_2$ 是矩阵的迹。λ_1 和 λ_2 是矩阵 $\boldsymbol{M}$ 的特征值，k 是一个经验常数，范围在（0.04,0.06）之间。

第三步，根据 R 的值，将这个窗口所在的区域划分为平面、边缘或角点。为了得到最优的角点，我们还可以使用非极大值抑制。因为特征值 λ_1 和 λ_2 决定了 R 的值，所以我们可以用特征值来决定一个窗口是平面、边缘还是角点：

平面，该窗口在平坦区域上滑动，窗口内的灰度值基本不会发生变化，所以 R 值非常小，在水平和竖直方向的变化量均较小，即 I_x 和 I_y 都较小，那么 λ_1 和 λ_2 都较小；

边缘，R 值为负数，仅在水平或竖直方向有较大的变化量，即 I_x 和 I_y 只有一个较大，也就是 $\lambda_1 \gg \lambda_2$ 或 $\lambda_2 \gg \lambda_1$；

角点，R 值很大，在水平、竖直两个方向上变化均较大的点，即 I_x 和 I_y 都较大，也就是 λ_1 和 λ_2 都很大。

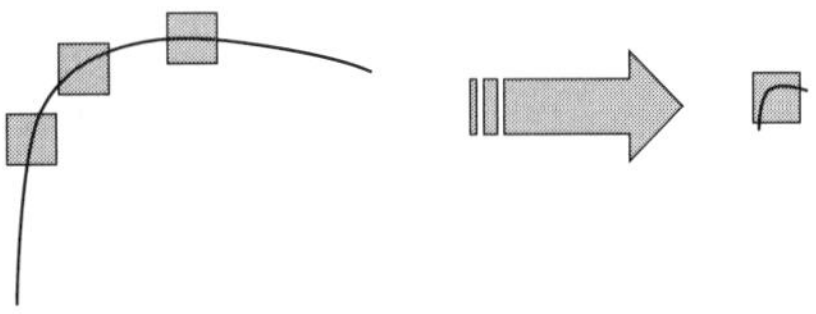
图 3-4　Harris 角点

Harris 角点检测的结果是带有这些分数 R 的灰度图像，设定一个阈值，分数大于这个阈值的像素就对应角点。Harris 角点并不具备尺度不变性，作为特征点容易在两个视角中产生不同的表示结果。如图 3-4 所示，在左侧曲线上的每个窗口中的信息都为平滑信息，无法检测为角点，而当图像经过缩放时，相同的检测窗口中的信息变为了具有明显弧度变化的角点，因此特征点不稳定导致匹配误差。

3.3.2 SIFT 特征提取

SIFT（Scale-Invariant Feature Transform）特征提取是一种基于尺度空间的特征点检测和描述算法，它可以在不同尺度和旋转下提取稳定的特征点，并生成具有唯一性和不变性的描述子。SIFT 特征提取算法是一种基于 DOG 的特征检测子的算法，用来侦测与描述图像中的局部性特征，在空间尺度中寻找极值点，并提取出其位置、尺度、旋转不变量。因此，SIFT 特征与图像大小和旋转无关。光线、噪声、视角变化对 SIFT 特征的影响较小。基于此特性，SIFT 特征点在庞杂的数据中对物体识别的检测率也相当高，甚至只需要 3 个以上的 SIFT 物体特征就足以计算出位置与方位。SIFT 算法的实质是在不同的尺度空间上查找特征点，并计算出特征点的方向。SIFT 特征提取算法被广泛应用于图像识别、目标跟踪、三维重建等领域。

SIFT 算法的基本步骤如下。

① 通过差分高斯金字塔构建特征描述，定义尺度空间。设图像为 $I(x,y)$，其高斯卷积的方差为 σ，得到：

$$L(x,y,\sigma)=G(x,y,\sigma)\times I(x,y) \tag{3-18}$$

式中，$L(x,y,\sigma)$表示金字塔中的每幅图像；$G(x,y,\sigma)$为高斯函数：

$$G(x,y,\sigma)=\frac{1}{2\pi\sigma^2}\mathrm{e}^{\frac{-(x^2+y^2)}{2\sigma^2}} \tag{3-19}$$

式中，(x,y) 为空间尺度坐标；σ 为图像尺度参数。

为了检测到稳定的关键点，利用尺度不同的高斯差分核与图像进行卷积生成高斯差分金字塔。通过对原始图像进行降采样，建立初始的 Octave 图像层，随后对每层图像增加对应的高斯滤波，将相邻两层相减得到新的图像层。尺度空间 DOG 表达式为式(3-20)，结构如图 3-5 所示。

$$D(x,y;\sigma)=[G(x,y;k\sigma)-G(x,y;\sigma)]\times I(x,y)=L(x,y;k\sigma)-L(x,y;\sigma) \tag{3-20}$$

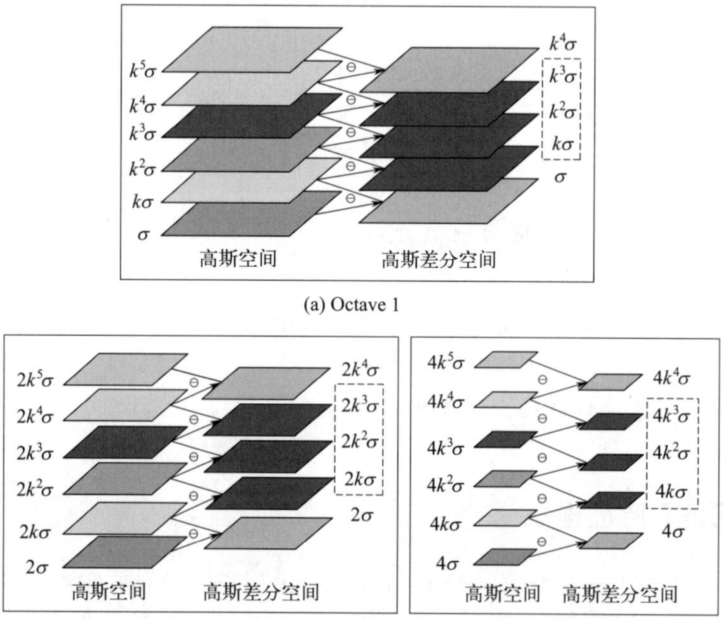

(a) Octave 1

(b) Octave 2

(c) Octave 3

图 3-5　DOG 分层

② 特征点位置确定。通过在位置和尺度空间组成的三维空间中判断像素点在其相邻 3×3×3 空间中是否为极值点，来判断像素点是否为候补特征点，如图 3-6 所示。

对选取的候补点进行筛选，将候补特征点在 DOG 空间中泰勒展开：

$$D(X)=D(\boldsymbol{X}_0)+\nabla D(\boldsymbol{X}_0)^{\mathrm{T}}(\boldsymbol{X}-\boldsymbol{X}_0)+\frac{1}{2}(\boldsymbol{X}-\boldsymbol{X}_0)^{\mathrm{T}}\nabla^2 D(\boldsymbol{X}_0)(\boldsymbol{X}-\boldsymbol{X}_0) \tag{3-21}$$

其中，$\boldsymbol{X}=(x,y,\sigma)^{\mathrm{T}}$，$\boldsymbol{X}_0=(x_0,y_0,\sigma)^{\mathrm{T}}$。令 $\delta\boldsymbol{x}=\boldsymbol{X}-\boldsymbol{X}_0$，对式(3-21)进行求导，并令方程为零，结果为：

$$\delta\boldsymbol{x}=-\nabla^2 D(\boldsymbol{X}_0)^{-1}\nabla D^{\mathrm{T}}(\boldsymbol{X}_0) \tag{3-22}$$

将 $\delta\boldsymbol{x}$ 代入式(3-21)得：

$$D(\boldsymbol{X})=D(\boldsymbol{X}_0)+\frac{1}{2}\nabla D(\boldsymbol{X}_0)^{\mathrm{T}}(\boldsymbol{X}-\boldsymbol{X}_0) \tag{3-23}$$

将 $|D(\boldsymbol{X})|\geqslant 0.4$ 的候补特征点设定为特征点，排除不稳定的候补特征点，从而增加特征点的稳定性。

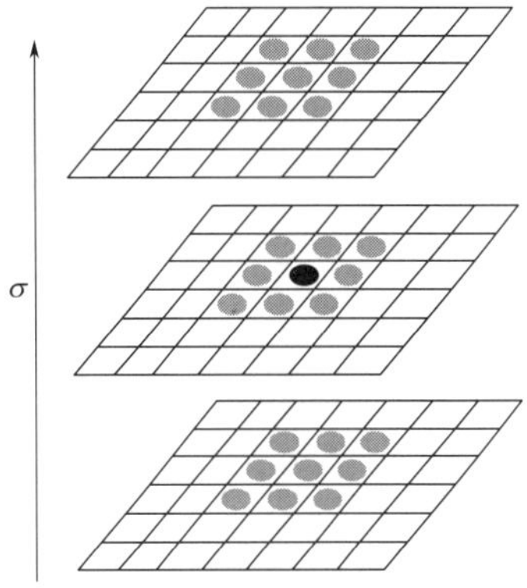

图 3-6 SIFT 特征点判断

3.3.3 匹配算法

在找到两帧图像的特征点之后，接下来就要为特征点进行匹配。特征匹配在视觉里程计中是极为关键的一步，可以说特征匹配解决了 SLAM 中的数据关联问题，特征点的准确匹配可以减轻相机位姿估计、优化等操作的负担。特征点的匹配就是求在两个时刻下，图像 I_t 中提取到的特征点 $x_t^m, m=1,2,\cdots,M$ 和图像 I_{t+1} 中提取到特征点 $x_{t+1}^n, n=1,2,\cdots,N$ 的对应关系。暴力匹配(Brute-Force Matcher)算法是最简单的特征匹配方法，采用暴力匹配方法对 ORB 特征点进行匹配，即计算 I_t 图像中的特征点 x_t^m 与 I_{t+1} 图像中的特征点 x_{t+1}^n 的距离，把距离最近的当成匹配点。暴力匹配结果如图 3-7 所示。

图 3-7 ORB 特征点暴力匹配

为了解决暴力匹配中存在的特征点误匹配现象，引入了随机抽样一致算法(Random Sample Consensus，RANSAC)，其用迭代的方式从一组包含“局外点”的观测数据中估算出数学模型的参数，具有不确定性，因此需要通过增加迭代次数来提高概率，迭代次数越多，模型的精确度就越高。RANSAC 算法可以进行不限次数的迭代，为了减少计算机的运算量，使用 RANSAC 算法时需要设定迭代次数。RANSAC 基于两个假设：第一个假设是一组数据中包含正确和异常的数据，将正确数据记为内点，将异常数据记为外点；第二个假设是给定一组正确数据，总可以找到符合这一组正确数据的模型。将 RANSAC 算法用于滤除特征点的错误匹配，进而优化特征点的匹配：

首先，从特征点样本中随机选择 4 组不共线的匹配点，计算单应性矩阵 $\boldsymbol{H}$。

接着，计算样本中所有特征点在单应性矩阵为 $\boldsymbol{H}$ 时的重投影误差，若误差小于阈值，则认为该特征点在内点集中。

然后，判断当前内点集中的特征点个数是否大于最优内点集个数，如果有就更新最优内点集，并更新迭代次数。

最后，判断迭代次数是否大于设定值，如果大于则结束迭代，否则就继续重复上述步骤。

图 3-8 是经过 RANSAC 优化过后的 ORB 特征点匹配对，由图可以看出，误匹配已经大大减少。

图 3-8　RANSAC 优化匹配图

3.4　视觉里程计

视觉里程计（Visual Odometry，VO）是一种基于视觉传感器，如摄像头或激光雷达，从连续帧间提取运动信息的方法，用于实现机器人或自动驾驶车辆等移动设备的自主定位和导航。VO 的原理基于视觉三角测量法和运动恒定假设，即当相机运动较慢时，相邻帧间的场景几乎保持不变，因此可以根据两帧图像中的特征点或像素匹配关系，通过解决对应点的三角测量问题来计算相机的运动。通常，VO 的输出是相机相对于起始位置的位姿（平移和旋转），可以作为后续 SLAM 系统的输入。

3.4.1　基于特征点的 VO 算法

特征点法的含义是：通过分析相邻图像中特征点的变化来估计相机的运动。因此，特征点法的前端涉及图像特征点的提取、相邻帧图像的特征点匹配、相机运动的估计三部分内容。像素点法视觉里程计是直接利用图像像素点的灰度信息来构图与定位，克服了特征点提取方法的局限性，可以使用图像上的所有信息。该方法在特征点稀少的环境下仍能达到很高的定位精度与鲁棒性，而且提供了更多的环境几何信息。顾名思义，特征点法是指采用图像中的特征点进行后续轨迹估计。易于想到的方法便是从图像中选取具有代表意义的点，这些像素点在短时间内的相机运动中基本保持不变，对这些像素点一一进行匹配，优化后求解，从而得到估计的相机轨迹。在经典的 SLAM 系统框架中，这些点称为路标，而在 VSLAM 中，这些像素点称为特征。

特征点是图像中一些比较特殊的地方，一幅图像中的角点、区块、边缘等都具有代表性。在进行图像对比的时候，很容易看出来两幅图像中具有相同的角点，然而边缘和区块则相对难一点。故一种最为简单的办法就是在图像之间提取角点，并确认它们是否为实际环境中同一点。在这种方法中，提取的特征点就是角点。图像的角点检测算法已经非常成熟，早在 20 世纪末期就涌现了一大批角点检测算法。

但是，只依靠图像中的角点在实际使用中效果非常不好，不能满足很多需求，其提取效果受相机拍摄时的远近、旋转角度的影响较大，很难在不同位置提取同一角点。为此，研究者们设计了更加稳定的图像特征点，如 SIFT（尺度不变特征转换，Scale-Invariant Feature Transform）、SURF（Speeded Up Robust Features）、OFRB（Oriented FAST and Rotated BRIEF）等。

特征点由关键点（Key-point）和描述子（Descriptor）组成。SIFT 特征点是最为经典的特征点之一，它在设计时充分考虑了光照、角度、尺度等变换，但随之而来的是极大的计算量。特征提取与匹配只是整个 VSLAM 系统中诸多环节的一个，不应在这方面浪费大量计算资源，并且 SIFT 特征很难在嵌入式设备上面进行移植。SURF 改变了其特征提取和描述方式，更为高效，但其计算量也比较庞大。ORB 特征点是一个在特征点质量与性能之间折中的选择。ORB 的关键点采用的是一种改进后的 FAST 角点，而描述子则采用的是 BRIEF 描述子。改进后的 FAST 算法比初始算法中的 FAST 角点多了角度信息，具有了旋转不变性。

FAST 算法依靠像素点之间灰度值变换的方法来判定其是否为关键点。它主要检测的是一幅图像中明暗变化明显的区域，因为其只比较亮度，故其检测速度非常快。FAST 算法的具体步骤如下：

① 在图像中按照顺序选取像素点 P，设其灰度值为 I_p。

② 人为设定一个检测阈值 T，如 I_p 的 20%。

③ 如图 3-9 所示，P 为圆心，半径为 3，选取圆上的 16 个像素点。

④ 判定这 16 个像素点中是否有连续 N 点的亮度值低于 I_p-T 或者高于 I_p+T，如果有，那么该像素点就被认为是关键点。在实际使用中，N 的值可以取 9、11、12。N 的值越大，判定条件越苛刻，一般取 $N=12$。

在 FAST-12 角点检测算法中，可以采用如下的方法进行加速检测：直接比较像素点 P 周围的 1、5、9、13 这几个像素点的亮度值大小，如果有大于等于三个点同时满足亮度值大于 I_p+T 或者小于 I_p-T 时，该像素点才有可能是一个关键点；如果不满足，就可以直接剔除，而不必要进行周围其余像素点的判定。这项预检测的工作可以极大地提高算法检测速度。在 FAST 原算法中，经

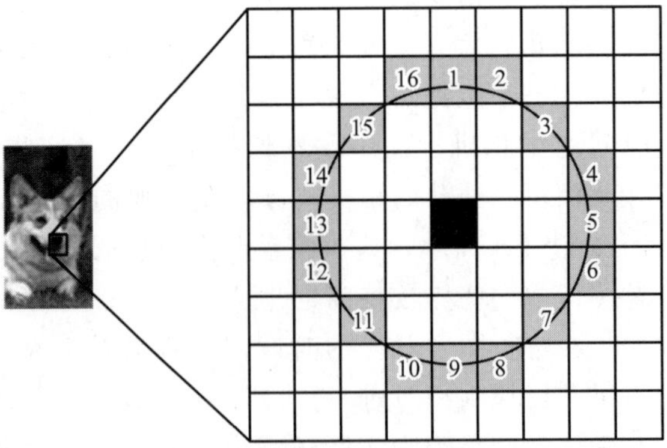

图 3-9　FAST 算法示意图

常容易出现“角点”扎堆，形成局部区域“角点”过多的情况，因此，使用非极大值抑制的方法来剔除冗余特征点，使得特征点分布更加均匀。

只依靠 FAST 算法对原始图像进行检测，虽然十分迅速，但是检测出来的关键点质量不佳，存在着分布不均匀、不同图像之间重复性不强的问题。为了能够使 FAST 算法检测出来的关键点具有更强的鲁棒性，人为添加了尺度和旋转的描述。和上节所述的光流法一样，依旧使用图像金字塔来为提取的关键点添加尺度信息。在两个金字塔的每层图像上都提取关键点，最后在进行特征匹配时，选取不同的金字塔层进行匹配，实现了 FAST 关键点的尺度不变性。采用灰度质心法为关键点添加旋转不变性，其具体计算步骤如下。

① 选取关键点周围的图像块 A，则 A 的矩为：

$$m_{pq}=\sum_{x,y\in A}x^p y^q I(x,y),\quad p,q=\{0,1\} \tag{3-24}$$

式中，$I(x,y)$ 为点 (x,y) 处的灰度值。

② 通过矩形块定义图像块 A 的质心为：

$$C=\left(\frac{m_{10}}{m_{01}},\frac{m_{01}}{m_{00}}\right) \tag{3-25}$$

③ 连接图像块 A 的集合中心 O 与质心 C，得到方向向量 $\boldsymbol{OC}$，那么就可以将关键点的方向定义成：

$$\theta=\arctan\frac{m_{01}}{m_{10}} \tag{3-26}$$

BREIF 描述子是一种二进制描述子，其本身由诸多 0 和 1 组成。其思想就是在关键点周围以特定的方式选取一定数量的点对，并且比较两点之间的像素大小，如 x、y，如果 x 比 y 大就取 1，反之则取 0。即：

$$f(P;x,y)=\begin{cases}1, & P(y)<P(x)\\ 0, & \text{其他}\end{cases} \tag{3-27}$$

式中，$P(x)$、$P(y)$ 分别为点 x、y 处的灰度值。故对于 N 点对，BRIEF 描

述子可以表示为：

$$F_n(p)=\sum_{1\leqslant n\leqslant N}2^{n-1}f(P;x_n,y_n) \tag{3-28}$$

3.4.2 直接法VO算法

直接法以光流为代表，是一种描述图像像素随时间在图像之间运动的方法。使用部分像素称作稀疏光流法，使用全部像素称作稠密光流法。稀疏光流以Lucas-Kanade(LK)光流法为主。

如图3-10所示，灰度不变假设的核心思想就是，在极短的时间内，三维空间中的某个点在不同图像中的灰度值是相同的，即：

$$I(x_1,y_1,t_1)=I(x_2,y_2,t_2)=I(x_3,y_3,t_3) \tag{3-29}$$

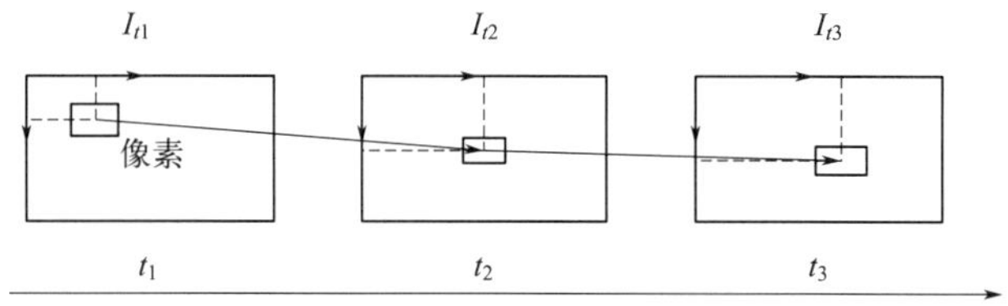

图3-10 灰度不变假设

对在 t 时刻位于（x，y）处的像素，假设在很短的时间 $\mathrm{d}t$ 内运动到了（$x+\mathrm{d}x,y+\mathrm{d}y$）处时，不考虑其他因素影响，假设其灰度不变，则有：

$$I(x+\mathrm{d}x,y+\mathrm{d}y,t+\mathrm{d}t)=I(x,y,t) \tag{3-30}$$

对式(3-30)进行泰勒级数展开：

$$I(x+\mathrm{d}x,y+\mathrm{d}y,z+\mathrm{d}z)\approx I(x,y,t)+\frac{\partial I}{\partial x}\mathrm{d}x+\frac{\partial I}{\partial y}\mathrm{d}y+\frac{\partial I}{\partial t}\mathrm{d}t \tag{3-31}$$

由于其灰度不变，故：

$$\frac{\partial I}{\partial x}\mathrm{d}x+\frac{\partial I}{\partial y}\mathrm{d}y+\frac{\partial I}{\partial t}\mathrm{d}t=0 \tag{3-32}$$

两边同时除以 $\mathrm{d}t$ 得：

$$\frac{\partial I}{\partial x}\times\frac{\mathrm{d}x}{\mathrm{d}t}+\frac{\partial I}{\partial y}\times\frac{\mathrm{d}y}{\mathrm{d}t}=-\frac{\partial I}{\partial t} \tag{3-33}$$

式中，$\mathrm{d}x/\mathrm{d}t$ 为该空间点在图像上 x 轴的运动速度，$\mathrm{d}y/\mathrm{d}t$ 为该空间点在图像上 y 轴的运动速度，将其分别记作 u、v；$\frac{\partial I}{\partial x}$ 为该空间点 x 方向上的梯度，$\frac{\partial I}{\partial y}$ 为该空间点 y 方向上的梯度，将其分别记作 I_x、I_y。将整幅图像的灰度值对时间变换的关系记作 I_t，将式(3-33)改写成矩阵形式可得

$$[I_x \quad I_y]\begin{bmatrix}u\\v\end{bmatrix}=-I_t \tag{3-34}$$

光考虑某一个空间点这个方程无法直接进行计算，故用一定范围内的空间点进行计算。采用一个大小为 $w\times w$ 的窗口，假设其内空间点具有相同的运动，此时可以得到 w^2 个方程：

$$[I_x \quad I_y]_k\begin{bmatrix}u\\v\end{bmatrix}=-I_{tk},\quad k=1,2,\cdots,w^2 \tag{3-35}$$

展开可得：

$$\boldsymbol{A}=\begin{bmatrix}[I_x \quad I_y]_1\\ \vdots \\ [I_x \quad I_y]_k\end{bmatrix},\quad \boldsymbol{b}=\begin{bmatrix}I_{t1}\\ \vdots \\ I_{tk}\end{bmatrix} \tag{3-36}$$

$$\boldsymbol{A}\begin{bmatrix}u\\v\end{bmatrix}=-\boldsymbol{b} \tag{3-37}$$

式(3-37) 可以通过最小二乘法对其进行求解：

$$\begin{bmatrix}u\\v\end{bmatrix}^*=-(\boldsymbol{A}^{\mathrm{T}}\boldsymbol{A})^{-1}\boldsymbol{A}^{\mathrm{T}}\boldsymbol{b} \tag{3-38}$$

求解出像素在图像间的运动速度就可以粗略估计出相机的运动，由于像素梯度只在空间点的局部范围内有效，故可以多迭代几次该方程获得最优解。该方程的本质问题就是求解一个最优值的问题：

$$\min_{\Delta x,\Delta y}\|I_1(x,y)-I_2(x+\Delta x,y+\Delta y)\|_2^2 \tag{3-39}$$

3.5 基于传统方法的 VSLAM

VSLAM 主要是指如何用相机解决定位和建图问题。传统的 VSLAM 本质上是基于图像几何特征的简单环境理解。因为传统的 VSLAM 只利用环境的几何特征，如点、线等。面对这种低层次的几何信息环境，传统的 VSLAM 可以具有高度的实时性。传统 VSLAM 中，前端视觉里程计（Visual Odometry，VO）的实现方法，按是否需要提取特征分为基于特征点法的前端以及不提取特征的像素点法的前端。

3.5.1 基于特征点法的经典视觉 SLAM 算法（ORB-SLAM2）

本节介绍基于特征点法的经典视觉 SLAM 算法 ORB-SLAM2。这是第一个同时支持单目、双目、RGB-D 相机的开源的 SLAM 系统，包含回环检测、重定位和地图重用等功能。算法的 RGB-D 结果表明，与基于迭代最近点（ICP）或光度和深度误差最小化的方法相比，使用光束法平差优化（BA）可以获得更高的精度。

作为一种基于特征的方法，ORB-SLAM2 会对输入进行预处理，在显著关键点位置提取特征，如图 3-11 所示。接下来，输入的图片会被丢弃，系统的全部运算会基于这些特征，因此无论是双目还是 RGB-D 输入，系统都可以工作。系统会处理单目和双目的关键点，这些点又会被分为近处点和远处点。

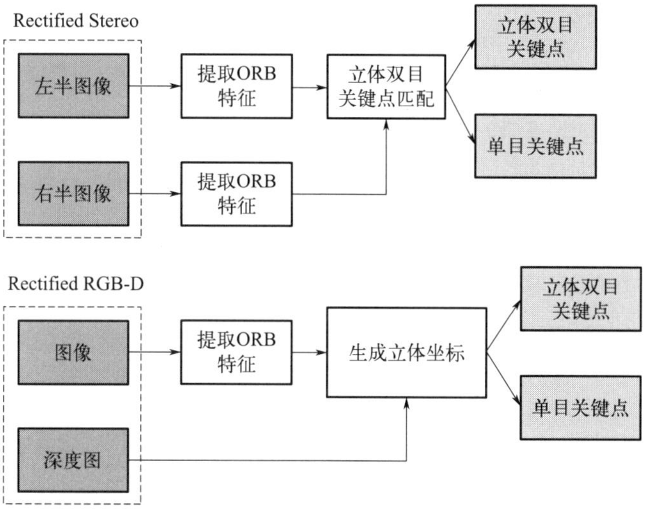

图 3-11　输入预处理

立体（双目）关键点（Stereo Keypoints）通过三维坐标 $X_S=(u_L,v_L,u_R)$ 来定义，(u_L,v_L) 是双目相机中左图像坐标系的坐标，u_R 是关键点在右图坐标中水平轴的值。对于双目相机，在左右两个图像中同时提取 ORB 特征。对于左图中的每个 ORB 特征，在右图中搜索一个相应的匹配。对于校正后的双目图像来说，极线是水平的，所以上述任务可以很高效地完成。之后根据左图 ORB 特征坐标和右图相匹配的特征水平坐标来生成立体关键点。对于 RGB-D 相机，如 Strasdat 提出的方法，在 RGB 图像上提取 ORB 特征，对于每个坐标为 (u_L,v_L) 的特征，我们根据它的深度值 d 计算出一个虚拟的右图坐标：

$$u_R=u_L-\frac{f_x b}{d} \tag{3-40}$$

式中，f_x 是水平焦距；b 是结构光投影仪和红外相机之间的基线长度，在 Kinect 和 Asus Xtion 相机中将其大概设定为 8cm。深度传感器的不确定性由虚拟的右坐标表示。通过这种方式，系统余下部分可以以相同的方法处理来自双目或者 RGB-D 输入的特征。

单目关键点（Mon Keypoints）定义为左相机坐标 $X_m=(u_L,v_L)$，对应到该 ORB 特征点双目匹配失败或 RGB-D 相机深度值无效的坐标。这些点只能被多个视图三角化，不提供尺度信息，但是可以提供旋转和平移估计。

系统在追踪线程中使用 BA 来优化相机位姿（纯运动 BA），在局部建图线程中优化关键帧和点的局部窗（局部 BA），在回环检测后优化所有的关键帧和点（全局 BA）。纯运动 BA（Motion-only BA）优化相机的旋转矩阵 $\boldsymbol{R}\in SO(3)$ 和位置 $\boldsymbol{t}\in\mathbb{R}^3$，最小化相匹配的世界坐标系下的三维点 $X^i\in\mathbb{R}^3$ 和关键点 $\boldsymbol{x}^i_{(\cdot)}$

之间的重投影误差（单目点 $x_m^i \in \mathbb{R}^2$ 或者双目点 $x_s^i \in \mathbb{R}^3$），对于所有匹配对 $i \in \mathcal{X}$：

$$\{\boldsymbol{R}, \boldsymbol{t}\} = \underset{\boldsymbol{R}, \boldsymbol{t}}{\operatorname{argmin}} \sum_{i \in X} \rho\left(\left\| \boldsymbol{x}_{(\cdot)}^i - \pi_{(\cdot)}(\boldsymbol{R}\boldsymbol{X}^i + \boldsymbol{t}) \right\|_{\Sigma}^2\right) \tag{3-41}$$

式中，ρ 是鲁棒 Huber 代价函数；Σ 是关键点尺度的协方差矩阵。其中，投影函数 $\pi_{(\cdot)}$、单目投影函数 π_{m}、校正双目投影函数 π_{s} 定义如下：

$$\pi_{\mathrm{m}}\left(\begin{bmatrix} X \\ Y \\ Z \end{bmatrix}\right) = \begin{bmatrix} f_x \dfrac{X}{Z} + c_x \\ f_y \dfrac{Y}{Z} + c_y \end{bmatrix}, \quad \pi_{\mathrm{s}}\left(\begin{bmatrix} X \\ Y \\ Z \end{bmatrix}\right) = \begin{bmatrix} f_x \dfrac{X}{Z} + c_x \\ f_y \dfrac{Y}{Z} + c_y \\ f_x \dfrac{X-b}{Z} + c_x \end{bmatrix} \tag{3-42}$$

式中，(f_x, f_y) 是焦距；(c_x, c_y) 是光心点；b 是基线长度。这些值都通过标定得到。

全局 BA 是局部 BA 的一种特殊情况，在全局 BA 中，除了初始关键帧因用来消除计算自由度而被固定之外，所有关键帧和地图点都会被优化。K_L 是局部 BA 对一个关联可见的关键帧集合，P_L 是这些关键帧中所有可见的点。所有不在 K_L 中，但也观测到 P_L 中的点的其他关键帧 K_F，也会参与到代价函数的计算中，但是不会被优化。我们将 P_L 中的点与关键帧 k 中的关键点之间的匹配对的集合定义为 X_k，将优化问题进行如下定义：

$$\{\boldsymbol{X}^i, \boldsymbol{R}_l, \boldsymbol{t}_l \mid i \in P_L, l \in K_L\} = \underset{\boldsymbol{X}^i, \boldsymbol{R}_l, \boldsymbol{t}_l}{\operatorname{argmmin}} \sum_{k \in K_L \cup K_F} \sum_{j \in X_k} \rho[E(k, j)]$$
$$E(k, j) = \left\| \boldsymbol{x}_{(\cdot)}^j - \pi_{(\cdot)}(\boldsymbol{R}_k \boldsymbol{X}^j + \boldsymbol{t}_k) \right\|_{\Sigma}^2 \tag{3-43}$$

回环检测分两步进行：第一步是检测和确认回环，第二步是通过优化位姿图来修正回环。相较于单目 ORB-SLAM 可能会发生尺度漂移，双目深度信息会使尺度变得可以观测，所以几何验证和位姿图优化不再需要处理尺度漂移；同时它是基于刚体变换，而不是基于相似性。

在 ORB-SLAM2 中，在位姿图优化后，采用全局 BA 优化来得到最优解。这个优化过程可能开销会很大，所以将其放在一个独立的线程中，从而使得系统可以持续建立地图、检测回环。但这样的话，将 BA 输出与当前地图状态之间进行融合就会产生困难。如果在优化运行的同时发现了新的回环，那么就停止优化，转而去闭合回环，这将再次启动全局 BA 优化。当全局 BA 完成时，就需要将全局 BA 优化更新后的关键帧和点的集合，与在优化过程中插入的未更新的关键帧和点进行融合。这项工作通过将更新的关键帧的修正（未优化位姿至优化位姿的变换）沿生成树传递至未更新的关键帧来完成。未更新的点依据它们的参考帧的修正来进行变换。立体输入如图 3-12 所示，RGB-D 输入如图 3-13 所示。

ORB-SLAM2 提出了一个完整地基于单目、双目或 RGB-D 传感器的 SLAM 系统，其可以在标准 CPU 上实时实现重定位、回环检测和重用地图。算法的重

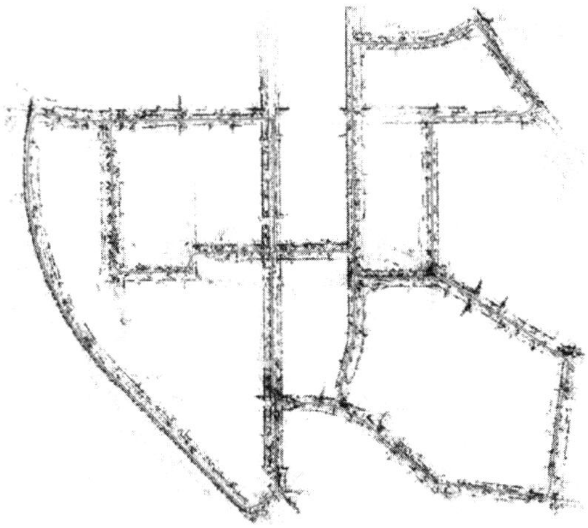

图 3-12　立体输入

具有多个环路闭合的城市环境的轨迹和稀疏重建

图 3-13　RGB-D 输入

具有一个循环闭合的房间场景的关键帧和密集点云，通过从估计的关键帧姿势反向投影传感器深度贴图来渲染点云，不进行融合

点在于建立全局一致的地图，用于在实验中所介绍的大规模环境中进行长期定位。算法提出的包含重定位功能的定位模式，是一种可以在已知环境中进行鲁棒的、零漂移的、轻量级的定位方法。该模式可适用于特定应用，如在环境建图良好的虚拟现实中追踪使用者的视点。

3.5.2　基于像素点进行概率的深度测量的 SLAM 算法（LSD）

基于特征点的方法在视觉里程计中占据主流地位，但其存在一个比较大的局限性，仅仅提取使用了图像上符合特征类型的信息，尤其是当使用特征点进行构图与定位时，包含在直线或曲线边缘中的信息（尤其是在人造环境中，这些信息构成了图像的很大一部分）会被丢弃。直接法视觉里程计是直接利用图像像素点的灰度信息来构图与定位，克服了特征点提取方法的局限性，可以使用图像上的所有信息。

下面介绍基于像素点进行概率的深度测量的 LSD-SLAM 算法。该方法与目前现有直接法相比，它使用一种概率方法，在图像跟踪过程中，能处理噪声对深度图像信息的影响，能够构建大尺度的、全局一致性的环境地图。该方法除了能够基于直接图像配准得到高度准确的姿态估计外，还能够将三维环境地图实时重构为关键帧的姿态图和对应的半稠密的深度图。这些都是通过对大量像素点对之间的基线立体配准结果滤波后得到的。

在介绍 LSD-SLAM 算法之前，首先了解一些预备知识。

三维刚体变换：包括 6 个自由度，即三轴旋转和三轴偏移。变换矩阵定义如下：

$$\boldsymbol{G}=\begin{pmatrix}\boldsymbol{R} & \boldsymbol{t}\\ \boldsymbol{0} & 1\end{pmatrix},\boldsymbol{R}\in SO(3),\boldsymbol{t}\in\mathbb{R}^3 \tag{3-44}$$

在优化过程中，需要摄像机姿态的最小表示，这由关联的李代数的相应元素 $\boldsymbol{\xi}\in\boldsymbol{se}(3)$ 给出。元素通过指数映射 $\boldsymbol{G}=\exp_{\boldsymbol{se}(3)}(\boldsymbol{\xi})$ 映射到 $SE(3)$，其逆映射由 $\boldsymbol{\xi}=\log_{SE(3)}(\boldsymbol{G})$ 表示。使用 $\boldsymbol{se}(3)$ 的元素来表示姿态，将其直接写为向量 $\boldsymbol{\xi}\in\mathbb{R}^6$。将点从帧 i 移动到帧 j 的变换记为 $\boldsymbol{\xi}_{ji}$。为了方便起见，定义了姿态连接运算符“$\circ$”：

$$\boldsymbol{\xi}_{ki}:=\boldsymbol{\xi}_{kj}\circ\boldsymbol{\xi}_{ji}:=\log_{SE(3)}[\exp_{\boldsymbol{se}(3)}(\boldsymbol{\xi}_{kj})\cdot\exp_{\boldsymbol{se}(3)}(\boldsymbol{\xi}_{ji})] \tag{3-45}$$

三维相似变换：包括 7 个自由度，除三轴旋转及三轴偏移之外，还有一个尺度因子 s 用于对深度测量的尺度进行评测。相似变换矩阵定义如下：

$$\boldsymbol{S}=\begin{pmatrix}s\boldsymbol{R} & \boldsymbol{t}\\ \boldsymbol{0} & 1\end{pmatrix},\boldsymbol{R}\in SO(3),\boldsymbol{t}\in\mathbb{R}^3,s\in\mathbb{R}^+ \tag{3-46}$$

基于李群的带权重的高斯-牛顿优化，直接法的误差公式为：

$$E(\boldsymbol{\xi})=\sum_i\underbrace{(I_{\text{ref}}(\boldsymbol{p}_i)-I\{\omega[\boldsymbol{p}_i,D_{\text{ref}}(\boldsymbol{p}_i),\boldsymbol{\xi}]\})^2}_{=:r_i^2(\boldsymbol{\xi})} \tag{3-47}$$

式中，$\omega(\boldsymbol{p},d,\boldsymbol{\xi})$函数利用两帧间的位姿变换 $\boldsymbol{\xi}$ 及像素深度 d，将图像点 $\boldsymbol{p}$ 转换到对应相机坐标系下的图像坐标，即将图像坐标转换为另一帧的图像坐标，定义如下：

$$\omega(\boldsymbol{p},d,\boldsymbol{\xi}):=\begin{bmatrix}x'/z'\\ y'/z'\\ 1/z'\end{bmatrix},\begin{bmatrix}x'\\ y'\\ z'\\ 1\end{bmatrix}:=\exp_{se(3)}(\boldsymbol{\xi})\begin{pmatrix}\boldsymbol{p}_x/d\\ \boldsymbol{p}_y/d\\ 1/d\\ 1\end{pmatrix} \tag{3-48}$$

在每次迭代中，通过求解高斯-牛顿二阶近似 E 的最小值来计算左乘增量 $\delta\boldsymbol{\xi}^{(n)}$：

$$\delta\boldsymbol{\xi}^{(n)}=-(\boldsymbol{J}^{\mathrm{T}}\boldsymbol{J})^{-1}\boldsymbol{J}^{\mathrm{T}}\boldsymbol{r}(\boldsymbol{\xi}^{(n)}),\boldsymbol{J}=\left.\frac{\partial\boldsymbol{r}(\dot{\boldsymbol{o}}\circ\xi^{(n)})}{\partial\dot{\boldsymbol{o}}}\right|_{\dot{\boldsymbol{o}}=0} \tag{3-49}$$

更新李代数：

$$\boldsymbol{\xi}^{(n+1)}=\delta\boldsymbol{\xi}^{(n)}\circ\boldsymbol{\xi}^{(n)} \tag{3-50}$$

考虑鲁棒性，减小一些错误约束对整体优化求解的影响，在误差方程及迭代过程中加入权重因素，如下所示：

$$E(\boldsymbol{\xi})=\sum_{i} w_{i}(\boldsymbol{\xi}) r_{i}^{2}(\boldsymbol{\xi}) \tag{3-51}$$

对应的迭代步长变为：

$$\delta \boldsymbol{\xi}^{(n)}=-(\boldsymbol{J}^{\mathrm{T}} \boldsymbol{W} \boldsymbol{J})^{-1} \boldsymbol{J}^{\mathrm{T}} \boldsymbol{W} r(\boldsymbol{\xi}^{(n)}) \tag{3-52}$$

最终的解算结果 $\boldsymbol{\xi}$ 与真实值之间的误差满足以下分布：

$$\boldsymbol{\xi}^{(n)}=\dot{\boldsymbol{o}} \circ \boldsymbol{\xi}_{\text{true}}, \dot{\boldsymbol{o}} \sim N(\mathbf{0}, \boldsymbol{\Sigma}_{\xi}) \tag{3-53}$$

LSD-SLAM 算法有三个主要组成部分，分别为图像跟踪、深度图估计和地图优化，如图 3-14 所示。

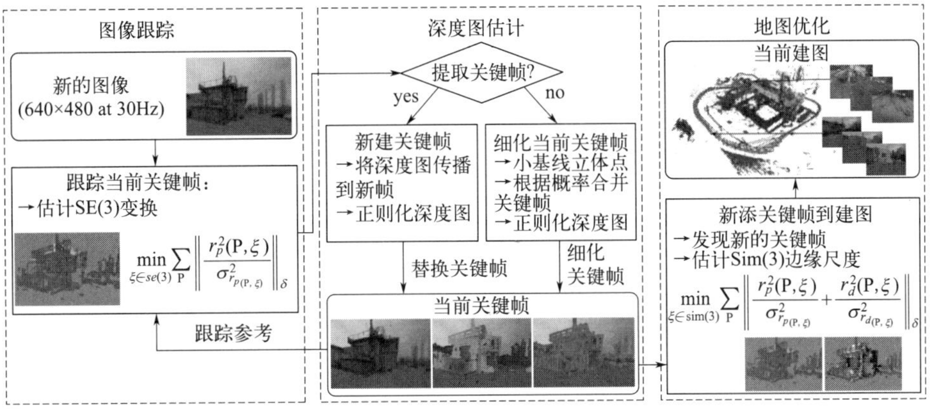

图 3-14 LSD-SLAM 算法概述

图像位姿跟踪：跟踪部分主要任务是估计连续的图像对应的相机的位姿，它根据当前关键帧估计当前图像对应的相机位姿。相机位姿的初始值使用上一帧图像对应的相机位姿。

深度估计：首先根据估计得到的相机位姿的变化，判断是否使用该帧图像创建关键帧，当相机距离当前使用的关键帧对应的时刻相机的距离大于一定阈值时，则使用该帧图像创建新的关键帧，并得到新的深度地图。如果距离过短，则将该帧图像的深度估计结果进行卡尔曼融合，融合到当前使用的关键帧上。无论是否新建关键帧，都需要进行深度估计，并进行深度正则化、筛除离群点。

地图优化：一旦关键帧被当前的图像替代，它的深度信息将不会再被进一步优化，而是通过地图优化模块插入到全局地图中。为了检测闭环和尺度漂移，采用尺度感知的直接图像配准方法来估计当前帧与现有邻近关键帧之间的相似性变换。

启动 LSD-SLAM 系统时，只需要初始化首帧关键帧即可，而关键帧深度信息初步设定为一个方差很大的随机变量。在算法运行最开始的几秒，一旦摄像头运动了足够的平移量，LSD-SLAM 算法就会“锁定”到某个特定的深度配置，经过几个关键帧的传递之后，就会收敛到正确的深度配置。

地图用关键帧的姿态图表示，每个关键帧包括相机图像、逆深度图及逆深度方差。相机图像 I_i：$\Omega_i \rightarrow \boldsymbol{R}$，逆深度图 D_i：$\Omega_{Di} \rightarrow \boldsymbol{R}^{+}$，逆深度方差 V_i：$\Omega_{Di} \rightarrow \boldsymbol{R}^{+}$。值得注意的是，深度图和方差仅针对像素子集 $\Omega_{Di} \subset \Omega_i$（即像素图

像上的兴趣点集合），也就是说，这个子集包含图像上强度梯度比较大的区域，这就是所说的半稠密地图。关键帧之间的边包含了对应图像之间的相似性变换以及对应的协方差矩阵。

以当前关键帧作为参考帧，通过最小化方差归一化光度误差来计算当前帧图像相对参考帧的三维姿态变换，见如下公式。

$$E_p(\boldsymbol{\xi}_{ji})=\sum_{\boldsymbol{p}\in\Omega_{D_i}}\left\|\frac{r_p^2(\boldsymbol{p},\boldsymbol{\xi}_{ji})}{\sigma_{r_p}^2(\boldsymbol{p},\boldsymbol{\xi}_{ji})}\right\|_\delta \tag{3-54}$$

$$r_p(\boldsymbol{p},\boldsymbol{\xi}_{ji}):=I_i(\boldsymbol{p})-I_j\{\omega[\boldsymbol{p},D_i(\boldsymbol{p}),\boldsymbol{\xi}_{ji}]\} \tag{3-55}$$

$$\sigma_{r_p(\boldsymbol{p},\xi_{ji})}^2:=2\sigma_I^2+\left(\frac{\partial r_p(\boldsymbol{p},\xi_{ji})}{\partial D_i(\boldsymbol{p})}\right)^2 V_i(\boldsymbol{p}) \tag{3-56}$$

式中，$\|\cdot\|_\delta$ 是 Huber 范数，应用于归一化的残差上。

$$\|r^2\|_\delta:=\begin{cases}\dfrac{r^2}{2\delta} & |r|\leqslant\delta\\ |r|-\dfrac{\delta}{2} & 其他\end{cases} \tag{3-57}$$

通过计算协方差传递公式得到残差方差 $\delta_{r_p(\boldsymbol{p},\xi_{ji})}^2$，这里使用了逆深度方差。此外，假设图像灰度噪声服从高斯分布。通过迭代重加权高斯-牛顿优化方法使目标函数最小化。

和之前直接法不同的是，LSD-SLAM 将深度噪声引入到了最小化光度误差的公式中。对于直接法的单目 SLAM 系统来说，不同像素的深度噪声是不同的，这完全取决于这个像素被观测到多少次。它与 RGB-D 数据的工作方式不同，即后者逆深度的不确定性是近似常数。参见图 3-15 不同类型的相机运动，深度噪声（即深度不确定性）是如何作用在图像像素上（进行加权）的。假设新图像帧的深度信息不可用，就不会定义新图像帧的尺度，然后就在 $\boldsymbol{se}(3)$ 上进行最小化优化。

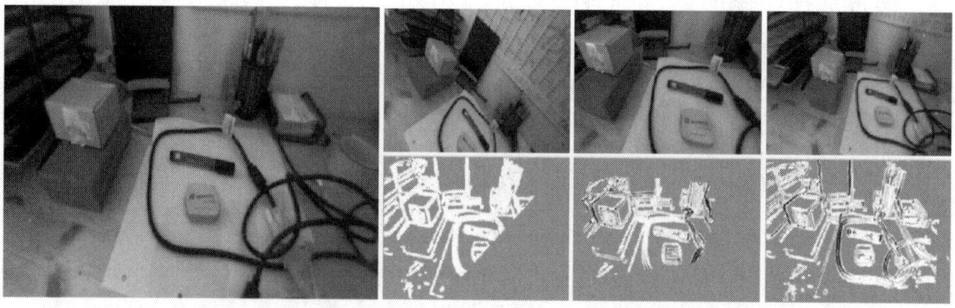

(a) 图像关键帧　(b) 相机旋转　(c) 相机沿 z 轴平移　(d) 相机沿 x 轴平移

图 3-15　残差方差的统计归一化可视图示

图 3-15(b)～(d) 被跟踪的图像帧和残差的逆方差，对于相机纯旋转运动，深度噪声对残差没有影响，因此所有归一化因子都是相同的。对于相机的轴向平移，深度噪声对图像帧靠中间的像素区域没有影响，对于 x 轴的相机平移，

仅影响 x 轴方向上强度梯度的残差。

LSD-SLAM 这个单目 SLAM 系统可以实时在单个 CPU 上运行。LSD-SLAM 和其他现有仅充当视觉里程计的直接法相比，它在全局地图上进行维护和图像跟踪，这个全局地图包含由关键帧组成的姿态图，以及关键帧对应的用概率方式表现的半稠密深度图。LSD-SLAM 方法能够可靠地跟踪图像和构建地图，尤其是在同一图像序列中，场景尺度变化也比较大，具有良好的鲁棒性和尺度的灵活性。

3.6 结合语义信息的 VSLAM

传统的 VSLAM 本质上是基于图像几何特征的简单环境理解。因为传统的 VSLAM 只利用环境的几何特征，如点、线等。面对这种低层次的几何信息环境，传统的 VSLAM 可以达到高度的实时性。然而，面对光照、纹理和动态物体等普遍的变化，传统的 VSLAM 显示出明显的不足，在位置精度和鲁棒性方面存在缺陷。虽然传统视觉 SLAM 构建的地图包含了环境中的重要信息，在一定程度上满足了机器人的定位需求，但其不足以支持机器人的自主导航和避障任务。此外，它不能满足智能机器人与环境和人类的交互需求，而利用了物体识别、目标检测、语义分割等技术的语义 SLAM 增加了对于内容的理解。借助语义信息，将数据关联从传统的像素级升级到对象级。此外，感知几何环境信息被赋予语义标签以获得高级语义图。它可以帮助机器人理解自主环境和人机交互。我们认为，深度学习的快速发展为将语义信息引入 VSLAM 提供了桥梁。尤其是在语义图构建中，将其与 VLAM 相结合，可以使机器人获得对场景的高级感知和理解。它显著提高了机器人与环境之间的交互能力。

VSLAM 作为一种具有很强应用背景的算法技术，在实际应用中往往有着更高层次的需求。但传统的 VSLAM 仍存有一些不足之处，例如视觉里程计中数据关联、基于特征点的方法中出现特征难以提取、中长期位姿估计的漂移和空间上物体尺度的变化，以及视点变化带来的回环检测位置识别、如何构建具有丰富感知信息的地图等问题，仍然阻碍着 VSLAM 的实际应用趋势。随着深度学习的不断发展和深入，一些经典的神经网络（如 SSD、YOLOv3、SegNet、MaskRCNN 等）的出现，给传统 VSLAM 带来了另一种不同的思路和启发，在借助语义信息改善传统 VSLAM 中存在的问题的同时，也拓展了 VSLAM 的研究领域，为 VSLAM 打开了语义的大门。

语义信息已经被广泛应用到 VSLAM 的各个模块中，对于前端视觉里程计来说，主流选择还是与其他动点检测方法形成约束解决数据关联问题。对于使用语义分割网络代替视觉里程计的研究还不足，在回环检测中也出现相同的趋势，但是在构建语义地图上，语义信息却得到了充分利用和拓展。从当前的研究趋势不难看出，结合语义不仅能够提高 VSLAM 系统的鲁棒性和精准性，而且还能为高层应用提供更加丰富的环境感知信息，进一步实现人机交互的智能化。

3.6.1 基于 Vanish Point 的三维目标检测的 SLAM 算法（Cube-SLAM）

本节介绍基于 Vanish Point 的三维目标检测的 SLAM 算法——Cube-SLAM。该算法提出在静态和动态环境中实现单图像三维包围框目标检测和多视图目标同时定位和映射，并证明了这两个部分可以相互改进。首先，对于单个图像对象检测，从二维包围框和消失点采样（Vanish Point）中生成高质量的三维包围框提案，基于与图像边缘的对齐，对提案进行进一步评分和选择。其次，提出了利用新的物体测量值进行多视点束调整，以联合优化相机、物体和点的姿态。对象可以提供长距离的几何和尺度约束，以改进相机姿态估计并减少单目漂移。使用对象表示和运动模型约束来改进相机姿态估计，而不是将动态区域视为异常值。在 SUN RGBD 和 KITTI 上的三维检测实验表明，与现有方法相比，该方法具有更好的准确性和鲁棒性。

Cube-SLAM 使用二维包围框来有效地生成三维包围框提案，而不是在三维空间中随机采样对象提案。一个普通的三维长方体可以由 9 个自由度参数表示：3 个自由度位置 $t=[t_x, t_y, t_z]$，3 个自由度旋转 $\boldsymbol{R}$，3 个自由度维度 $d=[d_x, d_y, d_z]$。长方体坐标系建立在 3D 包围框中心，与主轴对齐。相机固有校准矩阵 $\boldsymbol{K}$ 也是已知的。基于长方体的投影角应与二维边界框紧密匹配的假设，只有 4 个约束对应于二维框的 4 个边，因此不可能完全约束所有 9 个参数。

VP 是投影到透视图像上后平行线的交点。三维包围框具有 3 个正交轴，并且可以在投影后形成 3 个 VP，这取决于物体旋转 $\boldsymbol{R}$ 与相机框架和校准矩阵 $\boldsymbol{K}$。

$$VP_i = \boldsymbol{K}\boldsymbol{R}_{\mathrm{col}(i)}, \quad i \in \{1,2,3\} \tag{3-58}$$

式中，$\boldsymbol{R}_{\mathrm{col}(i)}$ 是 $\boldsymbol{R}$ 的第 i 列。

由于最多可以同时观察到 3 个长方体面，可以根据图 3-16 所示的可观察面数量将三维包围框配置分为 3 个常见类别。每个配置都可以左右对称。在这里，将更详细地解释图 3-16(a)。假设已知或估计了 3 个 VP 和顶角 p_1，类似于 $p_4 \times p_3 = \overline{(VP_1, p_4)} \times \overline{(VP_2, p_2)}, p_5 = \overline{(VP_3, p_3)} \times \overline{(C, D)}$。

在获得二维图像空间中的三维包围框角后，需要估计三维包围框的三维角和姿态。将对象分为两种场景。任意姿势对象：使用 PnP 解算器来解决一般长方体的三维位置和尺寸，由于单目相机尺度的模糊性，尺寸达到了比例因子。在数学上，长方体在物体框架中的 8 个三维角是$[\pm d_x, \pm d_y, \pm d_z]/2$，在相机框架中是 $R[\pm d_x, \pm d_y, \pm d_z]/2+\boldsymbol{t}$。如图 3-16(a) 所示，可以选择 4 个相邻的角，如 1、2、4、7，这些角可以从上述三维角投影，例如角 1：

$$p_1 = \pi(R[d_x, d_y, d_z]/2+\boldsymbol{t}) \tag{3-59}$$

式中，π 是相机投影函数；$p_i(i=1,2,\cdots,8)$是 8 个二维物体角之一。每个角都提供两个约束，因此 4 个角可以完全约束对象姿势（9 个自由度）（比例除外）。

对于位于地面上的地面物体，可以进一步简化上述过程，并更容易地获得比例因子。在地平面上构建世界坐标系，然后对象的横摇/俯仰角为零。可以从 VP 获得 8 个二维角，代替使用复杂的 PnP 解算器，可以直接将地角像素投影

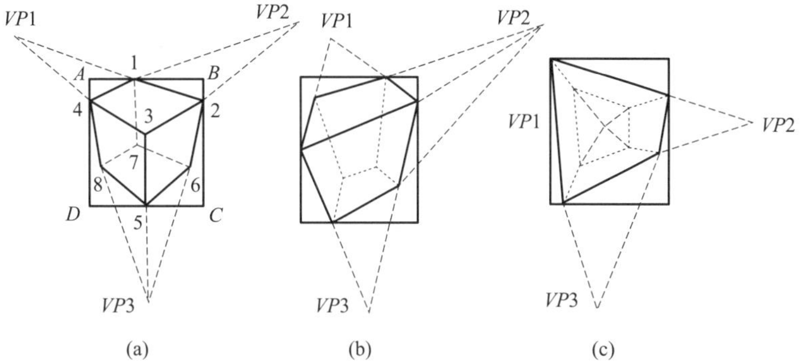

图 3-16　三维包围框提案从二维包围框生成

如果估计了 VP 和一个角，其他 7 个角也可以解析计算

到三维地平面，然后计算其他垂直角以形成三维长方体。

在对许多长方体提案进行采样后，定义了成本函数来对其进行评分，如图 3-17 所示，提出了不同的功能，如语义分割、边缘距离、HOG 特征，算法提出了一些快速有效的成本函数来将长方体与图像边缘特征对齐。

图 3-17　包围框提案得分（见书后彩插）

（左）用于为提案打分的边缘；（右）从同一二维边界框生成的长方体建议。

从评分情况看，左上角最好，右下角最差

跨帧数据关联是 SLAM 的另一个重要部分。与点匹配相比，对象关联似乎更容易，因为包含了更多的纹理，并且可以使用许多二维对象跟踪或模板匹配方法。在一些简单的场景中，甚至二维包围框重叠也可以起作用。然而，如果存在重复对象的严重对象遮挡，则这些方法并不鲁棒，如图 3-17 所示。此外，需要从当前的 SLAM 优化中检测和删除动态对象，但除非使用特定的运动分割，否则标准的对象跟踪方法无法对其是否静态进行分类。因此，Cube-SLAM 提出了另一种基于特征点匹配的对象关联方法。对于许多基于点的 SLAM 方法，可以通过描述符匹配和极线几何检查来有效地匹配不同视图中的特征点。如果在二维对象边界框中观察到至少两帧的点，并且它们到长方体中心的三维距离小于 1m，首先将特征点与其对应的对象相关联。例如，在图 3-18 中，特征点与其关联的对象具有相同的颜色。如果两个对象之间共享的特征点数量最多，并且数量也超过了某个阈值（在实现中为 10 个），将匹配不同帧中的两个对象。通过实验，该方法适用于宽基线匹配、重复对象和遮挡。属于移动对象的动态特征点将被丢弃，因为它们无法满足对极约束。因此，具有很少相关特征点的对象被视为动态对象，如图 3-18 中间的汽车。

图 3-18　KITTI 07 的动态和闭塞场景中的对象关联

Cube-SLAM 为点和对象关联设计了不同的方法，通过二维稀疏光流算法（KLT）直接跟踪特征点，该算法不需要三维点位置。在像素跟踪之后，动态特征的三维位置将考虑到对象的移动而被三角化。数学上，假设两个帧的投影矩阵是 $\boldsymbol{M}_1$ 和 $\boldsymbol{M}_2$。这两个帧中的三维点位置为 P_1、P_2，对应的像素观测值为 z_1、z_2。两帧之间的物体运动变换矩阵为 $\Delta\boldsymbol{T}$，那么我们可以推断出 $\boldsymbol{P}_2=\Delta\boldsymbol{T}_{\mathrm{P1}}$。根据投影规则，得到

$$\begin{aligned}\boldsymbol{M}_1\boldsymbol{P}_1&=\boldsymbol{z}_1\\ \boldsymbol{M}_2\Delta\boldsymbol{T}\boldsymbol{P}_1&=\boldsymbol{z}_2\end{aligned}\tag{3-60}$$

如果将 $\boldsymbol{M}_2\Delta\boldsymbol{T}$ 视为修正的相机姿态补偿对象运动，则上述方程是标准的双视图三角测量问题，可以通过奇异值分解（SVD）解决。当像素位移较大时，例如，当另一辆车靠近摄像机时，KLT 跟踪仍可能失败。因此，对于动态目标跟踪，不使用共享特征点匹配方法，相反，直接使用视觉对象跟踪算法。跟踪对象的二维包围框，并根据前一帧预测其位置，然后将其与当前帧中检测到的具有最大重叠比的边界框匹配。

对于单图像三维物体检测，Cube-SLAM 提出了一种基于 VP 的二维边界盒高效生成高质量 3D 包围框建议的新方法。然后通过图像线索对提案进行有效评分。在 SLAM 部分，其提出了一种具有摄像机、对象和点之间的新测量函数的对象级 SLAM 以及新的对象关联方法，以鲁棒地处理遮挡和动态运动。对象可以为相机姿态估计提供长距离几何和比例约束。反过来，SLAM 还提供了相机姿态初始化，用于检测和细化三维对象。对于动态场景，在新的测量约束下，移动对象和点也可以通过紧密耦合的优化来改进相机姿态估计。

3.6.2　具有动态物体检测和背景修复的 VSLAM 算法（DynaSLAM）

场景刚体性在 SLAM 算法中是典型的假设，这种假设限制了大多数视觉

SLAM 系统在人口密集的真实世界环境中的使用，而这些环境是服务机器人或自动驾驶汽车等相关应用的目标。Bescos 等人提出了 DynaSLAM，一种基于 ORB-SLAM2 的视觉 SLAM 系统，它增加了动态对象检测和背景修复的功能。DynaSLAM 在单目、双目和 RGB-D 配置的动态场景中功能非常强大，其能够通过多视图几何、深度学习或者两者同时来检测动态物体。得到的静态场景地图允许修补被动态物体遮挡的帧背景。DynaSLAM 在高度动态场景中基线的准确性优于标准视觉 SLAM。

图 3-19 展示了 DynaSLAM 算法的框架。首先，RGB 通道通过一个 CNN 传递先验动态成分的逐像素分割，如行人或者汽车。

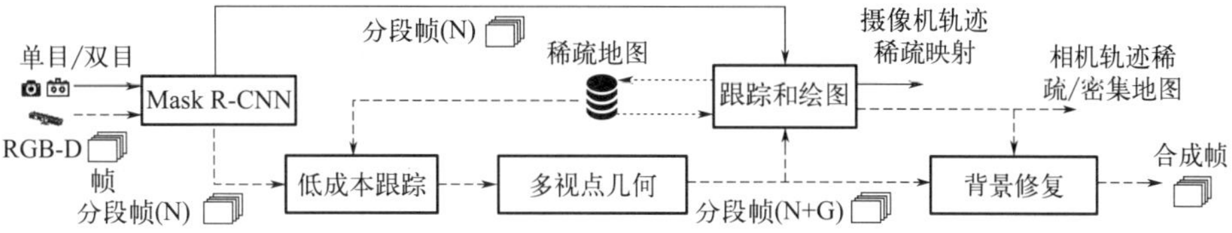

图 3-19　DynaSLAM 算法框架

在 RGB-D 情形中，使用多视角几何来提高动态成分分割有两种方式。首先，精修之前从 CNN 得到动态物体的分割。其次，标注动态新物体实例，其在大多数时候都是静止的（即检测没有在 CNN 阶段中设置为可移动物体的运动物体）。

为此，需要知道相机位姿，其中低代价跟踪模块已经被应用以定位已创建场景地图中的相机。这些被分割的帧是那些被用于获得相机轨迹和场景地图的帧。注意到，如果场景中的运动物体不在 CNN 类别内，多视角阶段将会检测动态成分，但是准确性可能会降低。

一旦这个全动态物体检测和相机定位已经完成，则重建当前帧的被遮挡背景就具有了之前视角中的静态信息。这些合成的帧与 AR 和 VR 以及长期建图中的场景识别等应用是相关的。在单目和双目情形中，图片通过 CNN 被分割，属于先验动态物体的关键点，没有被跟踪和建图。通过使用 Mask R-CNN，大多数动态物体可以被分割并且不被用于跟踪和建图。但是，有一些物体不能被该方法检测到，因为它们不是先验动态的，但是可移动。如某人拿着一本书，一个人坐在椅子上移动，或者是家具在长期建图中的变化。

对于每个输入帧，选择具有最高重叠的先前关键帧。这是通过考虑新帧和每个关键帧之间的距离和旋转来实现的，计算每个关键点 x 从先前关键帧到当前帧的投影，获得关键点 x' 以及它们的投影深度 z_{proj}。注意，关键点 x 来自 ORB-SLAM2 中使用的特征提取器算法。对于每个关键点（其对应的三维点是 X），计算 x 和 x' 的后投影之间的角度，即它们的视差角 α。如果该角度大于 30°，该点可能被遮挡，从此将被忽略。在 TUM 数据集中，视差角大于 30°的静态对象由于其视点差异而被视为动态对象。获得当前帧 z' 中剩余关键点的深度（直接来自深度测量），考虑到重投影误差，并将其与 z_{proj} 进行比较。如果差值 $\Delta z = z_{\text{proj}} - z'$ 超过阈值 τ_z，关键点 x' 被认为属于动态对象。这一想法如图 3-20 所示。

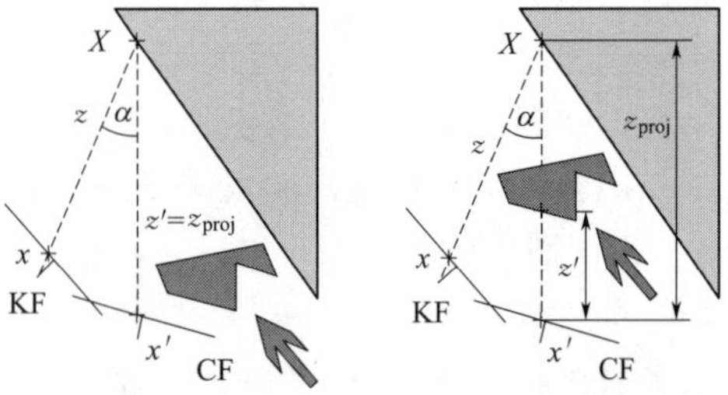

图 3-20　来自关键帧 KF 的关键点 x 被投影到当前帧 CF

投影深度被计算，如果深度差大于某阈值则像素被标号为动态

若一些标记为动态的关键点位于移动对象的边界上，可能会导致一些问题。为了避免出现这种情况，选择使用深度图像提供的信息。如果关键点设置为动态，但深度图中自身周围的面片具有高方差，则将标签更改为静态。

到目前为止，知道了哪些关键点属于动态对象，哪些关键点不属于。为了对属于动态对象的所有像素进行分类，扩展动态像素附近的深度图片中的区域。图 3-21(a) 显示了 RGB 帧及其相应动态掩码的示例。

CNN［图 3-21(b)］的结果可以与该几何方法的结果相结合，用于全动态物体检测［图 3-21(c)］。可以发现这两种方法的优点和局限性，从而找到它们联合使用的动机。对于几何方法，主要问题是由于其多视图性质，初始化并不简单。使用单一视图的深度学习方法不会出现这样的初始化问题。然而，它们的主要限制是，被认为是静态的对象可以移动，而该方法无法识别它们。最后一种情况可以使用多视图一致性测试来解决。

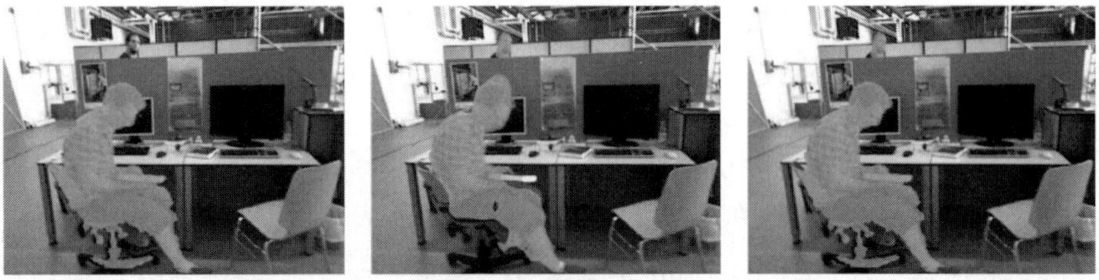

(a) 使用多视图几何方法　　(b) 使用深度学习的方法　　(c) 使用几何和深度学习组合的方法

图 3-21　检测和分割动态对象

这两种面对运动物体检测问题的方法如图 3-21 所示。在图 3-21(a) 中，可以看到后面的人是一个动态物体，没有被检测到。这有两个原因。首先，RGB-D 相机在测量远处物体的深度时面临困难。其次，可靠的特征取决于图像的定义部分，因此也取决于图像附近的部分。尽管如此，这个“人”是通过深度学习方法检测到的［图 3-21(b)］。除此之外，一方面，在图 3-21(a) 中可以看到，不仅可以检测到图像前面的人，还可以检测到他拿着的书和坐着的椅子。另一方面，在图 3-21(b) 中，两个人是唯一被检测为动态的对象，而且他们的分割也不太准确。如果只使用深度学习方法，“书本”将留在图像中，并将不正确地成为三维地图的一部分。

基于这两种方法的优点和缺点，可以认为它们是互补的，因此它们的组合使用是实现精确跟踪和映射的有效方法。为了实现这一目标，如果两种方法都检测到了对象，那么分割掩码应该是几何方法的掩码。如果仅通过基于学习的方法检测到对象，则分割掩码也应包含该信息。上一段示例的最终分割图像如图 3-21(c) 所示。分割的动态部分将从当前帧和地图中删除。

系统这一阶段的输入包含 RGB 和深度图像，以及它们的分割掩码，在分类为静态的图像片段中提取 ORB 特征。由于路段轮廓是高梯度区域，因此必须删除位于该交叉点的关键点。

对于每个移除的动态物体，DynaSLAM 填充遮挡的背景使用之前视角中的静态信息，从而可以合成一张没有运动物体的真实图片。DynaSLAM 认为这个合成图片包含环境的静态结构，对许多应用是有用的，如 VR、AR、重定位和地图创建后的相机跟踪。

因为已知之前和当前帧的位置，DynaSLAM 将一组之前的 RGB 和深度通道的关键帧中的动态分割投影到当前帧，一些缝隙没有对应并设置为空白；一些区域不能被填充，因为在关键帧中没有出现过，或者出现过但没有合法的深度信息。这些缝隙不能使用几何方法重建，需要使用一种更精致的填充技术。图 3-22 展示了合成图片结果。注意动态成分如何被成功地分割和移除。同时，大多数被分割的部分已经使用静态背景的信息填充。

图 3-22　方法的定性结果

DynaSLAM 利用深度学习技术，使用 YOLOv3 算法进行实时物体检测和跟踪，可以实现对运动物体的实时捕获和分割。利用检测到的物体边界框，DynaSLAM 可以估计运动物体的相对运动和姿态，并将其添加到 SLAM 状态中。这可以提高 SLAM 的精度和稳定性，特别是在存在大量运动物体的复杂场景中。DynaSLAM 采用基于深度学习的 DIB-R 渲染器，实现了高效的实时重建和渲染。通过将动态物体融合到 SLAM 状态中，DynaSLAM 可以实现更准确的场景重建和渲染，同时保持实时性能。在各种室内和室外场景中进行广泛的实验评估，结果表明，DynaSLAM 可以在复杂的场景中实现高精度的重建和跟踪。DynaSLAM 的主要贡献在于实现了实时的动态物体检测、跟踪、姿态估计和重建，并将动态物体融合到 SLAM 状态中，从而提高了 SLAM 的精度和稳定性。

本章小结

本章主要介绍了基于视觉 SLAM 经典算法的相关内容。首先，介绍了基本的 SLAM 问题和 SLAM 框架，并阐述了基于视觉的 SLAM 算法的优势和挑战。然后，分别介绍了 ORB-SLAM2 算法、LSD-SLAM 算法、Cube-SLAM 算法和 DynaSLAM 算法等经典视觉 SLAM 算法。

参考文献

[1] Harris C, Stephens M. A combined corner and edge detector [C] //Alvey Vision Conference, 1988, 15 (50): 5233-5244.

[2] Lowe D. Distinctive image features from scale-invariant key points [J]. International Journal of Computer Vision, 2004, 60 (2): 91-110.

[3] Fischler M A, Bolles R C. Random Sample Consensus: A Paradigm for Model Fitting with Applications To Image Analysis and Automated Cartography [J]. Communications of the ACM, 1981, 24 (6): 381-395.

[4] Bay H, Ess A, Tuytelaars T, et al. Speeded-up robust features (SURF) [J]. Computer vision and image understanding, 2008, 110 (3): 346-359.

[5] Rublee E, Rabaud V, Konolige K, et al. ORB: An efficient alternative to SIFT or SURF [C] //2011 International Conference on Computer Vision. IEEE, 2011: 2564-2571.

[6] 刘宏伟，余辉亮，梁艳阳. ORB 特征四叉树均匀分布算法 [J]. 自动化仪表，2018，39 (05): 52-54+59.

[7] Yang S, Fan G, Bai L, et al. SGC-VSLAM: A semantic and geometric constraints VSLAM for dynamic indoor environments [J]. Sensors, 2020, 20 (8): 2432.

[8] 倪翠，王朋，孙浩，等. 一种基于四叉树划分的改进 ORB 算法 [J]. 应用科学学报，2022，40 (02): 266-278.

[9] 骆开庆，杨坤，张健，等. 基于四叉树的改进 BRISK 特征提取算法 [J]. 华南师范大学学报（自然科学版），2020，52 (02): 114-121.

[10] Baker S, Matthews I. Lucas-kanade 20 years on: A unifying framework [J]. International Journal of Computer Vision, 2004, 56 (3): 221-255.

[11] Mei C, Sibley G, Cummins M, et al. RSLAM: A system for large-scale mapping in constant-time using stereo [J]. International Journal of Computer Vision, 2011, 94: 198-214.

[12] 姚晋晋，张鹏超，王彦，等. 基于改进四叉树 ORB 特征均匀分布算法 [J]. 计算机工程与设计，2020，41 (6): 1629-1634.

[13] 时培成，杨剑锋，梁涛年，等. 基于阈值自适应调整的图像特征均匀分布 ORB 算法改进 [J]. 汽车安全与节能学报，2021，12 (03): 305-313.

[14] 田贝乐，牛宏侠，刘义健. 一种优化的 Canny 边缘检测算法 [J]. 铁路计算机应用，2021，30 (10): 14-18.

[15] 胡欣，胡陆明，刘归航. 一种改进的 GMS 图像特征点匹配算法 [J]. 电子测量技术，2021，44 (17): 131-137.

[16] Strasdat H, Davison A J, Montiel J M M, et al. Double window optimisation for constant time visual SLAM [C] //2011 International Conference on Computer Vision. IEEE, 2011: 2352-2359.

[17] Strasdat H, Montiel J, Davison A J. Scale drift-aware large scale monocular SLAM [J]. Robotics: Science and Systems VI, 2010, 2 (3): 7.

[18] Mur-Artal R，Tardós J D. Orb-slam2：An open-source slam system for monocular，stereo，and rgb-d cameras [J]. IEEE Transactions on Robotics，2017，33（5）：1255-1262.
[19] Engel J，Schöps T，Cremers D. LSD-SLAM：Large-scale direct monocular SLAM [C] //European Conference on Computer Vision. Cham：Springer International Publishing，2014：834-849.
[20] Olaode A A，Naghdy G，Todd C A. Bag-of-visual words codebook development for the semantic content based annotation of images [C] //2015 11th International Conference on Signal-Image Technology & Internet-Based Systems (SITIS). IEEE，2015：7-14.
[21] Wang Y W，Qiu Y Y，Cheng P T，et al. Robust loop closure detection integrating visual-spatial-semantic information via topological graphs and CNN features [J]. Remote Sensing，2020，12（23）：3890.
[22] Yuan Z A，Xu K，Zhou X Y，et al. SVG-loop：Semantic-visual-geometric information-based loop closure detection [J]. Remote Sensing，2021，13（17）：3520.
[23] Vysotska O，Stachniss C. Relocalization under substantial appearance changes using hashing [C] //Proceedings of the IROS Workshop on Planning，Perception and Navigation for Intelligent Vehicles，Vancouver，BC，Canada. 2017：24.
[24] Sarlin P E，Cadena C，Siegwart R，et al. From coarse to fine：Robust hierarchical localization at large scale [C] //Proceedings of the IEEE/CVF Conference on Computer Vision and Pattern Recognition，2019：12716-12725.
[25] Li H，Tian C，Wang L，et al. A loop closure detection method based on semantic segmentation and convolutional neural network [C] //2021 International Conference on Artificial Intelligence and Electromechanical Automation (AIEA). IEEE，2021：269-272.
[26] Chancán M，Milford M. DeepSeqSLAM：A trainable CNN+RNN for joint global description and sequence-based place recognition [J]. arXiv preprint arXiv：2011.08518，2020.
[27] Wang Y，Qiu Y，Cheng P，et al. Robust loop closure detection integrating visual-spatial-semantic information via topological graphs and CNN features [J]. Remote Sensing，2020，12（23）：3890.
[28] Merrill N，Huang G. Lightweight unsupervised deep loop closure [J]. arXiv preprint arXiv：1805.07703，2018.
[29] Tateno K，Tombari F，Laina I，et al. Cnn-slam：Real-time dense monocular slam with learned depth prediction [C] //Proceedings of the IEEE Conference on Computer Vision and Pattern Recognition，2017：6243-6252.
[30] McCormac J，Clark R，Bloesch M，et al. Fusion++：Volumetric object-level slam [C] //2018 International Conference on 3D Vision (3DV). IEEE，2018：32-41.
[31] Salas-Moreno R F，Newcombe R A，Strasdat H，et al. Slam++：Simultaneous localisation and mapping at the level of objects [C] //Proceedings of the IEEE Conference on Computer Vision and Pattern Recognition，2013：1352-1359.
[32] Grinvald M，Furrer F，Novkovic T，et al. Volumetric instance-aware semantic mapping and 3D object discovery [J]. IEEE Robotics and Automation Letters，2019，4（3）：3037-3044.
[33] Runz M，Buffier M，Agapito L. Maskfusion：Real-time recognition，tracking and reconstruction of multiple moving objects [C] //2018 IEEE International Symposium on Mixed and Augmented Reality (ISMAR). IEEE，2018：10-20.
[34] McCormac J，Handa A，Davison A，et al. Semanticfusion：Dense 3D semantic mapping with convolutional neural networks [C] //2017 IEEE International Conference on Robotics and automation (ICRA). IEEE，2017：4628-4635.
[35] Chang Y，Tian Y，How J P，et al. Kimera-multi：A system for distributed multi-robot metric-semantic simultaneous localization and mapping [C] //2021 IEEE International Conference on Robotics and Automation (ICRA). IEEE，2021：11210-11218.
[36] Qin T，Zheng Y，Chen T，et al. A light-weight semantic map for visual localization towards autonomous driving [C] //2021 IEEE International Conference on Robotics and Automation (ICRA).

IEEE，2021：11248-11254.

[37] Yang S，Scherer S. Cubeslam：Monocular 3-d object slam [J]. IEEE Transactions on Robotics，2019，35 (4)：925-938.

[38] Hartley R，Zisserman A. Multiple View Geometry in Computer Vision [M]. Cambridge University Press，2003.

[39] Chen X，Kundu K，Zhang Z，et al. Monocular 3D object detection for autonomous driving [C] //Proceedings of the IEEE Conference on Computer Vision and Pattern Recognition. 2016：2147-2156.

[40] Lim J J，Pirsiavash H，Torralba A. Parsing ikea objects：Fine pose estimation [C] //Proceedings of the IEEE International Conference on Computer Vision. 2013：2992-2999.

[41] Xiao J，Russell B，Torralba A. Localizing 3D cuboids in single-view images [J]. Advances in Neural Information Processing Systems，2012，25：746-754.

[42] Mur-Artal R，Montiel J M M，Tardos J D. ORB-SLAM：A versatile and accurate monocular SLAM system [J]. IEEE Transactions on Robotics，2015，31 (5)：1147-1163.

[43] Bescos B，Fácil J M，Civera J，et al. DynaSLAM：Tracking，mapping，and inpainting in dynamic scenes [J]. IEEE Robotics and Automation Letters，2018，3 (4)：4076-4083.

[44] Gerlach N L，Meijer G J，Kroon D J，et al. Evaluation of the potential of automatic segmentation of the mandibular canal using cone-beam computed tomography [J]. British Journal of Oral and Maxillofacial Surgery，2014，52 (9)：838-844.

第
4
章

基于CAM + IMU的视觉惯性里程计

4.1 引言

前面的章节中，已经探讨了 SLAM 是什么、SLAM 成立的数学基础以及基于视觉的 VSLAM 算法，而视觉算法离不开相机以及辅助惯性传感器的使用，因此本章将从相机（CAM）和惯性传感器（IMU）等方面阐述 SLAM 的具体应用。

目前行业中普遍采用 CAM＋IMU 的融合方案。视觉传感器在大多数纹理丰富的场景中效果很好，但是如果遇到玻璃、白色墙壁等特征较少的场景，基本上无法工作；IMU 长时间使用有非常大的累积误差，但是在短时间内，其相对位移数据又有很高的精度。所以，当视觉传感器失效时，融合 IMU 数据，能够提高定位的精度。

4.1.1 惯性传感器（IMU）

IMU 全称为 Inertial Measurement Unit，即惯性测量单元，是主要用来检测和测量加速度与旋转运动的传感器。其原理是采用惯性定律。这些传感器从超小型的 MEMS 传感器，到测量精度非常高的激光陀螺，无论是尺寸只有几个毫米的 MEMS 传感器，还是直径近半米的光纤器件，采用的都是这一原理。常见 IMU 惯性传感器见图 4-1。

图 4-1　常见的 IMU 惯性传感器

IMU 虽然可以测得角速度和加速度，但这些量都存在明显的漂移（Drift），使得积分两次得到的位姿数据非常不准确。但是，对于短时间内的快速运动，IMU 能够提供一些较好的估计——这正是相机的弱点。当运动过快时，（卷帘快门的）相机会出现运动模糊，或者两帧之间重叠区域太少以至于无法进行特征匹配，所以纯视觉 SLAM 难以捕捉快速的运动。而有了 IMU，即使在相机数据无效的那段时间内，也能保持一个较好的位姿估计。当图像发生变化时，本质上没法知道是相机自身发生了运动，还是外界条件发生了变化，所以纯视觉 SLAM 难以处理动态的障碍物，而 IMU 能够感受到自己的运动信息，从某种程度上减轻了动态物体的影响。

惯性传感器能够为车辆中的所有控制单元提供车辆的即时运动状态。路线偏移、纵向横向的摆动角速度以及纵向、横向和垂直加速度等信号被准确采集，并通过标准接口传输至数据总线。所获得的信号用于复杂的调节算法，以增强乘用车和商用车（如 ESC/ESP、ADAS、AD）以及摩托车（优化的曲线ABS)、工业车辆和农用车的舒适性与安全应用。IMU 多方面用途见图 4-2。

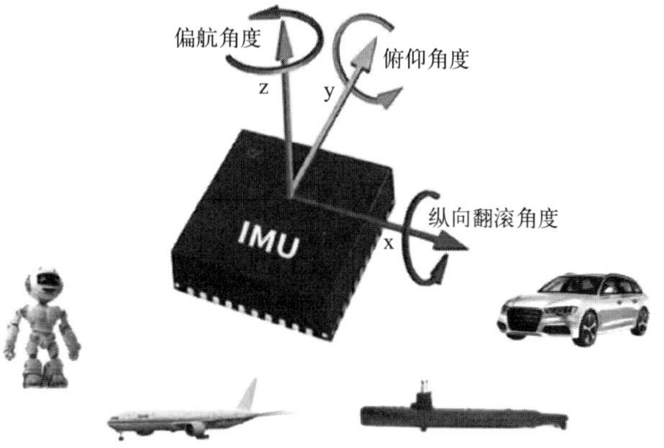

图 4-2　IMU 的多方面用途

4.1.2　卡尔曼滤波

卡尔曼滤波（Kalman Filtering）是一种利用线性系统状态方程，通过系统输入输出的观测数据对系统状态进行最优估计的算法，其数学公式是从状态空间来进行描述推导的。在存在高斯白噪声情况下，卡尔曼滤波是最常用的线性自适应滤波器，它可以从一系列带有噪声的观测值中估计出系统的最优状态，如图 4-3 所示。

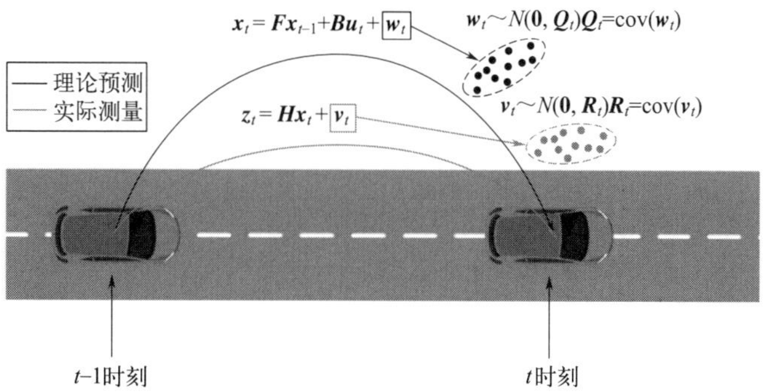

图 4-3　图解卡尔曼滤波

卡尔曼滤波的优点是它可以通过使用已有的先验知识来进行状态估计，从而可以在一些噪声较大的情况下仍能够提供准确的估计。同时，它也可以在迭代过程中动态地调整协方差矩阵，以更好地适应不同的系统状态变化。这使得卡尔曼滤波在众多领域（如无人车定位、航空航天和金融等）中得到了广泛应用。

4.1.3 视觉惯性里程计（VIO）

视觉惯性里程计（Visual-Inertial Odometry，VIO），有时也叫视觉惯性系统（Visual-Inertial System，VINS），是融合相机和 IMU 数据实现 SLAM 的算法，根据融合框架的不同可分为松耦合和紧耦合两种，见图 4-4、图 4-5。

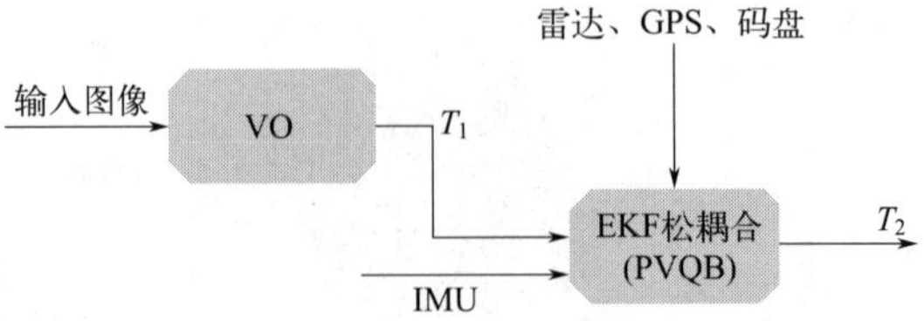

图 4-4 松耦合示意图

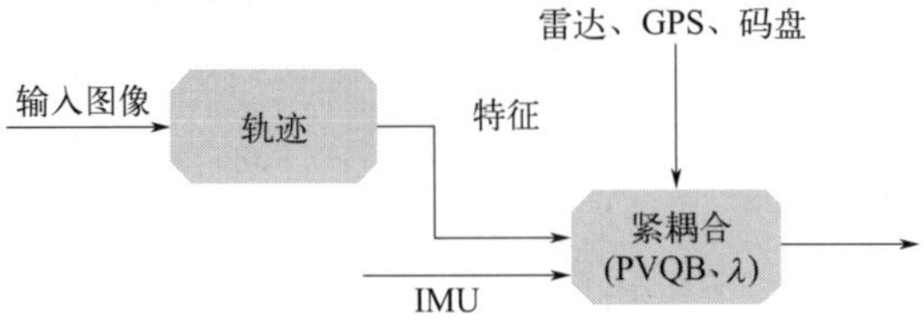

图 4-5 紧耦合示意图

其中，VO(Visual Odometry) 指仅视觉的里程计，T 表示位置和姿态。松耦合中，视觉运动估计和惯导运动估计是两个独立的模块，系统将每个模块的输出结果进行融合。

紧耦合则是使用两个传感器的原始数据共同估计一组变量，传感器噪声也是相互影响的。紧耦合算法比较复杂，但其充分利用了传感器数据，可以实现更好的效果，是目前研究的重点。

选择相机和 IMU 进行融合是因为二者有较好的互补性。二者在独立的使用场景下的缺点如表 4-1 所示。

表 4-1 相机与 IMU 在独立场景下的缺点列举

相机	单目相机无法解决尺度问题 在纹理少的区域无法工作 快速运动时图像较为模糊 动态场景会有错误匹配
IMU	纯 IMU 预测会有漂移 角度漂移相对时间 t 是线性的 位置漂移是 t^2 级别的

4.1.4 VIO 的算法流程

VIO 的算法流程如图 4-6 所示。

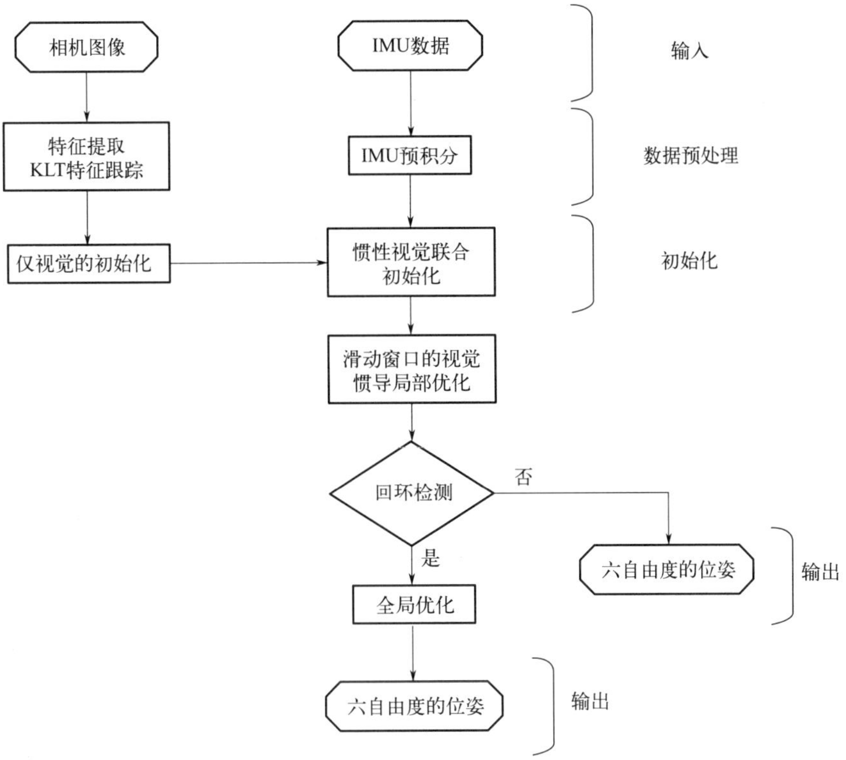

图 4-6 VIO 的算法流程

整个流程图可以分解为五部分：数据预处理、初始化、局部非线性优化、回环检测和全局优化。各个部分的主要作用是：

① 数据预处理。对于图像，提取特征点，利用 KLT 金字塔进行光流跟踪，为后面仅视觉初始化求解相机位姿做准备。对于 IMU，将 IMU 数据进行预积分，得到当前时刻的位姿、速度、旋转角，同时计算在后端优化中将要用到的相邻帧间的预积分增量及预积分的协方差矩阵和雅可比矩阵。

② 初始化。初始化中，首先进行仅视觉的初始化，解算出相机的相对位姿；然后再与 IMU 预积分进行对齐，求解初始化参数。

③ 局部非线性优化。对应流程图中“滑动窗口的视觉惯导局部优化”，即将视觉约束、IMU 约束放在一个大目标函数中进行优化，这里的局部优化也就是只优化当前帧及之前的 n 帧的窗口中的变量，局部非线性优化输出较为精确的位姿。

④ 回环检测。回环检测是将前面检测的图像关键帧保存起来，当再回到原来经过的同一个地方时，通过特征点的匹配关系判断是否已经来过这里。前面提到的关键帧就是筛选出来的能够记下但又避免冗余的相机帧。关键帧的选择标准是当前帧和上一帧之间的位移超过一定阈值或匹配的特征点数小于一定阈值。

⑤ 全局优化。全局优化是在发生回环检测时，利用相机约束和 IMU 约束，再加上回环检测的约束，进行非线性优化。全局优化在局部优化的基础上进行，输出更为精确的位姿。

4.2 基于优化的 VIO-SLAM

4.2.1 基于滑动窗口的紧耦合的单目 VIO 系统（VINS-Mono）

4.2.1.1 算法简介

VINS-Mono 算法的背景是 SLAM 技术的发展和视觉惯性导航（VIO）的兴起。SLAM 技术是一种通过使用传感器来同时实现自主定位和场景重建的技术。传统的 SLAM 算法通常使用激光雷达或者双目/多目摄像头来实现自主定位和场景重建。这些传感器具有高精度和稳定性，但也存在一些限制，如成本高、计算量大、只能在特定环境下使用等。相比之下，单目摄像头具有成本低、易于使用、可用性广泛等优点，因此成为了一种非常有前途的 SLAM 传感器。但是，单目摄像头无法提供场景的深度信息，需要使用其他的技术来估计相机的运动和场景的结构。图 4-7 展示了 VINS-Mono 算法的效果。

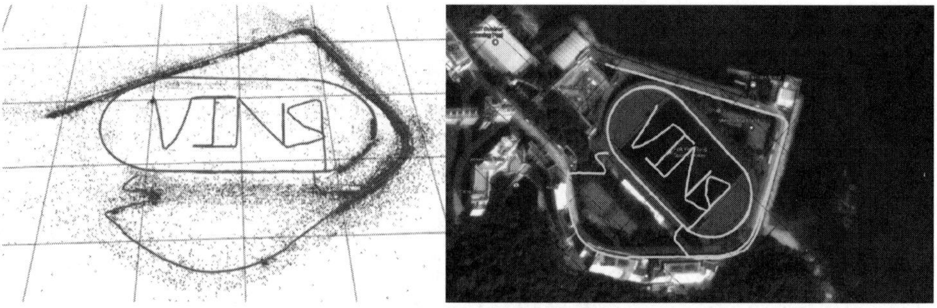

图 4-7　VINS-Mono 算法效果图

VINS-Mono 算法是基于 VIO 技术的一种单目摄像头 SLAM 算法，它充分利用了 VIO 技术的优势，具有低计算复杂度、高精度和鲁棒性的优点，在 SLAM 领域具有广泛的应用前景。

VINS-Mono 采用基于紧耦合的非线性优化方法，融合预积分的 IMU 测量和特征观测，获得高精度的视觉-惯性里程计。回环检测模块结合紧耦合方案，能够以最小计算开销进行重定位，并执行 4 个自由度的姿态图优化，加强全局一致性。算法总体框架如图 4-8 所示。

根据图 4-8，该算法总体框架主要分为前端特征检测（Feature Tracker）、后端非线性优化（Nonlinear Optimization）和初始化（Initialize）三部分。

程序运行过程中，初始化只进行一次，其中前端负责不断地提取特征点发给后端；后端负责 IMU 数据采集、预积分和优化/滑窗等操作。前端和后端在运行过程中不断地循环。

VINS 的功能模块可包括五个部分：数据预处理、初始化、非线性优化、闭

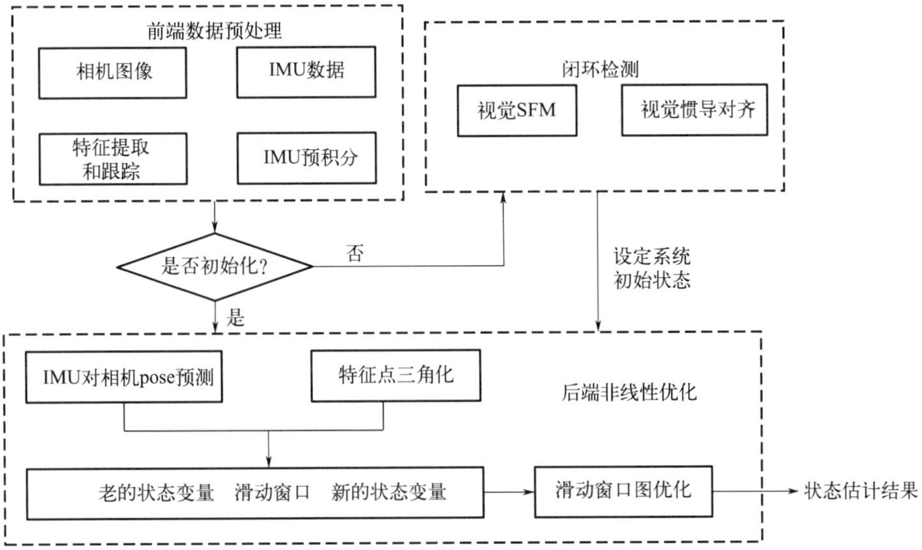

图 4-8　VINS-Mono 算法总体框架

环检测及闭环优化。代码中需要开启四个线程，分别是：前端图像跟踪、后端非线性优化（其中初始化和 IMU 预积分在这个线程中）、闭环检测以及闭环优化。

4.2.1.2　图像和 IMU 预处理

（1）视觉前端

VINS-Mono 算法中的视觉前端主要用于从相机采集的图像序列中提取特征点，并将这些特征点用于视觉与惯性的融合。对于每一帧新输入的图像，KLT 稀疏光流算法（使用 KLT 特征点检测方法来跟踪部分像素点的移动）在跟踪现有特征的同时检测新的角点（图像轮廓之间的交点）特征，以保证在每个图像中都能检测到最低的特征数目（100～300）。检测器通过在两个相邻特征点之间设置像素位置的最小间隔来实施特征分布均匀化。图像的二维特征首先被去畸变，然后经过离群点剔除后投影到单位球面上，可以使用基础矩阵模型进行离群点剔除。这一步需选择图像的关键帧，在 VINS 视觉前端中有两个关键帧选择标准：第一个标准是前一个关键帧的平均视差，如果被跟踪的特征在当前帧和上一帧之间的平均视差超过某个阈值，则将该帧视为新的关键帧；另一个标准是跟踪质量，如果被跟踪特征的数量低于某个阈值，就将此帧视为新的关键帧。这两个关键帧的选择标准可避免出现特征跟丢现象。

（2）IMU 预积分

① IMU 噪声和零偏。IMU 在机体坐标系中测量出数值，结合反重力力学和机体动力学，并受到加速度零偏 b_a、陀螺仪零偏 b_w 和附加噪声的影响。原始陀螺仪和加速度计的测量值 $\hat{\boldsymbol{w}}$ 和 $\hat{\boldsymbol{a}}$ 由下式给出：

$$\begin{aligned}\hat{\boldsymbol{a}}_t &= \boldsymbol{a}_t + \boldsymbol{b}_{at} + \boldsymbol{R}_w^t \boldsymbol{g}^w + \boldsymbol{n}_a \\ \hat{\boldsymbol{w}}_t &= \boldsymbol{w}_t + \boldsymbol{b}_{wt} + \boldsymbol{n}_w\end{aligned} \tag{4-1}$$

假设加速度和陀螺仪测量中的加性噪声为高斯白噪声：

$$\boldsymbol{n}_a \sim N(0,\sigma_a^2),\quad \boldsymbol{n}_w \sim N(0,\sigma_w^2) \tag{4-2}$$

加速度零偏和陀螺仪零偏被建模为随机游走，其导数是高斯白噪声：

$$\boldsymbol{n}_{ba} \sim N(0,\sigma_{ba}^2),\quad \boldsymbol{n}_{bw} \sim N(0,\sigma_{bw}^2),\quad \boldsymbol{b}_{\mathrm{at}} = \boldsymbol{n}_{ba},\quad \boldsymbol{b}_{wt} = \boldsymbol{n}_{bw} \tag{4-3}$$

② 预积分。对于两个连续时间帧 b_k 和 b_{k+1}，在时间间隔 $[t_k, t_{k+1}]$ 中存在若干个惯性测量单元测量值。给定零偏估计，将它们整合到局部坐标系 b_k 中：

$$\begin{aligned}
\boldsymbol{\alpha}_{b_{k+1}}^{b_k} &= \iint_{t\in[\boldsymbol{t}_k,\boldsymbol{t}_{k+2}]} \boldsymbol{R}_t^{b_k}(\hat{\boldsymbol{a}}_t - \boldsymbol{b}_{at})\mathrm{d}t^2 \\
\boldsymbol{\beta}_{b_{k+1}}^{b_k} &= \int_{t\in[\boldsymbol{t}_k,\boldsymbol{t}_{k+2}]} \boldsymbol{R}_t^{b_k}(\hat{\boldsymbol{a}}_t - \boldsymbol{b}_{at})\mathrm{d}t \\
\boldsymbol{\gamma}_{b_{k+1}}^{b_k} &= \int_{t\in[\boldsymbol{t}_k,\boldsymbol{t}_{k+2}]} \frac{1}{2}\Omega(\hat{\boldsymbol{w}}_t - \boldsymbol{b}_{wt})\boldsymbol{\gamma}_t^{b_k}\mathrm{d}t
\end{aligned} \tag{4-4}$$

这里：

$$\Omega(\boldsymbol{w}) = \begin{bmatrix} -\boldsymbol{w}_x & \boldsymbol{w} \\ -\boldsymbol{w}^{\mathrm{T}} & \boldsymbol{0} \end{bmatrix},\quad \boldsymbol{w}_t = \begin{bmatrix} 0 & -w_z & w_y \\ w_z & 0 & -w_x \\ -w_y & w_x & 0 \end{bmatrix} \tag{4-5}$$

α、β 和 γ 的协方差矩阵 $\boldsymbol{P}_{b_k+1}^{b_k}$ 也是一致传播的。而预积分项可以通过给定偏差参考帧的零偏 b_k 来从惯性测量单元的测量值单独获得。

③ 零偏矫正。如果零偏的估计值发生了轻微的变化，可以通过关于零偏的一阶近似来调整 $\boldsymbol{\alpha}_{b_{k+1}}^{b_k}$、$\boldsymbol{\beta}_{b_{k+1}}^{b_k}$ 和 $\boldsymbol{\gamma}_{b_{k+1}}^{b_k}$，如下：

$$\begin{aligned}
\boldsymbol{\alpha}_{b_{k+1}}^{b_k} &\approx \hat{\boldsymbol{a}}_{b_{k+1}}^{b_k} + \boldsymbol{J}_{ba}^{\alpha}\delta b_{ak} + \boldsymbol{J}_{bw}^{w}\delta b_{wk} \\
\boldsymbol{\beta}_{b_{k+1}}^{b_k} &\approx \hat{\boldsymbol{\beta}}_{b_{k+1}}^{b_k} + \boldsymbol{J}_{ba}^{\beta}\delta b_{ak} + \boldsymbol{J}_{bw}^{\beta}\delta b_{wt} \\
\boldsymbol{\gamma}_{b_{k+1}}^{b_k} &\approx \hat{\boldsymbol{\gamma}}_{b_{k+1}}^{b_k} \otimes \begin{bmatrix} 1 \\ \gamma \\ \frac{1}{2}\boldsymbol{J}_{bw}^{\delta b_{wk}} \end{bmatrix}
\end{aligned} \tag{4-6}$$

否则，当零偏的估计显著变化时，需在新的零偏估计下进行重积分。这种策略可为基于优化的算法节省大量的计算资源，因为不需要重复进行惯性测量单元测量值积分。

4.2.1.3 初始化

初始化的必要性是因为单目紧耦合的 VIO 是一个高度非线性的系统，它要一个准确的初始猜测作为后续优化的基础。VINS 通过对齐 IMU 预积分值和纯视觉 SFM 的结果来获得初始值。这里需要注意的是，在 VINS 的初始化阶段，不考虑优化两个变量：一个是加速度计的零偏（难以从重力当中单独分离出来，在后续的非线性优化过程中逐渐调整）；另一个是相机和 IMU 之间的平移外参（难以准确估计，需采用手动测量的方式进行初始化）。其主要思想是：使用纯视觉运动结构恢复（SFM）来进行初始化，并将 IMU 预积分结果与 SFM 的结果对齐来粗略地恢复尺度、重力、速度甚至零偏，如图 4-9 所示。

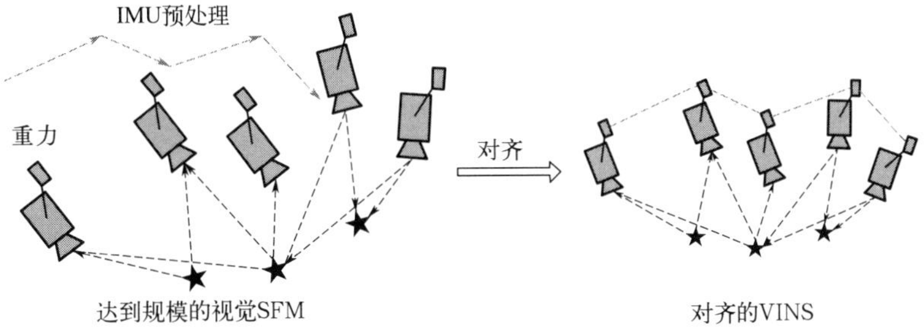

图 4-9　估计器初始化的视觉惯性对齐过程

(1) 基于滑动窗口的纯视觉 SFM

进行初始化时需保持一个滑动窗口用于限制计算复杂度。首先，检查最新帧和之前所有帧之间的特征关联性。如果能在滑动窗口的最新帧和任何其他帧（枢纽帧）之间找到稳定的特征跟踪（超过 30 个跟踪特征点）和足够的视差（超过 20 个旋转补偿后的像素），则使用五点法（利用有效的离散点绘制光滑曲线）来恢复这两帧之间的相对旋转和平移。否则，在窗口中保留最新帧并等待新帧。如果五点算法成功，任意设置一个尺度，并对这两帧中的所有特征进行三角化。基于这些三角化特征，使用 PnP 算法（求解三维点到二维点的对应方法）来估计窗口中所有其他帧的位姿。最后，应用全局 BA（将每一个匹配好的特征点建立方程，联立形成超定方程，解出最优的位姿矩阵或空间点坐标），以最小化所有特征观测值的总重投影误差。将滑动窗口内第一个相机的位姿设置为 SFM 的参考坐标系。所有帧的姿态和特征位置都相对于参考坐标系进行表示。假设在相机和 IMU 之间有一个粗略的外参，便可以将所有帧的位姿从相机坐标系转换到 IMU 坐标系。转换过程如式（4-7）所示。

$$
\begin{aligned}
\boldsymbol{q}_{b_k}^{c_0} &= \boldsymbol{q}_{c_k}^{c_0} \otimes (\boldsymbol{q}_c^b)^{-1} \\
s\bar{\boldsymbol{p}}_{b_k}^{c_0} &= s\bar{\boldsymbol{p}}_{c_k}^{c_0} - \boldsymbol{R}_{c_k}^{c_0}\boldsymbol{p}_c^b
\end{aligned} \tag{4-7}
$$

(2) 视觉惯性对齐

① 陀螺仪零偏矫正。在窗口中考虑两个连续帧 b_k 和 b_{k+1}，可以从视觉 SFM 得到 $\boldsymbol{q}_{b_k}^{c_0}$ 和 $\boldsymbol{q}_{b_{k+1}}^{c_0}$ 以及来自 IMU 预积分的约束 $\hat{\boldsymbol{\gamma}}_{b_{k+1}}^{b_k}$。相对于陀螺仪零偏线性化 IMU 预积分，可采用最小化式(4-8) 的代价函数：

$$
\begin{aligned}
&\min_{\delta b_w} \sum_{k \in B} \left\| (\boldsymbol{q}_{b_{k+1}}^{c_0})^{-1} \otimes \boldsymbol{q}_{b_k}^{c_0} \otimes \boldsymbol{\gamma}_{b_{k+1}}^{b_k} \right\|^2 \\
&\boldsymbol{\gamma}_{b_{k+1}}^{b_k} \approx \hat{\boldsymbol{\gamma}}_{b_{k+1}}^{b_k} \otimes \begin{bmatrix} 1 \\ \gamma \\ \frac{1}{2}\boldsymbol{J}_{bw}^{\delta b_w} \end{bmatrix}
\end{aligned} \tag{4-8}
$$

式中，b 代表了窗口中的所有帧。

这样，就得到了陀螺仪零偏 b_ω 的初始标定。然后，使用新的陀螺仪零偏重新积分所有的预积分量。将式(4-8) 合并后可得代价函数为：

$$\min \delta b_w \sum_{k\in b} \left\| (\boldsymbol{q}_{b_{k+1}}^{c_0})^{-1} \otimes \boldsymbol{q}_{b_k}^{c_0} \otimes \boldsymbol{\gamma}_{b_{k+1}}^{b_k} \otimes \begin{bmatrix} 1 \\ \gamma \\ \frac{1}{2}\boldsymbol{J}_{bw}^{\delta b_w} \end{bmatrix} \right\|^2 \tag{4-9}$$

在理想情况下，最小结果为单位四元数，也就是：

$$(\boldsymbol{q}_{b_{k+1}}^{c_0})^{-1} \otimes \boldsymbol{q}_{b_k}^{c_0} \otimes \boldsymbol{\gamma}_{b_{k+1}}^{b_k} \otimes \begin{bmatrix} 1 \\ \gamma \\ \frac{1}{2}\boldsymbol{J}_{bw}^{\delta b_w} \end{bmatrix} = \begin{bmatrix} 1 \\ \boldsymbol{0} \end{bmatrix} \tag{4-10}$$

移项后可得：

$$\begin{bmatrix} 1 \\ \gamma \\ \frac{1}{2}\boldsymbol{J}_{bw}^{\delta b_w} \end{bmatrix} = \boldsymbol{q}_{b_{k+1}}^{c_0} \otimes (\boldsymbol{q}_{b_k}^{c_0})^{-1} \otimes (\boldsymbol{\gamma}_{b_{k+1}}^{b_k})^{-1} \otimes \begin{bmatrix} 1 \\ \boldsymbol{0} \end{bmatrix} \tag{4-11}$$

取后三项，可以构建一个形如 $\boldsymbol{Ax}=\boldsymbol{b}$ 的方程：

$$2\left[(\boldsymbol{\gamma}_{b_{k+1}}^{b_k})^{-1} \otimes (\boldsymbol{q}_{b_k}^{c_0})^{-1} \otimes \boldsymbol{q}_{b_{k+1}}^{c_0}\right]_{xyz} = \boldsymbol{J}_{bw}^{\gamma} \delta b_w \tag{4-12}$$

求解这个方程就可以获得 $\delta\omega$，然后加到陀螺仪的初始偏差上，之后重新预积分即可将陀螺仪矫正。

② 速度、重力矢量和尺度初始化。在陀螺仪零偏被初始化之后，需继续初始化其他状态量以便后续的导航。所以速度、重力向量以及尺度因子为：

$$\boldsymbol{\chi} I = [\boldsymbol{V}_{b_0}^{b_0}, \boldsymbol{V}_{b_1}^{b_1}, \cdots, \boldsymbol{V}_{b_n}^{b_n}, \boldsymbol{g}^{c_0}, s] \tag{4-13}$$

式中，$V_{b_k}^{b_k}$ 是拍摄第 k 帧图像时在相机体系中的速度；$\boldsymbol{g}^{c_0}$ 是 c_0 帧中的重力矢量；s 将单目 SFM 换算为公制单位。考虑两个连续帧 b_k 和 b_{k+1}，有：

$$\begin{aligned} \boldsymbol{\alpha}_{b_{k+1}}^{b_k} &= \boldsymbol{R}_{b_{k+1}}^{b_k} \left[s(\overline{P}_{b_{k+1}}^{c_0} - \overline{P}_{b_k}^{c_0}) + \frac{1}{2}\boldsymbol{g}^{c_0}\Delta t_k^2 - \boldsymbol{R}_{b_k}^{c_0}\boldsymbol{v}_{b_k}^{b_k}\Delta t \right] \\ \boldsymbol{\beta}_{b_{k+1}}^{b_k} &= \boldsymbol{R}_{c_0}^{b_k}(\boldsymbol{R}_{b_{k+1}}^{c_0}\boldsymbol{v}_{b_{k+1}}^{b_{k+1}} + \boldsymbol{g}^{c_0}\Delta t - \boldsymbol{R}_{b_k}^{c_0}\boldsymbol{v}_{b_k}^{b_k}) \\ \widehat{\boldsymbol{Z}}_{b_{k+1}}^{b_k} &= \begin{bmatrix} \widehat{\boldsymbol{\alpha}}_{b_{k+1}}^{b_k} - \boldsymbol{P}_c^b + \boldsymbol{R}_{c_0}^{b_k}\boldsymbol{R}_{b_{k+1}}^{c_0}\boldsymbol{P}_c^b \\ \widehat{\boldsymbol{\beta}}_{b_{k+1}}^{b_k} \end{bmatrix} = \boldsymbol{H}_{b_{k+1}}^{b_k}\boldsymbol{\chi} I + \boldsymbol{n}_{b_{k+1}}^{b_k} \end{aligned} \tag{4-14}$$

这里：

$$\boldsymbol{H}_{b_{k+1}}^{b_k} = \begin{bmatrix} -\mathbf{I}\Delta t & 0 & \frac{1}{2}\boldsymbol{R}_{c_0}^{b_k}\Delta t_k^2 & \boldsymbol{R}_{c_0}^{b_k}(\boldsymbol{P}_{c_{k+1}}^{-c_0} - \boldsymbol{P}_{c_k}^{-c_0}) \\ -\mathbf{I} & \boldsymbol{R}_{c_0}^{b_k}\boldsymbol{R}_{b_{k+1}}^{c_0} & \boldsymbol{R}_{c_0}^{b_k}\Delta t_k & 0 \end{bmatrix} \tag{4-15}$$

通过解决这个线性最小二乘问题，可得：

$$\min_{\boldsymbol{\chi} I} \sum_{k\in B} \left\| \widehat{\boldsymbol{Z}}_{b_{k+1}}^{b_k} - \boldsymbol{H}_{b_{k+1}}^{b_k}\boldsymbol{\chi} I \right\|^2 \tag{4-16}$$

根据式(4-14)～式(4-16) 可以得到窗口中每一帧的相机体系下的速度、视

觉参考帧 $(\cdot)^{c_0}$ 中的重力向量以及尺度因子。

③ 重力增强。通过约束重力的大小，可以对由前一线性初始化步骤得到的重力矢量进行细化。在大多数情况下，重力矢量的大小是已知的。这时重力矢量只剩下 2 个自由度。因此，可以在其切线空间上用两个变量来对重力进行扰动，从而保持 2 自由度。

引力向量为：

$$g(\hat{\boldsymbol{g}}+\boldsymbol{\delta g}),\quad \boldsymbol{\delta g}=\boldsymbol{w}_1 b_1+\boldsymbol{w}_2 b_2 \tag{4-17}$$

式中，g 是已知的重力大小；$\hat{\boldsymbol{g}}$ 是表示重力方向的单位矢量；b_1 和 b_2 是两个横跨切面的正交基，如图 4-10 所示。

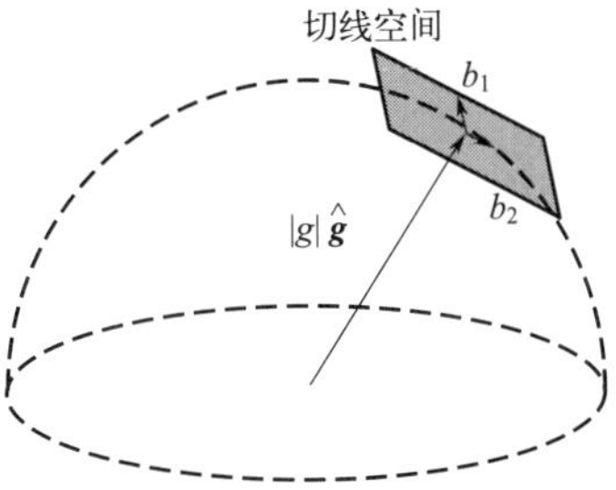

图 4-10　重力的二自由度扰动图解

$\boldsymbol{w}_1$ 和 $\boldsymbol{w}_2$ 分别是 $\boldsymbol{b}_1$ 和 $\boldsymbol{b}_2$ 对应的二维扰动。任意找到旋转切线空间的一组 $\boldsymbol{b}_1$ 和 $\boldsymbol{b}_2$，然后将 g 代入式(4-17) 中，可求解出二维的 $\boldsymbol{\delta g}$ 与其他状态变量，将此过程重复操作多次，直到 $\hat{\boldsymbol{g}}$ 收敛。

④ 完成初始化。在细化重力矢量之后，可以通过将重力旋转到 Z 轴得到世界坐标系和相机枢纽帧之间的旋转 $\boldsymbol{q}_{c_0}^{w}$；然后将所有变量从参考坐标系 $(\cdot)^{c_0}$ 旋转到世界坐标系 $(\cdot)^{w}$；机体坐标系下的速度也将旋转到世界坐标系；视觉 SFM 的平移分量按公制单位缩放。至此，初始化过程完成，所有这些度量值将被传递给一个紧耦合的单目 VIO。

4.2.1.4 紧耦合单目 VIO

在估计器初始化之后，继续使用基于滑动窗口的紧耦合单目 VIO 进行高精度和鲁棒性的状态估计，如图 4-11 所示。

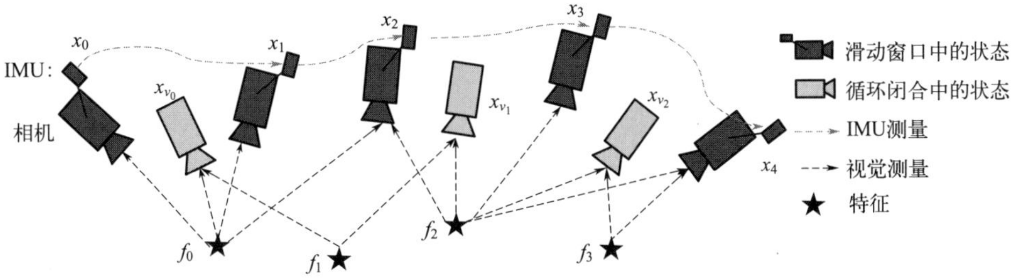

图 4-11　具有重新定位的滑动窗口单目 VIO

(1) 主要公式

滑动窗口中的全状态向量定义为：

$$\boldsymbol{\chi}=[x_0,x_1,\cdots,x_n,x_c^b,\lambda_0,\lambda_1,\cdots,\lambda_m]$$

$$\boldsymbol{X}_k=[P_{b_k}^w,V_{b_k}^w,q_{b_k}^w,b_a,b_g]$$

$$\boldsymbol{x}_c^b=[P_c^b,q_c^b] \tag{4-18}$$

式中，$\boldsymbol{X}_k$ 是捕获第 k 帧图像时的 IMU 状态，它包含 IMU 在世界坐标系中的位置、速度和姿态，以及 IMU 机体坐标系中的加速度偏差和陀螺仪偏差；n 是关键帧的总数；m 是滑动窗口里特征的总数；λ_l 是第 l 个特征距其第一次观测的距离的倒数。可以通过最小化先验值和测量值的马氏范数之和来获取最大后验估计：

$$\min_{\chi}\|\boldsymbol{r}_p-\boldsymbol{H}_p\boldsymbol{\chi}\|^2+\sum_{k\in B}\|\boldsymbol{r}_B(\hat{\boldsymbol{Z}}_{b_{k+1}}^{b_k},\boldsymbol{\chi})\|_{P_{b_{k+1}}^{b_k}}^2+\sum_{(l,j\in C)}\rho\,[\|r_c(\hat{\boldsymbol{Z}}_1^{c_j},\chi)\|_{P1c_j}^2] \tag{4-19}$$

式中，$\boldsymbol{r}_B(\hat{\boldsymbol{Z}}_{b_{k+1}}^{b_k})$ 和 $\boldsymbol{r}_c(\hat{\boldsymbol{Z}}_1^{cj})$ 分别是 IMU 和视觉测量的残差；B 是所有 IMU 测量的集合；C 是在当前滑动窗口中至少被观察两次特征的集合；$\{\boldsymbol{r}_p,\boldsymbol{H}_p\}$ 是边缘化的先验信息。

其中，Huber 范数定义为：

$$\rho(s)=\begin{cases}s, & s\leqslant 1\\ 2\sqrt{s}-1, & s>1\end{cases} \tag{4-20}$$

(2) IMU 测量残差

若考虑滑动窗口中两个连续帧 b_k 和 b_{k+1} 的 IMU 测量值，IMU 预积分的残差可以被定义为：

$$\boldsymbol{r}_B(\hat{\boldsymbol{Z}}_{b_{k+1}}^{b_k},\boldsymbol{\chi})=\begin{bmatrix}\delta\alpha_{b_{k+1}}^{b_k}\\ \delta\beta_{b_{k+1}}^{b_k}\\ \delta\theta_{b_{k+1}}^{b_k}\\ \delta b_a\\ \delta b_g\end{bmatrix}=\begin{bmatrix}\boldsymbol{R}_w^{b_k}\left(\boldsymbol{P}_{b_{k+1}}^w-\boldsymbol{P}_{b_k}^w+\frac{1}{2}g^w\Delta t_k^2-v_{b_k}^w\Delta t_k\right)-\hat{\boldsymbol{\alpha}}_{b_{k+1}}^{b_k}\\ \boldsymbol{R}_w^{b_k}(v_{b_{k+1}}^w+g^w\Delta t_k-v_{b_k}^w)-\hat{\boldsymbol{\beta}}_{b_{k+1}}^{b_k}\\ 2[\boldsymbol{q}_{b_k}^{w-1}\otimes\boldsymbol{q}_{b_{k+1}}^w\otimes(\hat{\boldsymbol{\gamma}}_{b_{k+1}}^{b_k})]_{xyz}\\ b_{ab_{k+1}}-b_{ab_k}\\ b_{wb_{k+1}}-b_{wb_k}\end{bmatrix} \tag{4-21}$$

式中，$[\cdot]_{xyz}$ 提取四元数 q 的矢量部分以表示误差状态；$\delta\theta_{b_{k+1}}^{b_k}$ 表示四元数的三维误差状态；$[\hat{\boldsymbol{\alpha}}_{b_{k+1}}^{b_k},\hat{\boldsymbol{\beta}}_{b_{k+1}}^{b_k},\hat{\boldsymbol{\gamma}}_{b_{k+1}}^{b_k}]$ 是两个连续图像帧之间的预积分 IMU 测量项。加速度计和陀螺仪的偏差也包含在在线校正的残差项中。

(3) 视觉测量残差

与在广义图像平面上定义重投影误差的传统针孔摄像机模型不同，这里需定义单位球面上的相机测量残差。几乎所有类型的相机，包括广角、鱼眼或全向相机，都可以建模为连接单位球面的单位射线。考虑在第 i 幅图像中首次观察到的第一个特征，第 j 幅图像中特征观测的残差定义为：

$$\boldsymbol{r}_c(\hat{\boldsymbol{z}}^{c_j},\boldsymbol{\chi})=[b_1,b_2]^{\mathrm{T}}\cdot\left(\hat{\boldsymbol{p}}_l^{c_j}-\frac{\boldsymbol{P}_l^{c_j}}{\|\boldsymbol{P}_l^{c_j}\|}\right)$$

$$\hat{\boldsymbol{p}}_l^{c_j}=\pi_c^{-1}\left(\begin{bmatrix}\hat{u}_l^{c_j}\\ \hat{v}_l^{c_j}\end{bmatrix}\right)$$

$$\boldsymbol{p}_l^{c_j}=\boldsymbol{R}_b^c\left(\boldsymbol{R}_w^{b_j}\left\{\boldsymbol{R}_{b_i}^w\left[\boldsymbol{R}_c^b\frac{1}{\lambda_l}\pi_c^{-1}\left(\begin{bmatrix}\hat{u}_l^{c_j}\\ \hat{v}_l^{c_j}\end{bmatrix}\right)+\boldsymbol{P}_c^b\right]+\boldsymbol{P}_{b_i}^w-\boldsymbol{P}_{b_j}^w\right\}-\boldsymbol{P}_c^b\right) \quad (4\text{-}22)$$

式中，[$\hat{u}_l^{c_j}$，$\hat{v}_l^{c_j}$]是相同特征点在第 j 帧图像中的观测；π_c^{-1} 是反向投影函数，它使用相机内参将像素坐标转换为一个单位向量，由于视觉残差的自由度是 2，可以将残差向量投影到切平面；b_1 和 b_2 是两个任意选择的正交基，它们跨越$\hat{\boldsymbol{P}}_l^{c_j}$ 的切平面，如图 4-12 所示。

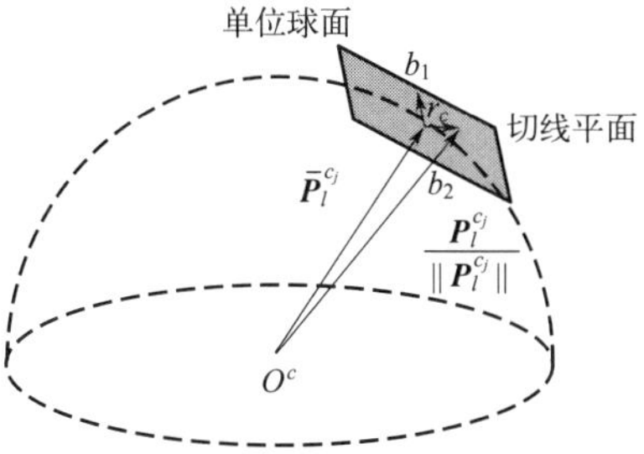

图 4-12　单位球面上的视觉残差

(4) 边缘化

为了限制基于优化的 VIO 算法的计算复杂度，需引入边缘化。从滑动窗口中选择边缘化 IMU 状态 x_k 和特征 λ_1，同时将对应于边缘化状态的测量值转换为先验。

如图 4-13 所示，如果倒数第二帧是非关键帧，需丢掉对应的视觉测量值，并保留与该非关键帧相关的惯性测量单元测量值。不能为了保持系统的稀疏性而边缘化掉非关键帧的所有测量。这里的边缘化方案旨在将被边缘化的关键帧

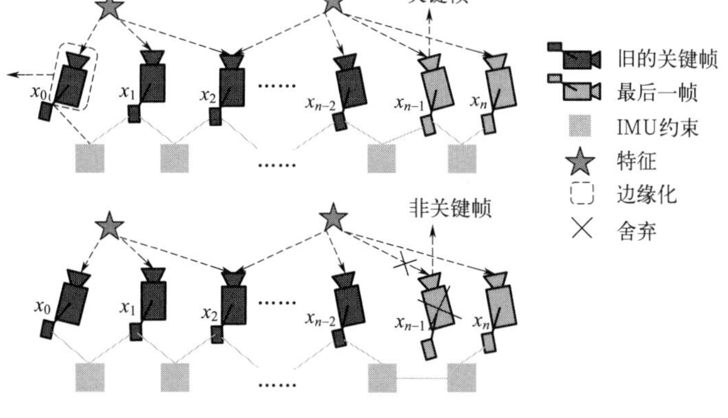

图 4-13　边缘化策略例证

与相应的测量值分离开。这确保了特征的三角化有足够的视差，并最大化了保持加速度计测量具有大的激励的概率。

4.2.1.5 闭环检测和优化

VINS-Mono算法的滑动窗口和边际化方案限制了计算的复杂性，但它也引入了系统的累积漂移。为了消除漂移，算法提出了一种与单目VIO相互连接的紧耦合重定位模块。重新定位过程从已经访问过的地方的环路检测模块开始，然后在环路闭合候选对象和当前帧之间建立特征级连接。这些特征对应被紧密地集成到单目VIO模块中，从而以最小的计算得到无漂移的状态估计。多个特征的多个观测值直接用于重新定位，从而获得更高的精度和更好的状态估计平滑。图4-14中显示了重新本地化过程的图形说明。

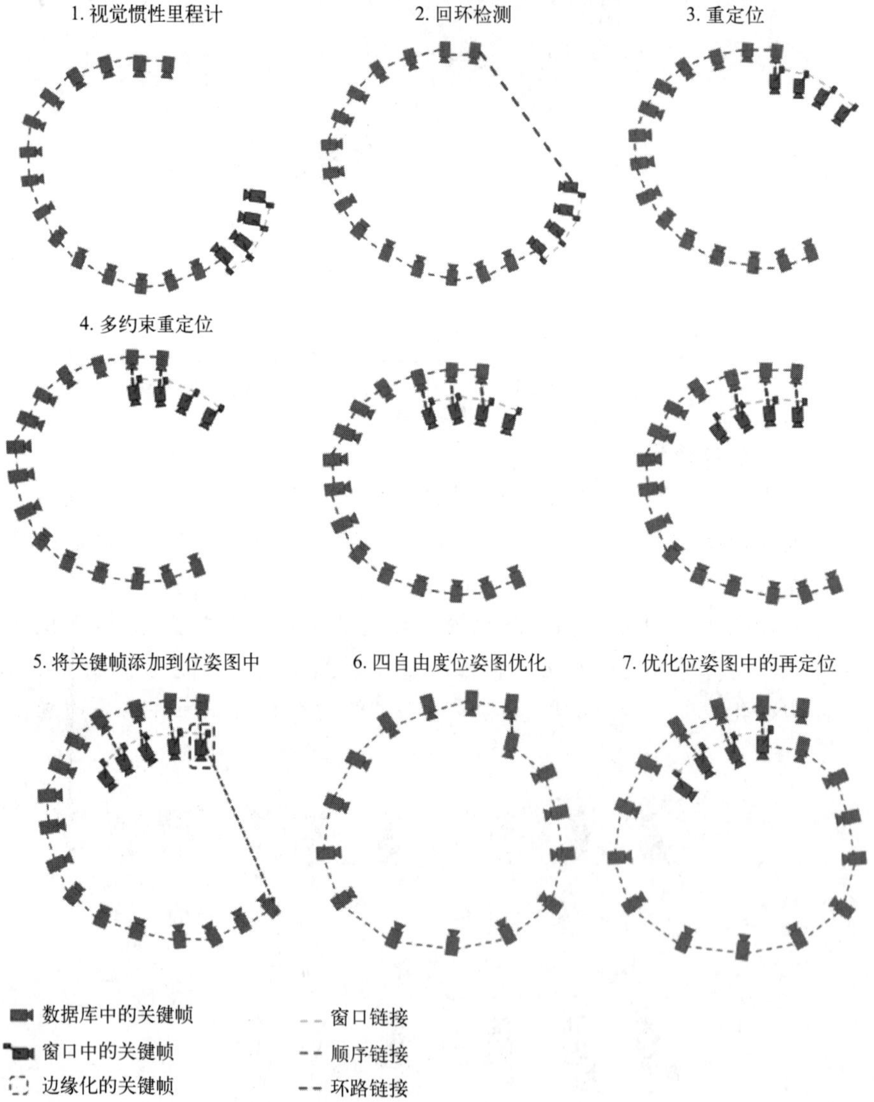

图4-14 重定位和位姿图优化过程

（1）闭环检测

这里采用 DBoW2 法（一种较为先进的位置识别方法）进行闭环检测。除了用于单目 VIO 的相关特征外，还有 500 个角点特征被检测到，并由 BRIEF 描述符进行描述。额外的角点特征用于在闭环检测中获得更好的召回率。描述符被视为查询视觉数据库的可视化词语。DBoW2 在时间和几何一致性检查后返回闭环候选帧，然后保留所有用于特征检索的 BRIEF 描述子，并丢弃原始图像以减少内存消耗。

（2）特征检索

当检测到循环时，通过检索特征对应关系来建立局部滑动窗口和闭环候选帧之间的连接。通过 BRIEF 描述符匹配找到对应项。描述符匹配可能会导致一些错误的匹配对。为此，我们使用两步几何异常值抑制，如图 4-15 所示。

(a) BRIEF描述符匹配结果

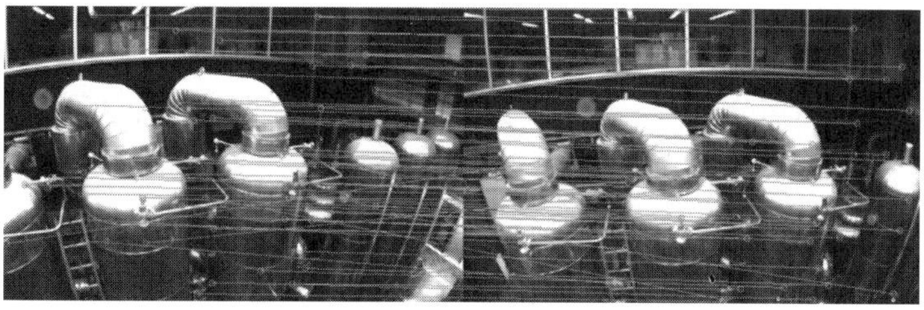

(b) 2D—2D异常值排除结果

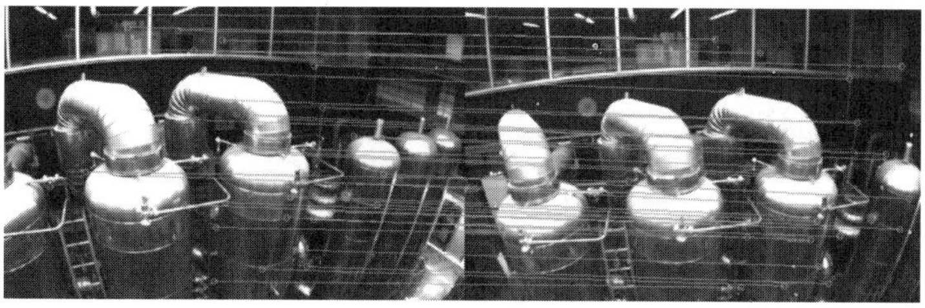

(c) 3D—2D异常值剔除结果

图 4-15　剔除循环期间的异常匹配

（3）四自由度位姿图优化

将关键帧 i 与关键帧 j 之间的边的残差定义为：

$$r_{i,j}(P_i^w,\Psi_i,P_j^w,\Psi_j)=\begin{bmatrix} R(\hat{\phi}_i,\hat{\theta}_i\hat{\Psi}_i)^{-1}(P_j^w-P_i^w)-\hat{P}_{ij}^i \\ \Psi_j-\Psi_i-\hat{\Psi}_{ij} \end{bmatrix} \tag{4-23}$$

通过最小化以下代价函数，可优化整个位姿图的序列边和闭环边：

$$\min_{P,\psi}\left\{\sum_{(i,j\in S)}\|r_{i,j}\|^2+\sum_{(i,j\in L)}\rho(\|r_{i,j}\|^2)\right\} \tag{4-24}$$

式中，S 是所有序列边的集合；L 是所有闭环边的集合。

虽然紧耦合的重新定位已经有助于消除错误的闭环，但仍可以添加另一个 Huber 范数 $\rho(\cdot)$ 来进一步减少任何可能的错误闭环的影响。相比之下，不需对序列边使用任何鲁棒范数，因为这些边是从 VIO 提取的，它已经包含足够的离群点剔除机制。类似地，即使当前位姿图优化尚未完成，使用现有位姿图配置仍然可以进行重定位。这个过程如图 4-15(b) 所示。

(4) 位姿图的合并

位姿图不仅可以优化当前地图，还可以将当前地图与以前构建的地图进行合并。如果已经加载了以前构建的地图，并检测到了两个地图之间的循环连接，就可以将它们合并在一起。由于地图的所有边都进行了相对约束，因此位姿图优化会通过循环连接自动将两个地图合并在一起。

如图 4-16 所示，通过循环边将当前的地图拉入到先前的地图中。每个顶点和每条边都是相对变量，因此，我们只需要固定位姿图中的第一个顶点即可将两张地图进行合并。

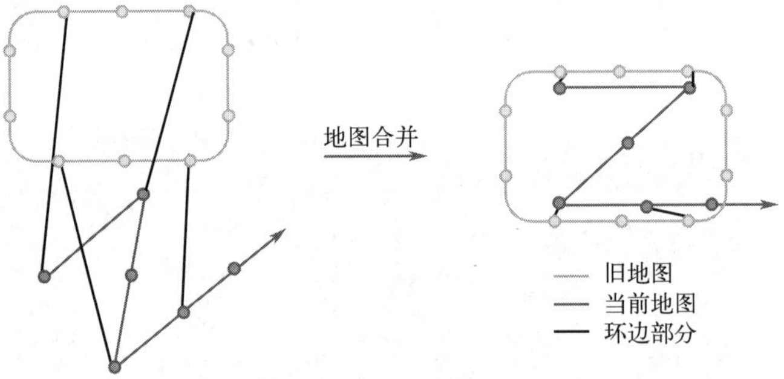

图 4-16　合并地图示意图

4.2.2　基于关键帧的视觉惯性里程计 SLAM (OKVIS)

4.2.2.1　OKVIS 简介

OKVIS 是基于双目相机+惯导的视觉里程计，属于 VIO（Visual Inertial Odometry）。按照 Davide Scaramuzza 提出的视觉-惯性融合方法分类，首先分成基于滤波（Filter-Based）和基于优化（Optimization-Based）的两个大类，这也和一般 SLAM 系统的分类方法类似。而按照是否把图像特征信息加入状态向量来进行分类，又可以分为松耦合（Loosely-Coupled）和紧耦合（Tightly-Coupled）两类。

最初，单目 SLAM 问题被基于滤波的方法解决，一般都是在卡尔曼滤波（Kalman Filtering，KF）的框架下对均值和方差进行操作。基于滤波的方法需要较少的计算资源，由于不断地将历时状态边缘化，系统的精度会受到影响。

根据对观测信息的处理方式的不同，滤波方法可以分为两种：扩展卡尔曼滤波（EKF）的方法和滑窗滤波方法。基于 EKF 的 SLAM 方法中，状态向量包含了位姿以及特征位置，因此只要这些特征被持续观测到并被包含到当前的状态向量中，所估计的位姿相对于这些特征就不会漂移，但这具有较高的计算复杂度（特征数量的二次方），因此只跟踪当前被观测到的特征以保证实时运行。滑窗滤波方法则采用了一种截取历史相机位姿的滑动窗口，并利用特征观测对这些位姿增加概率约束。通过将特征信息排除在状态向量之外，其计算复杂度与特征数量呈线性关系。

OKVIS 是一种将惯性观测紧耦合到基于关键帧的视觉 SLAM 中的方法，使得非线性代价函数包含 IMU 误差项和特征的重投影误差。另外，其将旧的状态边缘化被用来保持固定大小的优化窗口。因此，OKVIS 能够实现较精确、鲁棒的实时定位。其算法流程如图 4-17 所示。

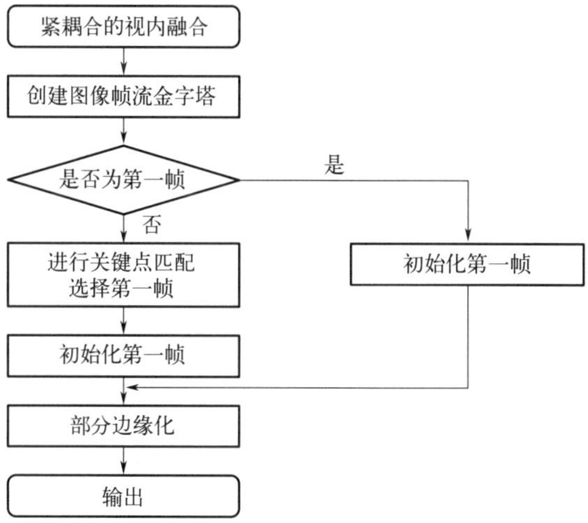

图 4-17　OKVIS 算法流程图

4.2.2.2　主要内容

(1) 紧耦合的视内融合

在视觉 SLAM 中，通常通过最小化在相机帧中观察到的地标的重投影误差，来制定非线性优化以找到相机姿态和地标位置。图 4-18 显示了各自的图形表示：它将测量值显示为带有方形框的边，将估计量显示为圆形节点。一旦惯性引入测量，它们不仅在连续姿态之间产生时间约束，而且在加速度计和陀螺

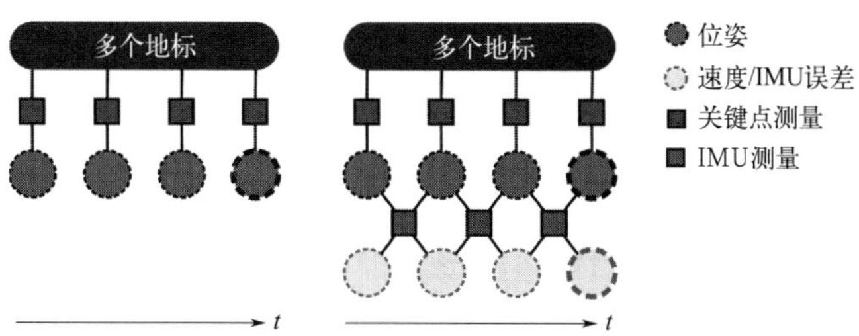

图 4-18　视觉 SLAM 问题中涉及的状态变量和测量值图（左）与视觉惯性 SLAM（右）

仪的连续速度和 IMU 误差估计之间产生时间限制，从而增强机器人状态向量。在本节中，我们将介绍把惯性测量纳入批量视觉 SLAM 的方法。

这里使用图 4-19 所示的立体相机/IMU 设置来评估所提出方法的性能。在相对于惯性系表示的被跟踪物体内部 $\underrightarrow{F}_w$，我们区分相机框架 $\underrightarrow{F}_{c_i}$ 和 IMU 传感器框架 $\underrightarrow{F}_s$。视觉和 IMU 关系如图 4-19 所示。

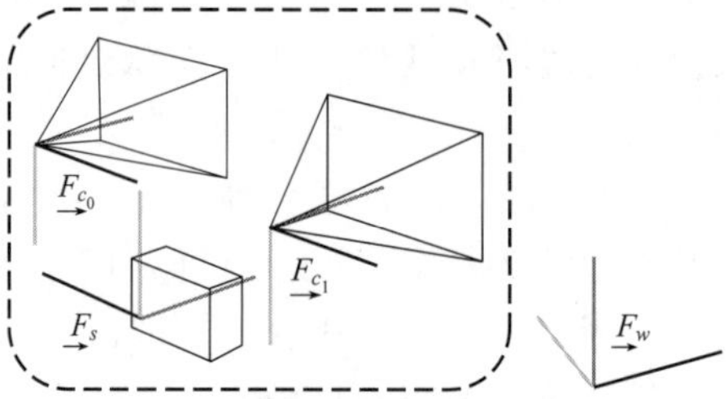

图 4-19 视觉和 IMU 的坐标系构建

(2) 带惯性项的批量可视化 SLAM

OKVIS 是紧耦合的，所以视觉和 IMU 的误差项和状态量在一起优化。图 4-18 左边表示纯视觉 SLAM 示意图，右边表示加上 IMU 后 SLAM 的示意图。IMU 在相邻两帧的 pose 之间添加约束，而且对每一帧都添加了状态量——陀螺仪和加速度计的误差和速度。

其核心在于将（1）中的紧耦合视内融合通过 IMU 进行联合，但是 IMU 自身测量有一个随机出现的误差，所以每一次测量又通过这个误差联合在了一起，形成了右边那个结构，对于这个新的结构，需要建立一个统一的损失函数进行联合优化：

$$J(X)=\sum_{i=1}^{I}\sum_{k=1}^{K}\sum_{j\in J(i,k)}\mathrm{e}^{i,j,kT}\boldsymbol{W}_r^{i,j,k}e_r^{i,j,k}+\sum_{k=1}^{k-1}e_s^{kT}\boldsymbol{W}_s^k e_s^k \tag{4-25}$$

式中，k 表示相框索引；i 表示相机索引；j 表示特征的索引；$\boldsymbol{W}_r^{i,j,k}$ 表示特征的信息矩阵；$\boldsymbol{W}_s^k$ 表示 IMU 误差的信息矩阵。视觉重投影误差的形式为：

$$e_r^{i,j,k}=z^{i,j,k}-h_i(\boldsymbol{T}_{CiS}^k\boldsymbol{T}_{SW}^k\boldsymbol{W}^{lj}) \tag{4-26}$$

式中，$h_i(\cdot)$ 表示相机的投影模型；$z^{i,j,k}$ 表示特征的图像坐标。从重投影误差的公式中可以看出，可以优化系统的位姿参数 $\boldsymbol{T}_{SW}^k$、IMU 和相机的外参 $\boldsymbol{T}_{CiS}^k$、特征坐标 k_{wi}^{jk}。IMU 和相机外参的优化项还包括位姿误差和相关性位姿，位姿误差是系统初始化时读入的手工标定的相机和 IMU 间的误差，相关性位姿是前后帧相机和 IMU 间的位姿，不能变化太大。

(3) 关键点匹配和关键帧选择

① 关键点检测。OKVIS 算法用 SSE 优化后的 Harris 角点检测器做角点检测，用 BRISK 描述符作为特征描述子。在提取特征的时候尽量使得特征均摊在图像平面上。在图像特征提取前，先根据系统状态量和 IMU 测量值对当前系统状态做复制备份，再根据预测的系统状态（$\boldsymbol{T}_{ws}$ 和 $\boldsymbol{T}_{sci}$）提取特征的描述子。

② 关键点匹配。特征匹配有当前帧和最近的关键帧匹配、当前帧和最后帧匹配、当前帧左右图像间匹配。OKVIS 算法通过 3D-2D 匹配建立 3D 特征和 2D

特征重投影误差，通过 2D-2D 匹配初始化新的特征点。

③ 关键帧选择。OKVIS 算法对于关键帧的选取采取以下策略：如果当前帧匹配的特征点在图像中所占的面积不足一定的阈值，或者匹配的特征数目和检测到的特征点数目不足一定阈值，则认为是关键帧。

④ 部分边缘化。初始阶段的边缘化过程如图 4-20 所示，开始的 M 帧都会被当作关键帧，而进行边缘化操作时，会消掉开始几帧速度或误差项。

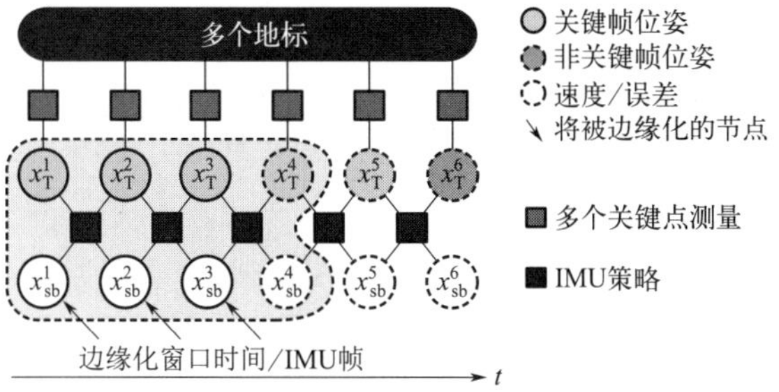

图 4-20　前 $N+1$ 帧的初始边缘化过程

若添加的新的一帧，且当前优化窗口最老的一帧不是关键帧时，则对这一帧进行边缘化操作。如图 4-21 所示的时间窗口中，最老的一帧是 C-3 帧，而 C-3 帧不是关键帧，这时边缘化掉 C-3 帧，边缘化的时候先把 C-3 帧所有特征点的观测在优化中全部删除掉（每个观测构成一项重投影误差），然后把 C-3 帧的位姿和速度、误差边缘化掉，如图 4-21 所示。

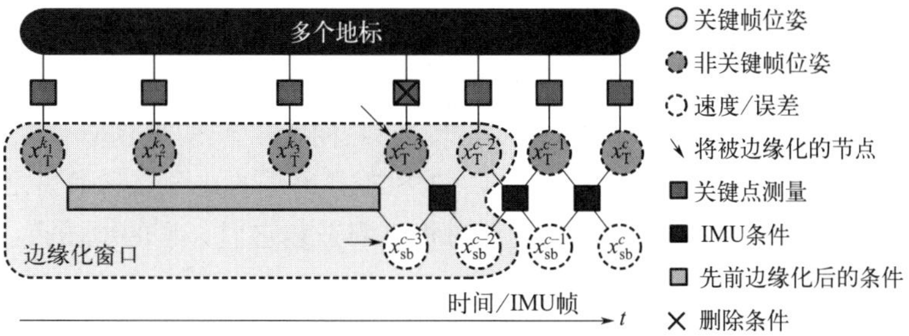

图 4-21　$N=3$ 个关键帧和 IMU/时间节点大小 $S=3$ 的图形

若添加的新的一帧，且优化窗口最老的一帧是关键帧时，则要边缘化最老的那个关键帧。如图 4-22 所示的时间窗口中最老的一帧是 C-3 帧，且 C-3 帧是

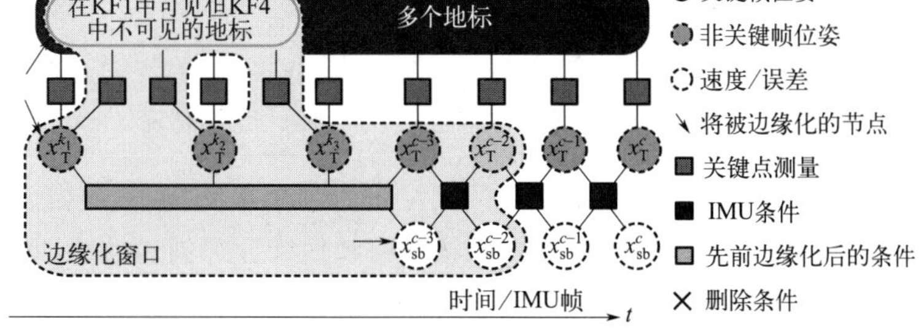

图 4-22　$\boldsymbol{x}_{\mathrm{T}}^{\mathrm{C-S}}$ 作为关键帧的边缘化图

关键帧，这时要边缘化掉关键帧 KF_1 帧，在边缘化的时候会边缘化掉在 KF_1 中可见而在最新关键帧和当前帧不可见的特征。

4.3 基于卡尔曼滤波的 VIO-SLAM

4.3.1 基于多状态约束下的卡尔曼滤波器 SLAM 算法（MSCKF）

4.3.1.1 MSCKF 简介

MSCKF 全称为 Multi-State Constraint Kalman Filter（多状态约束下的 Kalman 滤波器），是一种基于卡尔曼滤波的 VIO 算法。MSCKF 在 EKF 框架下融合 IMU 和视觉信息，相较于单纯的 VO 算法，MSCKF 能够适应更剧烈的运动、一定时间的纹理缺失等，具有更高的鲁棒性；相较于基于优化的 VIO 算法（VINS、OKVIS），MSCKF 精度相当、速度更快，适合在计算资源有限的嵌入式平台运行。在移动机器人、无人车、AR/VR 领域，MSCKF 都有较为广泛的运用。

MSCKF 可以维护一个位姿的 FIFO（数据缓存），按照时间顺序排列，被称为滑动窗口。如果一个特征点在滑动窗口检测出了多个位姿，MSCKF 就会在这几个位姿间建立约束，从而进行卡尔曼滤波的更新。如图 4-23 所示，左边代表的是传统 EKF-SLAM，五角星代表老的地图点，其全部保存在状态向量中，但状态向量仅能保存最新的相机姿态；中间这张表示的是基于关键帧的视觉 SLAM，它会保存稀疏的关键帧和它们之间相关联的地图点；最右边这张则可以代表 MSCKF 的一个基本结构，MSCKF 中老的地图点和滑窗之外的相机姿态是被丢弃的，它只存了滑窗内部的相机姿态和它们共享的地图点。

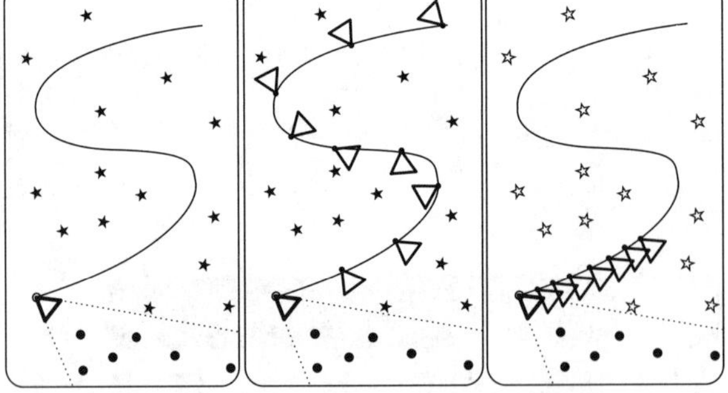

图 4-23　不同方法下的地图点关联情况

MSCKF 的目标是解决 EKF-SLAM 的维数爆炸问题。传统 EKF-SLAM 将特征点加入到状态向量中与 IMU 状态一起估计。当创建的地图较大时，特征点会非常多，状态向量维数会变得非常大。MSCKF 不是将特征点加入状态向量，而是将不同时刻的相机位姿加入状态向量，特征点会被多个相机看到，从而在多个相机状态（Multi-State）之间形成几何约束（Constraint），进而利用几何约束构建观测模型对 EKF 进行更新。由于相机位姿的个数会远小于特征点的个数，MSCKF 状态向量的维度相较 EKF-SLAM 大大降低，历史的相机状态会不断移除，只维持固定个数的相机位姿（Sliding Window），从而精简了 MSCKF 后端的计算量。

4.3.1.2 MSCKF 基本原理

在讲解原理之前，需定义一下坐标系，如图 4-24 所示。

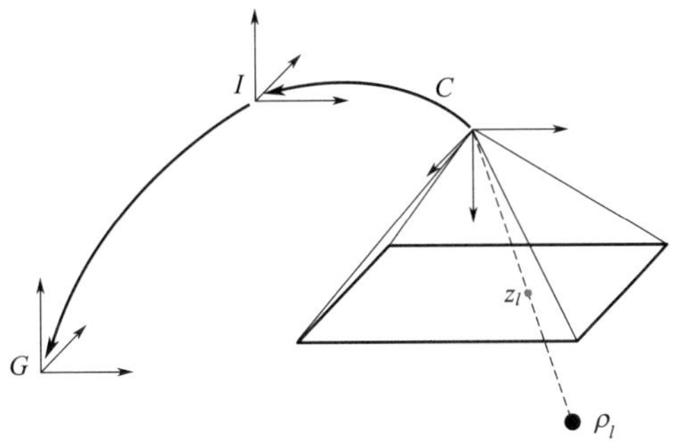

图 4-24　MSCKF 坐标系的定义

图 4-24 中 I 表示 IMU 机体坐标系（Body Frame），G 表示惯性系（Inertial Frame），C 表示相机坐标系（Camera Frame）。作为一个滤波器，其状态向量包含两个部分，即 IMU 状态和 Camera 状态：

$$\boldsymbol{X}_I=\left[{}_G^I\boldsymbol{q}^{\mathrm{T}}\quad \boldsymbol{b}_g^{\mathrm{T}}\quad {}^G\boldsymbol{V}_I^{\mathrm{T}}\quad \boldsymbol{b}_a^{\mathrm{T}}\quad {}_C^I\boldsymbol{q}^{\mathrm{T}}\quad {}^I\boldsymbol{P}_C^{\mathrm{T}}\right]^{\mathrm{T}} \tag{4-27}$$

式中，${}_G^I\boldsymbol{q}$ 表示的是从惯性系到机体 IMU 系的旋转变换；${}^G\boldsymbol{V}_I$ 和 ${}^G\boldsymbol{P}_I$ 分别表示机体在惯性系下的速度和位置；$\boldsymbol{b}_g$ 和 $\boldsymbol{b}_a$ 分别代表 IMU 的误差；${}_C^I\boldsymbol{q}$ 和 ${}^I\boldsymbol{P}_C$ 分别代表从相机坐标系到 IMU 坐标系的旋转与平移。由于旋转实际上只有 3 个自由度，而且四元数必须是单位四元数，这样额外的约束会使得协方差矩阵奇异，所以我们定义 error IMU 状态如下：

$$\widehat{\boldsymbol{X}}_I=\left[{}_G^I\widehat{\boldsymbol{\theta}}^{\mathrm{T}}\quad \widehat{\boldsymbol{b}}_g^{\mathrm{T}}\quad {}^G\widehat{\boldsymbol{V}}_I^{\mathrm{T}}\quad \widehat{\boldsymbol{b}}_g^{\mathrm{T}}\quad \widehat{\boldsymbol{b}}_a^{\mathrm{T}}\quad {}_C^I\widehat{\boldsymbol{q}}^{\mathrm{T}}\quad {}^I\widehat{\boldsymbol{P}}_C^{\mathrm{T}}\right]^{\mathrm{T}} \tag{4-28}$$

所以 IMU 的状态一共是 3×7=21 维向量，其中后 6 维度是相机与 IMU 的外参，MSCKF 的状态向量还包含另外一个组成部分，那就是 N 个相机的姿态，每个相机的姿态误差向量定义为 $\widehat{\boldsymbol{X}\boldsymbol{C}}_i=\left({}_G^{C_i}\widetilde{\boldsymbol{\theta}}^{\mathrm{T}}\quad {}^G\widetilde{\boldsymbol{P}}_{C_i}^{\mathrm{T}}\right)^{\mathrm{T}}$，当滑窗里边有 N 个相机姿态的时候，整个误差状态向量为：

$$\widetilde{\boldsymbol{X}}=\left(\widetilde{\boldsymbol{X}}_I^{\mathrm{T}}\quad \widetilde{\boldsymbol{X}}_{C_1}^{\mathrm{T}}\quad \cdots\quad \widetilde{\boldsymbol{X}}_{C_N}^{\mathrm{T}}\right) \tag{4-29}$$

以标准误差状态的卡尔曼滤波为准，其过程包含运动模型和观测模型两部分。

（1）运动模型

对于 IMU 的状态连续时间的运动学有：

$$
\begin{gathered}
{}_G^I\dot{\hat{\boldsymbol{q}}}=\frac{1}{2}\times{}_G^I\hat{\boldsymbol{q}}\otimes\hat{\boldsymbol{w}}=\frac{1}{2}\Omega(\hat{\boldsymbol{w}}){}_G^I\hat{\boldsymbol{q}} \\
\dot{\hat{\boldsymbol{b}}}_g=\mathbf{0}_{3\times1} \\
{}^G\dot{\hat{\mathbf{V}}}=C({}_G^I\hat{\boldsymbol{q}})^{\mathrm{T}}\hat{\boldsymbol{a}}+{}^G\boldsymbol{g} \\
\dot{\hat{\boldsymbol{b}}}_a=\mathbf{0}_{3\times1} \\
{}^G\dot{\hat{\boldsymbol{P}}}_I={}^G\hat{\mathbf{V}},\quad {}_C^I\dot{\hat{\boldsymbol{q}}}=\mathbf{0}_{3\times1} \\
{}^I\dot{\hat{\boldsymbol{p}}}_c=\mathbf{0}_{3\times1}
\end{gathered}\tag{4-30}
$$

式中，$\hat{\boldsymbol{w}}$ 和 $\hat{\boldsymbol{a}}$ 分别为角速度和加速度的估计值（测量值减去误差值），即：

$$
\hat{\boldsymbol{w}}=\boldsymbol{w}_m-\hat{\boldsymbol{b}}_g,\quad \hat{\boldsymbol{a}}=\boldsymbol{a}_m-\hat{\boldsymbol{b}}_a \tag{4-31}
$$

其中，

$$
\Omega(\hat{\boldsymbol{w}})=\begin{pmatrix}-[\hat{\boldsymbol{w}}_x] & \boldsymbol{w} \\ -\boldsymbol{w}^{\mathrm{T}} & \mathbf{0}\end{pmatrix} \tag{4-32}
$$

式中，$[\hat{\boldsymbol{w}}_x]$ 是 $\hat{\boldsymbol{w}}$ 的反对称矩阵；$C(\cdot)$ 表示四元数到旋转矩阵的转换。参考四元数乘法，可以得到以下式子：

$$
\dot{\tilde{\boldsymbol{X}}}_I=\boldsymbol{F}\tilde{\boldsymbol{X}}_I+\boldsymbol{G}\boldsymbol{n}_I \tag{4-33}
$$

其中：

$$
\boldsymbol{n}_I^{\mathrm{T}}=(\boldsymbol{n}_g^{\mathrm{T}}\quad \boldsymbol{n}_{wg}^{\mathrm{T}}\quad \boldsymbol{n}_a^{\mathrm{T}}\quad \boldsymbol{n}_{wa}^{\mathrm{T}})^{\mathrm{T}} \tag{4-34}
$$

式中，$\boldsymbol{n}_g$ 和 $\boldsymbol{n}_a$ 分别代表角速度和加速度的测量噪声，服从高斯分布；$\boldsymbol{n}_{wg}$ 和 $\boldsymbol{n}_{wa}$ 分别代表角速度和加速度的误差的随机游走噪声；$\boldsymbol{F}$ 是 21×21 大小的矩阵；$\boldsymbol{G}$ 是 21×12 大小的矩阵。

对于求解 IMU 的状态，可以采用 RK4（4 阶龙格库塔法）的积分方法根据式（4-30）求得。对于 IMU 的协方差矩阵，需要事先求取状态转移矩阵和离散的运动噪声协方差矩阵，如下：

$$
\begin{gathered}
\boldsymbol{\Phi}_k=\boldsymbol{\Phi}(t_{k+1},t_k)=\exp\left[\int_{t_k}^{t_{k+1}}F(\boldsymbol{\tau})\mathrm{d}\boldsymbol{\tau}\right] \\
\boldsymbol{Q}_k=\int_{t_k}^{t_{k+1}}\boldsymbol{\Phi}(t_{k+1},\boldsymbol{\tau})\boldsymbol{GQG\Phi}(t_{k+1},\boldsymbol{\tau})^{\mathrm{T}}d\boldsymbol{\tau}
\end{gathered}\tag{4-35}
$$

当变量 t_{k+1} 与 t_k 间隔较小的时候，状态转移矩阵 $\boldsymbol{\Phi}_k$ 可以按照下式求解：

$$
\begin{aligned}
\boldsymbol{\Phi}_k=\boldsymbol{\Phi}(t_{k+1},t_k)&=\exp\left[\int_{t_k}^{t_{k+1}}F(\boldsymbol{\tau})\mathrm{d}\boldsymbol{\tau}\right]=\exp(\boldsymbol{F}\Delta t) \\
&=\boldsymbol{I}+\boldsymbol{F}\Delta t+\frac{1}{2!}(\boldsymbol{F}\Delta t)^2+\frac{1}{3!}(\boldsymbol{F}\Delta t)^3+\cdots
\end{aligned}\tag{4-36}
$$

整个状态（CAM+IMU）的协方差矩阵传播过程如图 4-25 所示。

那么对于左上角 $\boldsymbol{P}_{II_{k+1|k}}$ 的 IMU 协方差矩阵传播有：

$$
\boldsymbol{P}_{II_{k+1|k}}=\boldsymbol{\Phi}_k\boldsymbol{P}_{II_{k|k}}\boldsymbol{\Phi}_k^{\mathrm{T}}+\boldsymbol{Q}_k \tag{4-37}
$$

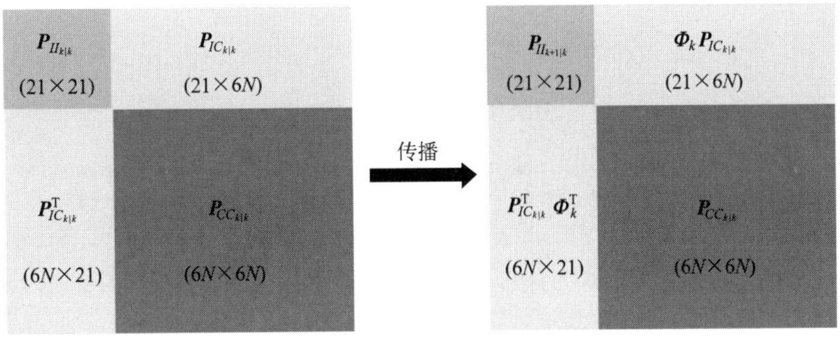

图 4-25　整个状态的协方差矩阵传播过程

其中，CAM 的协方差暂时还没有变化，是因为此时图像还未更新，因此只有 IMU 的影响，同样会对 CAM 与 IMU 整体的协方差产生影响，即图 4-25 中灰色矩形块。

(2) 增广

当图像更新时，需要对当前相机姿态做增广，这个时刻的相机姿态可由上一时刻的 IMU 传播的结果结合外参得到：

$$
\begin{gathered}
{}_{G}^{C}\hat{\boldsymbol{q}} = {}_{I}^{C}\hat{\boldsymbol{q}} \otimes {}_{G}^{I}\hat{\boldsymbol{q}} \\
{}^{G}\hat{\boldsymbol{P}}_{C} = {}^{G}\hat{\boldsymbol{P}}_{I} + C({}_{G}^{I}\hat{\boldsymbol{q}})^{\mathrm{T}}\,{}^{I}\hat{\boldsymbol{P}}_{C}
\end{gathered}
\tag{4-38}
$$

假设上一时刻共有 N 个相机姿态在状态向量中，那么当新一帧图像到来时，这个时候整个滤波器的状态变成了 $21+6(N+1)$ 的向量，它对应的协方差维度变为$[21+6(N+1)]\times[21+6(N+1)]$，其数学表达式为：

$$
\boldsymbol{P}_{k|k} = \begin{pmatrix} \boldsymbol{I}_{21+6N} \\ \boldsymbol{J} \end{pmatrix} \boldsymbol{P}_{k|k} \begin{pmatrix} \boldsymbol{I}_{21+6N} \\ \boldsymbol{J} \end{pmatrix}^{\mathrm{T}}
\tag{4-39}
$$

增广过程示意如图 4-26 所示。

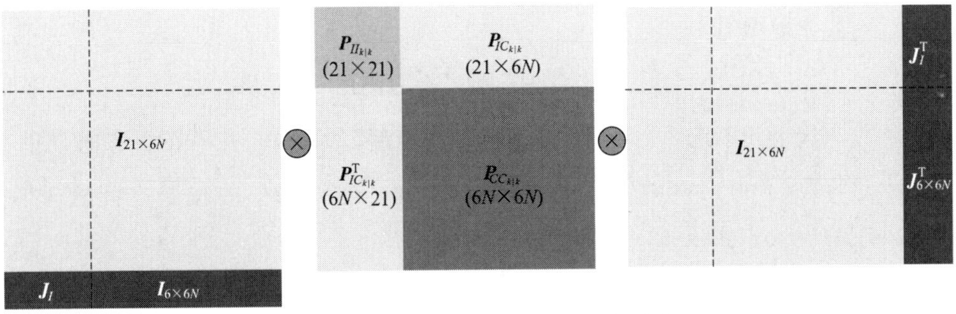

图 4-26　图像更新后的相机姿态增广

(3) 观测模型

MSCKF 的观测模型是以特征点为分组的，通常一个特征（之前一直处于跟踪成功状态）会拥有多个相机姿态，所有这些对于同一个特征点的相机姿态都会去约束观测模型。考虑单个特征点 f_j，假设它对应到 M_j 个相机姿态：$({}_{G}^{G_i}\boldsymbol{q}, {}^{G}\boldsymbol{pc}_i)$，$i \in j$。当然，双目版本的包含左目和右目两个相机姿态：$({}_{G}^{G_{i,1}}\boldsymbol{q}, {}^{G}\boldsymbol{pc}_{i,1})$ 和 $({}_{G}^{G_{i,2}}\boldsymbol{q}, {}^{G}\boldsymbol{pc}_{i,2})$，右相机很容易能通过外参得到。其中，双目的观测值可以表示如下：

$$\boldsymbol{Z}_i^j=\begin{bmatrix}u_{i,1}^j\\u_{i,1}^j\\u_{i,2}^j\\u_{i,2}^j\end{bmatrix}=\begin{bmatrix}\dfrac{1}{c_{i,1}\boldsymbol{Z}_j} & \boldsymbol{0}_{2\times 2}\\ \boldsymbol{0}_{2\times 2} & \dfrac{1}{c_{i,2}\boldsymbol{Z}_j}\end{bmatrix}\begin{bmatrix}\dfrac{1}{c_{i,1}X_j}\\\dfrac{1}{c_{i,1}Y_j}\\\dfrac{1}{c_{i,2}X_j}\\\dfrac{1}{c_{i,2}Y_j}\end{bmatrix} \tag{4-40}$$

特征点在两个相机坐标系下可以分别表示为：

$$C_{i,1}p_j=\begin{bmatrix}C_{i,1}X_j\\C_{i,1}Y_j\\C_{i,1}Z_j\end{bmatrix}=C({}_{G}^{C_{i,1}}q)({}^{G}p_j-{}^{G}p_{C_{i,1}})$$

$$C_{i,2}p_j=\begin{bmatrix}C_{i,2}X_j\\C_{i,2}Y_j\\C_{i,2}Z_j\end{bmatrix}=C({}_{G}^{C_{i,2}}q)({}^{G}p_j-{}^{G}p_{C_{i,2}})=C({}_{C_{i,1}}^{C_{i,2}}q)({}^{C_{i,1}}p_j-{}^{C_{i,1}}p_{C_{i,2}}) \tag{4-41}$$

式中，${}^{G}p_j$ 是特征点在惯性系下的坐标，其是通过这个特征点对应的所有相机姿态三角化得到的结果。将观测模型在当前状态线性化可以得到：

$$\boldsymbol{r}_i^j=\boldsymbol{z}_i^j-\hat{\boldsymbol{z}}_i^j=\boldsymbol{H}_{C_i}^j\tilde{\boldsymbol{x}}_{C_i}+\boldsymbol{H}_{fi}^j\tilde{\boldsymbol{P}}_j+\boldsymbol{n}_i^j \tag{4-42}$$

式中，$\boldsymbol{n}_i^j$ 是观测噪声；$\boldsymbol{H}_{C_i}^j$ 和 $\boldsymbol{H}_{fi}^j$ 是对应的雅可比矩阵。式(4-42) 对应到的是单个特征点对应的其中某一个相机姿态，因为一个特征点会对应到很多不同的相机姿态，将某一个具体的相机姿态进行一般化处理，可以得到一个特征点的残差模型为：

$$\boldsymbol{r}^j=\boldsymbol{H}_X^j\tilde{\boldsymbol{x}}+\boldsymbol{H}_f^j\tilde{\boldsymbol{P}}_j+\boldsymbol{n}^j \tag{4-43}$$

这个并不是一个标准的 EKF 观测模型，因为$\tilde{\boldsymbol{P}}_j$ 并不在状态向量里边，为此将式(4-43) 中 $\boldsymbol{H}_f^j\tilde{\boldsymbol{P}}_j$ 投影到零空间，假设 $\boldsymbol{H}_f^j$ 的投影空间为 $\boldsymbol{V}^{\mathrm{T}}$，即有 $\boldsymbol{V}^{\mathrm{T}}\boldsymbol{H}_f^j=0$，式(4-43) 可改写成：

$$\boldsymbol{r}_O^j=\boldsymbol{V}^{\mathrm{T}}\boldsymbol{H}_X^j\tilde{\boldsymbol{x}}+\boldsymbol{V}^{\mathrm{T}}\boldsymbol{n}^j=\boldsymbol{H}_{X,O}^j\tilde{\boldsymbol{x}}+\boldsymbol{n}_O^j \tag{4-44}$$

这就是一个标准的 EKF 观测模型。针对单个特征点，$\boldsymbol{H}_f^j$ 的维度是 $4M_j\times 3$，它的投影空间的维度即 $\boldsymbol{V}^{\mathrm{T}}$ 的维度，为 $(4M_j\times 3)\times 4M_j$，则 $\boldsymbol{H}_{X,O}^j\tilde{\boldsymbol{x}}$ 的维度变为 $(4M_j-3)\times 6$，残差的维度变为 $(4M_j-3)\times 1$，假设一共有 L 个特征，则残差的维度为 $L(4M_j-3)\times 1$。

4.3.1.3 三角化

三角化是通过多帧相机对同一个点的观测，计算出特征点在世界坐标系下的绝对 3D 坐标，或者说是恢复出一个比较可靠的 3D 点。假设相机图像已经去畸变了，则可很容易得到这样一个模型：

$$\begin{bmatrix} u \\ v \end{bmatrix} = \boldsymbol{h}\begin{bmatrix} X/Z \\ Y/Z \end{bmatrix} = \begin{bmatrix} f_x & 0 \\ 0 & f_y \end{bmatrix}\begin{bmatrix} X/Z \\ Y/Z \end{bmatrix} + \begin{bmatrix} C_x \\ C_y \end{bmatrix} \tag{4-45}$$

式中，(X,Y,Z) 为相机坐标系下的一个点。

根据图 4-27，假设在惯性系下点 ${}^G\widehat{\boldsymbol{P}}_f$ 被多帧相机观测到，其中在每个相机下的坐标表示为 ${}^{C_i}\widehat{\boldsymbol{P}}_f=({}^{C_i}X,{}^{C_i}Y,{}^{C_i}Z)^{\mathrm{T}}$，若该特征第一个观测设为 ${}^{C_0}\boldsymbol{P}$，则其后的第 i 个相机帧中可表示为：

$$ {}^{C_i}\boldsymbol{P}_f = {}^{C_i}_{C_0}\boldsymbol{R}\,{}^{C_0}\boldsymbol{P}_f + {}^{C_i}\boldsymbol{P}_{C_0} \tag{4-46}$$

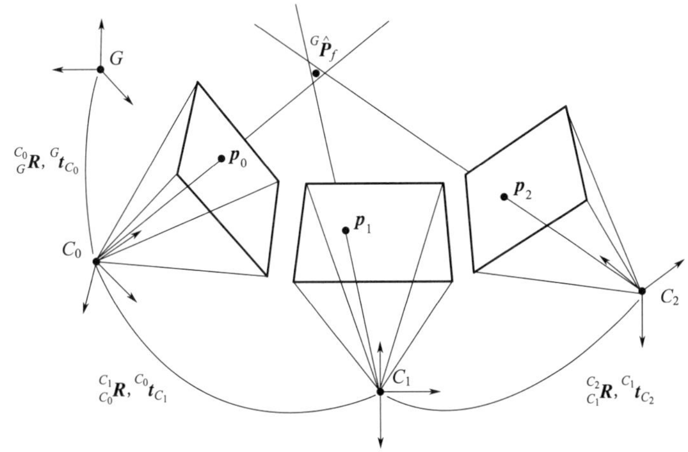

图 4-27　相机的投影模型

将这个转换为逆深度（取深度的倒数）的表达形式，可以得到下列公式：

$$\begin{aligned} {}^{C_i}\boldsymbol{P}_f &= {}^{C_i}_{C_0}\boldsymbol{R}\begin{bmatrix} {}^{C_0}X \\ {}^{C_0}Y \\ {}^{C_0}Z \end{bmatrix} + {}^{C_i}\boldsymbol{P}_{C_0} = {}^{C_0}\boldsymbol{Z}\left({}^{Ci}_{C_0}\boldsymbol{R}\begin{bmatrix} {}^{C_0}X/{}^{C_0}Z \\ {}^{C_0}Y/{}^{C_0}Z \\ 1 \end{bmatrix} + \frac{1}{{}^{C_0}Z}\times {}^{C_i}\boldsymbol{P}_{C_0} \right) \\ &= \frac{1}{\rho} g_i\left({}^{C_i}_{C_0}\boldsymbol{R}\begin{bmatrix} \alpha \\ \beta \\ 1 \end{bmatrix} + \rho\, {}^{C_i}P_{C_0} \right) = \frac{1}{\rho} g_i\left(\begin{bmatrix} \alpha \\ \beta \\ \rho \end{bmatrix} \right) = \frac{1}{\rho} g_i(\boldsymbol{\theta}) \end{aligned} \tag{4-47}$$

式中，$\boldsymbol{\theta}$ 为参数；$\alpha={}^{C_0}X/{}^{C_0}Z$，$\beta={}^{C_0}Y/{}^{C_0}Z$，$\rho=1/{}^{C_0}Z$。假设 ${}^{C_i}\boldsymbol{P}_f$ 为 $({}^{C_i}X/{}^{C_i}Z,{}^{C_i}Y/{}^{C_i}Z)^{\mathrm{T}}$，那么就是说 $g_i(\boldsymbol{\theta})$ 是一个三维输入、二维输出的函数，则误差函数可以写成：

$$f_i(\boldsymbol{\theta}) = z_i - h[g_i(\boldsymbol{\theta})] \tag{4-48}$$

假设一共有 N 个相机观测，那么可以构建一个最小二乘问题：

$$\operatorname{argmin}\sum_{i=1}^{n}\|f_i(\boldsymbol{\theta})\|_2 \tag{4-49}$$

其中，对应于单个特征点的雅可比形式如下：

$$J_f=\frac{\partial f}{\partial \boldsymbol{\theta}}=\frac{\partial \boldsymbol{h}}{\partial \boldsymbol{g}}\times\frac{\partial \boldsymbol{g}}{\partial \boldsymbol{\theta}}$$

$$\frac{\partial \boldsymbol{g}}{\partial \boldsymbol{\theta}}=\left[\frac{\partial g_i}{\partial \alpha}\ \frac{\partial g_i}{\partial \beta}\ \frac{\partial g_i}{\partial \rho}\right]=\begin{bmatrix} {}^{C_i}_{C_0}\boldsymbol{R}\begin{bmatrix}1\\0\\0\end{bmatrix}, & {}^{C_i}_{C_0}\boldsymbol{R}\begin{bmatrix}0\\1\\0\end{bmatrix}, & {}^{C_i}\boldsymbol{P}c_0\end{bmatrix} \tag{4-50}$$

利用高斯-牛顿法可以很容易解决这个最小二乘问题。最后能得到 $\hat{\boldsymbol{\theta}}=[\hat{\alpha},\hat{\beta},\hat{\rho}]$，也就是特征点在首个观测到它的相机帧下的坐标，再根据式(4-51)恢复出惯性系下特征点的位置。

$${}^G\hat{\boldsymbol{P}}_f=\frac{1}{\hat{\boldsymbol{P}}}{}^G_{C_0}\boldsymbol{R}\begin{bmatrix}\hat{\alpha}\\\hat{\beta}\\1\end{bmatrix}+{}^G\boldsymbol{P}c_0 \tag{4-51}$$

4.3.1.4 MSCKF 算法步骤（图 4-28）

① IMU 积分：先利用 IMU 加速度和角速度对状态向量中的 IMU 状态进行预测，一般会处理多帧 IMU 观测数据。

② 相机状态扩增：每来一张图片后，计算当前相机状态并将其加入到状态向量中，同时扩充状态协方差。

③ 特征点三角化：根据历史相机状态三角化估计 3D 特征点。

④ 特征更新：利用特征点对多个历史相机状态的约束来更新状态向量。注意：这里不只修正历史相机状态，因为历史相机状态和 IMU 状态存在关系（相机与 IMU 的外参），也会同时修正 IMU 状态。

⑤ 历史相机状态移除：如果相机状态个数超过 N，则剔除最老或最近的相机状态以及其对应的协方差。

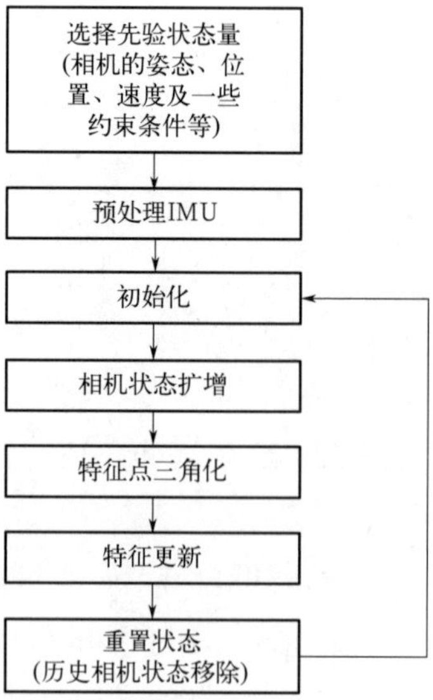

图 4-28 MSCKF 算法步骤

4.3.2 扩展 MSCKF 算法（SR-ISWF）

4.3.2.1 算法简介

4.3.1 节中已经介绍 MSCKF 是基于 EKF 的紧耦合流行算法，本节中介绍的 SR-ISWF（Square Root Inverse Sliding Window Filter）是 MSCKF 的扩展，使用逆滤波器进行迭代计算，等价于一个基于优化的算法。众所周知，在某些假设下，VINS 的最大后知估计量（MAP）可以被理解成非线性批处理最小二乘（BLS）问题，在计算机视觉文献中通常被称为捆绑调整（Bundle Adjustment，BA）。尽管已经提出了各种 BLS 的近似值来降低处理成本，但它们仍然远远不能在资源受限的移动设备上生成实时估计。为了实现恒定的处理时间，过滤方法或固定滞后平滑器（FLS）被用于边缘化过去的状态和测量值，以对最近状态的有边界大小滑动窗口进行优化。常用的 VINS 滤波技术往往基于扩展卡尔曼滤波器（EKF）或逆滤波器（INVF）。

4.3.2.2 算法主要步骤

下面详细描述 SR-ISWF 算法的主要步骤。从成本函数的角度出发，首先展示每个步骤对成本函数被最小化的影响，然后给出相应的方程，特别注意有效实现的特定问题结构。

在每一个时间步 k，算法的目标是最小化包含目前所有可用信息的代价函数 $C_k^{\oplus}$：

$$\begin{aligned} C_k^{\oplus} &= C_{k-1} + C_u + C_{Z_R} + C_{Z_S} + C_{Z_M} \\ &= C_{k-1} + C_u + C_{Z_R} + C_{Z_S^1} + C_{Z_S^2} + C_{Z_M^2} \end{aligned} \tag{4-52}$$

式中，C_u 表示 IMU 测量 $u_{k-1,k}$ 产生的成本项；C_{Z_R} 来自对活动 SLAM 特征的视觉重新观测；C_{Z_S} 来自摄像机测量到新的 SLAM 特征（待初始化）；C_{Z_M} 来自视觉测量到 MSCKF 特征。SLAM 成本项可进一步分为 $C_{Z_S^1}$ 和 $C_{Z_S^2}$，而 MSCKF 成本项仅由 $C_{Z_M^2}$ 组成，其包含从上一个时间步长获得的所有已知信息。

$$C_{k-1}(\widetilde{\boldsymbol{X}}_{k-1}) = \| \boldsymbol{R}_{k-1} \widetilde{\boldsymbol{X}}_{k-1} - \boldsymbol{r}_{k-1} \|^2 \tag{4-53}$$

式中，$\|\cdot\|$表示标准向量 2-范数；$\boldsymbol{R}_{k-1}$ 和 $\boldsymbol{r}_{k-1}$ 分别为先验（上三角）信息因子矩阵（即 Hessian 的平方根）和残差向量；$\widetilde{\boldsymbol{X}}_{k-1} = \boldsymbol{X}_{k-1} - \hat{\boldsymbol{X}}_{k-1}$ 为时间步长 $k-1$ 的误差状态。下面详细介绍 $C_k^{\oplus}$ 的不同组成项。

(1) 传播

在滑动窗口中，在每一个时间步 k，一个新的姿态状态 $\boldsymbol{X}_{IK}$ 被添加到当前状态向量中：

$$\boldsymbol{X}_k^{\ominus} = [\boldsymbol{X}_{k-1}^{\mathrm{T}} \boldsymbol{X}_{Ik}^{\mathrm{T}}]^{\mathrm{T}} \tag{4-54}$$

使用 IMU 测量 $\boldsymbol{u}_{k-1,k}$。因此，最初仅由前面的 C_{k-1} 组成的代价函数就变成了：

$$
\begin{aligned}
C_k^{\Theta}(\hat{\boldsymbol{x}}_k^{\Theta}) &= C_{k-1}(\hat{\boldsymbol{x}}_{k-1}) + C_u(\tilde{\boldsymbol{x}}_{I_{k-1}}, \tilde{\boldsymbol{x}}_{I_k}) \\
&= \|\boldsymbol{R}_{k-1}\tilde{\boldsymbol{x}}_{k-1} - \boldsymbol{r}_{k-1}\|^2 + \| [\boldsymbol{\Phi}_{k.k-1} - \mathrm{I}] \begin{bmatrix} \tilde{\boldsymbol{x}}_{k-1} \\ \tilde{\boldsymbol{x}}_k \end{bmatrix} \\
&\quad - [\tilde{\boldsymbol{x}}_{I_k} - f(\hat{\boldsymbol{x}}_{I_{k-1}}, \boldsymbol{u}_{k-1,k})] \|_{Q'_k}^2 \\
&= \|\boldsymbol{R}_k^{\Theta}\tilde{\boldsymbol{x}}_k^{\Theta} - \boldsymbol{r}_k^{\Theta}\|^2
\end{aligned}
\tag{4-55}
$$

$$
\boldsymbol{R}_k^{\Theta} = \begin{bmatrix} \boldsymbol{R}_{k-1} & \boldsymbol{0} \\ \boldsymbol{V}_1 & \boldsymbol{V}_2 \end{bmatrix}, \boldsymbol{V}_2 = -\boldsymbol{Q'}_k^{-\frac{1}{2}}
$$

$$
\boldsymbol{V}_1 = [\boldsymbol{0} \cdots \boldsymbol{0}\ \boldsymbol{Q'}_k^{-\frac{1}{2}} \boldsymbol{\Phi}_{k.k-1}^{(C)}\ \boldsymbol{0} \cdots \boldsymbol{0}\ \boldsymbol{Q'}_k^{-\frac{1}{2}} \boldsymbol{\Phi}_{k.k-1}^{(E)}]
$$

$$
\boldsymbol{r}_k^{\Theta} = \begin{bmatrix} \boldsymbol{r}_{k-1} \\ \boldsymbol{Q'}_k^{-\frac{1}{2}} [\tilde{x}_{I_k} - f(\tilde{x}_{I_{k-1}}, u_{k-1,k})] \end{bmatrix}
\tag{4-56}
$$

式中，$\boldsymbol{\Phi}_{k.k-1}^{(C)}$ 和 $\boldsymbol{\Phi}_{k.k-1}^{(E)}$ 分别是关于复制体和额外多出的 IMU 状态的雅可比矩阵 $\boldsymbol{\Phi}_{k.k-1}$ 的矩阵块。这里 $\boldsymbol{r}_k^{\Theta}=\boldsymbol{0}$，因为 $\boldsymbol{r}_{k-1}=\boldsymbol{0}$，并且从状态传播中得到$\hat{\boldsymbol{x}}_{I_k} = f(\tilde{\boldsymbol{x}}_{I_{k-1}}, \boldsymbol{u}_{k-1,k})$。注意，得到的因子 $\boldsymbol{r}_k^{\Theta}$ 在式(4-56) 中不是上三角形，但将在下一步中进行三角形化。

(2) 边缘化

为了保持恒定的计算复杂度，在时间步 k 时，SR-ISWF 将以下状态边缘化：过去的 SLAM 特征、$\tilde{\boldsymbol{X}}_{DS}$、轨迹丢失（DS 表示“消失的 SLAM”）、最古老的复制体$\tilde{\boldsymbol{X}}_{C_{k-M}}$ 以及前一个时间步的额外 IMU 状态$\tilde{\boldsymbol{X}}_{E_{k-1}}$。如果我们将由所有待边缘化的状态组成的（误差）状态向量定义为：

$$
\tilde{\boldsymbol{X}}_k^M = [\tilde{\boldsymbol{X}}_{DS}^{\mathrm{T}} \quad \tilde{\boldsymbol{X}}_{C_{k-M}}^{\mathrm{T}} \quad \tilde{\boldsymbol{X}}_{E_{k-1}}^{\mathrm{T}}]^{\mathrm{T}}
\tag{4-57}
$$

并将$\tilde{\boldsymbol{X}}_k^M$ 从$\tilde{\boldsymbol{X}}_k^{\Theta}$ 中移除，用$\tilde{\boldsymbol{X}}_k^R$ 表示剩余状态，则有：

$$
\boldsymbol{P}_M \tilde{\boldsymbol{X}}_k^{\Theta} = [\tilde{\boldsymbol{X}}_k^{M^{\mathrm{T}}} \quad \tilde{\boldsymbol{X}}_k^{R^{\mathrm{T}}}]^{\mathrm{T}}
\tag{4-58}
$$

式中，$\boldsymbol{P}_M$ 是一个置换矩阵。就成本函数而言，边际化对应于通过最小化成本函数来从成本函数中去除$\tilde{\boldsymbol{X}}_k^M$，即：

$$
C_k^M(\tilde{\boldsymbol{X}}_k^R) = \min_{\tilde{\boldsymbol{X}}_k^M} C_k^{\Theta}(\tilde{\boldsymbol{X}}_k^M) = \min_{\tilde{\boldsymbol{X}}_k^M} C_k^{\Theta}(\tilde{\boldsymbol{X}}_k^M, \tilde{\boldsymbol{X}}_k^R)
\tag{4-59}
$$

将式(4-55)、式(4-58) 两式联立，可得：

$$
\begin{aligned}
C_k^{\Theta}(\widetilde{\boldsymbol{X}}_k^M,\widetilde{\boldsymbol{X}}_k^R) &= \|\boldsymbol{R}_k^{\Theta}\widetilde{\boldsymbol{X}}_k^{\Theta}-\boldsymbol{r}_k^{\Theta}\|^2 \\
&= \|\boldsymbol{R}_k^{\Theta}\boldsymbol{P}_M^{\mathrm{T}}\boldsymbol{P}_M\widetilde{\boldsymbol{X}}_k^{\Theta}-\boldsymbol{r}_k^{\Theta}\|^2 \\
&= \left\|\boldsymbol{R}_k^{\Theta}\boldsymbol{P}_M^{T}\begin{bmatrix}\widetilde{\boldsymbol{X}}_k^M \\ \widetilde{\boldsymbol{X}}_k^R\end{bmatrix}-\boldsymbol{r}_k^{\Theta}\right\|^2
\end{aligned} \tag{4-60}
$$

对列置换因子矩阵 $\boldsymbol{R}_k^{\Theta}\boldsymbol{P}_M^{\mathrm{T}}$ 进行 QR 分解后：

$$
\boldsymbol{R}_k^{\Theta}\boldsymbol{P}_M^{\mathrm{T}} = [\boldsymbol{Q}^M \quad \boldsymbol{Q}^R]\begin{bmatrix}\boldsymbol{R}_k^M & \boldsymbol{R}_k^{MR} \\ \boldsymbol{0} & \boldsymbol{R}_k^{\boldsymbol{R}}\end{bmatrix} \tag{4-61}
$$

可写成

$$
\begin{aligned}
C_k^{\Theta}(\widetilde{\boldsymbol{X}}_k^M,\widetilde{\boldsymbol{X}}_k^R) &= \left\|\begin{bmatrix}\boldsymbol{R}_k^M & \boldsymbol{R}_k^{MR} \\ \boldsymbol{0} & \boldsymbol{R}_k^R\end{bmatrix}\begin{bmatrix}\widetilde{\boldsymbol{X}}_k^M \\ \widetilde{\boldsymbol{X}}_k^R\end{bmatrix}-\begin{bmatrix}\boldsymbol{Q}^{M^{\mathrm{T}}} \\ \boldsymbol{Q}^{R^{\mathrm{T}}}\end{bmatrix}\boldsymbol{r}_k^{\Theta}\right\|^2 \\
&= \|\boldsymbol{R}_k^M\widetilde{\boldsymbol{X}}_k^M+\boldsymbol{R}_k^{MR}\widetilde{\boldsymbol{X}}_k^R-\boldsymbol{Q}^{M^{\mathrm{T}}}\boldsymbol{r}_k^{\Theta}\|^2+\|\boldsymbol{R}_k^R\widetilde{\boldsymbol{X}}_k^R-\boldsymbol{Q}^{R^{\mathrm{T}}}\boldsymbol{r}_k^{\Theta}\|^2
\end{aligned} \tag{4-62}
$$

由于 $\boldsymbol{R}_k^M$ 是可逆的（来自 QR 过程），对于任何$\widetilde{\boldsymbol{X}}_k^R$，总是存在一个$\widetilde{\boldsymbol{X}}_k^M$，使式(4-62) 中的第一个代价项为零。因此，联立式(4-59)、式(4-62)，边际化后的成本函数为：

$$
C_k^M(\widetilde{\boldsymbol{X}}_k^R) = \min_{\widetilde{\boldsymbol{X}}_k^M} C_k^{\Theta}(\widetilde{\boldsymbol{X}}_k^M,\widetilde{\boldsymbol{X}}_k^R) = \|\boldsymbol{R}_k^R\widetilde{\boldsymbol{X}}_k^R-\boldsymbol{r}_k^R\|^2 \tag{4-63}
$$

此时 $\boldsymbol{r}_k^R=\boldsymbol{Q}^{R^{\mathrm{T}}}\boldsymbol{r}_k^{\Theta}=0$，因为 $\boldsymbol{r}_k^{\Theta}=0$。

(3) 协方差因子恢复

在采用可视化测量更新之前，一个出色的 VINS 系统需要一个异常值排除模块。SR-ISWF 采用标准马氏距离（Mahalanobis）检验：

$$
\gamma = \widetilde{\boldsymbol{z}}^{\mathrm{T}}\boldsymbol{S}^{-1}\widetilde{\boldsymbol{z}}
$$

$$
S = \boldsymbol{HPH}^{\mathrm{T}}+\sigma^2\mathbf{I} \tag{4-64}
$$

式中，γ、$\boldsymbol{z}$、$\boldsymbol{S}$、$\boldsymbol{H}$、$\boldsymbol{P}$、σ 分别代表任一测量 z 的马氏距离、测量残差、剩余协方差、测量雅可比矩阵、协方差矩阵和测量噪声标准偏差。在这些量中，唯一不可直接使用的是协方差矩阵 $\boldsymbol{P}$，当它表示为 Hessian 矩阵的逆时等价于：

$$
\boldsymbol{P} = (\boldsymbol{R}_k^{R^{\mathrm{T}}}\boldsymbol{R}_k^R)^{-1} = \boldsymbol{R}_k^{R^{-1}}\boldsymbol{R}_k^{R^{-\mathrm{T}}} = \boldsymbol{U}_P\boldsymbol{U}_P^{\mathrm{T}}
$$

$$
\boldsymbol{U}_P = \boldsymbol{R}_k^{R^{-1}} \tag{4-65}
$$

$\boldsymbol{U}_P$ 为上三角形矩阵，$\boldsymbol{S}$ 可以表示为：

$$
\boldsymbol{S} = \boldsymbol{BB}^{\mathrm{T}}+\sigma^2\mathbf{I}, \quad \boldsymbol{B} = \boldsymbol{HU}_P \tag{4-66}
$$

注意，不需要显式地计算协方差矩阵 $\boldsymbol{P}$，它在数值上是不稳定的，因为它与 Hessian 有相同的条件数。

(4) SLAM 重新观测

现有 SLAM 特征的重新观测值 Z_R 用于执行更新。具体来说，所有这些测量都贡献了一个成本项 C_{ZR}，因此成本函数变为：

$$
\begin{aligned}
C_k^{SR}(\widetilde{\boldsymbol{X}}_k^R) &= C_k^M(\widetilde{\boldsymbol{X}}_k^R) + C_{ZR}(\widetilde{\boldsymbol{X}}_k^R) \\
&= \|\boldsymbol{R}_k^R \widetilde{\boldsymbol{X}}_k^R - \boldsymbol{r}_k^R\|^2 + \|\boldsymbol{H}_{SR}\widetilde{\boldsymbol{X}}_k^R - \widehat{\boldsymbol{z}}_R\|_{\sigma^2 I}^2 \\
&= \begin{bmatrix} \boldsymbol{R}_k^R \\ \frac{1}{\sigma}\boldsymbol{H}_{SR} \end{bmatrix} \widetilde{\boldsymbol{X}}_k^R - \begin{bmatrix} \boldsymbol{r}_k^R \\ \frac{1}{\sigma}\widehat{\boldsymbol{z}}_R \end{bmatrix}
\end{aligned} \tag{4-67}
$$

此时

$$
\boldsymbol{H}_{SR} = \begin{bmatrix} \vdots \\ \boldsymbol{H}_{SR}^j \\ \vdots \end{bmatrix}, \widetilde{\boldsymbol{z}}_R = \begin{bmatrix} \vdots \\ \widetilde{\boldsymbol{Z}}_R^j \\ \vdots \end{bmatrix}
$$

$$
\boldsymbol{H}_{SR}^j = [0\cdots 0 \quad H_F^J \quad 0\cdots 0 \quad H_x^j \quad 0\cdots 0] \tag{4-68}
$$

对于 $j=1,\cdots,N_{SR}$，其中 N_{SR} 为 SLAM 再观测测量的总次数，若执行以下 QR 分解：

$$
\begin{bmatrix} \boldsymbol{R}_k^R \\ \frac{1}{\sigma}\boldsymbol{H}_{SR} \end{bmatrix} = \boldsymbol{Q}^{SR}\boldsymbol{R}^{SR} \tag{4-69}
$$

去掉一个常数项后，则 SLAM 重新观测更新后的代价函数为：

$$
C_k^{SR}(\boldsymbol{x}_k^R) = \|\boldsymbol{R}_k^{SR}\boldsymbol{x}_k^R - \boldsymbol{r}_k^{SR}\|^2 \boldsymbol{r}_k^{SR} = \boldsymbol{Q}^{SR^{\mathrm{T}}} \begin{bmatrix} \boldsymbol{r}_k^R \\ \frac{1}{\sigma}\tilde{\boldsymbol{z}}_R \end{bmatrix} \tag{4-70}
$$

在 QR 过程中可直接获得 $\boldsymbol{r}_k^{SR}$，即不需要显式形成 $\boldsymbol{Q}^{SR}$。

(5) 新的 SLAM 特征初始化

当新的 SLAM 特征可用时（例如，轨迹跨越整个窗口的点），SR-ISWF 将它们添加到状态向量中，并相应地更新信息因子。此时，系统的状态向量具有以下结构：

$$
\boldsymbol{x}_k^R = [\boldsymbol{x}_S^{\mathrm{T}} \quad \boldsymbol{x}_F^{\mathrm{T}}]^{\mathrm{T}} \tag{4-71}
$$

在添加了新的 SLAM 功能后，它就变成了：

$$
\boldsymbol{x}_k = \left[\boldsymbol{x}_S^{\mathrm{T}} \quad \boldsymbol{x}_S^{N^{\mathrm{T}}} \quad \boldsymbol{x}_F^{\mathrm{T}}\right]^{\mathrm{T}} \tag{4-72}
$$

新 SLAM 特征测量信息所对应的代价项 C_{ZS} 被分为两部分：$C_{Z_S^1}$ 包含特征的所有信息，而 $C_{Z_S^2}$ 只包含姿态。因此，在这一步中使用 $C_{Z_S^1}$ 来初始化新的 SLAM 特性，而 $C_{Z_S^2}$ 将用于下一步执行更新。

$$
\begin{aligned}
C_k^{NS}(\widetilde{\boldsymbol{x}}_k) &= C_k^{SR}(\widetilde{\boldsymbol{x}}_k^R) + C_{Z_S^1}(\widetilde{\boldsymbol{x}}_S^N, \widetilde{\boldsymbol{x}}_F) \\
&= \boldsymbol{R}_k^{SR}\widetilde{\boldsymbol{x}}_k^R - \boldsymbol{r}_k^{SR2} + \sum_{j=1}^{N_{NS}} \| \boldsymbol{R}_f^{jG}\widetilde{\boldsymbol{p}}_{f_j} + \boldsymbol{F}_{1_S}^j\widetilde{\boldsymbol{x}}_F - \widetilde{\boldsymbol{z}}_{1_S}^j \|_{\sigma^2 I}^2
\end{aligned}
\tag{4-73}
$$

如果我们根据式(4-70) 中的 $\boldsymbol{r}_k^{SR}$ 将当前的上三角信息因子$\boldsymbol{R}_k^{SR}$ 和相应的残差向量 $\boldsymbol{X}_k^R$ 划分为：

$$
\boldsymbol{R}_k^{SR} = \begin{bmatrix} \boldsymbol{R}_{SS} & \boldsymbol{R}_{SF} \\ \boldsymbol{0} & \boldsymbol{R}_{FF} \end{bmatrix}, \quad \boldsymbol{r}_k^{SR} = \begin{bmatrix} \boldsymbol{r}_S \\ \boldsymbol{r}_F \end{bmatrix} \tag{4-74}
$$

在初始化新的 SLAM 特征后，代价函数变为：

$$
C_k^{NS}(\widetilde{\boldsymbol{X}}_k) = \| \boldsymbol{R}_k^{NS}\widetilde{\boldsymbol{X}}_k - \boldsymbol{r}_k^{NS} \|^2
$$

$$
\boldsymbol{R}_k^{NS} = \left[\begin{array}{c:ccc:c}
\boldsymbol{R}_{SS} & & \boldsymbol{0} & & \boldsymbol{R}_{SF} \\ \hdashline
 & \frac{1}{\sigma}\boldsymbol{R}_f^1 & & & \frac{1}{\sigma}\boldsymbol{F}_{1_S}^1 \\
\boldsymbol{0} & & \ddots & & \vdots \\
 & & & \frac{1}{\sigma}\boldsymbol{R}_f^{N_{NS}} & \frac{1}{\sigma}\boldsymbol{F}_{1_S}^{N_{NS}} \\ \hdashline
\boldsymbol{0} & & \boldsymbol{0} & & \boldsymbol{R}_{FF}
\end{array}\right]
$$

$$
\boldsymbol{r}_k^{NS} = \begin{bmatrix} -\boldsymbol{r}_S \\ -\frac{1}{\sigma}\widetilde{\boldsymbol{z}}_1^I \\ \vdots \\ \frac{1}{\sigma}\widetilde{\boldsymbol{z}}_{1SS} \\ -\boldsymbol{r}_F \end{bmatrix} \tag{4-75}
$$

(6) 新的 SLAM 和 MSCKF 姿态约束

最后一个更新步骤结合了来自新的 SLAM 和 MSCKF 特征的位姿约束信息，这一步对应于代价函数的以下变化：

$$C_k^{\oplus}(\tilde{\boldsymbol{x}}_k)=C_k^{NS}(\tilde{\boldsymbol{x}}_k)+C_{Z_S^2}(\tilde{\boldsymbol{x}}_F)+C_{Z_M^2}(\tilde{\boldsymbol{x}}_F)$$
$$=\|\boldsymbol{R}_k^{NS}\tilde{\boldsymbol{x}}_k-\boldsymbol{r}_k^{NS}\|^2+\sum_{j=1}^{N_{NS}}\|\boldsymbol{F}_{2_S}^j\tilde{\boldsymbol{x}}_F-\tilde{\boldsymbol{z}}_{2_S}^j\|_{\sigma^2 I}^2+\sum_{i=1}^{N_M}\|\boldsymbol{F}_{2_M}^i\tilde{\boldsymbol{x}}_F-\tilde{\boldsymbol{z}}_{2_M}^i\|_{\sigma^2 I}^2 \tag{4-76}$$

注意，$C_{Z_S^2}$ 和$C_{Z_M^2}$ 都只涉及位姿状态$\tilde{\boldsymbol{x}}_F$，根据设计，它位于状态向量$\tilde{\boldsymbol{x}}_k$的末尾。对当前因子的姿态部分对应的下列堆叠雅可比矩阵进行 QR 分解后有：

$$\begin{bmatrix}\boldsymbol{R}_{FF}\\ \vdots \\ \frac{1}{\sigma}\boldsymbol{F}_{2_S}^j\\ \vdots\\ \frac{1}{\sigma}\boldsymbol{F}_{2_M}^i\\ \vdots\end{bmatrix}=\boldsymbol{Q}_{FF}^{\oplus}\boldsymbol{R}_{FF}^{\oplus} \tag{4-77}$$

代价函数变成：

$$\boldsymbol{R}_k^{\oplus}=\left[\begin{array}{c:ccc:c}\boldsymbol{R}_{SS} & & \boldsymbol{0} & & \boldsymbol{R}_{SF}\\ \hdashline & \frac{1}{\sigma}\boldsymbol{R}_f^1 & & & \frac{1}{\sigma}\boldsymbol{F}_{1_S}^1\\ \boldsymbol{0} & & \ddots & & \vdots\\ & & & \frac{1}{\sigma}\boldsymbol{R}_f^{N_{NS}} & \frac{1}{\sigma}\boldsymbol{F}_{1_S}^{N_{NS}}\\ \hdashline \boldsymbol{0} & & \boldsymbol{0} & & \boldsymbol{R}_{FF}^{\oplus}\end{array}\right] \tag{4-78}$$

$$C_k^{\oplus}(\tilde{\boldsymbol{X}}_k)=\|\boldsymbol{R}_k^{\oplus}\tilde{\boldsymbol{X}}_k-\boldsymbol{r}_k^{\oplus}\|^2 \tag{4-79}$$

$$\boldsymbol{r}_k^{\oplus}=\begin{bmatrix}\boldsymbol{r}_S\\ \frac{1}{\sigma}\tilde{\boldsymbol{z}}_{1_S}^I\\ \vdots\\ \frac{1}{\sigma}\tilde{\boldsymbol{z}}_{1_S}^{N_{NS}}\\ \boldsymbol{r}_F^{\oplus}\end{bmatrix},\quad \boldsymbol{r}_F^{\oplus}=Q_{FF}^{\oplus F}\begin{bmatrix}\boldsymbol{r}_F\\ \frac{1}{\sigma}\tilde{\boldsymbol{z}}_{2_S}^j\\ \vdots\\ \frac{1}{\sigma}\tilde{\boldsymbol{z}}_{2_M}^i\\ \vdots\end{bmatrix} \tag{4-80}$$

(7) 状态更新

SR-ISWF 算法的最后一步是通过相对于误差状态向量最小化来更新状态：

$$\min_{\tilde{\boldsymbol{x}}_k} C_k^{\oplus}(\tilde{\boldsymbol{x}}_k)=\min_{\tilde{\boldsymbol{x}}_k}\|\boldsymbol{R}_k^{\oplus}\tilde{\boldsymbol{x}}_k-\boldsymbol{r}_k^{\oplus}\|^2 \tag{4-81}$$

由于$\boldsymbol{R}_k^{\oplus}$是上三角且可逆，这对应于求解线性方程：

$$\boldsymbol{R}_k^{\oplus}\tilde{\boldsymbol{x}}_k=\boldsymbol{r}_k^{\oplus} \tag{4-82}$$

这只需要一个有效的反向替换。此外，如果注意到与 SLAM 特征相对应的$\boldsymbol{R}_k^{\oplus}$的左上角是块对角线，就可以更快地得到解。

最后，求解$\tilde{\boldsymbol{x}}_k$后，状态更新有：

$$\hat{\boldsymbol{x}}_k^{\oplus}=\hat{\boldsymbol{x}}_k+\tilde{\boldsymbol{x}}_k \tag{4-83}$$

其中，$\tilde{\boldsymbol{x}}_k$包括对前一时间步中考虑的状态的估计$\hat{\boldsymbol{x}}_{k-1}$，以及新的位姿状态估计（来自传播）和新的 SLAM 特征估计（来自三角测量）。在这一点上，信息因子$\boldsymbol{R}_k^{\oplus}$和状态估计$\hat{\boldsymbol{x}}_k^{\oplus}$已更新，并将分别作为下一时间步长的先验状态估计值和先验信息因子。

4.4 基于 GTSAM 的 VIO-SLAM

4.4.1 因子图和 GTSAM

4.4.1.1 因子图

因子图是一种图形模型，非常适合于模拟复杂的估计问题，如同步定位和映射（SLAM）或运动结构（SFM）。一个常用的图形模型是贝叶斯网络，它是有向无环图。然而，因子图是由与变量相关的因子组成的二分图。变量表示估计问题中的未知随机变量；因子表示这些变量的概率信息，其来自测量或先验知识。

(1) 回顾贝叶斯网络

这里用吸烟与肺癌的例子。

贝叶斯网络可将图 4-29 中的联合概率分布表示为局部势函数的联乘积：

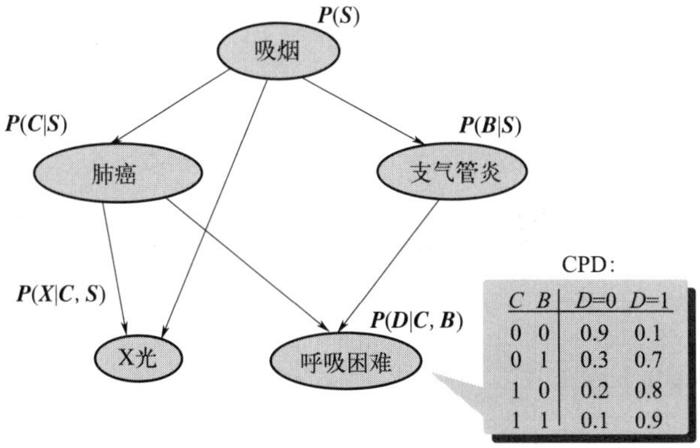

图 4-29 贝叶斯网络应用举例

$$P(S,C,X,B,D)=P(S)P(C|S)P(B|S)P(X|C,S)P(D|C,B) \tag{4-84}$$

(2) 回顾马尔可夫随机场（MRF）（见图 4-30）

其数学表示为：

$$P(A,B,C,D)=\frac{1}{Z_\phi}\prod_{i=1}^{k}\phi_i(D_i)$$
$$=\frac{1}{Z_\phi}\phi_1(A,B)\phi_2(B,C)\phi_3(C,D)\phi_4(D,A) \tag{4-85}$$

(3) 因子图

因子图可以看作上面这些概率图模型的一个统一表述。

前面已经介绍，因子图是一个二分图，一边是变量 $x\cdots xx$，一边是因子 $f\cdots ff$；变量就是自变量，因子可以理解为势函数，也就是参数。因此，因子图可定义为：因子图是一类无向概率图模型，包括变量节点和因子节点。变量节点和因子节点之间有无向边连接。与某个因子节点相连的变量节点为该因子的变量。

如图 4-31 所示，若用各个因子的联乘积表示：

$$p(x)=\frac{1}{Z_\phi}\prod_A f_A(x_A)$$
$$p(x_1,x_2,x_3)=\frac{1}{Z_\phi}f_a(x_1,x_2)f_b(x_1,x_2)f_c(x_2,x_3)f_d(x_3) \tag{4-86}$$

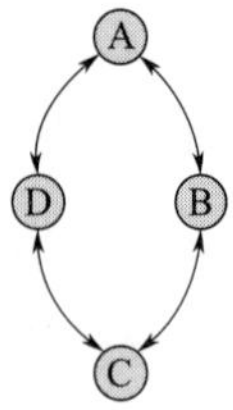

图 4-30　马尔可夫随机场

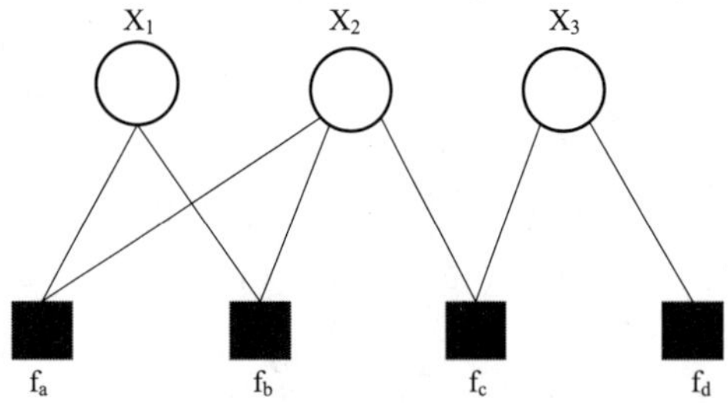

图 4-31　概率图模型转换成因子图模型

若将贝叶斯网络（图 4-29）用因子图表示见图 4-32。

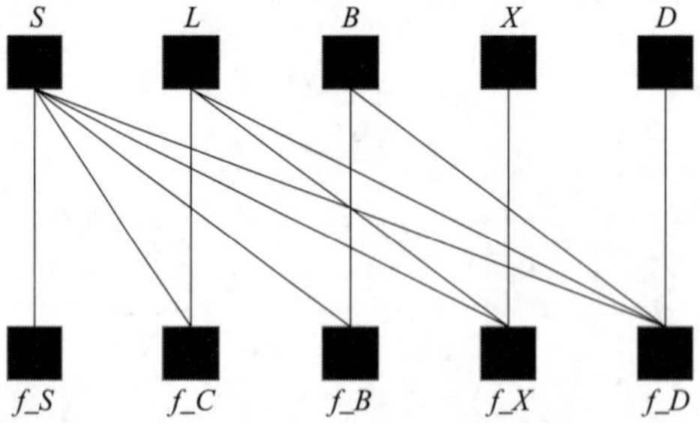

图 4-32　将贝叶斯网络用因子图表示

其数学表示为：

$$P(S,C,B,D,X)=f\_S(S)f\_C(S,C)f\_B(S,B)f\_X(S,C,X)f\_D(C,B,D) \tag{4-87}$$

若将马尔可夫随机场用因子图表示见图 4-33。

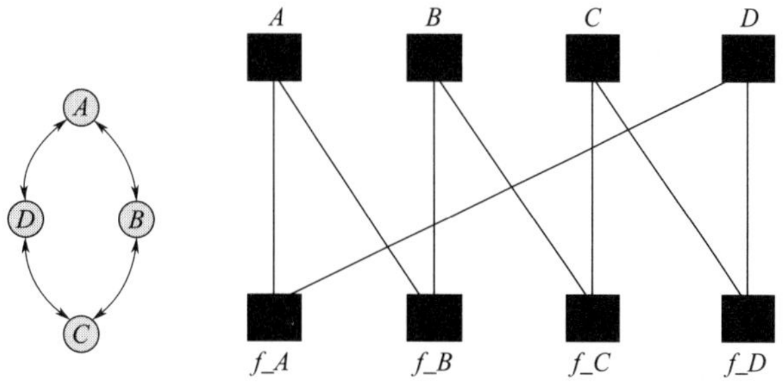

图 4-33　将马尔可夫随机场用因子图表示

可以看到，因子图的一组节点是输入变量 $f\_A, f\_B, f\_C, \cdots$，另一组节点是原本的边 $A, B, C, \cdots$，也可以理解为对原图的所有边都做了一个细分同构（形如图 4-34）。其实质就是把原本 MRF 的边当作了一些新的节点，而 MRF 边的含义就是势函数，所以因子图把势函数当作了一些新的节点，这样就把输入变量与势函数分隔开了。图 4-34 为 MRF 的细分同构。其数学表示为：

$$P(A,B,C,D)=\frac{1}{Z}f_1(A,B)f_2(B,C)f_3(C,D)f_4(D,A) \tag{4-88}$$

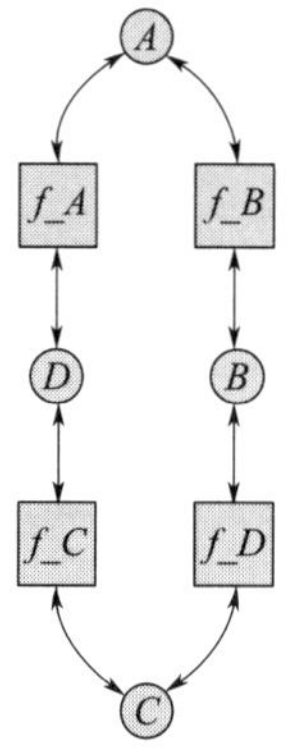

图 4-34　MRF 的细分同构

(4) 因子图与图优化的不同

在普通的图优化中，最终要计算的是一个增量式方程，每次新增节点都要对整个图进行优化；在因子图优化中，当新的变量和因子加入时，首先分析它们与因子图之间的连接和影响关系，考虑之前存储的信息有哪些可以继续利用，哪些必须重新计算，最后只对新增节点相关联变量进行优化。增量更新示意图见图 4-35。

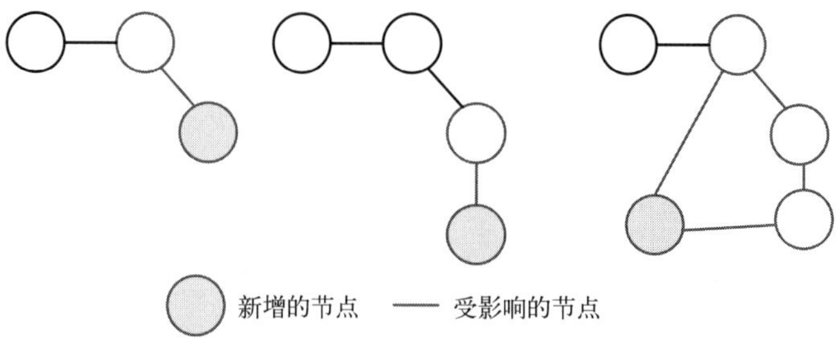

图 4-35　增量更新示意图

4.4.1.2　GTSAM

GTSAM(Georgia Tech Smoothing and Mapping）是基于因子图的 C++

库，它可以解决SLAM和SFM的问题，当然它也可以解决简单或者更加复杂的估计问题。GTSAM利用稀疏性来提高计算效率。通常情况下，测量只提供少数变量之间关系的信息，因此得到的因子图是稀疏连接的，GTSAM实现算法利用了这一点，以降低计算复杂度。即使当图过于密集而无法通过直接方法有效处理时，GTSAM也提供了非常有效的迭代方法。

(1) GTSAM中的两个重要思想

① 因子图体现在联合概率$P(X|Z)$中，而不仅仅是最新的位姿，其中X表示整个轨迹$\{x_1, x_2, x_3\}$。

② 在GTSAM中仅仅指明了概率密度$P(X|Z)$和派生出来的概念，应该把因子图当作一个函数：$f(X) \propto P(X|Z)$。

(2) GTSAM添加因子构建优化问题求解步骤

① 构建因子图：首先定义误差模型，然后加先验因子和其他变量因子，通过表示不同传感器的误差函数和协方差矩阵，构建不同类型传感器的因子，最后给因子设定初值。

② 优化求解：选择优化器对因子图进行优化。

③ 对优化求解进行后处理工作。

4.4.1.3 因子图和GTSAM应用举例

(1) 因子图和GTSAM联合应用

① 因子图建模。举一个简单的运动模型的例子，见图4-36。

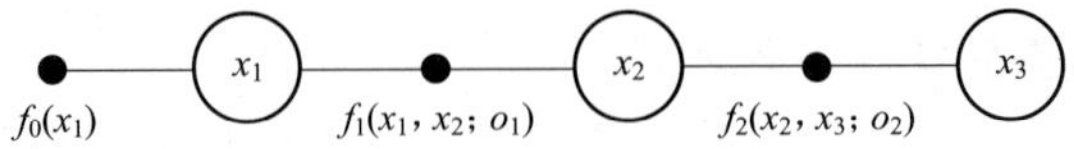

图4-36 简单的运动模型

三个变量表示机器人的三个位姿。在这个例子中，有一个一元的因子$f_0(x_1)$代表了先验信息(x_1)，两个表示连续姿势相关的二元因子$f_1(x_1, x_2; o_1)$，$f_2(x_2, x_3; o_2)$。其中o_1、o_2表示里程计观测。

② 创建因子图。

```
// 新建一个非线性因子图
NonlinearFactorGraph graph;

// 假设x1上添加服从高斯分布的先验
Pose2 priorMean(0.0, 0.0, 0.0);    //先验均值
noiseModel::Diagonal::shared_ptr priorNoise = //先验标准差，  30cm，  30cm，  0.1弧度
   noiseModel::Diagonal::Sigmas(Vector3(0.3, 0.3, 0.1));
graph.add(PriorFactor<Pose2>(1, priorMean, priorNoise));

// 添加里程计因子
Pose2 odometry(2.0, 0.0, 0.0);
noiseModel::Diagonal::shared_ptr odometryNoise =
   noiseModel::Diagonal::Sigmas(Vector3(0.2, 0.2, 0.1));
graph.add(BetweenFactor<Pose2>(1, 2, odometry, odometryNoise));
graph.add(BetweenFactor<Pose2>(2, 3, odometry, odometryNoise));
```

输出结果如下：

```
Factor Graph:
size: 3
Factor 0: PriorFactor on 1
   prior mean: (0, 0, 0)
   noise model: diagonal sigmas [0.3; 0.3; 0.1];
Factor 1: BetweenFactor(1,2)
   measured: (2, 0, 0)
   noise model: diagonal sigmas [0.2; 0.2; 0.1];
Factor 2: BetweenFactor(2,3)
   measured: (2, 0, 0)
   noise model: diagonal sigmas [0.2; 0.2; 0.1];
```

③ GTSAM 中的非线性优化。这里创建一个变量示例，并将其作为初值以找到整个轨迹的最大后验（MAP）。

```
// 建立初始估计（不准确的）
Values initial;
initial.insert(1, Pose2(0.5, 0.0, 0.2));
initial.insert(2, Pose2(2.3, 0.1, -0.2));
initial.insert(3, Pose2(4.1, 0.1, 0.1));

// 使用LM优化
Values result = LevenbergMarquardtOptimizer(graph, initial).optimize();
```

输出结果如下，可以看出最终结果非常接近真值（0,0,0）（2,0,0）（4,0,0）。

```
Initial Estimate:
Values with 3 values:
Value 1: (0.5, 0, 0.2)
Value 2: (2.3, 0.1, -0.2)
Value 3: (4.1, 0.1, 0.1)

Final Result:
Values with 3 values:
Value 1: (-1.8e-16, 8.7e-18, -9.1e-19)
Value 2: (2, 7.4e-18, -2.5e-18)
Value 3: (4, -1.8e-18, -3.1e-18)
```

④ 完全后验推断。GTSAM 可用于合并所有观测信息 Z 后计算每个位姿的协方差矩阵。因子图编码了后验概率 $P(x|Z)$。对于每个位姿的 x 的均值 μ 以及协方差 Σ，都有一个边缘后验概率 $P(x|Z)$。这只是一个近似值，因为即使在这种简单的情况下，里程计因子的参数实际上也是非线性的，并且 GTSAM 仅计算真实基础后验的高斯近似值。下面的代码将复原后验边缘概率。

```
// 查询边缘
cout.precision(2);
Marginals marginals(graph, result);
cout << "x1 covariance:\n" << marginals.marginalCovariance(1) << endl;
cout << "x2 covariance:\n" << marginals.marginalCovariance(2) << endl;
cout << "x3 covariance:\n" << marginals.marginalCovariance(3) << endl;
```

相应输出如下：

```
x1 covariance:
        0.09        1.1e-47      5.7e-33
     1.1e-47           0.09      1.9e-17
     5.7e-33        1.9e-17         0.01
x2 covariance:
        0.13        4.7e-18      2.4e-18
     4.7e-18           0.17         0.02
     2.4e-18           0.02         0.02
x3 covariance:
        0.17        2.7e-17      8.4e-18
     2.7e-17           0.37         0.06
     8.4e-18           0.06         0.03
```

可以看到，x_1 的边缘协方差 $P(x_1|Z)$ 只是 x_1 上的先验知识，但是随着机器人移动，所有维度的不确定性都无限制地增长，并且 y 和 θ 分量变为正相关。理解这些数字时要注意的一个重要事实是，协方差矩阵以相对坐标而不是绝对坐标给出——这是因为 GTSAM 在内部针对线性化点的变化进行了优化，所有非线性优化库也是如此。

(2) 共轭梯度优化

GTSAM 还包括用于解决大规模 SLAM 问题的高效预处理共轭梯度（PCG）方法。虽然直接使用此方法表现出了二次收敛，而且对于稀疏问题十分有效。但此方法通常需要大量的计算存储。相比之下，迭代优化方法只需要访问梯度，内存占用小，但相应的收敛性稍差。由 GTSAM 生成的北京地图如图 4-37 所示。

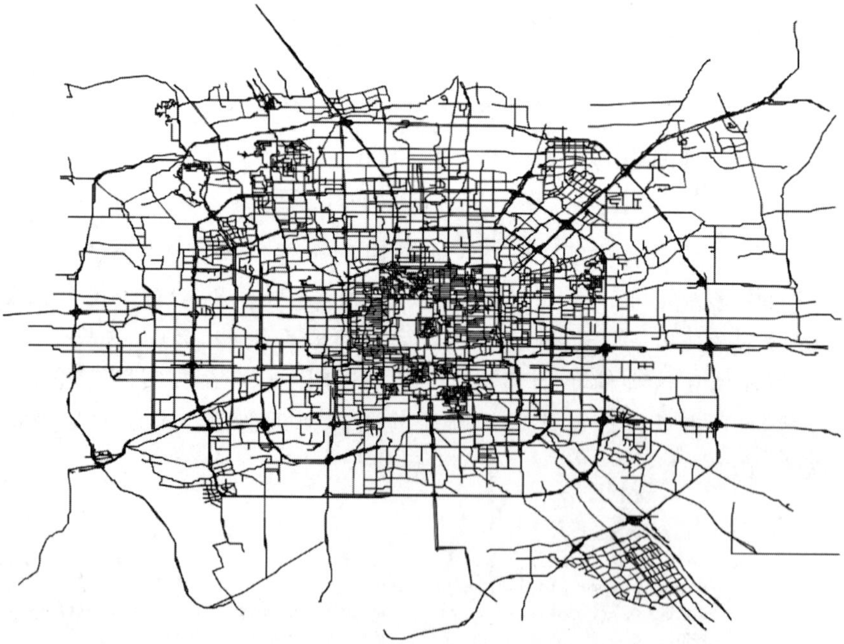

图 4-37 GTSAM 生成的北京地图

GTSAM 可以很容易地执行递归估计，其中只有姿态的子集被保留在了因子图中，其余的姿态均会被边缘化。本小节示例中使用所有可用的测量值对所有变量进行了显式优化，这称为“平滑”，因为轨迹被“平滑”掉了，这也是GTSAM得名的原因——GT平滑和映射。

4.4.2 基于因子图优化的SLAM算法

(1) 概率模型到因子图模型

用SLAM定义一个简单的智能车问题：假设有一个智能车在往前行驶，行驶过程中能观测到两个路标点，定义了三个时间，在三个时间中有对路标点的观测量和智能车自身运动的估计量（里程计），如图4-38所示。

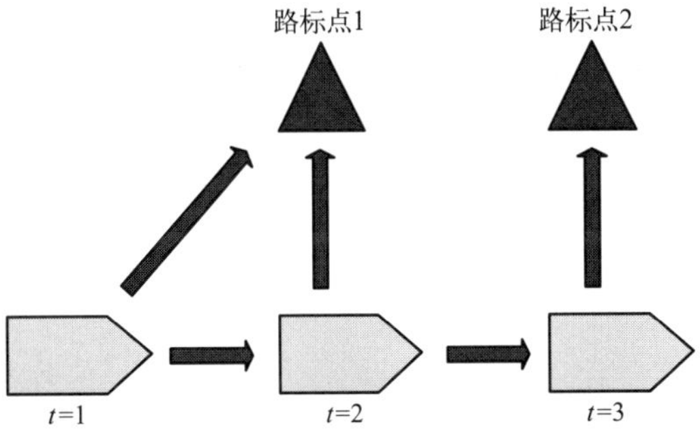

图4-38 智能车观测模型

用贝叶斯网络来描述SLAM建模问题。

在贝叶斯网络中，通过有向的边来连接一些变量。图4-39中定义了两类四种变量。空心圆圈是路标节点变量，浅灰色圆圈是智能车状态变量，都属于状态变量。黑色圆圈是智能车对路标点的观测变量，深灰色圆圈是智能车对自身运动的观测变量，都属于第二类变量——观测变量。这个贝叶斯网络实际上描述了状态变量和观测变量的联合概率模型。

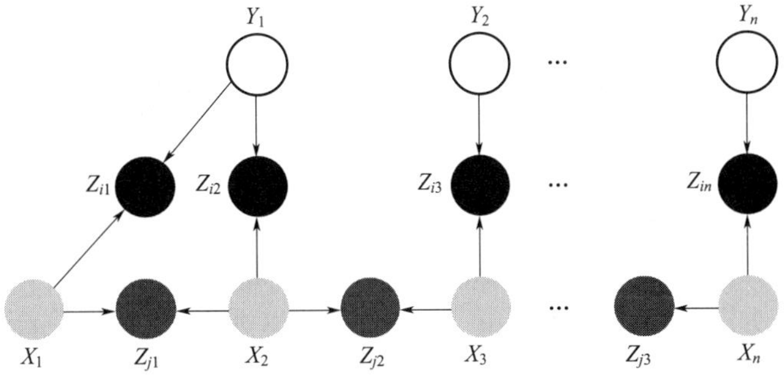

图4-39 用贝叶斯网描述建模问题

这里引入概率模型的定义：假设知道系统的状态变量（智能车所在位置、路标点所在位置），可以推测出智能车得到的观测量（观测量是通过某些传感器得到的，而传感器有已知模型，可以通过数据手册得到），即已知智能车的状态量和传感器的模型，就可以推算出智能车的观测量。所以得到了一个生成模型：

$$P(X,Z)=P(Z|X)P(X)$$

$$P(Z|X)=\prod_i P_i(Z_i|X_i) \tag{4-89}$$

又由于观测量之间相互独立，所以可得式(4-89) 所述的模型：

$$\begin{aligned}&P(Z_{11},Z_{12},Z_{13},Z_{21},Z_{22}|X_1,X_2,X_3,L_1,L_2)\\&=P(Z_{11}|X_1,L_1)P(Z_{12}|X_2,L_1)P(Z_{13}|X_3,L_2)\\&\quad P(Z_{21}|X_1,X_2)P(Z_{22}|X_2,X_{13})\end{aligned} \tag{4-90}$$

式(4-89) 中，X 为智能车状态量，Z 为观测量。假设知道系统状态的概率分布和给定系统状态下的观测量的条件概率（通过传感器的概率模型），相乘得到的联合概率就是系统状态变量和观测变量的联合概率。

但现实生活中需要求解的问题是知道观测量，求解状态量，是一个状态估计的问题（SLAM 问题）。因子图就是这样一类估计模型（Reference Model）。应用贝叶斯定律（Bayes Rule）：给定 Z，求解 X 的概率（估计模型）正比于给定 X，求解 Z 的概率（生成模型）。

$$P(X|Z)=\frac{P(Z|X)P(X)}{P(Z)}\propto P(Z|X)P(X) \tag{4-91}$$

分母的 Z 先验值是跟 X 无关的（相互独立），可以省略。

$$X^*=\underset{X}{\operatorname{argmax}}P(X|Z)=\underset{X}{\operatorname{argmax}}P(Z|X)P(X) \tag{4-92}$$

对于求解的状态估计问题，就是给定系统观测量，求解系统状态量，使得这个条件概率最大，也就是求解最大后验分布。式(4-92) 中右边项的 X 是先验概率（Prior），一般是上一帧的最优后验概率，$P(Z|X)$ 是似然概率（由传感器模型给定），左边就是最大后验概率。

$$\phi(X_i)\doteq\psi(X_i,Z_i)\propto P_i(Z_i|X_i)$$

$$X^*=\underset{X}{\operatorname{argmax}}\phi(X)=\underset{X}{\operatorname{argmax}}\prod_i\phi_i(x_i) \tag{4-93}$$

每一个观测变量在贝叶斯网络里都是单独求解的（相互独立），所以所有的条件概率都是乘积的形式，且可分解，在因子图里面，分解的每一个项就是一个因子，乘积乘在一起用图的形式来描述就是因子图，见图 4-40。

因子图里面包括两类节点和边。节点是状态变量（圆圈），是估计求解的变量。而观测节点就是因子（用方块标定），每一个因子表示每一个得到的观测量。因子图里面还会包括一个先验因子（Prior Factor），就是公式中 X 的先验值（先验概率），用来固定整个系统的解，避免数值多解，达到数值可解。

$$X^*=\underset{X}{\operatorname{argmax}}\phi(X)=\underset{X}{\operatorname{argmax}}\prod_i(X_{i;i}) \tag{4-94}$$

$$\phi(X)\doteq\phi(x_1,l_1)\phi(x_2,l_1)\phi(x_3,l_2)\phi(x_1,x_2)\phi(x_2,x_3)\phi(x_1) \tag{4-95}$$

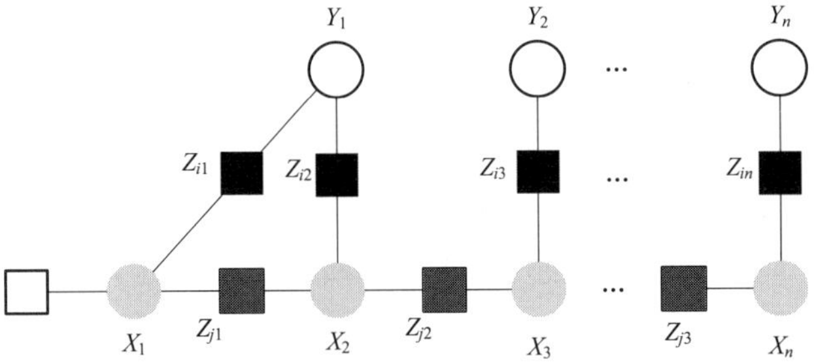

图 4-40 用因子图描述建模问题

整个因子图实际上就是每个因子单独的乘积。图 4-40 中黑色方块对应观测因子，深灰色方块对应状态量之间的因子（里程计），空心方块是先验因子。求解因子图就是将这些因子乘起来，求一个最大值，得到的系统状态就是概率上最可能的系统状态。

(2) 概率问题转换为非线性最小二乘问题

$$\phi_i(X_i)=\exp(-\frac{1}{2}\|f_i(X_i)\|_{\Sigma_i}^2)$$

$$X^* = \underset{X}{\operatorname{argmax}} \prod_i \phi_i(X_i) = \underset{X}{\operatorname{argmax}} \ln\left[\prod_i \phi_i(X_i)\right]$$

$$= \underset{X}{\operatorname{argmin}} \prod_i -\ln[\phi_i(X_i)] = \underset{X}{\operatorname{argmin}} \sum \|f_i(X_i)\|_{\Sigma}^2 \tag{4-96}$$

希望能够最大化已定义因子图乘起来的概率。假设所有因子都是负指数函数形式，对函数取负对数，则负指数函数最大化问题实际上等于一个非线性最小二乘问题。常用方法是迭代法，如高斯-牛顿法。

$$\underset{X}{\operatorname{argmin}} \sum_i \|f_i(X_i)\|_{\Sigma_i}^2 \tag{4-97}$$

$$\Delta X^* = \underset{\Delta X}{\operatorname{argmin}} \sum_i \|h_i(X+\Delta X)\|^2 \tag{4-98}$$

$$X^* = X_0 + \Delta X^* \tag{4-99}$$

给定一个初始值，通过某种办法或推测一组可能的系统状态变量，去求解一个修改量 ΔX，让最小二乘值尽可能变小，求出 ΔX 再加上原来的 X，再代回原来的函数，不断迭代调整初始值的大小，达到设定的停止条件后，求出最优的一个修改值。中间求解增量的步骤一般是通过线性化来进行（对非线性函数做一阶泰勒展开），相当于求解一个线性最小二乘问题。

$$\Delta X^* = \underset{\Delta X}{\operatorname{argmin}} \sum_i \|h_i(X+\Delta X)\|^2 \tag{4-100}$$

$$J_i \doteq \left.\frac{\partial h_i(X)}{\partial X}\right|_{X=X_0}$$

$$f_i(X_0+\Delta X)=h_i(X_0)+J_i\Delta x+O(\Delta x^2) \tag{4-101}$$

$$\Delta X^{*}=\underset{\Delta X}{\operatorname{argmin}}\sum_{i}\|J_{i}\Delta X+h_{i}(X_{0})\|^{2} \tag{4-102}$$

(3) 因子图的平滑增量优化特性

在机器人运行的过程中，因子图往往是逐渐成长和增大的。例如，在往前移动的过程中，加了一组节点，随着观测的数据越来越多，加了越来越多的因子进来。每一次求解都是比上次多一些因子，而且大部分因子图跟之前因子图是基本一致的，这就是增量推理（Incremental Inference）。假设因子图只加了一点，其他都没变，如果从零开始求解，矩阵会越来越大，求解速度会越来越慢，而且绝大多数都是重复性的工作。

为了避免此类问题出现，需要在求解状态变量越来越多的情况下引出一个近似常数。最常用的办法是 isam，有 isam1 和 isam2 两种方法。isam1 实际上做的是增量 QR 分解（Incremental QR Factorization）：给定一个 $\boldsymbol{J}$ 矩阵，可以分解成 $\boldsymbol{Q}$ 和 $\boldsymbol{R}$，假设因子图其他部分都不变，之前的因子图还在，加了一些新的因子。每一个因子对应的是 $\boldsymbol{J}$ 矩阵中的一行，所以新加了几个因子，就是在 $\boldsymbol{J}$ 矩阵中增加了几行。问题就是，如果在已知分解出来的 $\boldsymbol{QR}$ 的情况下，$\boldsymbol{J}$ 增加了几行，如何快速算出 $\boldsymbol{R}$ 矩阵？增量 QR 分解见图 4-41。

$$\begin{bmatrix}\boldsymbol{Q}^{\mathrm{T}} & \\ & \mathbf{1}\end{bmatrix}\begin{bmatrix}\boldsymbol{A}\\ \boldsymbol{W}^{\mathrm{T}}\end{bmatrix}=\begin{bmatrix}\boldsymbol{R}\\ \boldsymbol{W}^{\mathrm{T}}\end{bmatrix} \tag{4-103}$$

式(4-103) 中的 $\boldsymbol{A}$ 就是图 4-41 中的 $\boldsymbol{J}$，如果 $\boldsymbol{A}$ 矩阵下面加一行（$\boldsymbol{W}^{\mathrm{T}}$），左边乘一个扩展的正交矩阵，右下角标一个 $\mathbf{1}$，就能够将增量的那一行加到 $\boldsymbol{R}$ 项。采用这种办法就能够将增量 QR 分解转化成增量三角化 R 的问题（图 4-42），即：如果 $\boldsymbol{R}$ 增加了几列，如何通过正交阵将矩阵重新变成三角阵？

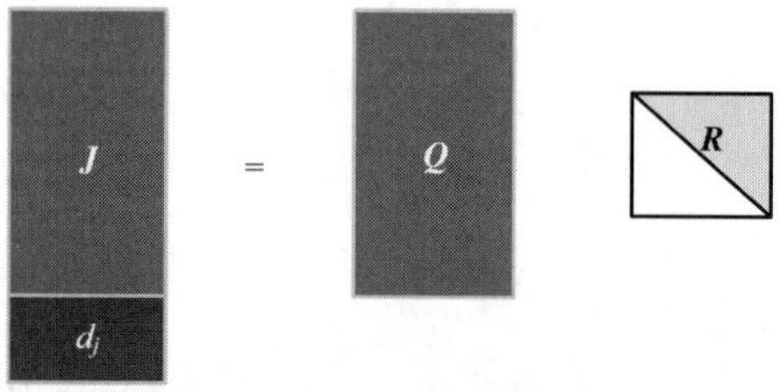

图 4-41　增量 QR 分解

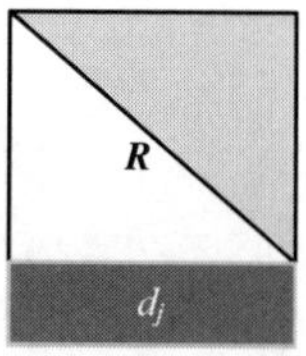

图 4-42　增量 QR 分解转换成增量三角化 R

通过给定旋转矩阵的办法：如果在 $\boldsymbol{R}$ 矩阵的下一列加了一个非零元素，左乘给定旋转矩阵，可以将非零元素变成零元素，对应的代价是左乘后的矩阵中，某一行的 0 元素后面加了一些非零元素。重复此步骤，便可将这个矩阵每一行右边的元素逐渐消为 0，直到消到最后一个元素，得到的矩阵就是一个密集的三角阵，而这个三角阵的大小与从哪里开始消元有关。

贝叶斯树是理论最优的方法，isam1 的增量 QR 分解是偏经验的方法，但贝叶斯树实现起来比较难，所以可以根据问题需求选择 isam1 还是 isam2。

本章小结

本章详细介绍了基于相机与 IMU 组合的视觉惯性里程计，而后又分别介绍了基于优化的 VIO-SLAM、基于卡尔曼滤波的 VIO-SLAM 以及基于 GTSAM 的 VIO-SLAM，下面针对这几个算法的优缺点进行总结，见表 4-2～表 4-4。

表 4-2　基于优化的 VIO-SLAM 与常规 SLAM 对比

优势	不足
①更高的精度：VIO-SLAM 使用视觉和惯性传感器，多传感器的使用能够减小传感器的误差累积，提高定位的精度	①计算复杂度较高：由于需要处理多个传感器的数据，所以 VIO-SLAM 的计算量比常规 SLAM 算法更大
②更高的实时性：惯性传感器提供的信息使得 VIO-SLAM 能够更好地处理动态场景，因此在处理快速移动或快速变化的场景时，VIO-SLAM 比常规 SLAM 算法更具优势	②传感器需要较高的精度：VIO-SLAM 需要高精度的惯性传感器来提供准确的姿态估计信息，这使得它的硬件成本比常规 SLAM 算法更高
③更好的鲁棒性：VIO-SLAM 能够更好地处理场景中的遮挡和光照变化等情况，因为它能够使用多个传感器来获得更多的信息	③对环境的要求更高：由于 VIO-SLAM 需要处理多种传感器的数据，它对环境的要求更高，需要保证视觉和惯性传感器都能够正常工作

表 4-3　基于卡尔曼滤波的 VIO-SLAM 与常规 SLAM 对比

优势	不足
①实时性好：VIO-SLAM 能够实时地进行自主定位和建图，并且只需要在关键时刻进行地图优化，减少了计算负担	①处理复杂度高：VIO-SLAM 需要对大量的图像数据进行处理，需要较强的计算资源支持
②精度高：由于 VIO-SLAM 利用了 IMU 数据来补偿摄像头的漂移误差，因此其在视觉数据噪声较大时依然能够保持较高的精度	②定位漂移问题：由于摄像头和 IMU 的数据都有噪声，因此 VIO-SLAM 在长时间运行时，可能会出现定位漂移的问题
③稳定性好：VIO-SLAM 利用了 IMU 的角速度和加速度测量，可以提高算法对运动状态的估计准确度，从而提高算法的稳定性	③需要更多的标定数据：VIO-SLAM 需要进行相机和 IMU 的联合标定，同时需要收集大量的数据进行离线标定，这增加了使用难度和时间成本
④鲁棒性好：VIO-SLAM 可以在无 GPS 信号、弱光照等复杂环境下工作，因为它不依赖于 GPS 等传感器	④对环境光照敏感：VIO-SLAM 对环境光照敏感，对于弱光或强光情况下的图像处理可能会出现困难

表 4-4　基于 GTSAM 的 VIO-SLAM 与常规 SLAM 对比

优势	不足
①精度高：GTSAM 利用了图优化算法对所有观测进行联合优化，从而能够提高定位和地图的精度	①对初值敏感：GTSAM 的优化结果会受到初始值的影响，因此需要进行良好的初始化，否则可能会导致局部最优解

续表

优势	不足
②鲁棒性好：GTSAM可以处理不同类型和数量的观测，包括IMU、视觉、GPS等多种传感器，因此对环境变化的适应能力较强	②处理复杂度高：GTSAM需要处理大量的观测数据，同时需要对IMU数据进行补偿和预处理，因此需要较强的计算资源支持
③高效性好：GTSAM采用了稀疏矩阵的数据结构和优化算法，能够高效地进行大规模的优化计算	③系统建模需要专业知识：GTSAM需要对系统进行建模，包括对相机、IMU等传感器的模型建立和标定，这需要具备相关的专业知识和经验
④独立性好：GTSAM的优化算法可以独立于特定的硬件平台，因此适用于各种不同的硬件配置和计算设备	④需要较多的标定数据：GTSAM需要进行相机和IMU的联合标定，同时需要收集大量的数据进行离线标定，这增加了使用难度和时间成本

参考文献

[1] Strelow D, Singh S. Motion estimation from image and inertial measurements [J]. The International Journal of Robotics Research, 2004, 23 (12): 1157-1195.

[2] Borenstein J, Everett H R, Feng L, et al. Mobile robot positioning: Sensors and techniques [J]. Journal of robotic systems, 1997, 14 (4): 231-249.

[3] Kolhatkar C, Wagle K. Review of SLAM algorithms for indoor mobile robot with LIDAR and RGB-D camera technology [J]. Innovations in Electrical and Electronic Engineering, 2021: 397-409.

[4] Garrido S, Moreno L, Abderrahim M, et al. Path planning for mobile robot navigation using voronoi diagram and fast marching [C] //2006 IEEE/RSJ International Conference on Intelligent Robots and Systems, 2006: 2376-2381.

[5] Ong L L, Ridley M, Kim J H, et al. Six DoF decentralise dSLAM [C] //Australasian Conf. on Robotics and Automation, Brisbane, Australia, 2003: 10-16.

[6] Lai T, Ramos F, Francis G. Balancing global exploration and local-connectivity exploitation with rapidly-exploring random disjointed-trees [C] //2019 International Conference on Robotics and Automation, 2019: 5537-5543.

[7] Eade E, Drummond T. Scalable monocular SLAM [C] //2006 IEEE Computer Society Conference on Computer Vision and Pattern Recognition, 2006, 1: 469-476.

[8] Davison A J, Murray D W. Simultaneous localization and map-building using active vision [J]. IEEE Transactions on Pattern Analysis and Machine Intelligence, 2002, 24 (7): 865-880.

[9] Roumeliotis S I, Johnson A E, Montgomery J F. Augmenting inertial navigation with image-based motion estimation [C] //Proceedings 2002 IEEE International Conference on Robotics and Automation, 2002, 4: 4326-4333.

[10] Diel D D. Stochastic constraints for vision-aided inertial navigation [D]. Massachusetts Institute of Technology, 2005.

[11] Bayard D S, Brugarolas P B. An estimation algorithm for vision-based exploration of small bodies in space [C] //Proceedings of the 2005, American Control Conference, 2005: 4589-4595.

[12] Soatto S, Frezza R, Perona P. Motion estimation via dynamic vision [J]. IEEE Transactions on Automatic Control, 1996, 41 (3): 393-413.

[13] Soatto S, Perona P. Recursive 3-d visual motion estimation using subspace constraints [J]. International Journal of Computer Vision, 1997, 22: 235-259.

[14] Barfoot T, Forbes J R, Furgale P T. Pose estimation using linearized rotations and quaternion algebra [J]. Acta Astronautica, 2011, 68 (1-2): 101-112.

[15] Dong-Si T C, Mourikis A I. Motion tracking with fixed-lag smoothing: Algorithm and consistency analysis [C] //IEEE International Conference on Robotics and Automation, 2011: 5655-5662.

[16] Furgale P. Extensions to the visual odometry pipeline for the exploration of planetary surfaces [D]. University of Toronto, 2011.

[17] Furgale P, Rehder J, Siegwart R. Unified temporal and spatial calibration for multi-sensor systems [C] //RSJ International Conference on Intelligent Robots and Systems, 2013: 1280-1286.

[18] Geiger A, Lenz P, Urtasun R. Are we ready for autonomous driving? the kitti vision benchmark suite [C] //IEEE Conference on Computer Vision and Pattern Recognition, 2012: 3354-3361.

[19] Hesch J A, Kottas D G, Bowman S L, et al. Towards consistent vision-aided inertial navigation [C] //Algorithmic foundations of robotics X: Proceedings of the Tenth Workshop on the Algorithmic Foundations of Robotics, 2013: 559-574.

[20] Welch G, Bishop G. Anintroduction to the Kalman filter [D]. University of North Carolina at Chapel Hill, 1995.

[21] Indelman V, Williams S, Kaess M, et al. Factor graph based incremental smoothing in inertial navigation systems [C] //15th International Conference on Information Fusion, 2012: 2154-2161.

[22] Jones E S, Soatto S. Visual-inertial navigation, mapping and localization: A scalable real-time causal approach [J]. The International Journal of Robotics Research, 2011, 30 (4): 407-430.

[23] Kelly J, Sukhatme G S. Visual-inertial sensor fusion: Localization, mapping and sensor-to-sensor self-calibration [J]. The International Journal of Robotics Research, 2011, 30 (1): 56-79.

[24] Konolige K, Agrawal M, Sola J. Large-scale visual odometry for rough terrain [C] //Robotics Research: The 13th International Symposium ISRR, 2011: 201-212.

[25] Qin T, Li P, Shen S. Vins-mono: A robust and versatile monocular visual-inertial state estimator [J]. IEEE Transactions on Robotics, 2018, 34 (4): 1004-1020.

[26] Gao X, Wang R, Demmel N, et al. LDSO: Direct sparse odometry with loop closure [C] //RSJ International Conference on Intelligent Robots and Systems, 2018: 2198-2204.

[27] Qin T, Shen S. Robust initialization of monocular visual-inertial estimation on aerial robots [C] //RSJ International Conference on Intelligent Robots and Systems, 2017: 4225-4232.

[28] Qin T, Li P, Shen S. Vins-mono: A robust and versatile monocular visual-inertial state estimator [J]. IEEE Transactions on Robotics, 2018, 34 (4): 1004-1020.

[29] Qin T, Li P, Shen S. Relocalization, global optimization and map merging for monocular visual-inertial SLAM [C] //IEEE International Conference on Robotics and Automation, 2018: 1197-1204.

[30] Weiss S, Achtelik M W, Lynen S, et al. Real-time onboard visual-inertial state estimation and self-calibration of MAVs in unknown environments [C] //IEEE International Conference on Robotics and Automation, 2012: 957-964.

[31] Lynen S, Achtelik M W, Weiss S, et al. A robust and modular multi-sensor fusion approach applied to mav navigation [C] //RSJ International Conference on Intelligent Robots and Systems, 2013: 3923-3929.

[32] Li M, Mourikis A I. High-precision, consistent EKF-based visual-inertial odometry [J]. The International Journal of Robotics Research, 2013, 32 (6): 690-711.

[33] Bloesch M, Omari S, Hutter M, et al. Robust visual inertial odometry using a direct EKF-based approach [C] //RSJ International Conference on Intelligent Robots and Systems, 2015: 298-304.

[34] Dellaert F, Kaess M. Square Root SAM: Simultaneous localization and mapping via square root information smoothing [J]. The International Journal of Robotics Research, 2006, 25 (12): 1181-1203.

[35] Dong-Si T C, Mourikis A I. Motion tracking with fixed-lag smoothing: Algorithm and consistency analysis [C] //IEEE International Conference on Robotics and Automation, 2011: 5655-5662.

[36] Golub G H, Van Loan C F. Matrix computations [M]. JHU Press, 2013.

[37] Guo C X, Kottas D G, DuToit R, et al. Efficient Visual-Inertial Navigation using a Rolling-Shutter Camera with Inaccurate Timestamps [C] //Robotics: Science and Systems, 2014.

[38] Harris C, Stephens M. A combined corner and edge detector [C] //Alvey Vision Conference, 1988, 15 (50): 10-5244.

[39] Hesch J A, Kottas D G, Bowman S L, et al. Towards consistent vision-aided inertial navigation [C] //Algorithmic Foundations of Robotics X: Proceedings of the Tenth Workshop on the Algorithmic Foundations of Robotics, 2013: 559-574.

[40] Kaess M, Ranganathan A, Dellaert F. iSAM: Incremental smoothing and mapping [J]. IEEE Transactions on Robotics, 2008, 24 (6): 1365-1378.

[41] Kaess M, Johannsson H, Roberts R, et al. iSAM2: Incremental smoothing and mapping using the Bayes tree [J]. The International Journal of Robotics Research, 2012, 31 (2): 216-235.

[42] Wu K, Ahmed A M, Georgiou G A, et al. A Square Root Inverse Filter for Efficient Vision-aided Inertial Navigation on Mobile Devices [C] //Robotics: Science and Systems, 2015, 2: 2.

第
5
章

基于Lidar的激光惯性里程计

5.1 引言

目前 2D 激光 SLAM 技术发展已较为成熟，被广泛应用于民用和工业领域，如扫地机器人和 KUKA Navigation Solution。基于激光点云的 3DSLAM 技术利用三维激光传感器获取三维空间点云，之后再通过相邻点云帧之间的扫描匹配进行位姿估计，并建立完整的点云地图，与 2D 激光 SLAM 具有相通的技术原理。3D 激光雷达通过光学测距可以直接采集到海量具有角度和距离精准信息的点，这些点的合集被称为点云，可以反映出真实环境中的几何信息。由于其建图直观，测距精度极高且不容易受到光照变化和视角变化的影响，是室外大型环境的地图构建应用中必不可少的传感器。

目前的 3D 激光雷达 SLAM 算法研究多基于 16/32/64 线激光雷达，而面向无人驾驶的应用则追求更高精度的 128 线，如图 5-1 所示。3D 激光雷达 SLAM 技术基于多线激光雷达，沿用并发展了基于图优化的 SLAM 算法框架，并将其应用于无人驾驶等领域解决大型场景的建图与定位问题。

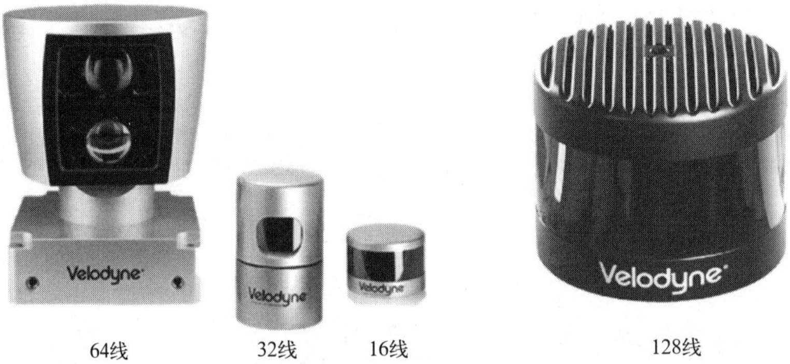

图 5-1　多线激光雷达

5.2 激光雷达的工作方式

激光雷达的工作原理是：感知层通过激光雷达不断向外发射激光束，并接收物体反射回的光脉冲，根据已知光速计算出两信号之间的时间差、相位差等来确定自车与物体之间的相对距离，再通过水平旋转扫描或相控扫描测量物体的角度，获取不同俯仰角度的信号来获得高度信息。激光雷达测距方法有三种：三角测距法、飞行时间测距法（Time of Flight，ToF）和连续调频波测距法（Frequency Modulated Continuous Wave，FMCW）。

5.2.1 激光雷达数据的测距方法

(1) 三角测距法

三角测距模型的原理是激光雷达以一定角度发射激光束，激光发射到被测物体上时会发生反射，然后通过透镜汇聚的反射激光会在位置传感器上成像，如果被测物体在上述过程中发生移动，反射汇聚在位置传感器上的光斑点也会随之移动。

通过计算光斑的移动距离即可求解出被观测物体与激光雷达间的实际距离。三角测距法因激光发射器、接收器与被测物体间构成三角关系而得名，根据入射光线与被观测物体表面法线间的夹角关系又可以细分为直射式三角测距法与斜射式三角测距法。

直射式三角测距法如图 5-2 所示，激光线束垂直射向被观测物体，此时法线与入射光线重合。当激光线束的入射角度发生改变时，被观测物体表面的法线不再与入射光线共线，这种情况称之为斜射式三角测距法，如图 5-3 所示。在斜射法中，通过光路图中几何关系可以得知$\triangle ABO \sim \triangle DEB$。

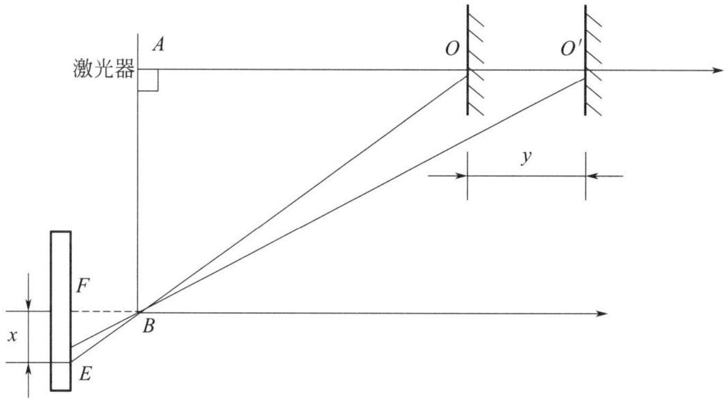

图 5-2 直射式三角测距法

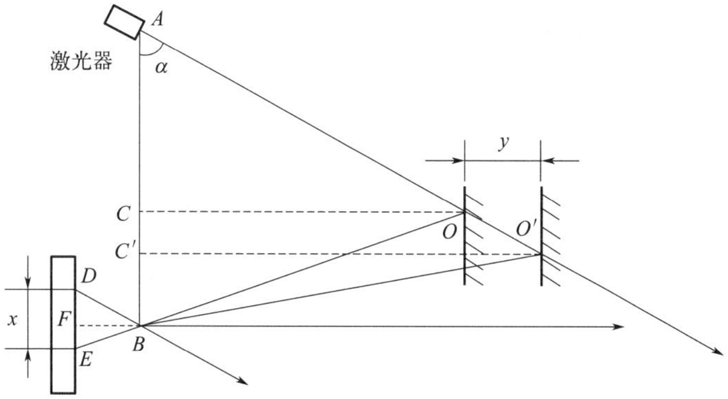

图 5-3 斜射式三角测距法

(2) ToF 测距法

ToF（Time of Flight）测距法是激光雷达中最常用的一种测距方法。它基于时间差来计算目标与激光雷达之间的距离。该方法具有测量精度高、测量速度快等优点，因此广泛应用于激光雷达的测距技术中。

ToF 测距法的基本原理，如图 5-4 所示，利用激光器发射的短脉冲激光束与目标物体反射的光束之间的时间差来计算目标物体与激光器之间的距离。具体而言，ToF 测距法通过以下几个步骤来实现距离的测量：①激光器发射短脉冲激光束；②激光束经过一定的时间后，到达目标物体表面反射；③反射的激光束被接收器接收；④计算激光束从激光器到目标物体再到接收器的总时间，再除以 2，得到激光束传播的时间；⑤通过光速恒定的公式，将激光束传播的时间转换成目标物体与激光器之间的距离。

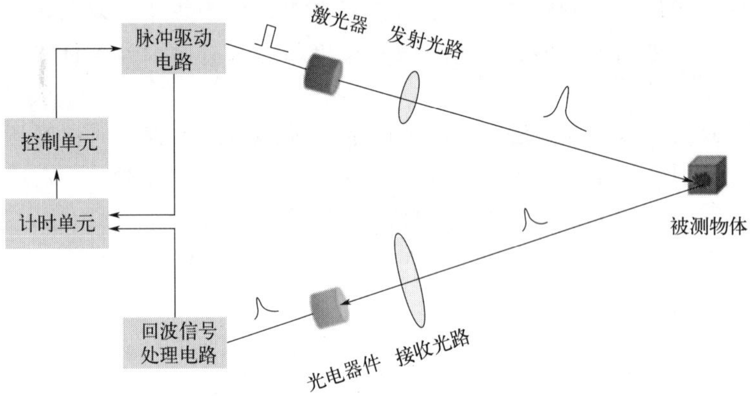

图 5-4　ToF 测距基本原理

（3）FMCW 测距法

FMCW（Frequency Modulated Continuous Wave）测距法是一种基于调频连续波的激光雷达测距方法，它通过调制激光信号的频率来实现对目标物体的距离测量。其基本原理如图 5-5 所示。

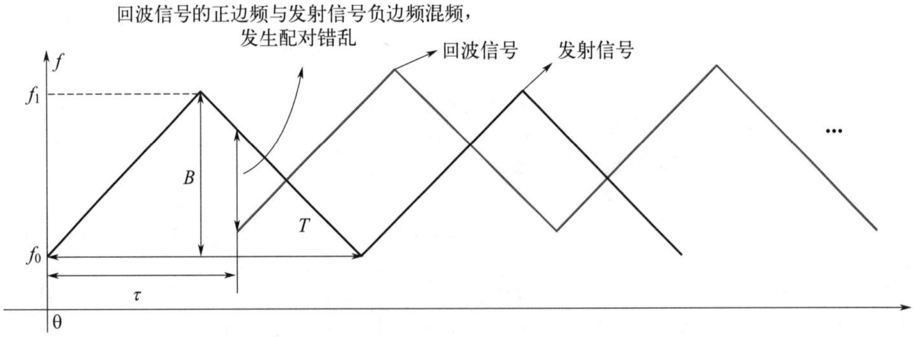

图 5-5　FMCW 测距法基本原理

FMCW 测距法的具体实现过程如下：①激光器发出调制信号，其频率随时间线性变化；②调制信号被发射到目标物体，再被反射回来；③反射信号与本地产生的调制信号在接收器中混频，产生中频信号；④中频信号被处理器处理，得到反射信号与发射信号之间的频率差，进而计算出目标物体与激光雷达之间的距离。

5.2.2 激光雷达数据的处理方法

(1) 激光雷达的数据格式

激光雷达采集的数据点通常以“点云”(Point Cloud) 的形式进行存储。点云是一组离散的三维坐标点，每个点代表物体表面上的一个位置。每个点包含了位置、反射强度和其他相关属性信息。在点云中，每个点的位置可以用笛卡儿坐标系中的三个坐标值(X, Y, Z) 来表示。反射强度通常是以灰度值的形式表示，值越大代表物体表面反射激光的强度越大。此外，点云中可能包含其他属性信息，如颜色、法向量等。

(2) 激光雷达数据的处理方式

三维激光雷达通过发射激光束并接收反射光束来获取环境中的三维信息(如距离、角度和强度等)，因此需要将这些信息转换为点云数据格式，以便后续处理。针对于激光雷达的点云数据，常见的处理方法可以分为以下两个方面。

① 点云形状特征提取 (图 5-6)

点云的形状特征是指与物体的形状有关的特征，如曲率、表面法线、曲率变化、曲率变化率等。曲率描述了点云数据表面的局部弯曲程度，法线是垂直于表面的向量，曲率变化和曲率变化率是描述点云表面变化程度的指标。

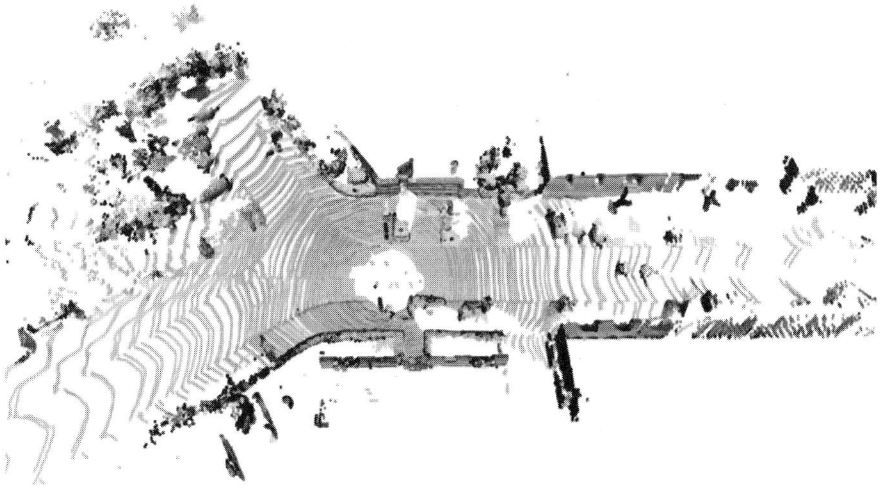

图 5-6 特征提取效果图

② 点云描述符特征提取

点云描述符是指对点云数据进行局部描述的方法，如 SIFT、SURF、ORB 等。这些方法通常将点云数据划分为小的区域，并通过对每个区域的分析得到该区域的特征向量。点云描述符可以用于点云的配准、匹配和识别等任务。

这些方法通常可以组合使用，以得到更为全面的点云特征。同时，特征提取的效果也会受到点云数据质量、噪声和点云密度等因素的影响，因此在实际应用中需要综合考虑多方面因素来选择适合的特征提取方法。

5.3 基于传统方法的激光 SLAM

本节主要介绍经典的激光 SLAM 方法（LOAM），以及它的改进版 Lego-LOAM。这两种方法主要使用了传统的点云数据处理技术，并为后续的激光 SLAM 技术发展奠定坚实的基础。

5.3.1 基于特征点匹配的经典激光 SLAM 算法（LOAM）

2014 年，ZhangJi 等人提出了经典的 3D 激光 SLAM 算法（LOAM），它使用六自由度的双轴激光雷达进行距离测量。该算法的难点在于激光雷达的每一个点的时间戳都不同，因此运动估计的误差会影响激光点云的配准。为了解决这个问题，目前相关的 3D 地图一般使用离线批处理方法构建，并且使用闭环来校正漂移。LOAM 算法则将高频率低精度的里程计部分和高精度低频率的建图部分结合，实现了低漂移和低计算复杂度，而无需高精度测量和惯性测量。

LOAM 的核心是利用三维激光雷达探测到的点云数据进行自运动估计，并建立遍历环境地图。假设激光雷达是预先校准的并且激光雷达的角速度和线速度在时间上是平滑和连续的，则将扫描定义为激光雷达完成一次扫描覆盖。使用右订阅 $k \in Z^+$ 来表示扫描，并且 P_k 表示在扫描 k 期间感知的点云。定义两个坐标系如下。

① 激光雷达坐标系 $\{L\}$ 是原点位于激光雷达的几何中心的 3D 坐标系。x 轴指向左侧，y 轴指向上方，z 轴指向前方。$\{L_k\}$ 中的点 i（$i \in P_k$）的坐标记为 $X^L_{(k,i)}$。

② 世界坐标系 $\{W\}$ 是在初始位置与 $\{L\}$ 一致的 3D 坐标系。$\{W_k\}$ 中的点 i（$i \in P_k$）的坐标为 $X^W_{(k,i)}$。根据所做的假设和标记，激光雷达测距和制图问题可以定义为：给定一系列激光雷达云 P_k（$k \in Z^+$），计算每次扫描 k 期间激光雷达的自运动，并为遍历的环境构建 P_k 地图。

图 5-7 展现了软件系统的示意图，设 $\hat{P}$ 为激光扫描中接收到的点，在每次扫描过程中，$\hat{P}$ 被记录在 $\{L\}$ 中。在扫描 k 期间组合的点云形成 P_k，然后在两种算法中处理 P_k。激光雷达测距仪获取点云并计算激光雷达在两次连续扫描之间的运动。所估计的运动用于校正 P_k 中的失真，该算法以大约 10Hz 的频率运行。输出由激光雷达制图进一步处理，它以 1Hz 的频率将未失真的点云匹配

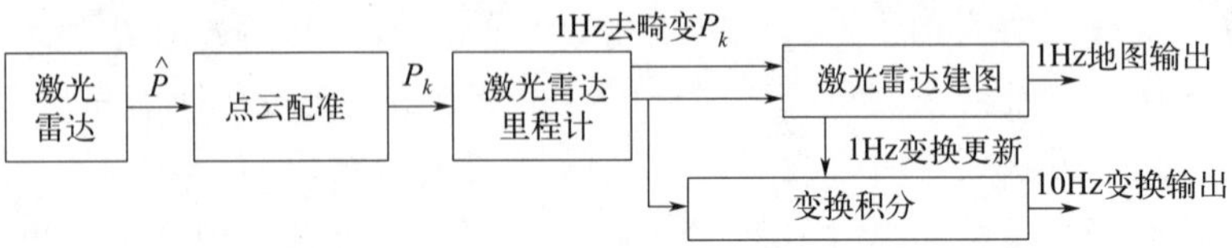

图 5-7　激光雷达测程与测绘软件系统框图

并配准到地图上。最后，将两种算法发布的位姿变换进行集成，以生成关于激光雷达相对于地图位姿的大约 10Hz 的变换输出。

LOAM 算法将 SLAM 问题分成定位与建图两部分：高频率的运动估计和低频率的环境建图，通过混合频率实现高精度建图。SLAM 算法主要分为四个模块：特征点提取、特征点对应、运动估计和激光雷达测绘。

（1）特征点提取

设 i 是 P_k 中的一个点，$i \in P_k$，S 是激光扫描器在同一次扫描中返回的 i 的连续点的集合。由于激光扫描仪以 CW 或 CCW 顺序生成点回波，因此 S 在 i 的每一侧包含其一半的点，两点之间的间隔为 0.25°。定义一个量来评估局部曲面的平滑度：

$$c=\frac{1}{|S| \cdot \|\boldsymbol{X}_{(k,i)}^{L}\|}\left\|\sum_{j \in S, j \neq i}(\boldsymbol{X}_{(k,i)}^{L}-\boldsymbol{X}_{(k,j)}^{L})\right\| \tag{5-1}$$

基于 c 值对扫描中的点进行排序，然后选择具有最大 c 的特征点，即边缘点，以及具有最小 c 的特征点，即平面点。为了在环境中均匀分布特征点，将扫描分成 4 个相同的子区域。每个子区域可以提供最多 2 个边缘点和 4 个平面点，只有当点 i 的 c 值大于或小于阈值，并且所选择的点的数目不超过最大值时，才可以选择点 i 作为边缘或平面点。

在选择特征点时，避免选择被包围的点，或大致平行于激光束的局部平面上的点［图 5-8(a) 中的点 B］。这些点通常被认为是不可靠的。此外，希望避免选择在遮挡区域边界上的点。图 5-8(b) 展示出了一个例子，点 A 是激光雷达云中的边缘点，其连接的曲面（虚线段）被另一个对象阻挡。如果激光雷达移动到另一个观察点，遮挡区域可能会发生变化并变得可观察。为了避免选择上述点，再次找到点集 S。只有当 S 不形成大致平行于激光束的曲面片，并且 S 中没有在激光束的方向上与 i 断开间隙并且同时比点 i 更接近激光雷达的点［例如图 5-8(b) 中的点 B］时，才可以选择点 i。

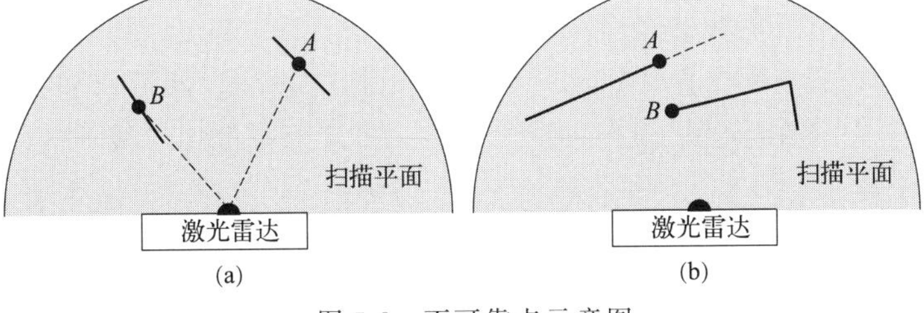

图 5-8　不可靠点示意图

总之，选择特征点作为从最大 c 值开始的边缘点和从最小 c 值开始的平面点，并且如果选择了点，选定边点或平面点的数量不能超过子区域的最大值；并且尚未选择其周围的任何点；并且它不能位于大致平行于激光束的曲面片上，也不能位于遮挡区域的边界上。

图 5-8(a) 中的 A 点所在平面与雷达发出的激光束呈一定夹角，B 点所在平面与激光束几乎平行，B 点为不可靠点；图 5-8(b) 中 B 点与 A 点的间隔较大，且线段 AB 与激光线束平行，B 点对 A 点造成了遮挡，A 点为不可靠点。

（2）特征点对应

测距算法估计扫描内激光雷达的运动，设 t_k 为扫描 k 的开始时间。在每次扫描结束时，扫描期间感知的点云 P_k 被重新投影到时间戳 t_{k+1}，如图 5-9 所示。重新投影的点云表示为 $\overline{P}_k$。在下一次扫描 $k+1$ 期间，将 $\overline{P}_k$ 与新接收的点云 P_{k+1} 一起用于估计激光雷达的运动。

蓝色线段表示在扫描 k、P_k 期间感知到的点云。在扫描 k 结束时，将 P_k 重新投影到时间戳 t_{k+1}，以获得 $\overline{P}_k$。然后，在扫描 $k+1$ 期间，将 $\overline{P}_k$ 和新感知的点云 P_{k+1} 一起用于估计激光雷达运动。

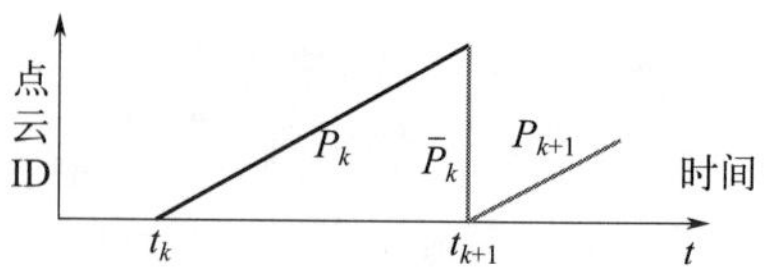

图 5-9 将点云重新投影到扫描的终点

假设现在可以得到 $\overline{P}_k$ 和 P_{k+1}，并从寻找两个激光雷达云之间的对应关系开始，对于 P_{k+1}，使用上一节中讨论的方法从激光雷达云中找到边缘点和平面点。设 ε_{k+1} 和 H_{k+1} 分别是边缘点和平面点的集合，找到来自 $\overline{P}_k$ 的边缘线作为 ε_{k+1} 中的点的对应，平面片作为 H_{k+1} 中的点的对应。

在扫描 $k+1$ 开始时，P_{k+1} 是空集，其在扫描过程中随着接收到更多的点而增长。激光雷达测距法递归地估计扫描期间的六自由度运动，并且随着 P_{k+1} 的增加逐渐包括更多的点。在每次迭代时，使用当前估计的变换将 ε_{k+1} 和 H_{k+1} 重新投影到扫描的开始。设 $\widetilde{\varepsilon}_{k+1}$ 和 $\widetilde{H}_{k+1}$ 为重投影点集。对于 $\widetilde{\varepsilon}_{k+1}$ 和 $\widetilde{H}_{k+1}$ 中的每一个点，都要找到 $\overline{P}_k$ 中的最近邻点。这里，$\overline{P}_k$ 存储在 3D KD 树（K-Dimensional Tree）中，用于快速索引。

图 5-10(a) 表示找到作为边缘点对应的边缘线的过程。设 i 是 $\widetilde{\varepsilon}_{k+1}$ 中的一个点，$i\in\widetilde{\varepsilon}_{k+1}$。边缘线由两个点表示。设 j 是 i 在 $\overline{P}_k$ 中的最近邻点，$j\in\overline{P}_k$，l 是 i 在对 j 扫描的两个连续扫描中的最近邻点，(j,l) 形成 i 的对应。然后，为了验证 j 和 l 都是边缘点，基于式(5-1) 检查局部表面的平滑性。这里，考虑到单次扫描不能包含来自同一边缘线的多于一个的点，特别要求 j 和 l 来自不同的扫描。只有一个例外，即边缘线位于扫描平面。然而，如果是这样，则边缘线退化并且在扫描平面上表现为直线，不应当提取边缘线上的特征点。

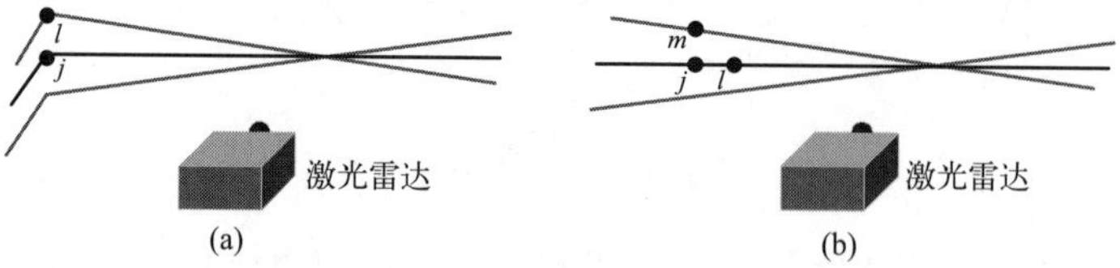

图 5-10 求一条边缘线作为 $\widetilde{\varepsilon}_{(k+1)}$

图 5-10(b) 显示了查找平面片作为平面点对应关系的过程。设 i 是 $\widetilde{H}_{k+1}$ 中的一个点，$i\in\widetilde{H}_{k+1}$。平面片由三个点表示。与上一段类似，在 $\overline{P}_k$ 中找到 i 的最近邻，记为 j。然后，找到另外两个点 l 和 m 作为 i 的最近邻点，一个在 j 的同一扫描中，另一个在 j 的扫描的两个连续扫描中，这保证了三个点不共线。

为了验证 j、l 和 m 都是平面点，基于式(5-1) 再次检查局部曲面的平滑度。

根据图 5-10(a) 中边缘点的对应，求一个平面片作为 $\widetilde{H}_{k+1}$(b) 中平面点的对应。在图 5-10(a) 和图 5-10(b) 中，j 都是在 P_k 中找到的最接近特征点的点。黑色线表示 j 的相同扫描，灰色线表示两次连续扫描。为了找到 (a) 中的边缘线对应，在灰色线上找到另一点 l，并且该对应被表示为 (j,l)。为了找到 (b) 中的平面片对应，找到另外两个点 l 和 m，分别在黑色线和灰色线上，对应关系为(j,l,m)。

在找到特征点的对应关系后，现在推导出计算从特征点到其对应关系的距离的表达式。在下面的内容中，将通过最小化特征点的总距离来恢复激光雷达运动。从边缘点开始。对于一个点 $i\in\widetilde{\varepsilon}_{k+1}$，如果 (j,l) 是对应的边缘线 $(j,l\in\overline{P}_k)$，则点到线的距离可以计算为：

$$d_{\mathrm{E}}=\frac{\left|(\widetilde{\boldsymbol{X}}^L_{(k+1,i)}-\overline{\boldsymbol{X}}^L_{(k,j)})\times(\widetilde{\boldsymbol{X}}^L_{(k+1,i)}-\overline{\boldsymbol{X}}^L_{(k,l)})\right|}{\left|\overline{\boldsymbol{X}}^L_{(k,j)}-\overline{\boldsymbol{X}}^L_{(k,l)}\right|} \tag{5-2}$$

式中，$\widetilde{\boldsymbol{X}}^L_{(k+1,i)}$、$\overline{\boldsymbol{X}}^L_{(k,j)}$ 和 $\overline{\boldsymbol{X}}^L_{(k,l)}$ 分别是 $\{L\}$ 中点 i、j 和 l 的坐标。

然后，对于点 $i\in\widetilde{H}_{k+1}$，如果(j,l,m)是对应的平面片，j、l、$m\in\overline{P}_k$，则点到平面的距离为：

$$d_{\mathrm{H}}=\frac{\left|\begin{matrix}(\widetilde{\boldsymbol{X}}^L_{(k+1,i)}-\overline{\boldsymbol{X}}^L_{(k,j)})\\ \left[(\overline{\boldsymbol{X}}^L_{(k,j)}-\overline{\boldsymbol{X}}^L_{(k,l)})\times(\overline{\boldsymbol{X}}^L_{(k,j)}-\overline{\boldsymbol{X}}^L_{(k,m)})\right]\end{matrix}\right|}{\left|(\overline{\boldsymbol{X}}^L_{(k,j)}-\overline{\boldsymbol{X}}^L_{(k,l)})\times(\overline{\boldsymbol{X}}^L_{(k,j)}-\overline{\boldsymbol{X}}^L_{(k,m)})\right|} \tag{5-3}$$

式中，$\overline{X}^L_{(k,m)}$ 是 $\{L\}$ 中点 m 的坐标。

(3) 运动估计

在扫描期间，激光雷达运动被建模为具有恒定角速度和线速度。设 t 为当前时间戳，t_{k+1} 为扫描的开始时间 $k+1$。令 $\boldsymbol{T}^L_{k+1}$ 为$[t_{k+1},t]$之间的激光雷达姿态变换。$\boldsymbol{T}^L_{k+1}$ 包含激光雷达在 6 个自由度中的刚性运动，$\boldsymbol{T}^L_{k+1}=[t_x,t_y,t_z,\theta_x,\theta_y,\theta_z]^{\mathrm{T}}$，其中 t_x、t_y 和 t_z 分别是沿着 $\{L\}$ 的 x—、y—和 z—轴的平移，θ_x、θ_y 和 θ_z 是旋转角度，遵循右手法则。给定一个点 $i(i\in P_{k+1})$，设 t_i 为其时间戳，$\boldsymbol{T}^L_{(k+1,i)}$ 为$[t_{k+1},t_i]$之间的位姿变换。$\boldsymbol{T}^L_{(k+1,i)}$ 可以通过 $\boldsymbol{T}^L_{k+1}$ 的线性内插来计算：

$$\boldsymbol{T}^L_{(k+1,i)}=\frac{t_i-t_{k+1}}{t-t_{k+1}}\boldsymbol{T}^L_{k+1} \tag{5-4}$$

ε_{k+1} 和 H_{k+1} 是从 P_{K+1} 中提取的边缘点和平面点的集合，而 $\widetilde{\varepsilon}_{k+1}$ 和 $\widetilde{H}_{k+1}$ 是重新投影到扫描起点 t_{k+1} 的点的集合。为了求解激光雷达的运动，建立 ε_{k+1} 和 $\widetilde{\varepsilon}_{k+1}$ 或 H_{k+1} 和 $\widetilde{H}_{k+1}$ 之间的几何关系。使用式(5-4) 中的变换，可以得出：

$$\boldsymbol{X}^L_{(k+1,i)}=\boldsymbol{R}\widetilde{\boldsymbol{X}}^L_{(k+1,i)}+\boldsymbol{T}^L_{(k+1,i)}(1:3) \tag{5-5}$$

式中，$\boldsymbol{X}^L_{(k+1,i)}$ 是 ε_{k+1} 或 H_{k+1} 中点 i 的坐标；$\widetilde{\boldsymbol{X}}^L_{(k+1,i)}$ 是 $\widetilde{\varepsilon}_{k+1}$ 或 $\widetilde{H}_{k+1}$ 中

的对应点，$\boldsymbol{T}_{(k+1,i)}^{L}$ $(a:b)$ 是 $\boldsymbol{T}_{(k+1,i)}^{L}$ 的第 a 项至第 b 项；$\boldsymbol{R}$ 是由罗德里格斯公式定义的旋转矩阵：

$$\boldsymbol{R}=e^{\hat{\boldsymbol{\omega}}\theta}=\mathbf{I}+\hat{\boldsymbol{\omega}}\sin\theta+\hat{\boldsymbol{\omega}}^{2}(1-\cos\theta) \tag{5-6}$$

式中，θ 是旋转的幅度：

$$\theta=\boldsymbol{T}_{(k+1,i)}^{L}(4:6) \tag{5-7}$$

$\boldsymbol{\omega}$ 是表示旋转方向的单位矢量：

$$\boldsymbol{\omega}=\boldsymbol{T}_{(k+1,i)}^{L}(4:6)\Big/\left\|\boldsymbol{T}_{(k+1,i)}^{L}(4:6)\right\| \tag{5-8}$$

而 $\hat{\boldsymbol{\omega}}$ 是 $\boldsymbol{\omega}$ 的斜对称矩阵。

结合式(5-2) 和式(5-4)～式(5-8)，可以推导出 ε_{k+1} 中的边缘点和对应的边缘线之间的几何关系：

$$f_{\mathrm{E}}(\boldsymbol{X}_{(k+1,i)}^{L},\boldsymbol{T}_{k+1}^{L})=d_{E},\quad i\in E_{k+1} \tag{5-9}$$

类似地，结合式(5-3)～式(5-8)，可以在 H_{k+1} 中的平面点和对应的平面片之间建立另一种几何关系：

$$f_{\mathrm{H}}(\boldsymbol{X}_{(k+1,i)}^{L},\boldsymbol{T}_{k+1}^{L})=d_{\mathrm{H}},\quad i\in \boldsymbol{H}_{k+1} \tag{5-10}$$

最后，用 Levenberg-Marquardt 方法求解激光雷达运动。对于 ε_{k+1} 和 H_{k+1} 中的每个特征点堆叠式(5-9) 和式(5-10)，获得非线性函数：

$$f(\boldsymbol{T}_{k+1}^{L})=d \tag{5-11}$$

式中，f 的每一行对应于一个特征点；d 包含对应的距离。

计算 f 关于 $\boldsymbol{T}_{k+1}^{L}$ 的雅可比矩阵，记为 $\boldsymbol{J}$，其中 $\boldsymbol{J}=\partial f/\partial \boldsymbol{T}_{k+1}^{L}$。然后，式(5-11) 可以通过使 d 朝向零最小化而进行非线性迭代求解：

$$\boldsymbol{T}_{k+1}^{L}\leftarrow\boldsymbol{T}_{k+1}^{L}-[\boldsymbol{J}^{\mathrm{T}}\boldsymbol{J}+\lambda\,\mathrm{diag}(\boldsymbol{J}^{\mathrm{T}}\boldsymbol{J})]^{-1}\boldsymbol{J}^{\mathrm{T}}d \tag{5-12}$$

式中，λ 是通过 Levenberg-Marquardt 方法确定的因子。

(4) 激光雷达测绘

映射算法以比测距算法低的频率运行，并且每次扫描仅调用一次。在扫描 $k+1$ 结束时，激光雷达测距生成未失真的点云 $\overline{\boldsymbol{P}}_{k+1}$，同时生成姿态变换 $\boldsymbol{T}_{k+1}^{L}$，其包含扫描期间 $[t_{k+1},\ t_{k+2}]$ 之间的激光雷达运动。映射算法在世界坐标系 $\{W\}$ 中匹配并记录 $\overline{\boldsymbol{P}}_{k+1}$，如图 5-11 所示。将 $\boldsymbol{Q}_k$ 定义为地图上的点云，累积直到扫描 k，并且 $\boldsymbol{T}_{k}^{W}$ 是扫描 k 结束时地图上的激光雷达的姿态。利用激光雷达测距的输出，映射算法将一次扫描的 $\boldsymbol{T}_{k+1}^{W}$ 从 t_{k+1} 延伸到 t_{k+2}，以获得 $\boldsymbol{T}_{k+1}^{W}$，并将 $\overline{\boldsymbol{P}}_{k+1}$ 投影到世界坐标 $\{W\}$ 中，表示为 $\overline{\boldsymbol{Q}}_{k+1}$。接下来，该算法通过优化激光雷达姿态 $\boldsymbol{T}_{k+1}^{W}$ 来匹配 $\overline{\boldsymbol{Q}}_{k+1}$ 与 $\boldsymbol{Q}_k$。

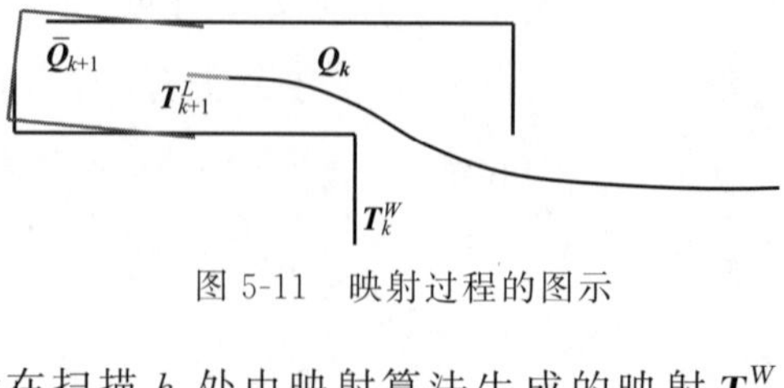

图 5-11 映射过程的图示

黑色曲线表示在扫描 k 处由映射算法生成的映射 $\boldsymbol{T}_{k}^{W}$ 上的激光雷达姿态，

灰色曲线指示由测距算法计算的扫描 $k+1$、$\boldsymbol{T}_{k+1}^{L}$ 期间的激光雷达运动。使用 $\boldsymbol{T}_{k}^{W}$ 和 $\boldsymbol{T}_{k+1}^{L}$，里程算法发布的未失真点云被投影到地图上，表示为 $\overline{\boldsymbol{Q}}_{k+1}$（灰色线段），并与地图上现有的点云 $\boldsymbol{Q}_{K}$（黑色线段）匹配。

特征点的提取与上文方法相同，但使用 10 倍的特征点。为了找到特征点的对应关系，将点云 $\boldsymbol{Q}_{k}$ 存储在地图上的 10m 立方区域中。立方体中与 $\overline{\boldsymbol{Q}}_{k+1}$ 相交的点被提取并存储在 3D KD 树中。在特征点周围的某个区域内找到 $\boldsymbol{Q}_{k}$ 中的点。设 S' 是一组周围点。对于边缘点，只保留 S' 中边缘线上的点；对于平面点，只保留平面片上的点。然后，计算 S' 的协方差矩阵记为 $\boldsymbol{M}$，$\boldsymbol{M}$ 的特征值和特征向量分别记为 V 和 $\boldsymbol{E}$。如果 S' 分布在一条边缘线上，则 V 包含一个显著大于其他两个的特征值，$\boldsymbol{E}$ 中与最大特征值相关的特征向量表示边缘线的方向。另一方面，如果 S' 分布在一个平面片上，V 包含两个大的特征值，而第三个明显较小，$\boldsymbol{E}$ 中与最小特征值相关的特征向量表示平面片的方向。边缘线或平面片的位置由通过 S' 的几何中心来确定。

为了计算从特征点到其对应点的距离，在边缘线上选择两个点，在平面片上选择三个点。使用与式(5-2) 和式(5-3) 相同的公式来计算距离。然后，针对每个特征点导出方程，如式(5-9) 或式(5-10)，但不同之处在于 $\overline{\boldsymbol{Q}}_{k+1}$ 中的所有点共享相同的时间戳 t_{k+2}。通过 Levenberg-Marquardt 方法进行鲁棒拟合，再次求解非线性优化，并在映射上记录 $\overline{\boldsymbol{Q}}_{k+1}$。为了均匀分布点云，通过大小为 5cm 立方体的体素网格对地图点云进行降采样处理。

姿态变换的整合如图 5-12 所示。浅灰色区域表示每次扫描生成一次的激光雷达映射 $\boldsymbol{T}_{k}^{W}$ 的姿势输出。深灰色区域表示激光雷达测距法 $\boldsymbol{T}_{k+1}^{L}$ 的转换输出，频率约为 10Hz。相对于地图的激光雷达姿势是两个变换的组合，频率与激光雷达测距相同。

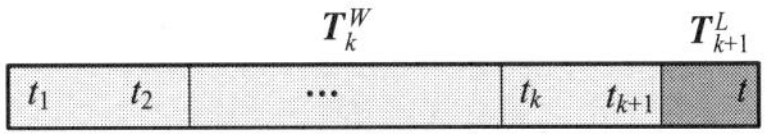

图 5-12　姿势变换的集成

浅灰色区域说明了来自映射算法 $\boldsymbol{T}_{k}^{W}$ 的激光雷达姿态，其在每次扫描时生成一次。深灰色区域是由测距算法计算的当前扫描 $\boldsymbol{T}_{k+1}^{L}$ 内的激光雷达运动。激光雷达的运动估计是在与 $\boldsymbol{T}_{k+1}^{L}$ 相同的频率处两个变换的组合。

5.3.2　面向自动驾驶场景的激光 SLAM 算法（Lego-LOAM）

Lego-LOAM 是一种基于激光雷达的 SLAM 算法，可以实现智能车的自主定位和地图构建。它由 Zhang 等人于 2018 年提出，适用于移动机器人和无人机等多种应用场景。Lego-LOAM 算法的核心思想是将环境划分为小块，并通过融合来自不同时间的激光雷达数据，实现自主定位和地图构建。

Lego-LOAM 算法是对 LOAM 算法的改进，主要目的是提高算法的准确性和鲁棒性，并且降低算法的计算复杂度，从而适用于嵌入式设备和移动机器人等实时应用场景，如图 5-13 所示。

该系统接收来自 3D 激光雷达的输入并输出六自由度的姿态估计。整个系统

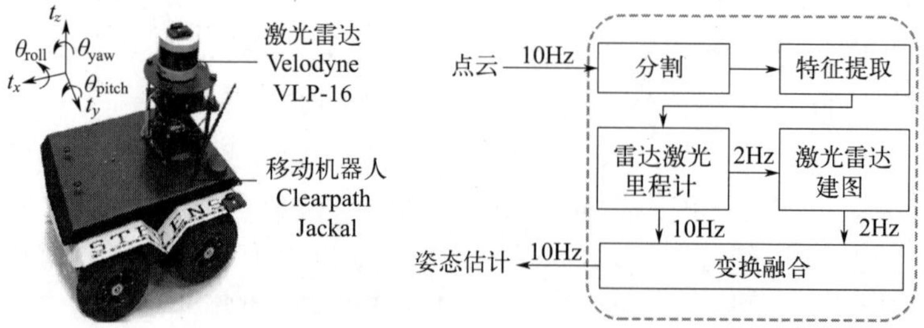

图 5-13　Lego-LOAM 的硬件和系统概述

分为五个步骤：①分割，它获取单次扫描的点云并将其投影到距离图像上进行分割；②将分割的点云发送到特征提取模块；③激光雷达测距使用从先前模块提取的特征来找到与连续扫描相关的变换；④这些特征在激光雷达制图中进一步处理，激光雷达制图将这些特征注册到全局点云地图；⑤变换积分模块融合激光雷达测距和激光雷达制图的位姿估计结果，输出最终的位姿估计。下面将详细介绍 Lego-LOAM 算法中的核心技术。

（1）点云分割

在 Lego-LOAM 中假设 $P_t=\{p_1,p_2,\cdots,p_n\}$ 是在时间 t 获取的点云，其中，p_i 是 P_t 中的点。P_t 首先被投影到距离图像上。由于 VLP-16 的水平和垂直角分辨率分别为 0.2°和 2°，投影距离图像的分辨率为 1800×16。P_t 中的每个有效点 p_i 都由距离图像中的唯一像素表示。与 p_i 相关联的距离值 r_i 表示从对应点 p_i 到传感器的欧几里得距离。由于倾斜地形在许多环境中很常见，因此不假设地面是平坦的。在分割之前进行距离图像的列式评估，其可以被视为地平面估计，用于地面点提取。在该过程之后，可以表示地面的点被标记为地面点并且不用于分割。

然后，将基于图像的分割方法应用于距离图像以将点分组为许多簇。同一聚类中的点将被指定一个唯一标签。地面点是一种特殊类型的簇，对点云进行分割可以提高处理效率和特征提取精度。假设智能车在噪声环境中操作，小物体、树叶可能形成琐碎和不可靠的特征，因为在两次连续扫描中不太可能看到相同的树叶。为了使用分割的点云执行快速和可靠的特征提取，省略具有少于 30 个点的簇。分割前后的点云可视化如图 5-14 所示。原始点云包括许多点，这些点是从可能产生不可靠特征的周围植被中获得的。

原始点云如图 5-14(a) 所示，在图（b）中，红色点被标记为地面点，其余的点是分割后剩余的点。在图（c）中，蓝色和黄色点表示 F_e 和 F_p 中的边缘和平面特征。在图（d）中，绿色和粉色点分别表示 $\mathbb{F}_e$ 和 $\mathbb{F}_p$ 中的边缘和平面特征。

（2）特征提取

Lego-LOAM 不是从原始点云提取特征，而是从地面点和分割点提取特征。设 S 是来自距离图像的同一行的 p_i 的连续点的集合。S 中有一半的点在 p_i 的两边，设置 $|S|$ 为 10。利用分割期间计算的距离值，可以评估 S 中点 p_i 的粗糙程度：

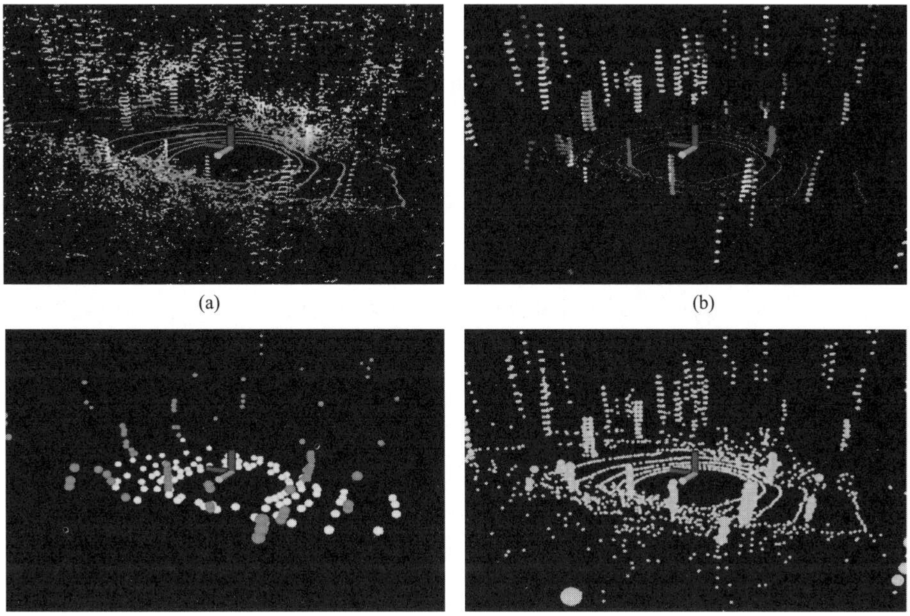

(a) (b) (c) (d)

图 5-14 噪声环境中扫描的特征提取过程（见书后彩插）

$$c=\frac{1}{|S|\cdot\left\|r_i\right\|}\left\|\sum_{j\in S,j\neq i}(r_j-r_i)\right\| \tag{5-13}$$

为了从各个方向均匀地提取特征，Lego-LOAM 将深度图像水平地划分为若干相等的子图像。然后，基于粗糙度值 c 对子图像的每一行中的点进行排序。类似于 LOAM，使用阈值 c_{th} 来区分不同类型的特征。Lego-LOAM 把 c 大于 c_{th} 的点称为边缘特征，把 c 小于 c_{th} 的点称为平面特征。然后，从子图像的每一行中选择不属于地面的具有最大 c 的 $n_{\mathbb{F}_e}$ 个边缘特征点。以相同的方式选择具有最小 c 的 $n_{\mathbb{F}_p}$ 个平面特征点，其可以被标记为地面点或分段点。令 $\mathbb{F}_e$ 和 $\mathbb{F}_p$ 是来自所有子图像的所有边缘和平面特征的集合，这些特征如图 5-14(d) 所示。然后，从子图像中的每一行提取具有最大 c 的不属于地面的 n_{F_e} 边缘特征。类似地，从子图像中的每一行提取具有最小 c 的 n_{F_p} 个平面特征，其必须是地面点。设 F_e 和 F_P 是来自该过程的所有边缘和平面特征的集合。在这里，有 $F_e\subset\mathbb{F}_e$ 和 $F_p\subset\mathbb{F}_p$。F_e 和 F_p 的特征如图 5-14(c) 所示。Lego-LOAM 将 360° 深度图像分成 6 个子图像。每个子图像的分辨率为 300×16。n_{F_e}、n_{F_P}、$n_{\mathbb{F}_e}$ 和 $n_{\mathbb{F}_p}$ 分别被选择为 2、4、40 和 80。

(3) 激光里程计

激光雷达测距模块估计两次连续扫描之间的传感器运动，通过执行点到边缘和点到平面扫描匹配来找到两个扫描之间的变换，需要从上一次扫描的特征集 $\mathbb{F}_e^{t-1}$ 和 $\mathbb{F}_p^{t-1}$ 中找到对应于 F_e^t 和 F_p^t 中的点的特征。Lego-LOAM 采用了一些更改来提高特征匹配的准确性和效率：

① 标签匹配。由于 F_e^t 和 F_p^t 中的每个特征在分割后都用其标签编码，因此

只能找到$\mathbb{F}_e^{t-1}$和$\mathbb{F}_p^{t-1}$中具有相同标签的对应。对于 F_p^t 中的平面特征，只有在$\mathbb{F}_p^{t-1}$ 中标记为地面点的点才被用来寻找平面片作为对应。对于 F_e^t 中的边缘特征，其对应的边缘线可以在$\mathbb{F}_e^{t-1}$中从分割的聚类中找到。以这种方式找到对应关系可以帮助提高匹配精度。这个过程也缩小了对应的潜在候选者的范围。

② 两步 L-M 优化。最佳变换 T 分两步求出：$[t_z,\theta_{\text{roll}},\theta_{\text{pitch}}]$通过匹配 F_p^t 中的平面特征和它们在$\mathbb{F}_p^{t-1}$中的对应关系来估计；然后使用 F_e^t 中的边缘特征和它们在$\mathbb{F}_e^{t-1}$中的对应关系来估计剩余的$[t_x,t_y,\theta_{\text{yaw}}]$，同时使用$[t_z,\theta_{\text{roll}},\theta_{\text{pitch}}]$作为约束。最后，通过融合$[t_z,\theta_{\text{roll}},\theta_{\text{pitch}}]$和$[t_x,t_y,\theta_{\text{yaw}}]$得到两个连续扫描之间的六自由度变换。

(4) 激光建图模块

Lego-LOAM 中的 Lidar Mapping 模块是用于生成环境地图的核心组成部分之一，它将智能车在运动过程中获取到的点云数据转化为地图，以便智能车进行定位和路径规划。

Lidar Mapping 模块主要包含两个子模块：点云投影和地图构建。点云投影是将获取到的点云数据映射到一个二维平面上，以便后续地图构建。

点云数据首先被转换到以当前智能车位姿为中心的局部坐标系，然后通过将点云数据投影到一个二维平面上，将三维点转换为二维像素点，并进行聚类和筛选，以提取出环境中的地面、墙壁等特征。同时，还可以通过点云的强度信息来提取出不同的物体和结构，如树木、电线杆等。

地图构建是将点云投影后的二维像素点转换为三维地图的过程。具体来说，该模块会首先根据当前智能车的位姿将二维像素点转换为三维点，并将这些点添加到地图中。同时，还需要考虑地图的更新和优化。对于地图的更新，Lego-LOAM 采用了分段式更新策略，即将地图分成多个小块，仅对智能车附近的小块进行更新，以保证地图的实时性和效率。对于地图的优化，Lego-LOAM 采用了回环检测和后端优化等技术，以进一步提高地图的精度和鲁棒性。

激光雷达映射模块将$\{\mathbb{F}_e^t,\mathbb{F}_p^t\}$中的特征与周围的点云地图 $\overline{Q}^{t-1}$ 匹配，以进一步细化姿态变换，但以较低的频率运行。然后再次使用 L-M 方法来获得最终变换。Lego-LOAM 的主要区别在于最终点云地图的存储方式。Lego-LOAM 保存每个单独的要素集$\{\mathbb{F}_e^t,\mathbb{F}_p^t\}$，而不是保存单个点云地图。设 $M^{t-1}=\{\{\mathbb{F}_e^1,\mathbb{F}_p^1\},\cdots,\{\mathbb{F}_e^{t-1},\mathbb{F}_p^{t-1}\}\}$是保存所有先前特征集的集合。$M^{t-1}$ 中的每个特征集还与进行扫描时传感器的姿态相关联，那么 $\overline{Q}^{t-1}$ 可以通过两种方式从 M^{t-1} 得到。

在第一种方法中，$\overline{Q}^{t-1}$ 是通过选择传感器视场中的特征集来获得的。Lego-LOAM 可以选择传感器姿态在传感器当前位置 100m 内的特征集。所选的特征集被变换和融合成一个单一的包围映射 $\overline{Q}^{t-1}$。可以将姿态图 SLAM 集成到 Lego-LOAM 中。每个特征集的传感器姿态可以被建模为姿态图中的节点。特征集合$\{\mathbb{F}_e^t,\mathbb{F}_p^t\}$可以被视为该节点的传感器测量。由于激光雷达映射模块的位姿估计漂移非常低，因此可以假设在短时间段内没有漂移。这样，$\overline{Q}^{t-1}$ 可以通过选择最近的一组特征集来形成，即 $\overline{Q}^{t-1}=\{\{\mathbb{F}_e^{t-k},\mathbb{F}_p^{t-k}\},\cdots,\{\mathbb{F}_e^{t-1},\mathbb{F}_p^{t-1}\}\}$，其中，$k$ 定义了 $\overline{Q}^{t-1}$ 的大小。然后，可以使用 L-M 优化后得到的变换来添加 $\overline{Q}^{t-1}$ 中新节点和所选节点之间的空间约束。通过执行闭环检测来进一步消除该模块的漂移。在这种情况下，如果使用 ICP 在当前特征集和前一个特征集之间找到匹配，则会添加新约束，然后通过将姿态图发送到优化系统来更新传感器的估计姿态。

5.4 结合语义信息的激光 SLAM

本节主要介绍结合语义信息的激光 SLAM 方法（SuMa＋＋、PSF-LO）。这两种方法主要使用了基于深度学习的神经网络对 RGB 图像进行实时分析和处理，以增强激光 SLAM 技术的精度和鲁棒性。

5.4.1 通过语义分割去除动态面元的 SLAM 算法（SuMa++）

SuMa＋＋（SuperPoint and Mask R-CNN-based SLAM＋＋）是一种基于深度学习的视觉 SLAM 方法，由香港中文大学的研究团队于 2019 年提出。SuMa＋＋结合了 SuperPoint 和 Mask R-CNN 两种深度学习技术，通过对 RGB 图像进行实时分析和处理，从而实现对环境三维信息的重建和定位。

语义 SLAM 方法的基础是基于面元的 Mapping（SuMa）方法，通过使用如图 5-15 所示的 FCN RangeNet＋＋来集成语义分割提供的语义信息来扩展该方法。标签是由 RangeNet＋＋使用点云的球面投影提供，然后利用该信息对动态目标进行过滤，并在扫描配准中添加语义约束，提高了 SuMa 姿态估计的鲁棒性和准确性。

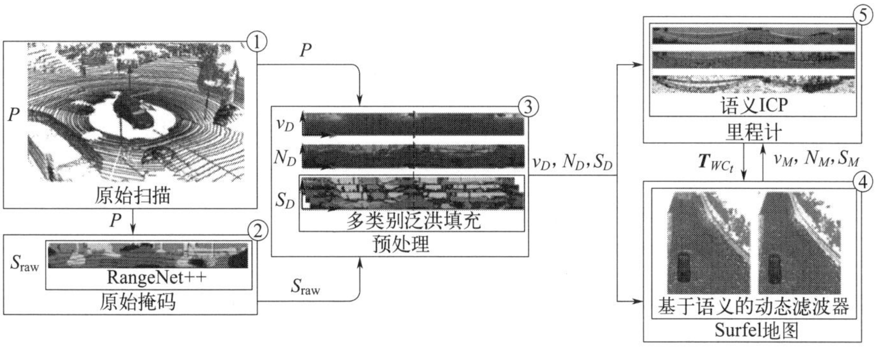

图 5-15　方法概览

SuMa＋＋以一种紧凑的方式将语义预测集成到 SuMa 中：①输入仅仅是 Lidar 扫描 P。②在处理原始点云 P 之前，使用来自 RangeNet＋＋的语义分割来预测每个点的语义标签并生成原始语义掩码 S_{raw}。③给定原始掩码，在预处理模块中使用多类泛填充生成细化的语义映射 S_D。④在地图更新过程中，增加动态检测与去除模块，用于检测新观测值 S_D 与世界模型 S_M 之间的语义一致性，并去除离群点。⑤在ICP过程中加入额外的语义约束，使其对离群点具有更强的鲁棒性。

（1）符号

下面介绍一些SuMa++常见表示：用 $\boldsymbol{T}_{BA} \in \mathbb{R}^{4\times4}$ 示坐标系 A 中的点 $\boldsymbol{p}_A$ 到坐标系 B 中的 $\boldsymbol{p}_B$ 的变换，使 $\boldsymbol{p}_B=\boldsymbol{T}_{BA}\boldsymbol{p}_a$。设 $R_{BA}\in SO(3)$，$\boldsymbol{t}_{BA}\in\mathbb{R}^3$，表示变换 $\boldsymbol{T}_{BA}$ 的相应旋转和平移部分。

本节中将时间步长 t 处的坐标系称为 C_t。坐标系 C_t 中的每个变量通过姿态 $\boldsymbol{T}_{WC_t}\in\mathbb{R}^{4\times4}$ 与世界坐标系 W 相关联，将观测点云转换到世界坐标系中。

（2）基于面元的建图

基于表面元素的地图构建方法将环境中的三维点云数据转换为一系列表面元素（Surfel），每个Surfel表示地图中的一个小区域的表面信息。模块的核心是实时地跟踪相机的位姿，并通过稠密的地图表达场景的形状和颜色信息。它包括以下主要步骤：

建立初始地图：使用RGB-D相机拍摄环境，提取相机姿态和三维点云数据，并将点云数据转换为表面元素表示。这些表面元素被组成为初始地图，并存储在内存中。

跟踪相机位姿：通过匹配当前帧和上一帧的表面元素来跟踪相机的位姿。在跟踪过程中，相机位姿的估计值将被优化，以减少估计误差。

更新地图：当相机移动时，地图中的表面元素也需要进行更新。具体而言，通过使用当前帧的深度图和相机位姿信息，可以确定每个表面元素在相机坐标系下的深度值和颜色值。这些深度和颜色信息被用于更新表面元素的属性。

新建表面元素：在地图中新出现的区域中，需要新建表面元素来表示地图表面的新特征。在这种情况下，通过对新区域进行采样和聚类，可以生成新的表面元素。

本小节的方法依赖于SuMa，因此本小节仅总结了与SuMa++的方法相关的主要步骤。SuMa首先生成点云 P 在时间步长 t 的球面投影，即所谓的顶点图 V_D，然后使用该顶点图 V_D 生成对应的法线图 N_D。给定该信息，SuMa通过在时间步长 $t-1$ 处渲染的地图视图 V_M 和 N_M 中的投影ICP确定姿态更新 $T_{C_{t-1}C_t}$，并因此通过链接所有姿态增量来确定 T_{WC_t}。

该地图用曲面元素表示，其中每个曲面由位置 $v_s\in\mathbb{R}^3$、法线 $n_s\in\mathbb{R}^3$ 和半径 $r_s\in\mathbb{R}$ 定义。每个面元还携带两个时间戳：创建时间戳 t_c 和通过测量的最后一次更新的测量时间戳 t_u。此外，使用二值贝叶斯滤波器来确定一个面元是稳定的还是不稳定，从而维持一个稳定对数比值 l_s。

对于每一帧，使用RangeNet++来预测每个点的语义标签并生成语义建图 S_D。RangeNet++语义分割由每个激光扫描的球面投影生成的距离图像。简单地说，该网络基于SqueezeSeg架构，并使用了DarkNet53主干，通过使用更多的参数来提高结果，同时保持方法的实时性。传感器视野内点方向标签的可用性也使得将语义信息集成到地图中成为可能。为此，该方法为每个面元添加估计的语义标签 y 和语义分割中该标签的相应概率。

(3) 语义分割

语义分割模块采用了卷积神经网络（Convolutional Neural Network，CNN）来实现图像分类。该模块使用了一种称为 Encoder-Decoder 的架构，其中 Encoder 部分对输入图像进行特征提取，Decoder 部分则对提取的特征进行上采样和分类。在 SuMa++中，语义分割模块使用了一种改进的 Encoder-Decoder 架构，称为 RefineNet，它能够提高语义分割的准确性和鲁棒性。

RefineNet 架构使用了多个分辨率和不同层级的特征进行信息融合，以便更好地捕捉不同尺度和复杂度的物体和场景。该架构还利用了残差连接（Residual Connections）和多尺度上采样（Multi-Scale Upsampling）等技术，以进一步提高分类准确性。

语义分割模块在 SuMa++中起着关键作用，能够将立体图像中的每个像素都分配到相应的语义类别，从而生成精细的语义地图。该模块采用了改进的 RefineNet 架构，能够提高语义分割的准确性和鲁棒性，为场景理解和智能决策提供重要支持。

(4) 精细化语义地图

精细化语义地图模块包括两个子模块：精细化地图融合和精细化地图过滤两个子模块。精细化地图融合模块旨在将来自不同视角的语义地图进行融合，从而生成更准确的地图。该模块采用双向编码器-解码器（Bidirectional Encoder-Decoder，Bi-ED）架构来进行融合，其中，编码器从输入的语义地图中提取特征，解码器将这些特征用于生成新的地图。同时，该模块还利用了光流（Optical Flow）技术，以获得更准确的视角对齐。

精细化地图过滤模块旨在通过进一步处理地图来减少地图中的错误和噪声。该模块使用了一种基于图卷积神经网络（Graph Convolutional Neural Network，GCNN）的方法，通过对地图中每个像素的邻居像素进行聚合来对地图进行滤波。该方法不仅可以减少地图中的噪声，还可以填补地图中的空洞和缺失信息。

由于 RangeNet++的网络下采样导致投影输入和块状输出，当标签被重新投影到建图时，必须处理语义标签的错误。为了减少这些误差，SuMa++方法使用了泛填充算法。它位于预处理模块内部，该模块使用来自顶点建图 V_D 的深度信息来精炼语义掩码 S_D。填充的输入是由 RangeNet++生成的原始语义掩码 S_{raw} 和相应的顶点建图 V_D。掩码 S_{raw} 中每个像素的值都是一个语义标签。顶点图中对应的像素包含了激光雷达坐标系中最近的三维点的三维坐标，该方法的输出是改进的语义掩码 S_D。

考虑到目标边界的预测不确定性高于目标中心，SuMa++在填充过程中采用了以下两个步骤。第一步是去除半径为 d 的边界像素或者错误像素（至少一个不同语义标签的像素）从而产生侵蚀后的掩码 S_{raw}。将这个掩码与顶点建图 V_D 生成的深度信息相结合，然后填充侵蚀的掩码。为此，如果对应点的距离一致，即小于阈值 θ，将空的边界像素的标签设为相邻标签像素。该算法的中间步骤如图 5-16 所示。注意，与原始预测相比，过滤后的语义建图包含的细节更少。例如，建筑物墙上的错误标签大都被纠正了，如图 5-16(e) 所示。

给定彩色原始掩模映射 S_{raw}，首先使用腐蚀来移除边界标签和小区域的错

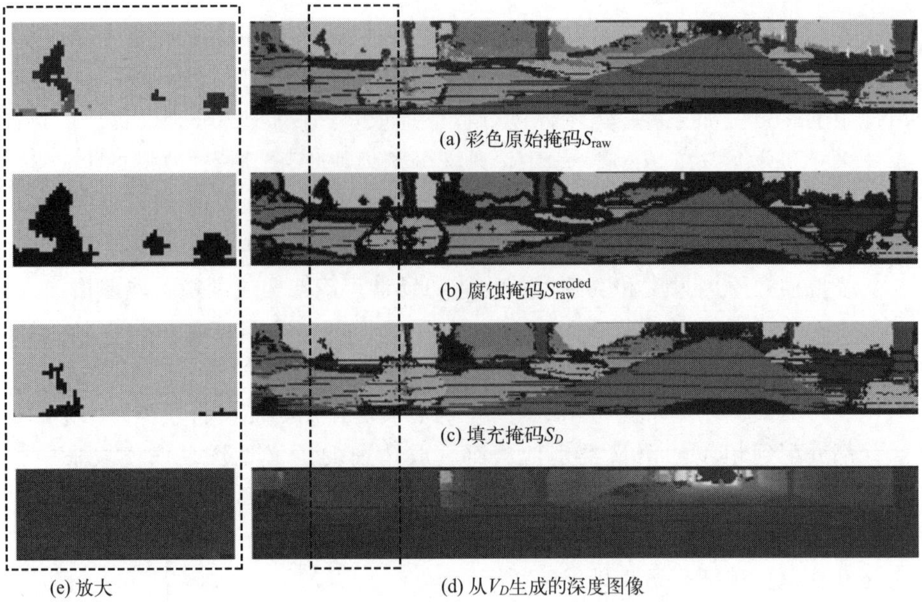

图 5-16　泛填充算法处理步骤的可视化

误标签，从而产生腐蚀掩码 S_{raw}^{eroded}。然后，用相邻标签填充被侵蚀的标签，以获得更一致的结果 S_D。黑点表示标签为 0 的空像素，用虚线框显示深度和区域内的细节。

(5) 使用语义过滤动态物体

SuMa++中使用的语义过滤动态物体（Filtering Dynamics using Semantics，FDS）模块是一种用于基于深度学习的语义 SLAM 算法中的滤波器。该模块通过结合语义信息和动态滤波技术，提高了语义 SLAM 的鲁棒性和准确性。FDS 模块主要包括两个部分：语义标签预测和动态滤波。在语义标签预测部分，模块使用深度神经网络对每个像素进行语义分割，将像素分配到对应的语义标签。在动态滤波部分，模块使用基于模型的卡尔曼滤波器对 SLAM 算法的输出进行过滤，以减少噪声和误差。

FDS 模块通过将语义信息引入到 SLAM 算法中，能够更好地处理场景中的动态物体和不确定性因素，提高 SLAM 的鲁棒性和准确性。例如，在传统的 SLAM 算法中，当场景中存在动态物体时，SLAM 算法容易受到动态物体的干扰，导致定位和地图构建错误。而 FDS 模块则可以通过语义分割技术识别动态物体，并使用动态滤波技术对其进行处理，从而减少对 SLAM 算法的干扰。

大多数现有的 SLAM 系统依赖几何信息来表示环境，并将观测结果与地图联系起来。它们在假定环境基本是静态的情况下工作得很好。然而，世界通常是动态的，特别是在考虑驾驶场景时，一些传统的方法不能考虑移动物体引起的动态场景变化。因此，在这种情况下，移动的物体可能会导致观测结果和地图之间的错误关联。通常，SLAM 方法使用某种异常值拒绝，要么通过直接过滤观测数据，要么通过构建建图表示来过滤掉由移动对象引起的变化。

在 SuMa++方法中，利用语义分割提供的标签来处理移动对象。具体地说，当更新地图时，SuMa++通过检查新的观测 S_D 和世界模型 S_M 之间的语义一致性来过滤动态。如果标签不一致，假设这些面元属于在扫描之间移动的对象。因此，在递归贝叶斯滤波器稳定性项的计算中加入了惩罚项。通过这种方法，SuMa++实现了动态检测和最终去除。SuMa++通过给予一个惩罚概率来对曲面元进行惩罚，该概率会作用于稳定对数比 l_s，并按以下方式更新：

$$l_s^{(t)}=l_s^{(t-1)}+odds\left[p_{\text{stable}}\exp\left(-\frac{\alpha^2}{\sigma_\alpha^2}\right)\exp\left(-\frac{d^2}{\sigma_d^2}\right)\right]-odds(p_{\text{prior}})-odds(p_{\text{penalty}}) \tag{5-14}$$

式中，$odds(p)=\ln[p(1-p)^{-1}]$；p_{stable} 和 p_{prior} 分别是给定一个兼容测量和先验概率的稳定面元的概率；exp(·)用于解释噪声测量，其中 α 是面元的法向量和要积分的测量法向量之间的角度，d 是测量相对于相关面元的距离。测量法线取自 N_D，对应于帧到模型 ICP。

(a) SuMa (b) SuMa++ (c) SuMa_nomovable

图 5-17 动态滤波效果

对于所有的图，SuMa++显示了相应标签的颜色，但 SuMa 不使用语义信息。图 5-17(a) 为由 SuMa 产生的曲面，(b) 为 SuMa++生成的曲面，(c) 为移走所有可能移动的物体后由 SuMa 生成的曲面。

在图 5-17 中，展示了 SuMa++的过滤方法与简单地从对应于可移动对象的类中删除所有曲面相比的效果。当使用朴素方法时，停靠汽车上的面元被删除，即使这些可能是对增量姿态估计有价值的特征。利用该过滤方法，SuMa++可以有效地去除动态异常值，获得一个更清晰的语义世界模型，同时避免了静态对象（如停放的汽车）的面元。这些静态对象对于 ICP 是有价值的信息，简单地删除它们可能会由于缺少对应而导致迭代失败。语义 ICP 可视化见图 5-18。

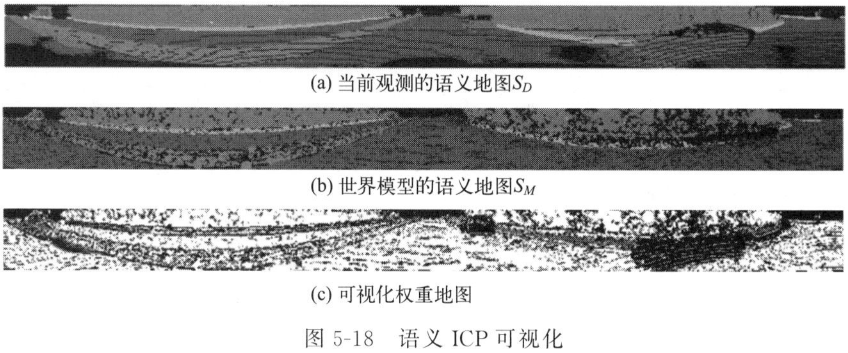

(a) 当前观测的语义地图S_D

(b) 世界模型的语义地图S_M

(c) 可视化权重地图

图 5-18 语义 ICP 可视化

图 5-18(a) 为当前观测的语义地图 S_D；图（b）为世界模型的语义地图 S_M；图（c）为 ICP 期间的可视化权重地图，像素越暗，对应像素的权重越低。

(6) 语义 ICP

语义 ICP 是一种基于语义信息的增量式最近邻点对齐方法，语义 ICP 模块旨在将点云与先前场景模型的语义信息对齐，以便更好地更新和优化先前的场景模型。该模块基于增量式最近邻点对齐（ICP）算法，但增加了语义信息以获得更精确的对齐结果。

在 SuMa++中，每个点云点都与语义标签相对应。例如，可以将点云中的地面点标记为“地面”，将墙点标记为“墙”，将椅子点标记为“椅子”等。在语义 ICP 中，使用这些语义标签来指导 ICP 算法的运行，以获得更好的对齐结果。

语义 ICP 模块在每次执行 ICP 算法之前，首先将点云分成语义对象，并在模型中查找相应的语义对象。然后，只有匹配的语义对象之间的点才会被用于 ICP 对齐。这意味着在对齐过程中，只有匹配的语义对象之间的几何误差才会被考虑。例如，在将新的椅子点云对齐到场景模型中的现有椅子时，只有匹配的椅子点才会用于对齐，而不是场景中的所有点。

此外，语义 ICP 还可以执行语义一致性检查，以确保对齐的结果符合预期的语义标签。这是通过检查对齐后的点是否满足其语义标签来实现的。例如，将新的墙点云对齐到现有的墙上，但是对齐后的点仍然被标记为地面，则会将其过滤掉。

为了进一步改进帧到模型的姿态估计，SuMa++在优化问题中加入了语义约束，这有助于降低离群值的影响。ICP 的误差最小化函数为：

$$E(\boldsymbol{V}_D,\boldsymbol{V}_M,\boldsymbol{N}_M)=\sum_{\boldsymbol{u}\in\boldsymbol{V}_D}\omega_u\boldsymbol{n}_u^{\mathrm{T}}\underbrace{(\boldsymbol{T}_{C_{t-1}C_t}^{(k)}\boldsymbol{u}-\boldsymbol{v}_u)^2}_{r_u} \tag{5-15}$$

其中，r_u 和 w_u 分别是相应的残量和权重；每个顶点 $\boldsymbol{u}\in\boldsymbol{V}_D$ 通过以下方式投影关联到参考顶点 $\boldsymbol{v}_u\in\boldsymbol{V}_M$ 及其法线$n_u\in N_M$：

$$\boldsymbol{v}_u=V_M\left[\prod(\boldsymbol{T}_{C_{t-1}C_t}^{(k)}\boldsymbol{u})\right] \tag{5-16}$$

$$\boldsymbol{n}_u=N_M\left[\prod(\boldsymbol{T}_{C_{t-1}C_t}^{(k)}\boldsymbol{u})\right] \tag{5-17}$$

对于最小化，使用高斯-牛顿法，通过迭代求解增量：

$$\delta=(\boldsymbol{J}^{\mathrm{T}}\boldsymbol{W}\boldsymbol{J})^{-1}\boldsymbol{J}^{\mathrm{T}}\boldsymbol{W}\boldsymbol{r} \tag{5-18}$$

式中，$\boldsymbol{W}\in\mathbb{R}^{n*n}$ 是一个对角矩阵，包含权重 ω_u 对应的每个残差 r_u，$\boldsymbol{r}\in\mathbb{R}^n$ 是堆叠的残差向量；$\boldsymbol{J}\in\mathbb{R}^{n\times 6}$ 是 $\boldsymbol{r}$ 是相对于增量 δ 的雅可比矩阵。除了硬关联和 Huber 规范加权外，SuMa++还添加了来自更高层次语义场景理解的额外约束来对残差进行加权。这样，可以将语义和几何信息结合起来，使 ICP 过程对离群点更有鲁棒性。

在 ICP 中，在第 k 次迭代中，残差 $r_u^{(k)}$ 的权值 $\omega_u^{(k)}$ 如下所示：

$$\omega_u^{(k)}=\rho_{\mathrm{Huber}}(r_u^{(k)})C_{\mathrm{semantic}}[S_D(u),S_M(u)]\,\Pi\{l_s^{(k)}\geqslant l_{\mathrm{stable}}\} \tag{5-19}$$

其中，$\rho_{\text{Huber}}(r)$对应于 Huber 范数，由下式给出：

$$\rho_{\text{Huber}}(r)=\begin{cases}1, |r|<\delta \\ \delta|r|^{-1}, \text{其他}\end{cases} \tag{5-20}$$

对于语义相容性$C_{\text{semantic}}[(y_u, P_u), (y_{v_u}, P_{v_u})]$定义为：

$$C_{\text{semantic}}(\cdot, \cdot)=\begin{cases}P(y_u|u), y_u=y_{v_u} \\ 1-P(y_u|u), \text{其他}\end{cases} \tag{5-21}$$

即利用预测标签的确定性来加权残差。通过$\Pi\{a\}$表示指示函数，如果参数a为真，则指示函数为 1，否则为 0。图 5-18 为扫描时可见有两辆车行驶的高速公路场景的加权过程。注意，SuMa＋＋用语义对动态进行过滤，从地图中删除了移动的汽车，见图 5-18(b)。因此，也可以在图 5-18(c) 中看到对应较低强度的低权重，因为观测的类别与地图不一致。

在本小节中，SuMa＋＋提出了一种新的方法来建立语义地图，通过基于激光的点云语义分割，不需要任何相机数据。利用这些信息来提高在其他模糊和具有挑战性的情况下的姿态估计精度。特别是，SuMa＋＋利用扫描和建图之间的语义一致性来过滤掉动态对象，并在 ICP 过程中提供更高级别的约束。这能够成功地结合语义和几何信息，仅仅基于三维激光距离扫描，以获得比纯几何方法更好的姿态估计精度。

5.4.2 参数化语义特征的语义激光雷达里程计 SLAM 算法（PSF-LO）

PSF-LO 算法是一种基于激光雷达数据的 SLAM 算法，用于实现智能车在未知环境中的自主定位和建图。该算法结合了粒子滤波器和优化算法，可以在高度动态和复杂环境中实现准确的定位和建图。在 PSF-LO 算法中，智能车使用激光雷达扫描环境并提取点云数据。然后，通过将点云数据与智能车在先前位置的位姿估计进行比较，来计算智能车的当前位置和姿态。这是通过粒子滤波器实现的，其中每个粒子代表智能车的一个假设位置和姿态，并根据其对应的测量和运动模型进行更新。通过这种方式，粒子滤波器可以生成具有高置信度的位置和姿态估计。PSF-LO 算法通过使用点云匹配技术来将新的点云数据与先前的点云地图进行匹配，并使用非线性优化算法（如高斯-牛顿法）来优化智能车的位姿估计。这种优化算法可以进一步提高智能车的定位精度和地图的准确性。除了粒子滤波器和优化算法之外，PSF-LO 算法还包括了一些其他的技术，如动态地图更新和噪声建模。这些技术可以帮助算法在高度动态和复杂的环境中实现准确的定位和建图。

PSF-L 旨在探索 PSFs 对基于 GeF 配准的细化能力，以及通过去除动态对象保留静态对象来提高 LO 精度。PSF-LO 新颖地设计了四种类型的轻量型 PSF：道路、建筑物、交通标志和标杆等，抽象、精确地参数化各自的语义点云。PSF-LO 联合使用 PSF 和 GeF 来补偿彼此的缺点，以实现低漂移和实时 LO 系统，旨在通过利用几何之外的语义信息来提高 LO 精度。PSF-LO 方法设计了一种新的动静态目标分类器，综合考虑目标的时间航向一致性、速度大小和不确定性，在配准过程中识别并去除动态目标，从而进一步消除 LO 漂移。与 SuMa++相比，PSF-LO 重点利用自主设计的 PSF 来细化 GeF 匹配，并在实例中对障碍点的静态和动态状态进行分类。

PSF-LO 用 3×3 矩阵 $\boldsymbol{R}\in SO(3)$ 和 3×1 平移向量 $\boldsymbol{t}$ 分别表示刚体变换的旋转和平移。$(\cdot)_t$ 表示离散时刻 t 的变量。$(\cdot)^{\omega}$ 和 $(\cdot)^{l}$ 表示在世界坐标系和局部坐标系中。局部坐标系是由外部参数标定的激光雷达坐标系，其中 X、Y、Z 轴分别指向前方、左方和上方。此外，位姿 $\boldsymbol{T}^{\omega}\in SE(3)$ 表示了在 t 时局部坐标系相对于其第一个坐标系的变换。T_t^{ω} 也是该方法最终要估计的自我运动，它的旋转和平移部分分别表示为 $\boldsymbol{R}_t^{\omega}$ 和 $\boldsymbol{t}_t^{\omega}$。

PSF-LO 的流程如图 5-19 所示，输入一系列 3D 点云并输出相应的估计姿态。首先使用 RangeNet++进行语义分割，接下来的 GeF 提取和匹配主要遵循 LOAM。然后从道路、建筑物、交通标志和杆状点云中提取点集函数进行几何匹配。动静态目标分类模块识别出静态目标，并将其加入到 GeF 子图中。语义信息还有助于滤除异常几何特征和对应性。

(1) PSF 提取

PSF-LO 中的 PSF 提取模块是一个关键的组成部分，用于提取激光雷达点云中的“点扩散函数”（PSF），并利用 PSF 信息来提高智能车的定位精度。在 PSF-LO 中，激光雷达点云中的每个点都具有其自己的 PSF。PSF 可以看作点云中每个点周围空间的权重分布，反映了点云中每个点的空间分布信息。PSF 提取模块通过对激光雷达点云中每个点的 PSF 进行分析，可以提取出点云中空间分布信息，并用于后续的粒子滤波器和优化算法。PSF 提取模块首先将激光雷达点云进行聚类，将相邻的点聚合在一起形成一个簇。然后，对于每个簇，该模块会计算其内部点的 PSF，并将其用于计算智能车在该点云簇中的位置和姿态估计。这可以帮助算法识别出重要的地标特征，并将其用于定位和建图。

PSF 提取过程如图 5-19 所示，其中每个 PSF 由一组参数化方程系数 $\boldsymbol{c}_s\in\mathbb{R}^3$ 或 $\mathbb{R}^6$、指示可靠性的权重 $\omega_s\in\mathbb{R}$、语义标签 $l_s\in\{road, building, sign, pole\}$、边界框中心 $\boldsymbol{e}_s\in\mathbb{R}^3$ 和用于渲染的一组边界框轮廓系数 o_s 定义。输入是语义点云 C_t^l，输出是由所有提取的 PSF 组成的 PSF 帧。首先从 C_t^l 中分离出四种类型的点云，然后进行如下操作。

道路 PSF：为了克服道路点云近密远疏的问题，使用如图 5-19(c) 所示的多分辨率 2D 网格将空间划分为一系列网格。然后，对落入每个网格的道路点进行 RANSAC 平面拟合，进而获得最近点形式的平面方程系数 $\boldsymbol{c}_s=[\pi_1, \pi_2, \pi_3]^{\mathrm{T}}=d_{\pi}\boldsymbol{n}_{\pi}$。其中，$d_{\pi}$ 表示的是原点到平面的标量距离，$\boldsymbol{n}_{\pi}$ 是指原点到平面的单位法向量。权重 ω_s 通过拟合期间所有点中内点的比率来计算。然后计算所有内点的最小封闭矩形，取其中心为 $\boldsymbol{e}_s$，四个角为 $\boldsymbol{o}_s$，并将 l_s 设置为道路，完成道路 PSF 的提取。

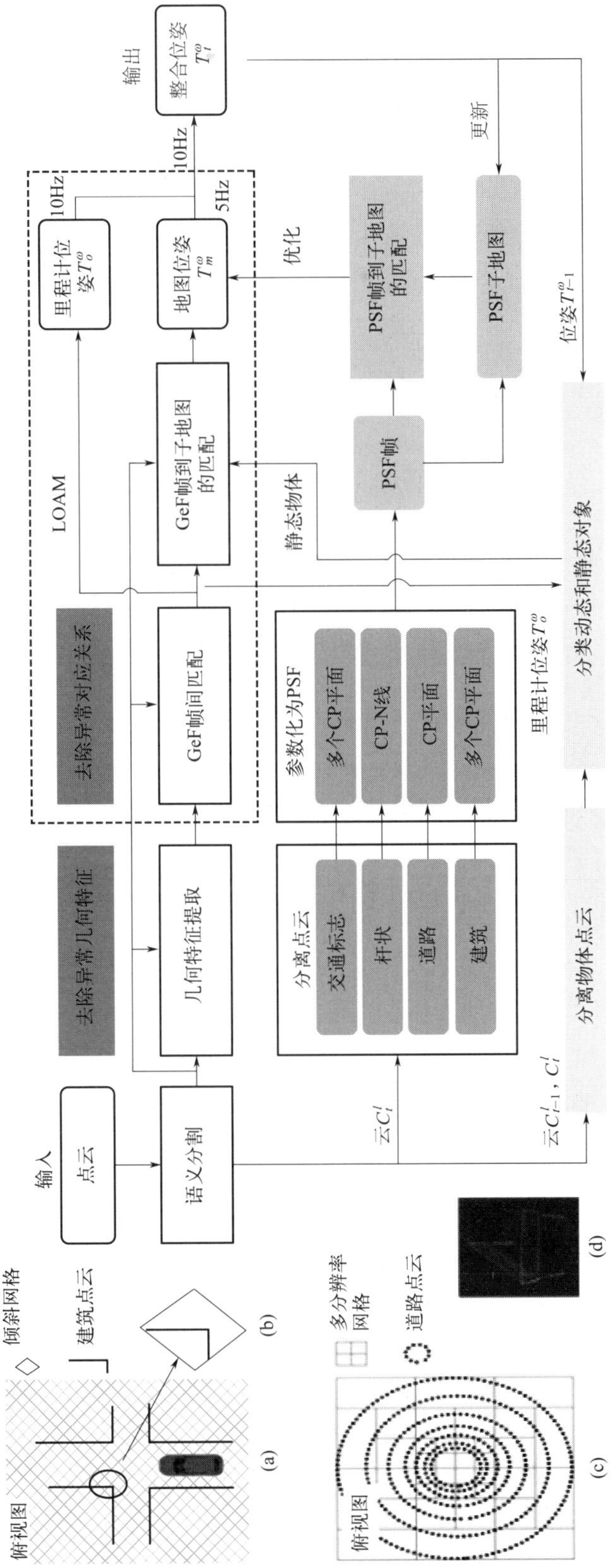

图 5-19 基于参数化语义特征的激光雷达测距方法（即 PSF-LO）框图

建筑 PSF：对于大规模的建筑物点云，也需要使用二维网格对其进行分割，但为了防止墙壁沿着切线方向被分成两部分，首先将网格旋转 45°，如图 5-19(a) 所示。以下过程与道路 PSF 类似，不同之处在于一个倾斜网格中可能出现多个平面，如图 5-19(b) 所示。因此，在每个建筑物网格中执行多次平面 PSF 提取，其中在一次提取后去除内点，并停止过程，直到剩余点的数量小于一定阈值。

交通标志 PSF：由于交通标志或标杆等点云通常是孤立分布的，因此直接采用欧氏聚类方法对其进行分割。交通标志 PSF 的提取与建筑物 PSF 的提取基本相同，也采用多平面提取来处理多面标志的情况，如图 5-19(d) 所示。

杆状 PSF：在对柱状点云进行欧氏聚类后，对每个聚类进行三维直线 RANSAC 拟合。PSF-LO 设计了一种用于 3D 线表示的 CP-N 形式：$\boldsymbol{c}_s = [p_1, p_2, p_3, n_1, n_2, n_3]^{\mathrm{T}} = [\boldsymbol{p}_p, \boldsymbol{n}_p]$，其中，$\boldsymbol{p}_p$ 是直线上最接近原点的点，$\boldsymbol{n}_p$ 是指向 Z 轴正方向的直线的单位方向矢量。l_s 设置为极点，ω_s、$\boldsymbol{e}_s$、$\boldsymbol{o}_s$ 类似于道路 PSF。

(2) 基于 PSF 的激光雷达测距

PSF-LO 中的 Lidar Odometry Based on PSFs（LO-PSFs）模块是整个算法的核心部分之一。该模块主要利用激光雷达点云中的点扩散函数（PSF）信息进行智能车运动的估计。在 LO-PSFs 模块中，首先需要对连续两帧激光雷达点云进行匹配，以获得它们之间的智能车运动信息。这个匹配过程主要是计算两帧点云之间的相对运动变换，从而确定智能车的姿态变化。LO-PSFs 模块中的关键是如何利用点扩散函数信息进行匹配。一般情况下，传统的点云匹配算法主要基于点的位置和法向量信息进行匹配。而 PSF-LO 算法则采用了不同的方法，它利用点云中每个点的 PSF 信息来进行匹配。具体来说，PSF-LO 将连续两帧点云中的点扩散函数进行比较，通过最小化 PSF 之间的差异来优化匹配结果。这样的匹配方法不仅可以提高匹配的准确性，还能有效地抑制噪声和误匹配。

PSF-LO 首先应用语义信息对 LOAM 进行两个简单的改进：①从平面分布的道路或地形点云中滤除不可靠的角点；②向 GeFs 权重 ω 添加语义一致性惩罚：

$$\omega = \omega \frac{1.0}{1.0 + \mathrm{e}^{-2N_s}} \tag{5-22}$$

式中，N_s 是在 GeF 匹配中建立对应关系时，在 KNN（K-Nearest Neighbors）搜索过程中与源 GeF 具有相同语义标签的目标 GeF 的数目。因此，权重 ω 将随着语义一致性变差而减小。

灰点和黑点表示源角点特征和目标角点特征。灰色、黑色和黑色线表示极状 PSF 框架、PSF 子图和加权平均 PSF。

图 5-20 给出了基于 GeF 配准的极型 PSF 的细化原理，其他类型 PSF 的细化原理类似。PSF 子图由距当前帧 100m 以内的最近 PSF 帧序列组成，并已根据先前估计的位姿转换到世界坐标系中。属于具有给定姿态 $\boldsymbol{T}^{\omega} = [\boldsymbol{R}_0^{\omega} \quad \boldsymbol{t}_1^{\omega}]$ 的平面 PSF 的道路、建筑物和交通标志 PSF 的变换可以计算为：

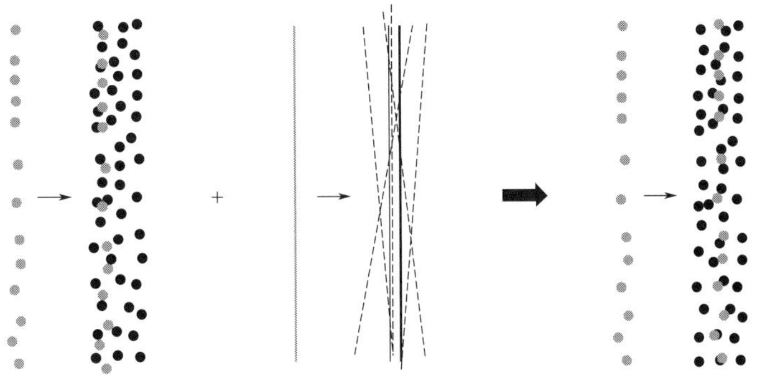

图 5-20 PSF 到 GeF 配准的细化

$$\begin{cases}\omega_s^\omega=\omega_s^l, \quad l_s^\omega=l_s^l, \quad \boldsymbol{e}_s^\omega=\boldsymbol{R}^\omega\boldsymbol{e}_s^l+\boldsymbol{t}^\omega \\ \boldsymbol{o}_s^\omega=\boldsymbol{R}^\omega\boldsymbol{o}_s^l+\boldsymbol{t}^\omega, \quad \boldsymbol{c}_s^\omega=d_\pi^\omega\boldsymbol{n}_\pi^\omega\end{cases} \tag{5-23}$$

其中，d_π^ω 和 $\boldsymbol{n}_\pi^\omega$ 可由 $\boldsymbol{c}_s^l$ 推导得出：

$$\begin{bmatrix}\boldsymbol{n}_\pi^\omega \\ d_\pi^\omega\end{bmatrix}=\begin{bmatrix}\boldsymbol{R}^\omega & \boldsymbol{0} \\ ((\boldsymbol{R}^\omega)^{-1}\boldsymbol{t}^\omega)^{\mathrm{T}} & \boldsymbol{1}\end{bmatrix}\begin{bmatrix}\boldsymbol{c}_s^l/\|\boldsymbol{c}_s^l\|_2 \\ \|\boldsymbol{c}_s^l\|_2\end{bmatrix} \tag{5-24}$$

而类柱 PSF 变换类似于平面 PSF，只有 $\boldsymbol{c}_s^\omega=[\boldsymbol{p}_p^\omega, \boldsymbol{n}_p^\omega]$ 不同，其中 $\boldsymbol{P}_p^\omega=\boldsymbol{R}^\omega\boldsymbol{p}_p^l+\boldsymbol{t}^\omega$，$\boldsymbol{n}_p^\omega=\boldsymbol{R}^\omega\boldsymbol{n}_p^l$。

假设 $\boldsymbol{T}_m^\omega$ 是由奇姿态 $\boldsymbol{T}_o^\omega$ 初始化的地图姿态，其中 $\boldsymbol{T}_o^\omega$ 和 $\boldsymbol{T}_m^\omega$ 分别由帧到帧和帧到子地图 GeF 匹配估计，如图 5-19 所示。分别将 PSF、PSF 框架和 PSF 子映射表示为 S、F_s 和 Q_s。此外，用 $S<\cdot>$表示 S 的某个变量。

为了从 Q_s^ω 中找到 F_s^l 中每个 S^l 对应的 PSF，将 Q_s^ω 中所有 PSF 的中心 $\boldsymbol{e}_s^\omega$ 存储到 K_d 树中，并使用 $\boldsymbol{T}_m^\omega$ 将 F_s^l 变换为 F_s^ω，表示为 $F_s^\omega=\boldsymbol{T}_m^\omega \boxtimes F_s^l$，其中，$\boxtimes$表示前面提到的 PSF 变换。然后对于 F_s^ω 中的每个 S^ω，搜索相同类型的 PSFs 的集合 $S_Q^\omega=\{S_i^\omega \mid i=1,\cdots,n\}$，在 Q_s^ω 中，其 $\boldsymbol{e}_s^\omega$ 在 a 内接近于 S^ω 的 $\boldsymbol{e}_s^\omega$ 一定的范围。S_Q^ω 的加权平均 $\overline{S}^\omega$ 可计算为：

$$\overline{S}^\omega\langle\boldsymbol{c}_s^\omega\rangle=\frac{\sum_{i=1}^{n}S_i^\omega\langle\boldsymbol{c}_s^\omega\rangle\times S_i^\omega\langle\omega_s^\omega\rangle}{\sum_{i=1}^{n}S_i^\omega\langle\omega_s^\omega\rangle} \tag{5-25}$$

计算出 $\overline{S}^\omega$ 后，可以进一步推导出它与 S^ω 之间的误差函数。但由于平面 CP 形式的奇异性和误差状态随距离尺度的增加而增加，这就需要在局部坐标系中计算误差。对于平面 PSF，平面到平面误差最终可由下式给出：

$$E_\pi=S^l\langle\omega_s^l\rangle\times\|S^l\langle\boldsymbol{c}_s^l\rangle-(\boldsymbol{T}_m^\omega)^{-1}\boxtimes\overline{S}^\omega\langle c_s^\omega\rangle\|_2 \tag{5-26}$$

对于极型 PSF，首先引入三维直线表示的 CP 形式 $c_{s'}=d_p\overline{q}_p$，其中，d_p 是原点到直线的标量距离，$\overline{q}_p$ 是一个特殊的单位四元数。从 CP-N 形式 $\boldsymbol{c}_s=[\boldsymbol{p}_p \quad \boldsymbol{n}_p]$ 到 CP 形式 $c_{s'}=d_p\overline{q}_p$ 的变换如下：

$$\begin{cases} \boldsymbol{p}_0=\boldsymbol{n}_p+\boldsymbol{p}_p,\boldsymbol{p}_1=-\boldsymbol{n}_p+\boldsymbol{p}_p \\ \boldsymbol{n}_0=\boldsymbol{p}_0\times\boldsymbol{p}_1,\boldsymbol{n}_1=\boldsymbol{n}_0\times\boldsymbol{n}_p \\ R(\bar{q}_p)=\left[\dfrac{\boldsymbol{n}_0}{\|\boldsymbol{n}_0\|_2} \quad \boldsymbol{n}_p \quad \dfrac{\boldsymbol{n}_1}{\|\boldsymbol{n}_1\|_2}\right],d_p=\dfrac{\|\boldsymbol{p}_0\times\boldsymbol{p}_1\|_2}{\|\boldsymbol{p}_0-\boldsymbol{p}_1\|_2} \end{cases} \tag{5-27}$$

将上述变换表示为 $c_{s'}=\lfloor \boldsymbol{c}_s \rfloor$，因此线间误差可定义为：

$$\mathrm{E_P}=S^l\langle\omega_s^l\rangle * \|\lfloor S^l\langle\boldsymbol{c}_s^l\rangle\rfloor-\lfloor(\boldsymbol{T}_m^{\omega})^{-1}\boxtimes\bar{S}^{\omega}\langle\boldsymbol{c}_s^{\omega}\rangle\rfloor\|_2 \tag{5-28}$$

除了 E_π 和 E_p 之外，在执行帧到子图 GeF 匹配时，还可以获得点到线误差 E_{gl} 和点到面误差 $E_{g\pi}$。将 E_π、E_p、E_{gl} 和 $E_{g\pi}$ 叠加到 E 上，得到一个非线性函数 $f(\boldsymbol{T}_m^{\omega})=E$，从而通过求解非线性最小二乘问题 $\mathrm{argmin}\sum\|E\|^2$ 来估计地图姿态 $\boldsymbol{T}_m^{\omega}$。经过必要的迭代次数，得到最终的细化 $\boldsymbol{T}_m^{\omega}$，并将其与奇异位姿 $\boldsymbol{T}_o^{\omega}$ 结合，输出实时的自运动估计 $\boldsymbol{T}_t^{\omega}$。

(3) 动态和静态物体分类

PSF-LO 中的动态和静态物体分类模块是用于对激光雷达数据中的动态和静态物体进行分类的模块。在实际的应用场景中，激光雷达往往会捕捉到包括运动物体在内的多种场景信息。这些运动物体（如车辆、行人等）的存在会对激光雷达数据的处理和分析产生影响。因此，为了提高激光雷达数据的精度和准确性，需要对动态物体和静态物体进行分类。

动态和静态物体分类模块的主要任务是根据激光雷达点云数据中点的运动信息，将点云中的动态物体和静态物体进行分类。该模块的核心思想是通过对点云中点的运动信息进行分析，利用聚类和分类算法将点云中的动态物体和静态物体进行区分。具体来说，该模块首先对点云数据进行聚类，以将点云中的不同物体进行分离。然后，针对每个聚类，该模块会分析点云中点的运动信息，通过一些特定的分类算法，将点云中的动态物体和静态物体进行区分。

所提出的分类方法基于图 5-21(a) 所示的框架。PSF-LO 方法由四部分组成：目标提取器、关联、速度估计、动态和静态目标分类。对于目标提取器，使用基于深度图的点云聚类方法来聚类分离目标点 O_t。利用一种基于目标点云距离的贪婪算法进行数据关联。当前预测位姿 $\boldsymbol{T}_{O_t}^{\omega}$ 和最后一次积分位姿 $\boldsymbol{T}_{t-1}^{\omega}$ 用

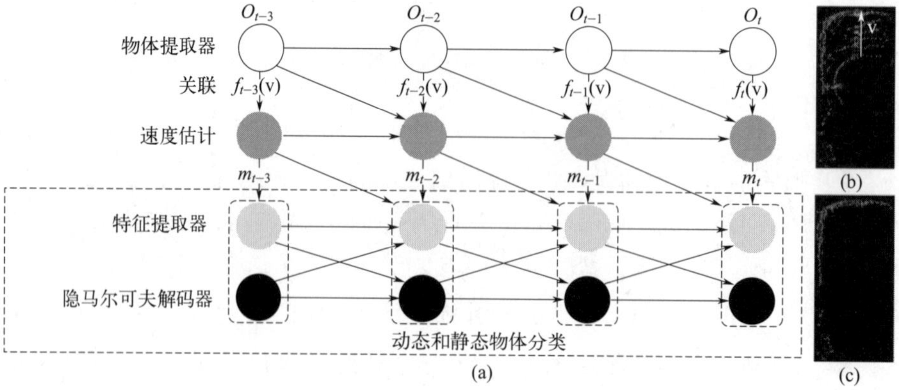

图 5-21　分类方法框架

于将相应的对象转换到世界坐标系，如图 5-19 所示。

图 5-21(a) 显示了分类方法的框架，其中黑色和浅灰色圆分别代表静态和动态。图 5-21(b) 以及图 5-21(c) 显示抽样策略的效果。图 5-21(b) 中的箭头指示错误的速度估计，其应当为 0。

速度估算：PSF-LO 提出了一种基于垂直平面的点采样算法。根据目标的角度和距离分辨率 $\Delta\theta$、Δd 将目标点云投影到二维极坐标系中。添加描述每个箱(i,j)的垂直状态的标签。投影到 $bin(i,j)$中的点被记为 $p_{i,j}$。设 $P_{i,j}=\{p_{m,n},|m-i|\leqslant r,|n-j|\leqslant r\}$ 为围绕 $bin(i,j)$投影的所有点的集合，计算 $P_{i,j}$ 中的最大连续环数 $R(i,j)$。如果 $R(i,j)$大于阈值 n_v，则该仓被标记为垂直的。然后，利用图 5-21(c) 所示的具有垂直标记的点来进行速度估计。最后，得到了速度 $f_t(v)$ 的概率密度分布。

特征提取器：$f_t(v)$ 需要被转换为描述静态/动态状态的测量向量，即 $m_t=(p_{s_t},p_{d_t})$，$p_{s_t}+p_{d_t}=1.0$。通常利用速度大小和航向一致性来判别目标的状态。然而，单纯依靠前者会导致慢运动目标的漏检，而单纯依靠后者会引入动态目标的误报，尤其是在点云匹配失败时。因此，在点云匹配不稳定时，利用两者来进行动态估计。PSF-LO 提出了速度不确定性模型来度量点云匹配的质量，定义速度不确定性为 p_{u_t}，0 表示好，1 表示差。根据标题一致性计算得分 $p_{s_t}(h_\sigma)$。并且基于速度幅度获得得分 $p_{s_t}(v)$。然后，利用贝叶斯过滤器的规则生成最终静态得分，如下所示：

$$odds(p_{s_t})=odds[p_{s_t}(h_\sigma)]+p_{u_t}\times odds[p_{s_t}(v)] \tag{5-29}$$

式中，$odds(p)=\ln[p(1-p)^{-1}]$；p_{u_t} 的定义见式(5-30)。$Cov(\cdot)$是根据 $f_t(v)$ 拟合的协方差矩阵，$Sig(x)=1/(1+e^{a(b-x)})$用于归一化$\|Cov\|$。式(5-29) 中的 $p_{s_t}(v)$定义为 $Sig_v[f_t(0)/\max_v f_t(v)]$。

$$p_{u_t}=Sig_u\{\|Cov[f_t(v)]\|\},\quad \|A\|=\sup_{\|u=1\|}\|A_u\| \tag{5-30}$$

一般来说，航向一致性通常是根据相邻帧之间的角度差来计算的。然而，建议利用循环统计来生成航向 θ_i 的分布，其方差为 $h_\sigma=\sqrt{-\ln(\overline{C}^2+\overline{S}^2)}$，其中，$\overline{C}$、$\overline{S}$ 分别为 $\cos\theta_i$ 和 $\sin\theta_i$ 的均值。为了减少噪声的影响，只选择在时刻 $t-1$ 和 t 的前 k 个航向来生成上述航向分布。然后，根据动态和静态目标的方差得到高斯分布 $N_d(\cdot)$和 $N_s(\cdot)$。最终概率计算如下：

$$p_{st}(h_\sigma)=\frac{N_s(h_\sigma)}{N_d(h_\sigma)+N_s(h_\sigma)} \tag{5-31}$$

HMM 解码器：利用隐马尔可夫模型（HMM）来处理分类问题。在 LO 任务期间，目标函数被定义为：$x_t=\max_{x_{1:t}}p(x_{1:t}\mid m_{1:t})$，其中 x_t 表示对象是动态的还是静态的。Viterbi 算法被用于有效地解决上述优化问题。

最后，将识别为静止的目标点云作为表面几何特征参与 PSF-LO 的 GeF 帧与子图匹配，如图 5-19 所示，这将进一步提高匹配精度。

本章小结

本章以激光雷达作为SLAM的主要传感器，对激光雷达工作方式进行了介绍，并引入了几种经典的激光SLAM算法，从理论上剖析了每种算法的核心内容，以便读者更快地了解和学习经典的激光SLAM算法。在未来，激光SLAM将会继续得到广泛的应用和改进。可以进行的工作有以下几个方面：①提高激光雷达特征提取精度；②优化激光SLAM建图的精度与速度；③多个传感器共同协作，提高SLAM的建图与定位能力；④开发出小型化和低功耗的激光雷达用于SLAM。随着技术的发展和研究不断深入，激光SLAM将会在自主导航、智能交通、无人驾驶等领域中发挥重要作用。

参考文献

[1] Li Y，Olson E B. Structure tensors for general purpose LIDAR feature extraction [C] //IEEE International Conference on Robotics and Automation，2011：1869-1874.

[2] Murray R M，Li Z，Sastry S S，et al. A Mathematical Introduction to Robotic Manipulation [M]. CRC press，1994.

[3] Andersen R. Modern Methods for Robust Regression [M]. Sage，2008.

[4] Rusu R B，Cousins S. 3D is here：Point Cloud Library (PCL) [C] //IEEE international conference on robotics and automation，2011：1-4.

[5] Zhang J，Singh S. LOAM：Lidar odometry and mapping in real-time [C] //Robotics：Science and systems，2014，2 (9)：1-9.

[6] Zhang J，Singh S. Low-drift and real-time lidar odometry and mapping [J]. Autonomous Robots，2017，41：401-416.

[7] Geiger A，Lenz P，Urtasun R. Are we ready for autonomous driving? the kitti vision benchmark suite [C] //IEEE conference on computer vision and pattern recognition，2012：3354-3361.

[8] Himmelsbach M，Hundelshausen F V，Wuensche H J. Fast segmentation of 3D point clouds for ground vehicles [C] //IEEE Intelligent Vehicles Symposium，2010：560-565.

[9] Bogoslavskyi I，Stachniss C. Fast range image-based segmentation of sparse 3D laser scans for online operation [C] //RSJ International Conference on Intelligent Robots and Systems，2016：163-169.

[10] Kaess M，Johannsson H，Roberts R，et al. iSAM2：Incremental smoothing and mapping using the Bayes tree [J]. The International Journal of Robotics Research，2012，31 (2)：216-235.

[11] Behley J，Stachniss C. Efficient Surfel-Based SLAM using 3D Laser Range Data in Urban Environments [C] //Robotics：Science and Systems，2018，2018：59.

[12] Li X，Liu Z，Luo P，et al. Not all pixels are equal：Difficulty-aware semantic segmentation via deep layer cascade [C] //Proceedings of the IEEE Conference on Computer Vision and Pattern Recognition，2017：3193-3202.

[13] Milioto A，Vizzo I，Behley J，et al. Rangenet++：Fast and accurate lidar semantic segmentation [C] //RSJ international conference on intelligent robots and systems，2019：4213-4220.

[14] Pomerleau F，Krüsi P，Colas F，et al. Long-term 3D map maintenance in dynamic environments [C] //2014 IEEE International Conference on Robotics and Automation，2014：3712-3719.

[15] Thrun S. Probabilistic robotics [J]. Communications of the ACM，2002，45 (3)：52-57.

[16] Wu B，Wan A，Yue X，et al. Squeezeseg：Convolutional neural nets with recurrent crf for real-time

road-object segmentation from 3d lidar point cloud [C] //IEEE International Conference on Robotics and Automation, 2018: 1887-1893.
[17] Held D, Levinson J, Thrun S, et al. Robust real-time tracking combining 3D shape, color, and motion [J]. The International Journal of Robotics Research, 2016, 35 (1-3): 30-49.
[18] Yang Y, Huang G. Observability analysis of aided ins with heterogeneous features of points, lines, and planes [J]. IEEE Transactions on Robotics, 2019, 35 (6): 1399-1418.
[19] Geneva P, Eckenhoff K, Yang Y, et al. Lips: Lidar-inertial 3d plane slam [C] //RSJ International Conference on Intelligent Robots and Systems, 2018: 123-130.
[20] Mark B, Otfried C, Marc K, et al. Computational Geometry Algorithms and Applications [M]. Spinger, 2008.
[21] Bogoslavskyi I, Stachniss C. Fast range image-based segmentation of sparse 3D laser scans for online operation [C] //RSJ International Conference on Intelligent Robots and Systems, 2016: 163-169.
[22] Fisher N I. Statistical Analysis of Circular Data [M]. Cambridge University Press, 1995.
[23] Berens P. CircStat: A MATLAB toolbox for circular statistics [J]. Journal of Statistical Software, 2009, 31: 1-21.
[24] Forney G D. The viterbi algorithm [J]. Proceedings of the IEEE, 1973, 61 (3): 268-278.
[25] 何仲伟．融合视觉的改进 LOAM 智能汽车即时定位与地图构建算法研究 [D]. 天津：河北工业大学，2021.
[26] 仇昌成．基于三维激光点云的室内多机器人 SLAM 研究 [D]. 苏州：苏州大学，2020.
[27] 彭为强．复杂环境下基于双激光雷达融合的感知系统研究 [D]. 上海：上海师范大学，2022.
[28] 郭旭．基于激光雷达的 SLAM 地图构建算法研究 [D]. 沈阳：沈阳工业大学，2022.
[29] 蔡斌斌．无人车平台激光点云中线特征提取 [J]. 测绘通报，2019，503（02）：32.

第
6
章

基于Lidar+IMU的激光惯性里程计算法

6.1 引言

自我运动估计在导航任务中起着重要作用，是研究自主机器人的关键问题之一。它提供机器人的位姿信息，并能向位姿控制器提供实时反馈，此外，与感知环境的各种传感器一样，它为同步定位和地图构建（SLAM）提供了关键信息，有助于降低对机器人位置估计的误差。

Lidar＋IMU 技术是一种将激光雷达（Lidar）和惯性测量单元（IMU）相结合的高精度传感器技术。该技术结合了激光雷达的高精度三维距离测量和惯性测量单元的姿态、角速度和加速度测量，可以提供非常准确的位置和姿态信息，是现代机器人、自动驾驶汽车和航空航天等领域的关键技术之一。

6.1.1 Lidar＋IMU 的技术优势

（1）高精度的位置和姿态测量

Lidar＋IMU 技术的最大优势在于其高精度的位置和姿态测量能力。激光雷达可以提供准确的三维距离测量，而 IMU 可以提供姿态、角速度和加速度测量，将两者结合起来可以实现精确的位置和姿态测量，从而使机器人、自动驾驶汽车和飞行器等设备能够更加准确地感知环境、规划路径和执行任务。

（2）稳定性和可靠性高

由于激光雷达和 IMU 的测量数据是独立的，因此在一个传感器出现故障或测量数据出现异常的情况下，另一个传感器仍然可以提供准确的测量数据，从而保证了系统的稳定性和可靠性。

（3）对光照和天气条件不敏感

Lidar＋IMU 技术不像其他传感器技术（如视觉传感器）对光照和天气条件敏感。激光雷达可以在任何光照和天气条件下工作，因为它使用的是主动光学原理，而不是被动光学原理，这使得 Lidar＋IMU 技术在恶劣的环境条件下也能够提供高精度的测量数据。

（4）适用于复杂环境

Lidar＋IMU 技术适用于复杂环境下的测量任务。例如，如果机器人需要在一个复杂的环境中进行路径规划和导航，激光雷达可以提供高精度的地图数据，IMU 可以提供准确的姿态和运动信息，从而使机器人能够在这种复杂的环境中进行高效的导航。

6.1.2 如何进行 Lidar 和 IMU 的数据融合

如图 6-1 所示，由 IMU 记录的当前时刻姿态和加速度信息来预测下一时刻的运动姿态，然后通过激光雷达记录的当前时刻点云信息与相邻时刻的点云信息进行匹配，更新对下一时刻姿态信息的预测，最后将激光雷达和 IMU 的运动估计结果和点云匹配结果进行融合，得到更准确、更可靠的机器人或车辆运动状态信息。

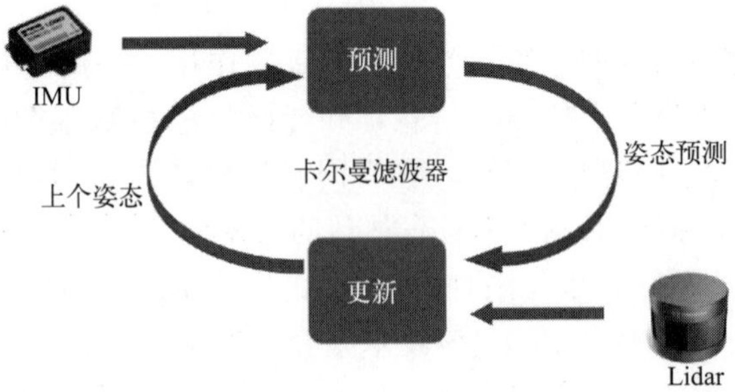

图 6-1　Lidar 和 IMU 的数据融合

Lidar 和 IMU 的数据融合是利用不同的传感器获取环境信息和设备运动状态信息，将它们进行联合处理以得到更准确和鲁棒的结果的过程。通常情况下，Lidar 可以提供环境的三维信息，而 IMU 可以提供设备的运动和方向信息，将这两种传感器的信息融合起来，可以建立一个更完整、更准确的 3D 环境模型，并获得更可靠、更精确的定位和制图结果。

数据融合的方法可以分为基于滤波的方法和基于优化的方法。

基于滤波的方法是利用卡尔曼滤波器（Kalman Filter）和扩展卡尔曼滤波器（Extended Kalman Filter）等滤波器对 IMU 和 Lidar 数据进行联合处理，以获得更准确的结果。这种方法主要用于实时系统和实时数据处理，它的优点是实现简单，适用于实时处理，并且能够处理噪声和传感器漂移等问题。但是，它也有一些缺点，如需要对系统进行建模和参数调整，对复杂非线性系统的处理效果可能不佳。

基于优化的方法是利用非线性优化、最小二乘法和图优化等算法对 IMU 和 Lidar 数据进行联合处理，以最小化误差函数并获得最优解。这种方法主要用于处理复杂的系统和数据，并可以获得更精确和可靠的结果。优化算法可以处理非线性系统和非高斯噪声，并且可以获得更准确和鲁棒的结果。但是，它的缺点是实现相对复杂、计算量大、处理时间长，并且需要对算法进行参数调整和优化。

6.2 基于优化算法的 LIO-SLAM

6.2.1 紧耦合的三维激光惯性里程计（LIO-Mapping）

IMU 和激光雷达的融合方法有很多，其中，松耦合融合是一个重要的方法。该类方法分别考虑激光雷达的估计和惯性测量组合的估计，由 J. Zhang 和

S. Singh 提出，将惯性测量单元的旋转作为先验项，同时假设在使用加速度时，速度为零，将惯性测量单元与激光雷达的测量解耦。然而，这种方法无法利用惯性测量单元的测量数据进一步优化。在二维情况下，J. Tang 等人使用松耦合的扩展卡尔曼滤波器（EKF）来融合惯性测量单元和激光雷达，但它不能处理三维或更复杂的环境。Lynen 等人提出了一种模块化方法，用来融合惯性测量单元测量值和其他相对位姿传感器，如相机、雷达和压力传感器。该方法基于三维情况下的扩展卡尔曼滤波器，具有一定的计算效率，但精确性不如紧耦合方法，因为它将里程计部分作为一个黑盒，不能利用惯性测量单元的测量值进行更新。

紧耦合方法通常更精确，但也更复杂，需要更多的计算资源和算法调整。其中一些方法是基于扩展卡尔曼滤波器（EKF）的，将激光雷达和 IMU 的测量状态作为系统状态，使用 EKF 进行状态估计和滤波。这些方法可以准确地建立机器人的位姿估计和地图构建，但需要对传感器噪声和系统动态进行较复杂的建模。此外，基于无线电技术的紧耦合方法，如 GPS/IMU 融合，也可以用于定位和导航。这种方法可以通过融合 GPS 和 IMU 的测量值，提高 GPS 的定位精度，特别是在信号遮挡或多径效应的情况下。GPS/IMU 紧耦合方法需要对 GPS 信号和 IMU 测量值的时间戳进行同步，并进行误差校正和状态估计。

LIO-Mapping 将三维激光雷达传感器捕获的每一条测量线表示为 scanC，并将包含所有 scan 的单次测量表示为 sweep S。例如，16 线三维激光雷达在一次 sweep 中包含 16 次 scan。

在下面的部分中，LIO-Mapping 定义变换矩阵 $\boldsymbol{T}_{\mathrm{b}}^{\mathrm{a}} \in SE$，它将坐标系 $\mathcal{F}_{\mathrm{b}}$ 中的点 $\boldsymbol{x}^{\mathrm{b}}$ 转换到坐标系 $\mathcal{F}_{\mathrm{a}}$ 中，经过 IMU 变换表示为 $\overline{\boldsymbol{T}}_{\mathrm{b}}^{\mathrm{a}}$。$\boldsymbol{R}_{\mathrm{b}}^{\mathrm{a}} \in SO$ 和 $\boldsymbol{p}_{\mathrm{b}}^{\mathrm{a}} \in \mathrm{R}^3$ 分别是变换矩阵 $\boldsymbol{T}_{\mathrm{b}}^{\mathrm{a}}$ 的旋转矩阵和平移向量，使用 Hamilton 四元数表示法的四元数 $q_{\mathrm{b}}^{\mathrm{a}}$ 对应于 $\boldsymbol{R}_{\mathrm{b}}^{\mathrm{a}}$。LIO-Mapping 用 $\widehat{\boldsymbol{a}}_k$ 和 $\widehat{\boldsymbol{\omega}}_k$ 来表示惯性测量单元在时间点 k 的原始测量值。提取的特征在原始捕获坐标系 $\mathcal{F}_{\mathrm{a}}$ 中被表示为 $\boldsymbol{F}_{\mathrm{a}}$，它可以被转换到坐标系 $\mathcal{F}_{\mathrm{b}}$ 中并表示为 $\boldsymbol{F}_{\mathrm{b}}^{\mathrm{a}}$。

机体坐标系 $\mathcal{F}_{B_i}$ 和 $\mathcal{F}_{L_i}$ 分别在离散时间 i 时获取雷达 sweep S_i 对应的惯性测量单元的参考和激光雷达中心的参考。

LIO-Mapping 要估计的状态是世界坐标系 $\mathcal{F}_W$ 中的惯性测量单元状态 $\boldsymbol{X}_{B_i}^W$ 和激光雷达与惯性测量单元传感器之间的外参 $\boldsymbol{T}_B^L$。具体来说，我们可以将 i 时刻的惯性测量单元状态和外参写为：

$$
\begin{aligned}
\boldsymbol{X}_{B_i}^W &= [\boldsymbol{p}_{B_i}^W \boldsymbol{v}_{B_i}^W \boldsymbol{q}_{B_i}^{\mathrm{T}} \boldsymbol{b}_{a_i}^{\mathrm{T}} \boldsymbol{b}_{g_i}^W]^{\mathrm{T}} \\
\boldsymbol{T}_B^L &= [\boldsymbol{T}_B^L \quad \boldsymbol{q}_B^{L\mathrm{T}}]^{\mathrm{T}}
\end{aligned}
\tag{6-1}
$$

式中，$\boldsymbol{p}_{B_i}^W$、$\boldsymbol{v}_{B_i}^W$、$\boldsymbol{q}_{B_i}^T$ 分别是机体坐标系相对于世界坐标系的位置、速度和方向；$\boldsymbol{b}_a$ 是惯性测量单元加速度零偏；$\boldsymbol{b}_g$ 是陀螺仪零偏。

利用惯性测量单元的加速度计和陀螺仪的输入，LIO-Mapping 可以通过离散积分将先前惯性测量单元的状态 $\boldsymbol{X}_{B_i}^W$，更新到当前的惯性测量单元状态 $\boldsymbol{X}_{B_j}^W$。如式(6-2) 所示，其中 Δt 是两个连续的惯性测量单元测量之间的时间间隔，激光雷达 sweep 在 $k=i$ 和 $k=j$ 之间所有惯性测量单元测量的时间被积分。LIO-

Mapping 使用 $k=j-1$ 作为 $k=j$ 前面的 IMU 时间戳。

$$\boldsymbol{p}_j=\boldsymbol{p}_i+\sum_{k=i}^{j-i}\left[\boldsymbol{v}_k\Delta t+\frac{1}{2}\boldsymbol{g}^W\Delta t^2+\frac{1}{2}\boldsymbol{R}_k(\hat{\boldsymbol{a}}_k-b_{a_k})\Delta t^2\right]$$

$$\boldsymbol{v}_j=\boldsymbol{v}_i+\boldsymbol{g}^W\Delta t_{ij}+\sum_{k=1}^{j-1}\boldsymbol{R}_k(\hat{\boldsymbol{a}}_k-b_{a_k})\Delta k$$

$$\boldsymbol{q}_j=q_i\otimes\prod_{k=1}^{j-1}\delta q_k=q_i\otimes\prod_{k=1}^{j-1}\begin{bmatrix}\frac{1}{2}\Delta k(\hat{\boldsymbol{\omega}}_k-b_{g_k})\\1\end{bmatrix}\tag{6-2}$$

式中，$\otimes$用于表示两个四元数相乘；$\boldsymbol{g}^W$ 是世界坐标系中的重力矢量。为了清楚起见，LIO-Mapping 使用了 $(\cdot)_i=(\cdot)_{B_i}^W$、$\sum_{k=1}^{j-1}\Delta t$ 和 $\prod_{k=1}^{j-1}$ 来表示四元数乘法序列。

时刻 i 和时刻 j 之间的机体运动可以通过预积分测量值 $z_j^i=\Delta p_{ij}$、Δv_{ij}、Δq_{ij} 来表示，它在误差状态模型下具有协方差 $C_{B_j}^{B_i}$。

为了确保有效的预测，在许多激光雷达建图工作中将任务分为里程计和建图两部分。受此启发，LIO-Mapping 提出的系统包括两个部分：第一部分是紧耦合的雷达-惯性测量单元里程计，它在一个局部窗口内优化所有位姿；第二部分是旋转约束细化（导致全局一致的建图过程），它使用来自优化后的位姿和重力约束将激光雷达 sweep 与全局地图对齐。

(1) 雷达-惯性测量单元里程计概述

激光雷达-IMU 测距框架见图 6-2。

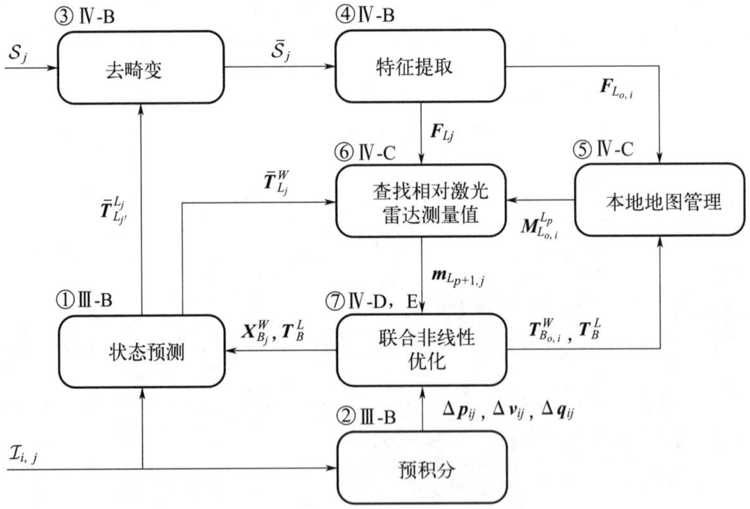

图 6-2 激光雷达-IMU 测距框架

有了之前估计的状态，LIO-Mapping 可以使用从上一个时间点 i 到当前时间点 j 的激光雷达原始输入 S_j 和惯性测量单元原始输入 $\boldsymbol{I}_{ij}$，以获得状态优化的新步骤。里程计估计的执行步骤如下：

① 在 S_j 到达之前，通过式(6-2) 迭代更新惯性测量单元状态。

② 同时，这些输入被预积分为用于联合优化的 Δp_{ij}、Δv_{ij}、Δq_{ij}。

③ 当接收到最新的激光雷达 sweep S_j 时，对原始数据应用去畸变以获得去畸变的激光雷达 sweep S_j。

④ 接下来，应用特征提取来降低数据的维数并提取最重要的特征点 F_{L_j}。

⑤ 根据先前相应的优化状态 $\boldsymbol{T}_{B_{o,i}}^{W}$ 和 $\boldsymbol{T}_{B}^{L}$，局部窗口中的激光雷达特征点 $F_{L_{o,i}}$ 被合并为局部地图 $M_{L_{o,i}}^{L_p}$。

⑥ 利用预测的激光雷达位姿 F_j，可以找到相对的激光雷达测量 $M_{L_{p+1,j}}$。

⑦ 最后一步是联合非线性优化相对雷达测量和惯性测量单元的预积分，以获得局部窗口内状态的 MAP 估计。优化的结果被应用于更新步骤①中的预测状态，避免来自惯性测量单元传播导致的漂移。

（2）点云去畸变和特征提取

三维激光雷达内部有旋转机构，可以接收一整圈的数据，当三维激光雷达移动时，来自它的原始数据 S_j 遭受运动畸变，这使得 sweep 中的点不同于真实位置。为了处理这个问题，LIO-Mapping 使用来自 IMU 传播预测的激光雷达运动 $\overline{\boldsymbol{T}}_{L_j}^{L_{j'}}$，并假设扫描期间的线性运动模型。然后，通过对 $\overline{\boldsymbol{T}}_{L_j}^{L_{j'}}$ 的线性插值校正每个 $x(t)\in S_j$ 获得在结束位姿坐标系下表示的去畸变后的点云，其中 $t\in(t_{j'},t_j]$是 sweep 中点的时间戳，并且 $t_{j'}$ 和 t_j 分别是 sweep 开始和结束时的时间戳。

为了提高计算效率，需要提取激光雷达特征。这里，LIO-Mapping 只对最可能在平面或边缘上的点感兴趣，因为这些点可以从激光雷达 sweep 的每次 scan 中提取出来。这种特征点 $\overline{S}_j$ 中的点 F_{L_j} 由曲率和距离改变来选择，即选择最像平面或者边缘特征上的点。

（3）相对雷达测量

如果固定第一个参考坐标系，待估计的状态 $\boldsymbol{X}_{B}^{W}$ 和 $\boldsymbol{T}_{B}^{L}$ 将是局部可观测的。为了包含来自惯性测量单元的预积分，LIO-Mapping 在 sweep 之间使用相对激光雷达测量来约束激光雷达位姿。

在寻找点的对应关系之前，LIO-Mapping 需要构建一个局部地图，因为单次 sweep 中的点密度不足以计算精确的点的对应关系。

局部地图包含来自 N_m 个离散时间戳的激光雷达特征点，其中 o、p 和 i 分别代表了窗口内第一次激光雷达 sweep、枢轴雷达 sweep 和最后处理的激光雷达 sweep 的时间戳，如图 6-3 所示。

局部地图 $M_{L_{o,i}}^{L_p}$ 是根据特征 $T_{L_y}^{L_p}$ 在枢轴雷达 sweep 的坐标系中构建的，它通过先前优化的激光雷达位姿 $T_{L_y}^{L_p}$ 进行转换。待估计的状态是 N_s 个在时间点 $\{p+1,\cdots,i,j\}$的状态，其中 $p+1$ 和 j 是枢轴雷达的下一个 sweep 时间戳与当前激光雷达的 sweep 时间戳对应。

通过建立的局部地图，可以找到 $M_{L_{o,i}}$ 和原始的 F_{L_a}（$a\in\{p+1,\cdots,j\}$）之间的对应关系。LIO-Mapping 定义这种对应关系为相对激光雷达测量，因为它们是相对于枢轴位姿的，并且枢轴位姿将随着滑动窗口而改变。原始特征是 F_{L_a} 中最平坦的点或边缘点，在实践中，LIO-Mapping 发现边缘点不能改善激光雷达-惯性测量单元里程计的结果。因此，在下面章节中，LIO-Mapping 只讨

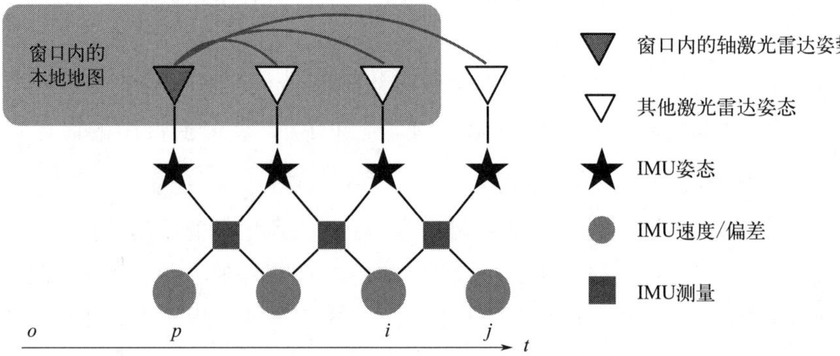

图 6-3　本地窗口局部地图由先前从 o 到 j 的点云组成，优化窗口包含 p 和 j 之间的帧

论平面特征。KNN 被用于在每个变换后的特征点 x^{L_p} 在 $M_{L_{o,i}}^{L_p}$ 中找到 K 个最邻的点 $\pi(x^{L_p})$。然后 LIO-Mapping 将这些相邻的平面点拟合到一个平面 F_p 中。平面点的系数可以用 $\boldsymbol{\omega}^{\mathrm{T}}x' + \boldsymbol{d}=0$，$x' \in \pi(x^{L_p})$ 计算，其中 $\boldsymbol{\omega}$ 是平面法线方向，$\boldsymbol{d}$ 是到平面 F_{L_p} 原点的距离。LIO-Mapping 将每个平面特征点 $x \in F_{L_a}$ 对应的 $\boldsymbol{m}=[x, \boldsymbol{\omega}, d] \in M_{L_a}$ 作为相对雷达测量之一。其中，在每个相对雷达测量的 $\boldsymbol{m} \in M_{L_a}$ 中，x 定义在 F_a 中，$\boldsymbol{\omega}$ 和 $\boldsymbol{d}$ 定义在 F_{L_p} 中。

(4) 雷达扫掠配准

相对激光雷达测量可以提供枢轴位姿和激光雷达位姿之间的相对约束。LIO-Mapping 的方法优化了所有位姿，包括第一个位姿 $\boldsymbol{T}_{L_p}^{W}$，即 F_{L_p} 不固定。因此，激光雷达代价函数中的每一项都包含两个激光雷达 sweep 的位姿，即 $\boldsymbol{T}_{L_p}^{w}$ 和 $\boldsymbol{T}_{L_a}^{W}$，$a \in \{p+1, \cdots, j\}$。优化枢轴位姿将有助于更好地最小化预积分误差，并确保传感器对与重力对齐。LIO-Mapping 估计的状态是惯性测量单元的状态，因此，LIO-Mapping 需要引入外参来表示在惯性测量单元坐标系下的雷达约束。从窗口中的后一个激光雷达姿态到枢轴姿态的相对变换可定义为：

$$\boldsymbol{T}_{L_a}^{L_p}=\boldsymbol{T}_{B}^{L}\boldsymbol{T}_{B_P}^{W-1}\boldsymbol{T}_{B_a}^{W}\boldsymbol{T}_{B}^{L-1}=\begin{bmatrix}\boldsymbol{R}_{L_a}^{L_p} & \boldsymbol{p}_{L_a}^{L_p} \\ \boldsymbol{0} & \boldsymbol{1}\end{bmatrix} \tag{6-3}$$

根据前面的对应关系，每个相对激光雷达测量 $\boldsymbol{m}=[x, \omega, d] \in M_{L_a}, a \in \{p+1, \cdots, j\}$ 的残差可以表示为点到平面的距离：

$$r_{\mathcal{L}}(\boldsymbol{m}, \boldsymbol{T}_{L_P}^{W}, \boldsymbol{T}_{L_a}^{W}, \boldsymbol{T}_{B}^{L})=\boldsymbol{\omega}^{\mathrm{T}}(\boldsymbol{R}_{L_a}^{L_p}x+\boldsymbol{p}_{L_a}^{L_p})+d \tag{6-4}$$

(5) 优化

为了获得最优状态，应用了固定滞后平滑器和边缘化。固定滞后平滑器在滑动窗口中保持 N_s 个 IMU 状态，滑动窗口有助于限制计算量，当新的测量约束出现时，平滑器将包含新的状态，并在窗口中对最老的状态进行边缘化处理。整个窗口中的状态将被估计：

$$\boldsymbol{X}=[\boldsymbol{X}_{B_P}^{W}, \cdots, \boldsymbol{X}_{B_j}^{W}, \boldsymbol{T}_{B}^{L}] \tag{6-5}$$

然后用马氏范数最小化下面的代价函数以获得状态 X 的 MAP 估计：

$$\min_{x^{1/2}}\left\{\left\|r_{p}(X)\right\|^{2}+\sum_{m\in m_{L_a}} a\in\{p+1,\cdots,j\}\left\|r_{\mathcal{L}}(m,x)\right\|_{C_{L_a}^{m}}^{2}\sum_{\beta\in\{p,\cdots,j-1\}}\left\|r_{\beta}(z_{\beta+1}^{\beta},X)\right\|_{C_{B_{\beta+1}}^{B_{\beta}}}^{2}\right\} \tag{6-6}$$

式中，$r_p(X)$是边缘化后的先验约束；$r_{\mathcal{L}}(m,X)$是相对激光雷达约束的残差；$r_\beta(z_{\beta+1}^{\beta})$是惯性测量单元约束的残差。非线性最小二乘形式的函数可以通过高斯-牛顿算法求解，该算法采用公式 $H\delta X=-b$。LIO-Mapping 使用 Ceres Solver 来求解该问题，每一个相对激光雷达的约束 $r_{\mathcal{L}}(m,X)$可以从式(6-1) 导出，协方差矩阵 $C_{L_a}^{m}$ 由激光雷达精度决定，IMU 约束 $r_\beta(z_{\beta+1}^{\beta})$可以从状态和 IMU 预积分中获得，$\|r_p(X)\|^2=\boldsymbol{b}_p^{\mathrm{T}}H_p^{+}\boldsymbol{b}_p$ 可以通过 Schur 来获得。

(6) 旋转约束细化

通过把特征点配准到全局地图，可以将激光雷达位姿约束到一致的世界坐标系 $\mathcal{F}_{\mathrm{W}}$ 中。LIO-Mapping 的细化方法使用了相对激光雷达测量，由于全局地图是细化的副产品，LIO-Mapping 也称它为映射方法。将最新激光雷达特征点与全局地图对齐的代价函数可以由以下方程给出：

$$C_M=\sum_{m\in m_L}\left\|r_M(\boldsymbol{m},\boldsymbol{T}_L^{W})\right\|^2$$

$$r_M(\boldsymbol{m},\boldsymbol{T})=\boldsymbol{\omega}^{\mathrm{T}}(\boldsymbol{R}_X+\boldsymbol{p})+d \tag{6-7}$$

式中，$\boldsymbol{T}=\boldsymbol{T}_L^{W}$，是最新的待估计激光雷达位姿；$\boldsymbol{m}$ 是具有 $\mathcal{F}_L$ 中特征点 x 和在 $\mathcal{F}_W$ 中系数 $\boldsymbol{\omega}$、d 的相对激光雷达测量值。

然后 LIO-Mapping 使用类似的高斯-牛顿法来最小化 C_μ。优化由残差 C_μ、雅可比矩阵 $\boldsymbol{J}_P^C$ 和 $\boldsymbol{J}_\theta^C$ 进行优化，其中，θ 是相应四元数 q 的误差状态。然而，随着旋转误差的累积，经过长期的操作，合并后的全局地图无法与重力精确对齐。这会导致进一步建图错误、与倾斜的地图对齐。因此，又提出了一种约束映射策略，该策略利用激光雷达-惯性测量单元里程计的旋转约束，确保最终地图始终与重力对齐。图 6-4 为旋转约束映射的结构，里程计姿态首先用作全局点云配准的先验。然后，将来自里程计的旋转分量应用为虚拟测量以约束优化。

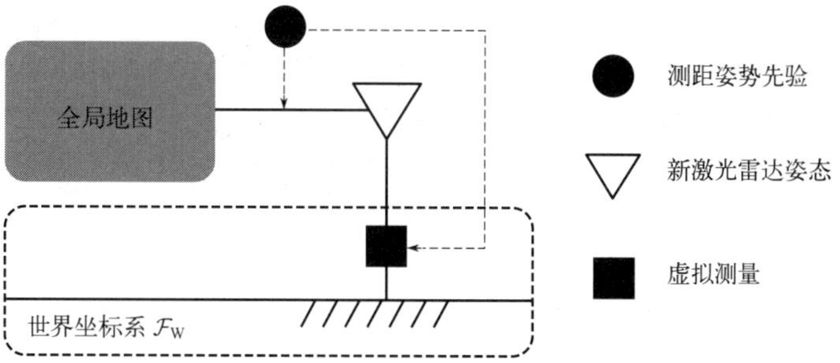

图 6-4　旋转约束映射

给定沿 z 轴的方向具有更高的不确定性，并且另外两个自由度更接近真实值的属性，LIO-Mapping 可以通过修改旋转的雅可比来训练代价函数，如：

$$\boldsymbol{J}_{\theta_z}^{C}=\boldsymbol{J}_{\theta}^{C}\cdot(\breve{\boldsymbol{R}})^{\mathrm{T}}\cdot\breve{\boldsymbol{\Omega}}_z$$

$$\breve{\boldsymbol{\Omega}}_z=\begin{bmatrix}\in_x & 0 & 0\\ 0 & \in_y & 0\\ 0 & 0 & 1\end{bmatrix} \tag{6-8}$$

式中，$(\breve{\boldsymbol{R}})^{\mathrm{T}}$ 表示在最后一次迭代中的状态估计；$\breve{\boldsymbol{\Omega}}_z$ 表示相对于 $\mathcal{F}_W$ 旋转的信息矩阵的近似。$\in_x$ 和 $\in_y$ 可以通过 x 轴和 y 轴旋转相对于 z 轴旋转的信比例来获得。

之后，LIO-Mapping 使用 $\boldsymbol{J}_P^C$ 和 $\boldsymbol{J}_{\theta_z}^C$ 来代替雅可比，增量激光雷达位姿可以获得 $\widetilde{p}$ 和 $\widetilde{q}$，这导致更新的激光雷达状态 $\widetilde{\boldsymbol{p}}$ 和 $\widetilde{\boldsymbol{q}}$，公式如下：

$$\widetilde{\boldsymbol{p}}=\breve{\boldsymbol{p}}+\delta\boldsymbol{p}$$

$$\widetilde{\boldsymbol{q}}=\begin{bmatrix}\frac{1}{2}\delta\theta_z\\ 1\end{bmatrix}\otimes\breve{\boldsymbol{q}} \tag{6-9}$$

6.2.2 测试和分析

为了定量分析 LIO-Mapping 的方法，使用了图 6-5 所示的传感器对。Velodyne VLP-16 线激光雷达有 16 条线，安装在 Xsens MTi-100 惯性测量单元上方。反射标记可以被运动捕捉系统用于提供真实的位姿。激光雷达配置为 10Hz 更新速率，惯性测量单元以 400Hz 速率更新。

图 6-5　实验器具

(1) 不同运动条件下的测试

表 6-1 给出了不同运动速度和不同方法下的均方根误差（RMSE），其中 LOAM 被视为评价基准，LIO 是 LIO-Mapping 的局部窗口优化里程计方法，LIO-raw 和 LIO-no-ex 与 LIO 相同，只是分别切断了运动补偿或在线外部参数估计，LIO-mapping 来自带有旋转约束的建图结果，最佳结果以粗体显示。

表 6-1　平移和旋转误差 w. r. t. 地面实况 6 个序列中的运动从快到慢变化

误差	序列	LOAM	LIO-raw	LIO-no-ex	LIO	LIO-mapping
平移 RMSE/m	fast1	0.4469	0.2464	0.0957	**0.0949**	**0.0529**
	fast2	0.2023	0.4346	0.1210	**0.0755**	**0.0663**
	med1	0.1740	0.1413	0.1677	**0.1002**	**0.0576**
	med2	**0.1010**	0.2460	0.3032	0.1308	**0.0874**
	slow1	**0.0606**	0.1014	0.0838	0.0725	**0.0318**
	slow2	**0.0666**	0.1016	0.0868	0.1024	**0.0435**
旋转 RMSE/rad	fast1	0.1104	0.1123	0.0547	**0.0545**	**0.0537**
	fast2	0.0763	0.1063	0.0784	**0.0581**	**0.0574**
	med1	0.0724	0.0620	0.0596	**0.0570**	**0.0523**
	med2	0.0617	0.0886	0.0900	**0.0557**	**0.0567**
	slow1	**0.0558**	0.0672	0.0572	0.0581	**0.0496**
	slow2	0.0614	0.0548	0.0551	**0.0533**	**0.0530**

从结果中可以看到，LIO-mapping 总是能够在所有的情况下提供平移（位置）和旋转（方向）状态的精确估计。当运动更快时，LIO 有更好的表现，同时产生了更多的 IMU 激励，但是如果运动很弱，它会受到漂移的影响，因为此时局部地图相对稀疏。该表还显示，通过运动补偿和在线外部参数估计，LIO 可以提供更好的性能，尤其是当运动较快时。

（2）漂移随时间变化的测试

为了评估误差如何随时间变化，LIO-Mapping 在更长的测试时间中测试算法。前 50 个估计位姿与地面真值对齐。不同方法的最终轨迹如图 6-6 所示，平移误差和旋转误差如图 6-7 所示。

结果表明，LIO 可以提供相对准确的姿态，并能约束俯仰和滚转角接近地

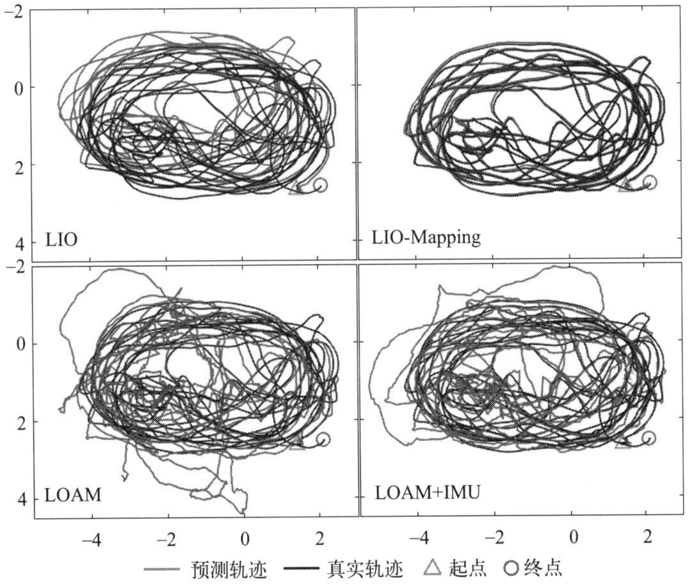

图 6-6　不同方法的轨迹

面真值，但它会受到漂移的影响。当运动变得迅速时（在测试的后半部分），没有惯性测量单元融合的方法（LOAM）和松耦合融合的方法（LOAM＋IMU）都不能提供鲁棒的估计。LIO-Mapping 得益于 LIO 提供的旋转约束，并进一步将当前 sweep 配准到全局地图中。因此，它导致轨迹的较小漂移和状态估计结果更好的一致性。

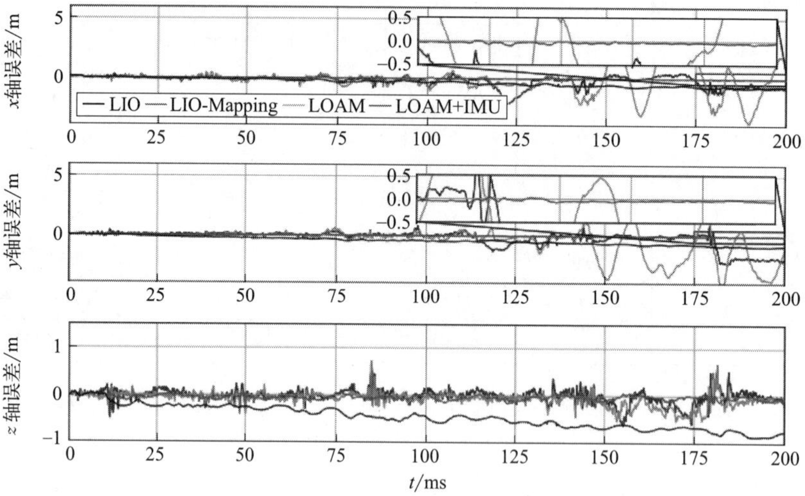

(a) 平移误差

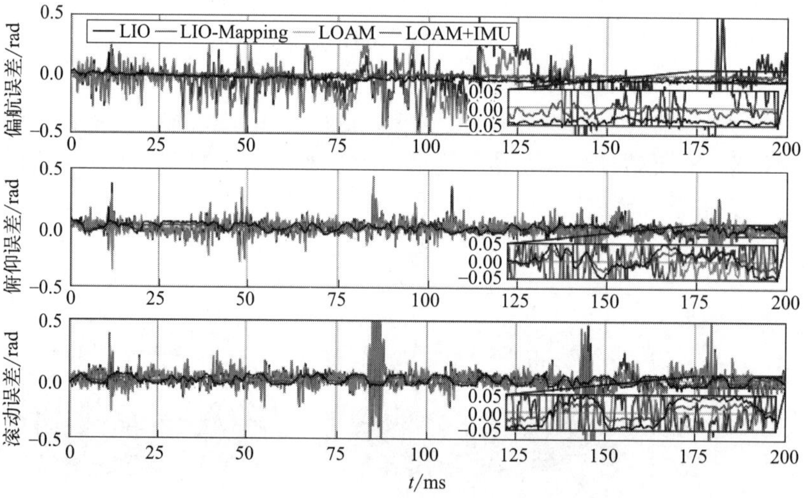

(b) 旋转误差

图 6-7　平移误差和旋转误差（见书后彩插）

(3) 运行时间分析

激光雷达间隔在室内（0.2s）和室外（0.3s）有所不同，这取决于 sweep 中的特征点数量（室外的特征点通常为 3000 个左右，而室内为 1000 个）。这些间隔有助于建立更大的地图和跳过一些激光雷达 sweep，以实现实时计算。使用 16 线三维激光雷达的数据，LIO-Mapping 的平均运行时间可以在表 6-2 中找到。

时间代表不同模块对于每个新输入的处理时间，即原始惯性测量单元测量值、激光雷达测量值和里程计输出。注意，里程计和建图模块在不同的线程中，建图线程处理里程计线程的输出，惯性测量单元的预测是在优化状态的基础上进行的，因此，它可以和惯性测量单元的输出速率一样快。

表 6-2　16 线三维激光雷达的平均运行时间分析

场景	耗时/ms		
	预测	测距	绘制地图
室内	0.0127	128.7	108.3
室外	0.0102	213.5	167.6

LIO-Mapping 是一种新的紧耦合 Lidar-IMU 融合方法，它包括里程计的状态优化和旋转约束的细化，结果表明，该方法优于现有的激光雷达方法和松耦合方法。尽管所提出的方法需要初始化的限制，但由于足够的 IMU 激励授权，该方法确实显示了鲁棒的姿态估计结果，具有快速的更新速率，即使是在更具有挑战性的测试场景下也是如此。

6.3 基于滤波算法的 LIO-SLAM

6.3.1 基于迭代扩展卡尔曼滤波的激光惯性里程计 SLAM 算法（LINS）

最近的研究表明，独立激光雷达的不足可以通过融合惯性测量单元来补偿。与激光雷达不同，IMU 对周围环境不敏感，它提供精确的短期运动约束并且通常以高频率工作（如 100～500Hz），这些特征可以帮助激光雷达导航系统从高动态运动失真中恢复点云，从而提高精度。然而，基于图优化的最新激光雷达惯性里程计（LIO）由于计算成本高而不能直接应用于实时导航，对于单次扫描而言，计算激光雷达惯性测距法花费超过 100ms，并且要花费更多的时间来维持地图。

激光雷达-惯性测距模块由状态传播和更新子模块组成，利用 IMU 测量值和特征提取模块提取的点云特征执行迭代卡尔曼滤波。映射模块输出细化的姿态估计。将改进的姿态估计与 IMU 测量组合以生成高输出速率结果。

LINS（图 6-8）是一种轻量级激光惯性状态估计器，用于无人驾驶的实时

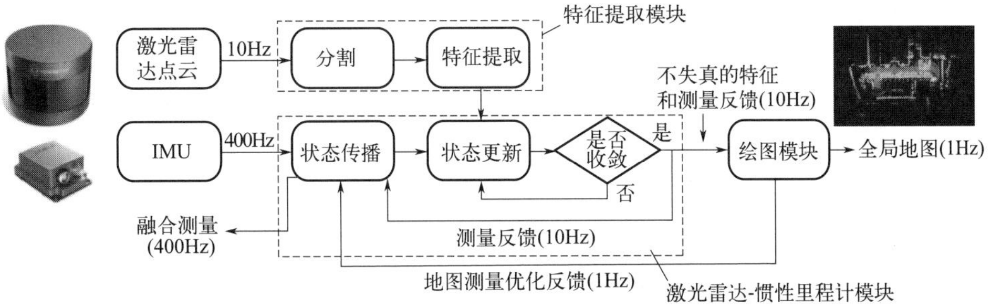

图 6-8　LINS 系统概述

导航，其设计了一种迭代误差状态卡尔曼滤波器（ESKF）以保证精度和效率。为了获得长期稳定性，LINS引入了一个机器人中心的状态公式，其中局部参考系在每个激光雷达时间步长发生移动，并且两个连续局部参考系之间的相对位姿估计用于更新全局位姿估计。

相较于之前的工作，这个算法的速度提高了一个数量级。同时，还提出了一种机器人中心的迭代ESKF，它在各种具有挑战性的场景中得到了验证，并表现出比现有技术更好的性能。总的来说，这种激光雷达-惯性测距的紧耦合算法比之前的工作更快，而且能够在各种场景中获得更好的性能。

LINS系统的目标是同时估计车辆的六自由度运动，并建立一个全局地图。系统框架主要由三个模块组成：特征提取、LIO和映射。特征提取模块旨在从原始点云中提取稳定的特征。LIO模块由传播子模块和更新子模块组成，执行迭代卡尔曼滤波，并基于未失真的特征输出初始里程。映射模块通过全局地图来细化初始里程并输出新里程，随后使用新特征来更新地图。

LIO模块使用IMU测量值和在两次连续扫描中提取的特征来估计车辆的相对变换。LINS使用机器人中心公式来构建迭代ESKF，因为它可以防止不断增长的不确定性导致的较大线性化误差。令 F_w 表示固定世界帧，F_{b_k} 表示在第 k 个激光雷达时间步长处的IMU附着帧，并且 F_{l_k} 表示在第 k 个激光雷达时间步长处的激光雷达帧。在LINS系统中，本地帧始终设置为先前激光雷达时间步长处的IMU附加帧。

状态定义： 设 $\boldsymbol{x}_W^{b_k}$ 表示 F_W 的位置，令 $\boldsymbol{x}_{b_{k+1}}^{b_k}$ 表示描述从 $F_{b_{k+1}}$ 到 F_{b_k} 相对变换的局部状态。

$$\boldsymbol{x}_W^{b_k}=[\boldsymbol{p}_W^{b_k},\boldsymbol{q}_W^{b_k}] \tag{6-10}$$

$$\boldsymbol{x}_{b_{k+1}}^{b_k}=[\boldsymbol{p}_{b_{k+1}}^{b_k} \quad \boldsymbol{v}_{b_{k+1}}^{b_k} \quad \boldsymbol{q}_{b_{k+1}}^{b_k} \quad \boldsymbol{b}_a \quad \boldsymbol{b}_g \quad \boldsymbol{g}^{b_k}] \tag{6-11}$$

式中，$\boldsymbol{p}_W^{b_k}$ 是 F_W 的位置；F_{b_k} 和 $\boldsymbol{q}_W^{b_k}$ 是描述从 F_W 到 F_{b_k} 的旋转的单位四元数；$\boldsymbol{p}_{b_{k+1}}^{b_k}$ 和 $\boldsymbol{q}_{b_{k+1}}^{b_k}$ 表示从 $F_{b_{k+1}}$ 到 F_{b_k} 的平移和旋转；$\boldsymbol{v}_{b_{k+1}}^{b_k}$ 表示 F_{b_k} 的速度；$\boldsymbol{b}_a$ 是加速度偏置；$\boldsymbol{b}_g$ 是陀螺仪偏置。其中，局部引力 $\boldsymbol{g}^{b_k}$ 也是局部状态的一部分。

为了在状态估计中具有良好的特性，使用误差状态来求解 $\boldsymbol{x}_{b_{k+1}}^{b_k}$。LINS用 δ 表示误差项，并将 $\boldsymbol{x}_{b_{k+1}}^{b_k}$ 的误差向量定义为

$$\boldsymbol{\delta}_x=[\boldsymbol{\delta p} \quad \boldsymbol{\delta v} \quad \boldsymbol{\delta \theta} \quad \boldsymbol{\delta b}_a \quad \boldsymbol{\delta b}_g \quad \boldsymbol{\delta g}] \tag{6-12}$$

式中，$\boldsymbol{\delta\theta}$ 是三自由度误差角。

根据ESKF的传统，一旦 $\boldsymbol{\delta}_x$ 被求解，LINS可以通过将 $\boldsymbol{\delta}_x$ 注入到 $\boldsymbol{x}_{b_{k+1}}^{b_k}$ 的状态先验，$-\boldsymbol{x}_{b_{k+1}}^{b_k}$ 来获得最终的 $\boldsymbol{x}_{b_{k+1}}^{b_k}$。$\boxplus$ 是通过Boxplus运算符进行的（Boxplus是一种操作符号，用于表示对状态和误差协方差进行增量更新的操作），其公式为：

$$
\boldsymbol{x}_{b_{k+1}}^{b_k} = -\boldsymbol{x}_{b_{k+1}}^{b_k} \boxplus \boldsymbol{\delta x} = \begin{bmatrix} -\boldsymbol{p}_{b_{k+1}}^{b_k} + \boldsymbol{\delta p} \\ -\boldsymbol{v}_{b_{k+1}}^{b_k} + \boldsymbol{\delta v} \\ -\boldsymbol{q}_{b_{k+1}}^{b_k} \otimes \exp(\boldsymbol{\delta\theta}) \\ -\boldsymbol{b}_a + \boldsymbol{\delta b}_a \\ -\boldsymbol{b}_g + \boldsymbol{\delta b}_g \\ -\boldsymbol{g}^{b_k} + \boldsymbol{\delta g} \end{bmatrix} \tag{6-13}
$$

式中，$\otimes$表示四元数乘积，四元数是一种扩展了复数的数学结构，由一个实部和三个虚部组成，通常表示为 $q=w+x\mathrm{i}+y\mathrm{j}+z\mathrm{k}$，其中 w、x、y 和 z 都是实数，而 i、j 和 k 是虚数单位，四元数乘积的结果仍然是一个四元数。

传播： 在这一步中，如果新的 IMU 测量值到达，LINS 将传播误差状态 δ_x、误差状态协方差矩阵 $\boldsymbol{p}_k$ 和先验状态 $-\boldsymbol{x}_{b_{k+1}}^{b_k}$。IMU 误差状态的线性化连续时间模型可写成：

$$
\delta\dot{x}(t) = \boldsymbol{F}_t \delta x(t) + \boldsymbol{G}_t \boldsymbol{w} \tag{6-14}
$$

式中，$\boldsymbol{w}=[\boldsymbol{n}_a^{\mathrm{T}}, \boldsymbol{n}_g^{\mathrm{T}}, \boldsymbol{n}_{b_a}^{\mathrm{T}}, \boldsymbol{n}_{b_g}^{\mathrm{T}}]^{\mathrm{T}}$ 为高斯噪声矢量；$\boldsymbol{F}_t$ 是误差状态转移矩阵；$\boldsymbol{G}_t$ 是时间 t 处的噪声雅可比矩阵：

$$
\boldsymbol{F}_t = \begin{bmatrix} 0\mathbf{I} & 0 & 0 & 0 & 0 \\ 00 & -\boldsymbol{R}_t^{b_k}[\hat{\boldsymbol{a}}_t]_x & -\boldsymbol{R}_t^{b_k} & 0 & 0 \\ 00 & -[\hat{\boldsymbol{\omega}}_t]_x & 0 & -\mathbf{I}_3 & -\mathbf{I}_3 \\ 00 & 0 & 0 & 0 & 0 \\ 00 & 0 & 0 & 0 & 0 \\ 00 & 0 & 0 & 0 & 0 \end{bmatrix} \tag{6-15}
$$

$$
\boldsymbol{G}_t = \begin{bmatrix} 0 & 0 & 0 & 0 \\ -\boldsymbol{R}_t^{b_k} & 0 & 0 & 0 \\ 0 & -\mathbf{I}_3 & 0 & 0 \\ 0 & 0 & \mathbf{I}_3 & 0 \\ 0 & 0 & 0 & \mathbf{I}_3 \\ 0 & 0 & 0 & 0 \end{bmatrix} \tag{6-16}
$$

式中，$\mathbf{I}_3 \in \mathrm{R}^{3\times3}$ 是单位矩阵；$\boldsymbol{R}_t^{b_k}$ 是从时间 t 的 IMU 固定坐标系到 F_{b_k} 的旋转矩阵；$\hat{\boldsymbol{a}}_t$ 和 $\hat{\boldsymbol{\omega}}_t$ 分别为时间 $\boldsymbol{t}$ 时的加速度和角速率，通过从原始加速度计测量值 $\boldsymbol{a}_{m_t}$ 和陀螺仪测量值 $\boldsymbol{\omega}_{m_t}$ 中去除偏差和重力效应计算得出，公式如下：

$$
\hat{\boldsymbol{a}}_t = \boldsymbol{a}_{m_t} - \boldsymbol{b}_a \tag{6-17}
$$

$$
\hat{\boldsymbol{\omega}}_t = \boldsymbol{\omega}_{m_t} - \boldsymbol{b}_g \tag{6-18}
$$

离散方程（6-14）产生以下传播方程：

$$
\boldsymbol{\delta x}_{t_\tau} = (\mathbf{I} + \boldsymbol{F}_{t_\tau}\Delta t)\boldsymbol{\delta x}_{t_{\tau-1}} \tag{6-19}
$$

$$
\boldsymbol{P}_{t_\tau} = (\mathbf{I} + \boldsymbol{F}_{t_\tau}\Delta t)\boldsymbol{P}_{t_{\tau-1}}(\mathbf{I} + \boldsymbol{F}_{t_\tau}\Delta t)^{\mathrm{T}} + (\boldsymbol{G}_{t_\tau}\Delta t)\boldsymbol{Q}(\boldsymbol{G}_{t_\tau}\Delta t)^{\mathrm{T}} \tag{6-20}
$$

式中，$\Delta t = t_\tau - t_{\tau-1}$，$t_\tau$ 和 $t_{\tau-1}$ 是连续的IMU时间步长；$\boldsymbol{Q}$ 表示在传感器校准期间离线计算的 $\boldsymbol{w}$ 的协方差矩阵。

更新：在迭代卡尔曼滤波中，状态更新可以与优化问题联系起来，考虑与先验值 $-\boldsymbol{x}_{b_{k+1}}^{b_k}$ 的偏差和残差函数源自测量模型：

$$\min_{\boldsymbol{\delta x}} \|\boldsymbol{\delta x}\|_{(\boldsymbol{P}_k)^{-1}} + \|f(-\boldsymbol{x}_{b_{k+1}}^{b_k}) \boxplus \boldsymbol{\delta x}\|_{(\boldsymbol{J}_k \boldsymbol{M}_k \boldsymbol{J}_j^{\mathrm{T}})^{-1}} \tag{6-21}$$

式中，$\|\cdot\|$表示马氏范数；$\boldsymbol{J}_k$ 是 $f(\cdot)$的雅可比行列式；$\boldsymbol{M}_k$ 是测量噪声的协方差矩阵；$f(\cdot)$的输出实际上是由点-边或点-平面对计算的堆叠残差向量。给定 $\boldsymbol{x}_{b_{k+1}}^{b_k}$，对应于 $\boldsymbol{p}_i^{l_{k+1}}$（在 $F_{l_{k+1}}$ 中表示的第 i 个特征点）的 $f(\cdot)$中的误差项可以描述为：

$$f_i(\boldsymbol{x}_{b_{k+1}}^{b_k}) = \begin{cases} \dfrac{|(\hat{\boldsymbol{p}}_i^{l_k} - \boldsymbol{p}_a^{l_k}) \times (\hat{\boldsymbol{p}}_i^{l_k} - \boldsymbol{p}_b^{l_k})|}{|\boldsymbol{p}_a^{l_k} - \boldsymbol{p}_b^{l_k}|}, & \boldsymbol{p}_i^{l_{k+1}} \in F_e \\ \dfrac{|(\hat{\boldsymbol{p}}_i^{l_k} - \boldsymbol{p}_a^{l_k})^{\mathrm{T}}[(\boldsymbol{p}_a^{l_k} - \boldsymbol{p}_b^{l_k}) \times (\boldsymbol{p}_a^{l_k} - \boldsymbol{p}_c^{l_k})]|}{|(\boldsymbol{p}_a^{l_k} - \boldsymbol{p}_b^{l_k}) \times (\boldsymbol{p}_a^{l_k} - \boldsymbol{p}_c^{l_k})|}, & \boldsymbol{p}_i^{l_{k+1}} \in F_p \end{cases} \tag{6-22}$$

$$\hat{\boldsymbol{p}}_i^{l_k} = \boldsymbol{R}_l^{b^{\mathrm{T}}} (\boldsymbol{R}_{b_{k+1}}^{b_k} (\boldsymbol{R}_l^b \boldsymbol{p}_i^{l_{k+1}} + \boldsymbol{p}_l^b) + \boldsymbol{p}_{b_{k+1}}^{b_k} - \boldsymbol{p}_l^b) \tag{6-23}$$

式中，$\hat{\boldsymbol{p}}_i^{l_k}$ 是 $\boldsymbol{p}_i^{l_{k+1}}$ 从 $F_{l_{k+1}}$ 到 F_{l_k} 的转换点；$\boldsymbol{R}_l^b$ 和 $\boldsymbol{p}_l^b$ 一起表示激光雷达和IMU之间的外部参数（在离线校准中计算）。

下面提供式(6-22)的解释。对于一个边缘点，它描述了 $\hat{\boldsymbol{p}}_i^{l_k}$ 和它对应的边缘 $\boldsymbol{p}_a^{l_k}$ 和 $\boldsymbol{p}_b^{l_k}$ 之间的距离；对于平面点，它描述了 $\boldsymbol{p}_i^{l_k}$ 和由三个点 $\boldsymbol{p}_a^{l_k}$、$\boldsymbol{p}_b^{l_k}$ 和 $\boldsymbol{p}_c^{l_k}$ 形成的对应平面之间的距离。LINS使用以下迭代更新方程求解方程：

$$\boldsymbol{K}_{k,j} = \boldsymbol{p}_k \boldsymbol{H}_{k,j} (\boldsymbol{H}_{k,j} \boldsymbol{p}_k \boldsymbol{H}_{k,j}^{\mathrm{T}} + \boldsymbol{J}_{k,j} \boldsymbol{M}_k \boldsymbol{J}_{k,j}^{\mathrm{T}})^{-1} \tag{6-24}$$

$$\Delta \boldsymbol{x}_j = \boldsymbol{K}_{k,j} [\boldsymbol{H}_{k,j} \boldsymbol{\delta x}_j - f(-\boldsymbol{x}_{b_{k+1}}^{b_k} \boxplus \boldsymbol{\delta x}_j)] \tag{6-25}$$

$$\Delta \boldsymbol{x}_{j+1} = \boldsymbol{\delta x}_j + \Delta \boldsymbol{x}_j \tag{6-26}$$

式中，$\Delta \boldsymbol{x}_j$ 表示第 j 次迭代的校正向量；$\boldsymbol{H}_{k,j}$ 是 $f(-\boldsymbol{x}_{b_{k+1}}^{b_k}, \boldsymbol{\delta x}_j)$ 的雅可比行列式，在每次迭代中，LINS将找到新的匹配边和平面以进一步最小化误差度量，然后计算新的 $\boldsymbol{H}_{k,j}$、$\boldsymbol{J}_{k,j}$ 和 $\boldsymbol{K}_{k,j}$。当 $f(\boldsymbol{x}_{b_{k+1}}^{b_k})$低于特定阈值时，如在第 n 次迭代时，LINS通过以下公式更新 $\boldsymbol{P}_k$：

$$\boldsymbol{P}_{k+1} = (\mathbf{I} - \boldsymbol{K}_{k,n} \boldsymbol{H}_{k,n}) \boldsymbol{P}_k (\mathbf{I} - \boldsymbol{K}_{k,n} \boldsymbol{H}_{k,n})^{\mathrm{T}} + \boldsymbol{K}_{k,n} \boldsymbol{M}_k \boldsymbol{K}_{k,n}^{\mathrm{T}} \tag{6-27}$$

获得最终的 $\boldsymbol{x}_{b_{k+1}}^{b_k}$，对于原始失真特征，可以使用估计的相对变换来消除失真。最后，LINS用下式初始化下一个状态 $\boldsymbol{x}_{b_{k+2}}^{b_{k+1}}$：

$$\begin{bmatrix} \boldsymbol{0}_3 & \boldsymbol{v}_{b_{k+1}}^{b_{k+1}} & q_0 & \boldsymbol{b}_a & \boldsymbol{b}_g & \boldsymbol{g}^{b_{k+1}} \end{bmatrix} \tag{6-28}$$

式中，q_0 表示单位四元数；$\boldsymbol{v}_{b_{k+1}}^{b_{k+1}}$ 和 $\boldsymbol{g}^{b_{k+1}}$ 可以分别通过 $\boldsymbol{v}_{b_{k+1}}^{b_{k+1}} = \boldsymbol{R}_{b_k}^{b_{k+1}} \boldsymbol{v}_{b_{k+1}}^{b_k}$ 和 $\boldsymbol{g}^{b_{k+1}} = \boldsymbol{R}_{b_k}^{b_k+1} \boldsymbol{g}^{b_k}$ 来计算。关于速度、偏差和局部重力的协方差保留在协方差矩

阵中，而对应于相对姿态的协方差被设置为零，即机器人中心的参照系本身没有不确定性。

状态组成：在机器人中心公式中，每次更新完成时，需要通过合成步骤更新全局姿态 $\boldsymbol{x}_{w}^{b_k}$ 如下所示：

$$\boldsymbol{x}_{W}^{b_{k+1}}=\begin{bmatrix}\boldsymbol{p}_{w}^{b_{k+1}}\\\boldsymbol{q}_{W}^{b_{k+1}}\end{bmatrix}=\begin{bmatrix}\boldsymbol{R}_{b_k}^{b_{k+1}}(\boldsymbol{p}_{W}^{b_k}-\boldsymbol{p}_{b_{k+1}}^{b_k})\\\boldsymbol{q}_{b_k}^{b_{k+1}}\otimes\boldsymbol{q}_{W}^{b_k}\end{bmatrix}\tag{6-29}$$

初始化：机器人中心公式化可以促进过滤器状态的初始化。关于初始参数设置，通过离线校准获得初始加速度偏差和 Lidar＋IMU 外部参数，而初始陀螺仪偏差是对应静止测量的平均值，从移动之前的无偏加速度测量值获得初始侧倾和俯仰，以及通过使用初始横摇和俯仰将导航帧中表示的重力矢量变换到当前局部帧来获取初始局部重力。

在不同场景下评估了 LINS 的性能，并与 Lego、LOAM 和 LIOM 进行了比较，在接下来的实验中，利用 Lego 提出的映射算法实现了 LINS 的映射模块。以前的大多数工作只分析最终轨迹的性能，即已经由地图细化的里程，然而，LINS 初始里程，即纯粹由里程模块产生的里程，对整体性能有很大影响，因此，实验将两者都考虑在内。为了区分这两种里程计，我们称地图细化的里程计为地图细化里程计（MRO），称初始里程计为纯里程计（PO）。

6.3.2 测试和分析

(1) 室内实验

在室内测试中，选择一个停车场作为实验区域如图 6-9（a）所示。在公共汽车上安装传感器套件如图 6-9（b）所示，在顶部安装 RSLiDAR-16，IMU 放置在公共汽车内部。图 6-10 提供了 LINS、Lego 和 LOAM 的结果。直观地检查 LINS-PO 的轨迹可以精确地符合 MRO 轨迹（一般来说，MRO 在室内几乎无漂移并且比 PO 更准确），而 Lego-PO 和 LIOM-PO 偏航角都有明显的漂移。

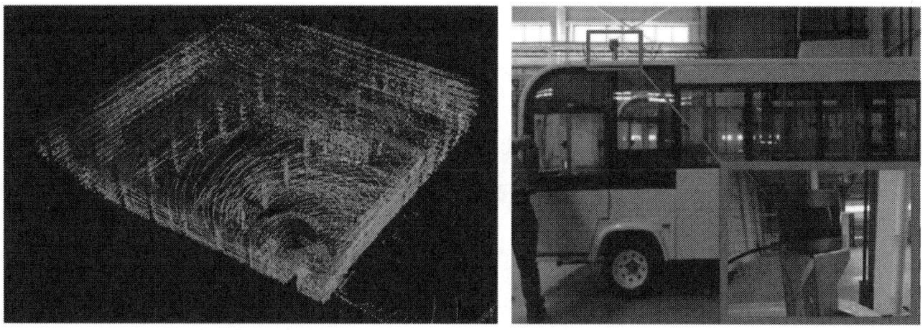

(a) LINS建的停车场的地图　　(b) 激光雷达安装在公共汽车顶部，IMU放置在公共汽车内部

图 6-9　室内测试的传感器配置

由图 6-10 观察到，所有方法的 MRO 轨迹看起来非常相似，但它们的 PO 轨迹完全不同。与其他方法相比，来自 LINS 的 PO 轨迹与其 MRO 轨迹对齐得

更好。

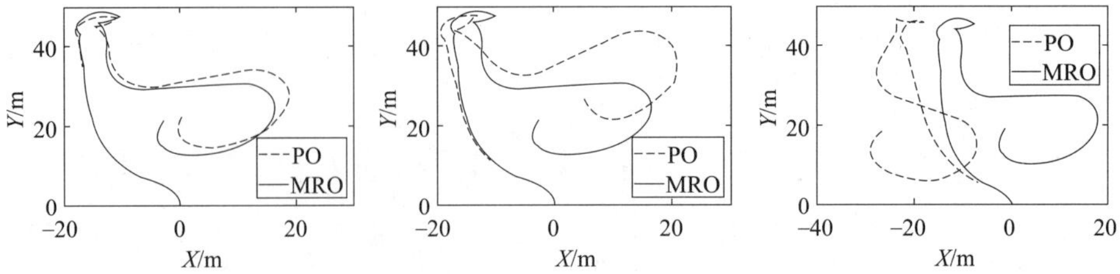

(a) LINS (b) Lego (c) LOAM

图 6-10 LINS、Lego 和 LOAM 的室内实验中产生的轨迹

(2) 大型户外环境

为了验证泛化性和稳定性，实验在四个室外应用场景中进行：城市、港口、工业园区和森林。图 6-11 展示了一些照片的环境和相应的地图生成林。实验测量了 GPS 接收器产生的地面真相与提供的估计位置之间的差距，然后将其与行进的距离进行比较以产生相对漂移。实验结果列于表 6-3。

(a) 港口区域

(b) 工业园区域

(c) 森林区域

图 6-11 实验环境

如表 6-3 所示，LINS 在所有测试场景中都表现良好。具体环境的详细分析如下。

表 6-3　运动估计漂移的相对误差

	数量的特征			地图精化里程计的漂移				纯里程计的漂移			
场景	距离/m	边	面	LOAM	Lego	LIOM	LINS	LOAM	Lego	LIOM	LINS
城市	1100	85	2552	72.91	10.17	**1.76**	1.79	76.84	30.13	4.44	**4.42**
港口	1264	103	2487	2.16	3.35	**1.40**	1.56	4.64	8.70	**1.72**	2.75
公园	117	420	3598	19.35	1.97	2.61	**1.32**	26.50	26.08	13.60	**7.69**
树林	371	99	2633	5.59	3.66	9.58	**3.31**	10.60	18.93	12.96	**7.27**
停车场	144	512	5555	1.21	1.12	**1.05**	1.08	5.38	6.62	2.17	**1.72**

港口实验：在某港口对 LINS 进行了评估，从一条被集装箱包围的路径开始记录数据。汽车驶向码头，行驶了 1264m 后又回到原地，在此过程中集装箱的进出会不断改变全局地图，这可能会影响 MRO 的性能。

根据表 6-3，LINS 和 LIOM 呈现出最低的漂移。LINS-MRO 的相对漂移为 1.56%，略高于 LIOM 的 1.40%，而 LINS-PO 的相对漂移仅为 2.75%。结果表明，激光雷达与惯性测量组合可以有效提高测量精度。即使 LOAM 和 Lego 的相对漂移看起来很小，但它们可能会遭受巨大的定向误差。图 6-12(a) 和 (b) 提供了来自 Lego 和 LINS 的详细轨迹和地图。与真实情况（绿色线）相比发现，Lego（包括 MRO 和 PO）的轨迹在第一次转弯时转向了错误的方向，同时还可以在图 6-12(c) 和 (d) 中直观地检查 Lego 和 LINS 构建的地图的变形情况。相比之下，LINS 表现出与地面实况轨迹的良好对准，所产生的地图对现实世界环境具有高保真度，即使在特征不足的第一轮中（每次扫描只有大约 30 个边缘特征可用），LINS 也表现得非常好，这表明 LINS 对无特征场景更鲁棒。

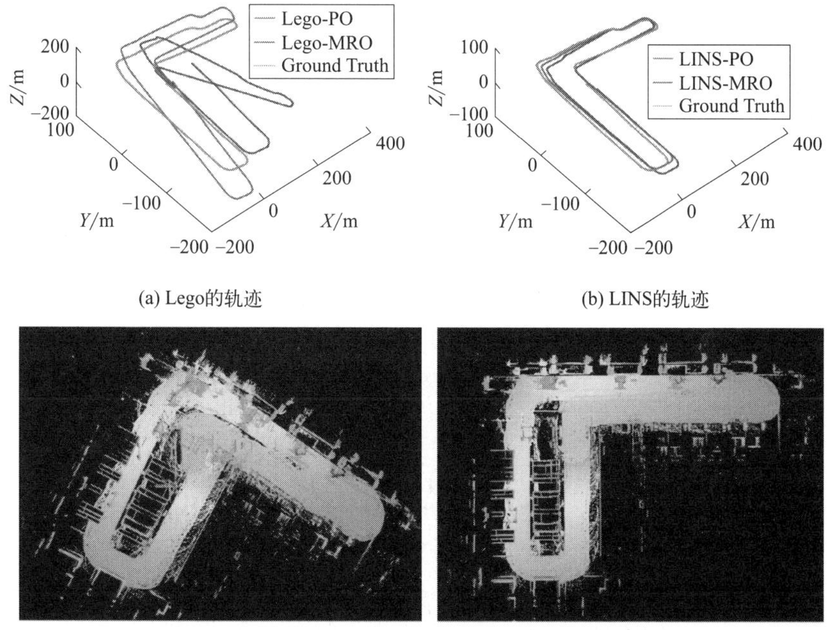

(a) Lego的轨迹　(b) LINS的轨迹

(c) Lego绘制的地图　(d) LINS绘制的地图

图 6-12　Lego 和 LINS 估计的轨迹和绘制的地图（见书后彩插）

从图 6-12 可以看到，从 LINS 生成的轨迹是接近地面的真实轨迹，由此产生的地图有更高的保真度。

城市实验：LINS 在城市开展实验使用与图 6-9（b）中相同传感器套件。由 GPS 接收机产生的位置被用作地面实况，在该场景中，平均每次扫描的边缘特征数仅为 56，是所有测试场景中最低的。首先看一下 Lego 和 LOAM 的输出，分别如图 6-13（b）和（c）所示，可以观察到，几乎在每一个转弯中都会出现巨大的定向误差，图 6-13（a）显示了在相同数据集上运行时 LINS 的结果。仿真结果表明，该算法与真实道路具有良好的重合性，即使在无特征的场景下也能稳定运行。LINS 的最终 MRO 和 PO 漂移分别为 1.79％和 4.42％，与 LIOM 的 MRO 和 PO 漂移（分别为 1.76％和 4.44％）非常接近。此外，与图 6-13（d）所示的 LIOM 弹道相比，LINS 在精度方面接近 LIOM。分析可知，LIOM 受益于映射步骤中的旋转约束细化，这导致了 MRO 结果的更高精度。

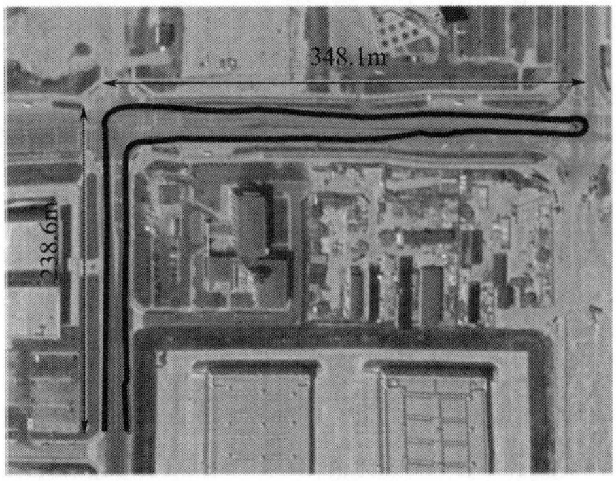

(a) LINS的轨迹与Google地图重叠，以便进行视觉比较

(b) Lego (c) LOAM (c) LIOM

图 6-13 城市实验中不同方法生成的 MRO 轨迹，用黑线画出

运行时间比较：表 6-4 比较了 LINS 和 LIOM 中激光雷达-惯性测距模块的平均运行时间。LINS 比 LIOM-LINS 快得多，在处理一次扫描时，LINS 需要不到 30ms，而 LIOM 总是需要超过 100ms。

表 6-4 每次扫描 LIO 模块的运行时间 单位：ms

方法	城市	港口	公园	森林	停车场
LIOM	143	185	201	173	223
LINS	**18**	**19**	**21**	**20**	**25**

在一些极端的情况下，如停车场，其中特征丰富，LIOM 需要 223ms，而 LINS 仅需要 25ms。实验结果表明，LINS 的实时性明显优于 LIOM。

LIOM 的 LIO 模块中最耗时的部分是局部地图约束构造和批优化，其中它在多次激光雷达扫描中维护局部地图，并通过 MAP 估计来求解所有相关状态。LINS 导航系统计算速度更快的主要原因是它使用卡尔曼滤波器而不是批处理 MAP，因为卡尔曼滤波器通过将批处理理解分解为时间序列的因子并以递归形式求解，从而隐式地降低了优化问题的维数，另一个原因是 LINS 只使用来自先前激光雷达扫描的点云进行匹配。这样，虽然使用的点云比 LIOM 中构建的局部地图稀疏，但在 IMU 的辅助下，实验仍然可以获得准确的结果。

本章小结

Lidar 和惯性测量单元（IMU）是同步定位和地图构建（SLAM）算法中使用的两个关键传感器。Lidar 提供了周围环境的精确 3D 点云数据，而 IMU 提供了车辆定向和运动的信息。近年来，已经开发出多种基于 Lidar＋IMU 的 SLAM 算法，应用于自动驾驶、机器人等领域。

目前流行的基于 Lidar＋IMU 的 SLAM 算法是松耦合滤波方法。该方法通过在高级别上融合 Lidar 和 IMU 测量来实现松耦合，从而得到计算效率高的算法。另一种方法是紧耦合积分方法，该方法在原始传感器数据基础上结合 Lidar 和 IMU 测量，这种方法需要准确的传感器校准，计算量更大，但相比松耦合方法，可提供更准确的结果。

近年来，基于深度学习的 Lidar＋IMU SLAM 算法受到人们的青睐，这些方法使用神经网络直接从原始传感器数据回归机器人轨迹和地图，通过大量的训练数据，能表现出更优异的准确性和鲁棒性。但是，Lidar＋IMU 的 SLAM 算法仍然面临着几个挑战：一个主要的挑战是多模态传感器数据的集成，例如，将来自 Lidar、IMU 和相机传感器的数据组合起来，可以进一步提高 SLAM 算法的准确性和鲁棒性；另一个挑战是处理动态环境，在这些环境中，行人和车辆等移动物体可能会导致 SLAM 算法中的错误；其次，实时性也是一个挑战，因为 Lidar 和 IMU 传感器可以产生大量需要实时处理的数据。

未来，Lidar＋IMU 的 SLAM 算法有望解决这些挑战，并为自动驾驶、机器人等领域提供更准确和鲁棒的方案，随着 Lidar 和 IMU 技术的不断发展，Lidar＋IMU SLAM 算法的精度和可靠性会提高，从而在各个领域中得到广泛应用。

参考文献

[1] 但鸿键，汪伟．基于高效视频编码的运动估计算法综述［J］．计算机时代，2020（1）：1-4.

[2] Lin J，Zhang F. Loam livox：A fast，robust，high-precision LiDAR odometry and mapping package for LiDARs of small FoV［C］//IEEE International Conference on Robotics and Automation，2020：3126-3131.

[3] Zhao S，Fang Z，Li H L，et al. A robust laser-inertial odometry and mapping method for large-scale highway environments［C］//RSJ International Conference on Intelligent Robots and Systems，2019：1285-1292.

[4] Qin C，Ye H，Pranata C E，et al. Lins：A lidar-inertial state estimator for robust and efficient navi-

gation [C] //IEEE international conference on robotics and automation, 2020: 8899-8906.

[5] Garcia-Fidalgo E, Company-Corcoles J P, Bonnin-Pascual F, et al. LiODOM: Adaptive local mapping for robust LiDAR-only odometry [J]. Robotics and Autonomous Systems, 2022, 156: 104226.

[6] Ye H, Chen Y, Liu M. Tightly coupled 3D lidar inertial odometry and mapping [C] //International Conference on Robotics and Automation, 2019: 3144-3150.

[7] Shan T, Englot B, Meyers D, et al. Lio-sam: Tightly-coupled lidar inertial odometry via smoothing and mapping [C] //RSJ International Conference on Intelligent Robots and Systems, 2020: 5135-5142.

[8] Chen Z, Qi Y, Zhong S, et al. SCL-SLAM: A Scan Context-enabled LiDAR SLAM Using Factor Graph-Based Optimization [C] //IEEE International Conference on Unmanned Systems, 2022: 1264-1269.

第7章

基于多传感器的SLAM算法

7.1 引言

由于每个传感器得到的信息属于不同的维度、类型，所以如果把所有的原始数据直接比较和融合是不合理的。对于人类而言，这些原始数据仅仅是传感器采集的信号，不能够直接被理解，而多个传感器接收到的信号需要进行融合与处理。多个传感器的输出信号经过算法融合与处理后，生成车辆周围的虚拟3D环境信息，更好地帮助驾驶员做出决策，这就是传感器的融合技术。

7.1.1 SLAM的多传感器融合

SLAM通常需要使用多种不同类型的传感器，如激光雷达、摄像头、惯性测量单元（IMU）等，来获取环境信息和机器人自身的运动状态信息。而多传感器融合则是将这些不同类型的传感器的数据进行融合，以获得更准确、更完整的环境信息。图7-1是SLAM多传感器融合的常用框架图。

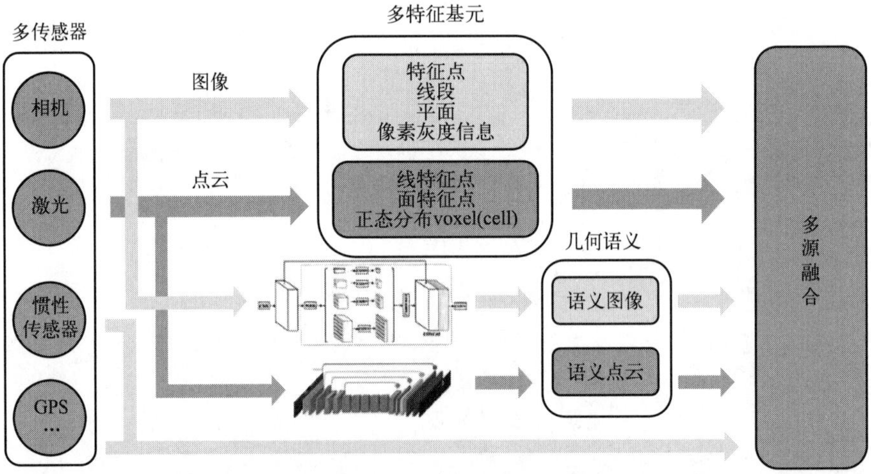

图7-1 SLAM多传感器融合框架图

从上面多源融合的框架中可以看出，多源融合主要分为以下几个方面的融合：

① 多传感器的融合：如相机、激光、IMU以及GPS等。

② 多特征基元的融合：通过对特征点、线段还有灰度信息这些特征进行提取，从而得到多个特征基元。使用激光之后还能够得到三维点云的线特征、面特征以及正态分布特征，这些都是我们做SLAM时经常会使用的特征。

③ 几何语义的融合：对相机和激光进行融合可以得到两个通道的信息，即图像和点云。现在的很多工作会将图像和点云信息直接输入神经网络，这从某种层面上来说能够帮助我们提取语义信息。然后加上点云和图像的语义信息，就能够把几何和语义融合起来。

在 SLAM 中，多传感器融合可以用于改善地图构建和定位的准确性和鲁棒性。通过将多个传感器的信息集成在一起，可以弥补每个传感器的局限性和缺陷，提高整个系统的性能和鲁棒性。下面是一些常见的多传感器融合方法：

① 传感器数据融合：将多个传感器的数据进行融合，生成更准确的地图和机器人的运动状态估计。例如，将激光雷达和摄像头的数据融合，可以同时获得环境的 3D 结构和纹理信息，提高地图构建的准确性和鲁棒性。

② 传感器信息互补：将多个传感器的信息进行互补，以提高系统的性能。例如，将 IMU 的加速度计和陀螺仪数据与激光雷达的数据进行融合，可以提高机器人的运动状态估计的鲁棒性和精度。

③ 动态环境检测：多传感器融合还可以用于检测和跟踪动态环境中的物体，如人、车辆等。通过将激光雷达和摄像头的数据融合，可以检测和跟踪移动物体的位置和运动状态，从而提高机器人的安全性和可靠性。

总之，多传感器融合是 SLAM 中的一种重要技术，可以提高系统的性能和鲁棒性，从而实现更准确、更稳定的自主机器人定位和地图构建。

7.1.2 多传感器融合的优势

具有多个数据源头的多源头信息融合概念（Multi-source Information Fusion）最初起源于 20 世纪 70 年代，美国国防部进行了有关的军事研究，随后在 Llinas 和 Waltz 的研究下得到普遍的共识，将其定义为多传感器数据融合（Multi-sensor Data Fusion），具体定义如下：数据信息来源于多种不同类型的传感器，采用涵盖各层次、各方面的数据处理流程，最后将这些数据综合到一起，对其进行统一的评价与估计，从而得到对检测环境准确而完整的评估。

为消除单一传感器获取的信息存在片面与不足的缺陷，多传感器信息融合通过计算机技术对多种传感器采集的数据信息采用合理有效的融合算法进行数学分析，从而剔除冗余的数据，得到更加有效的对象信息。相较于单传感器感知，使用多种不同类型的传感器可以带来以下几个优势：

① 提高环境感知能力：不同类型的传感器可以获取不同的环境信息，如激光雷达可以获取精确的距离和三维信息，摄像头可以获取环境的纹理和颜色等信息。将多个传感器的信息融合在一起可以提高机器人的环境感知能力，获得更全面、更准确的环境信息。

② 提高系统的鲁棒性：由于不同类型的传感器具有不同的局限性和缺陷，当一个传感器无法正常工作时，其他传感器可以弥补其缺陷，从而提高系统的鲁棒性。例如，在机器人导航中，激光雷达可能无法探测到透明物体，而摄像头则可以通过颜色信息检测到这些物体，从而保持导航的稳定性和安全性。

③ 提高系统的精度和准确性：多个传感器的信息融合可以减少单个传感器的噪声和误差，从而提高系统的精度和准确性。例如，在机器人定位和地图构建中，将激光雷达和 IMU 的数据融合可以提高机器人的位置估计精度和运动轨迹的准确性。

④ 短时间内处理信息、能适应多种应用环境；获取信息成本低、系统容错性好。

总之，多传感器的优势在于可以通过信息融合来提高机器人的感知能力、鲁棒性、精度和准确性，从而实现更稳定、更可靠的自主机器人应用。

7.2 多传感器数据的标定

标定是多传感器坐标匹配、空间融合的前提条件，也是预测三维目标位置和尺寸的核心。

在 SLAM（同步定位与地图构建）中，多传感器标定是指将不同传感器的测量结果进行校准，以便在 SLAM 算法中能够更准确地估计机器人的状态和地图。SLAM 通常使用多个传感器来获取机器人周围环境的信息。这些传感器可以是摄像头、激光雷达、惯性测量单元（IMU）等。每个传感器都有自己的误差和噪声模型，这些误差和噪声会影响机器人的状态估计和地图构建。例如，在使用激光雷达时，激光束的物理特性会导致距离测量的误差。这些误差会累积，并且会导致机器人状态和地图的不准确性。

由图 7-2 可知，多传感器标定可以将多个传感器整合为一套传感器，并确定多个传感器之间的成像结果统一在同一坐标系下，通过校准不同传感器之间的误差和噪声，使得 SLAM 算法能够更准确地估计机器人的状态和地图。标定通常包括确定传感器之间的转换矩阵、坐标系之间的变换以及传感器的内部参数（如焦距和畸变）等。通过进行多传感器标定，可以降低机器人状态估计和地图构建的误差，提高 SLAM 算法的精度和鲁棒性。本章主要介绍三种主流的多传感器之间的标定：相机-IMU 标定、激光雷达-IMU 标定、相机-激光雷达标定。

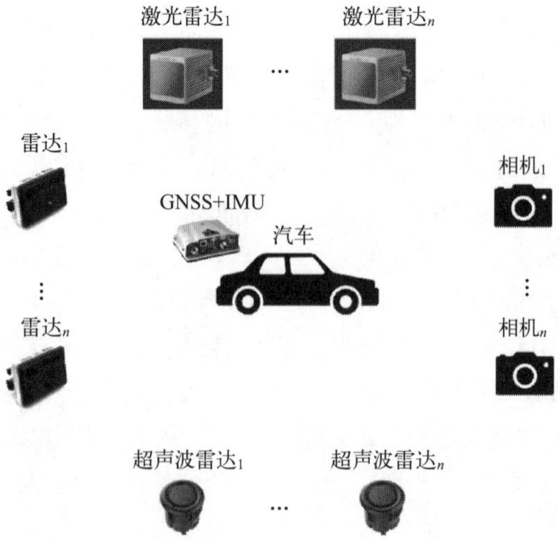

图 7-2　多传感器联合标定

7.2.1 相机-IMU 标定

相机-IMU 的标定对于视觉惯性 SLAM 至关重要，其精度决定了 SLAM 建图的精度。单目相机-IMU 联合标定可以分为在线标定和离线标定两种类型。在线标定通常是以即插即用的方式对视觉惯性传感器系统进行标定。而离线标定通常是在使用传感器之前采集大量的数据集并进行处理后得到视觉惯性传感器系统外参，这种标定方法相对更准确、更可靠，如 Kalibr 离线标定和香港科技大学沈劭劼实验室提出的同时对相机与 IMU 之间的外参进行标定的在线标定方法（VINS）。

通常，离线标定比在线标定更准确、更可靠，因为离线标定在采集数据集时可以重复移动轨迹来保证估计的一致性。但是在这些单目相机-IMU 标定研究中，多数将平移向量误差耦合到旋转矩阵估计中，从而影响标定的准确性和有效性。

Kalibr 是 ETH 开源的一个很重要的标定工具，可以标定相机的内参、相机和 IMU 之间的外参及时间差，标定步骤如下：

① 粗略估计相机与 IMU 之间的时间延时；

② 获取 IMU-相机之间初始旋转，还有一些必要的初始值，如重力加速度、陀螺仪偏置；

③ 优化，包括所有的角点重投影误差、IMU 加速度计与陀螺仪测量误差、偏置随机游走噪声。

Kalibr 可以标定相机的外参及一个固定的时间差（通过最小二乘法优化得到），当相机和 IMU 之间的时间差不固定的时候，Kalibr 就没法处理。

VINS-Mono 在线标定由香港科技大学沈劭劼实验室团队提出，目前这个在线标定的功能已经集成到 VINS-Mono 里面。如图 7-3 所示，外参标定步骤如下：

① 标定相机-IMU 之间的旋转矩阵；

② 系统进行初始化；

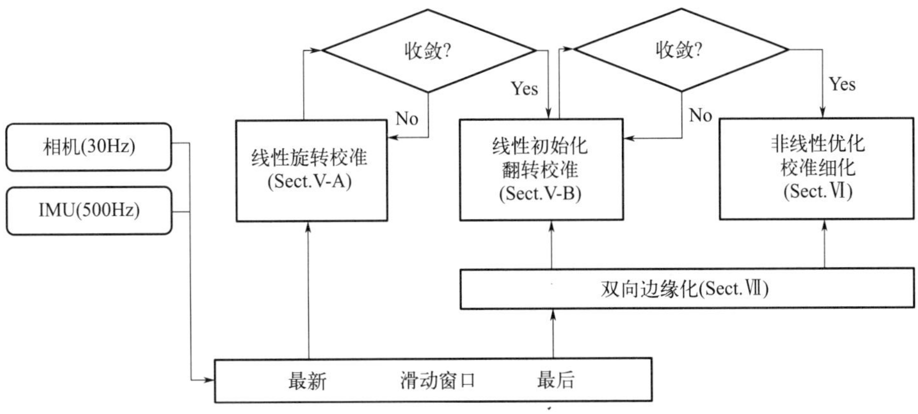

图 7-3 VINS 在线标定步骤图

③ 标定相机-IMU之间的平移向量；

④ 将上述标定得到的外参作为代价函数的初始值，进行最后的非线性优化。

在标定相机-IMU之前，需要将相机-IMU之间的相对位置固定，确保在运动过程中两者相对坐标系之间不会发生变化。经典的算法都依赖于系统准确的初始化和相机-IMU精准的标定。相机-IMU的外参标定主要标定从相机坐标系 $\{C\}$ 到IMU坐标系 $\{B\}$ 的变换矩阵（即旋转和平移），首先求取从相机到IMU的旋转，然后再求取平移。

（1）相机-IMU旋转

相机-IMU之间的旋转对于视觉惯性SLAM系统的鲁棒性非常重要，过大的偏差会导致系统的初始化崩溃。因为单目相机可以跟踪系统的位姿，而两幅图像之间的相对旋转可以通过经典的五点算法来解决两帧之间图片的相对旋转 $\boldsymbol{R}_{c_k,c_{k+1}}$。此外，角速度可以通过对陀螺仪积分来获得相关的旋转 $\boldsymbol{R}_{b_k,b_{k+1}}$。对于任意的 k 帧的图片，遵循以下等式：

$$\boldsymbol{R}_{b_kb_{k+1}}\boldsymbol{R}_{bc}=\boldsymbol{R}_{bc}\boldsymbol{R}_{c_kc_{k+1}} \tag{7-1}$$

将式(7-1)中的旋转矩阵用四元数来表示：

$$\boldsymbol{q}_{b_kb_{k+1}}\otimes\boldsymbol{q}_{bc}=\boldsymbol{q}_{bc}\otimes\boldsymbol{q}_{c_kc_{k+1}}\Rightarrow[(\boldsymbol{q}_{b_kb_{k+1}})^{+}-(\boldsymbol{q}_{c_kc_{k+1}})^{\oplus}]\boldsymbol{q}_{bc}=\boldsymbol{Q}_{k,k+1}\boldsymbol{q}_{bc}=0 \tag{7-2}$$

对于给定的多对连续图像之间的旋转，可以构建一个超定方程：

$$\begin{bmatrix} w_{0,1}\boldsymbol{Q}_{0,1} \\ w_{1,2}\boldsymbol{Q}_{1,2} \\ \vdots \\ w_{N-1,N}\boldsymbol{Q}_{N-1,N} \end{bmatrix}\boldsymbol{q}_{bc}=\boldsymbol{Q}_N\boldsymbol{q}_{bc}=0 \tag{7-3}$$

式中，N 表示旋转矩阵收敛时所使用帧的数量；$w_{k,k+1}$ 是异常处理的权重。当旋转校准与传入的测量一起运行时，先前估计的结果 $\widehat{\boldsymbol{R}}_{bc}$ 可以作为初始值对残差进行加权：

$$r_{k,k+1}=a\cos\left(\frac{\mathrm{tr}(\widehat{\boldsymbol{R}}_{bc}^{-1}\boldsymbol{R}_{b_kb_{k+1}}^{-1}\widehat{\boldsymbol{R}}_{bc}\boldsymbol{R}_{c_kc_{k+1}})-1}{2}\right) \tag{7-4}$$

残差函数的权重为：

$$w_{k,k+1}=\begin{cases}1, & w_{k,k+1}<\text{threshold} \\ \dfrac{\text{threshold}}{r_{k,k+1}}, & \text{其他}\end{cases} \tag{7-5}$$

如果没有足够的特征来估计相机旋转，则将 $w_{k,k+1}$ 设置为零。式(7-5)的解可以找到对应于 Q_v 的最小奇异值的右单位奇异向量。一旦旋转 q_{bc} 从等式中被解出，对应的旋转矩阵 $\boldsymbol{R}_{bc}$ 可以通过上述公式获得，即根据四元数获得旋转矩阵。

（2）相机-IMU平移

获得旋转矩阵 $\boldsymbol{R}$ 后，可以估计相机-IMU的平移，使用紧耦合的滑动窗口来初始化这些参数。初始化在 IMU 坐标系下完成，定义的状态向量为：

$$\begin{cases}\boldsymbol{\chi}=[x_n,x_{n+1},\cdots,x_{n+N},p_{bc},\lambda_m,\lambda_{m+1},\cdots,\lambda_{m+M}] \\ \boldsymbol{x}_k=[\boldsymbol{p}_{b_0b_k},\boldsymbol{v}_{b_0b_k},\boldsymbol{g}^{b_k}]\end{cases} \tag{7-6}$$

式中，x_k 是第 k 个 IMU 的状态；$\boldsymbol{g}^{b_k}$ 是重力向量；N 是 IMU 的状态在滑动窗口中 s 的数量；M 是在滑动窗口中具有足够视差的特征的数量；n 和 m 是在滑动窗口中的起始索引；$\boldsymbol{p}_{b_0b_k}=[0,0,0]$，提前设定好。

初始化通过最大似然估计来完成，即最小化滑动窗口以获得来自 IMU 和单目相机的所有测量误差的马氏范数之和：

$$\min_{\chi}\left\{\|\boldsymbol{r}_p-\boldsymbol{H}_p\boldsymbol{\chi}\|^2+\sum_{k\in B}\|\hat{\boldsymbol{Z}}_{b_kb_{k+1}}-\boldsymbol{H}_{b_kb_{k+1}}\boldsymbol{\chi}\|^2_{p_{b_kb_{k+1}}}+\sum_{(i,j)\in C}\|\hat{\boldsymbol{Z}}_{c_ji}-\boldsymbol{H}_{c_ji}\boldsymbol{\chi}\|^2_{p_{c_ji}}\right\}$$

式中，B 是所有 IMU 测量值的集合；C 是任何特征和任何相机姿态之间的所有观测值的集合。由于增量和相对旋转是已知的，可以使用非迭代线性方式求解。其中，IMU 的测量可以表示为：

$$\hat{\boldsymbol{Z}}^{b_k}_{b_{k+1}}=[\alpha^{b_k}_{b_{k+1}}\quad\beta^{b_k}_{b_{k+1}}]^{\mathrm{T}} \tag{7-7}$$

$\{\boldsymbol{r}_p,\boldsymbol{H}_p\}$是线性估计器的解，$\{\boldsymbol{p}_{b_k,b_{k+1}}，\boldsymbol{H}_{b_k,b_{k+1}}\}$ 是线性 IMU 测量模型，$\boldsymbol{H}_p\boldsymbol{\chi}$ 是线性相机测量模型。式(7-6) 描述的方程过于复杂，为了便于参数的求解，将线性代价函数转换为以下形式：

$$(\boldsymbol{\Lambda}_p+\boldsymbol{\Lambda}_B+\boldsymbol{\Lambda}_C)\boldsymbol{\chi}=(\boldsymbol{b}_p+\boldsymbol{b}_B+\boldsymbol{b}_C) \tag{7-8}$$

式中，$\{\boldsymbol{\Lambda}_B,\boldsymbol{b}_B\}$和$\{\boldsymbol{\Lambda}_C,\boldsymbol{b}_C\}$分别是 IMU 和视觉测量的信息矩阵和向量。由于已知增量和对应的旋转，代价函数的状态是线性的，并且具有唯一的解。通过对该方程线性求解，就能获得相机-IMU 之间的平移向量 $\boldsymbol{t}_{bc}$。

(3) 视觉惯性代价函数

单目视觉惯性问题可以被公式化为一个联合优化的代价函数 $J(x)$，代价函数包括视觉测量的残差权重 e_v 和惯性测量的残差权重 e_i：

$$J(x)=\sum_{i=1}^{I}\sum_{k=1}^{K}\sum_{j\in(i,k)}\boldsymbol{e}_v^{i,j,k^{\mathrm{T}}}\boldsymbol{W}_v^{i,j,k}\boldsymbol{e}_v^{i,j,k}+\boldsymbol{e}_s^{k^{\mathrm{T}}}\boldsymbol{W}_s^k\boldsymbol{e}_s^k \tag{7-9}$$

式中，i 是图像的特征索引；k 代表相机数量索引；j 表示 3D 目标的位置；$\boldsymbol{W}$ 表示位置测量的信息矩阵。

7.2.2 激光雷达-IMU 标定

目前，在导航定位领域，使用惯性导航系统（Inertial Navigation System，INS）＋里程计（OD）＋高程计的组合定位方式进行定位是主流的自主定位手段，但是该系统本身存在的误差会随着时间不断发散，需要靠其他传感器来进行辅助定位。三维点云激光雷达定位作为一个新兴的手段，具有不受光线影响、分辨率高、测量距离远的优点。激光雷达和惯性导航进行组合的定位方式也是当今实现无人驾驶的主流技术途径之一，为了满足该系统的定位精度，激光雷达-IMU 传感器之间的参数标定至关重要，参数标定精度直接影响融合定位结果。

(1) 基本原理

激光雷达与 IMU 之间存在安装误差角和位置误差，因此两个传感器测量得到的同一组标志点的三维坐标不同，可以通过对应坐标点的关系来计算得到坐标系之间的转换矩阵，完成激光雷达-IMU 坐标系的联合标定。两坐标系下三维坐标的关系模型如图 7-4 所示。

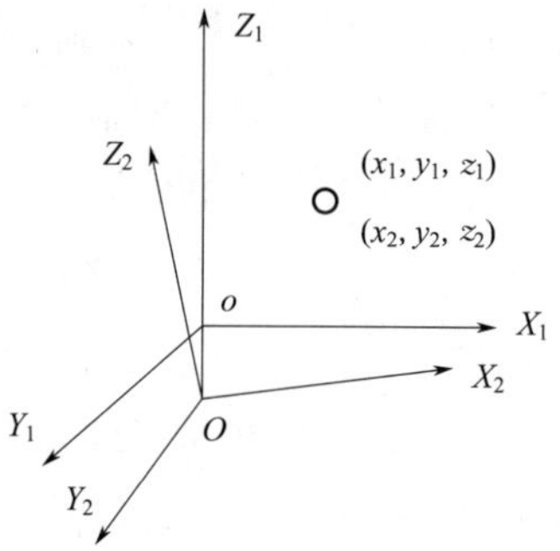

图 7-4　两坐标系下三维坐标的关系模型

（$oX_1Y_1Z_1$）为坐标系 M，（$OX_2Y_2Z_2$）为坐标系 N，标志点在两个坐标系之间的坐标分别为(x_1,y_1,z_1)、(x_2,y_2,z_2)，两者之间的坐标变换矩阵为 $\boldsymbol{T}_{3D}$ 为 4×4 矩阵，由旋转矩阵 $\boldsymbol{R}$ 和平移矩阵 $\boldsymbol{T}$ 组成：

$$(x_1,y_1,z_1)^{\mathrm{T}}=\boldsymbol{T}_{3D}^{\mathrm{T}}(x_2,y_2,z_2)^{\mathrm{T}} \tag{7-10}$$

三维坐标转换矩阵为：

$$\boldsymbol{T}_{3D}=\begin{bmatrix} t_{11} & t_{12} & t_{13} & t_{14} \\ t_{21} & t_{22} & t_{23} & t_{24} \\ t_{31} & t_{32} & t_{33} & t_{34} \\ t_{41} & t_{42} & t_{43} & t_{44} \end{bmatrix}=\begin{bmatrix} \boldsymbol{R} & 0 \\ \boldsymbol{T} & 1 \end{bmatrix} \tag{7-11}$$

式中，$\boldsymbol{R}$ 对应的是比例、旋转、错切等几何变换；$\boldsymbol{T}=[t_{41}t_{42}t_{43}]$，对应平移变换；$[t_{41}t_{42}t_{43}]$对应投影变换；$[t_{44}]$反映的是整体比例的变换。由于本节研究的坐标变换为刚性变换，则 $[t_{14}t_{24}t_{34}]^{\mathrm{T}}=[0\quad 0\quad 0]^{\mathrm{T}}$，$[t_{44}]=1$。坐标系 N 相对坐标系 M 的欧拉角为俯仰角 θ、横滚角 γ、方位角 ψ，相对于轴向的平移量为 t_x、t_y、t_z 则：

$$\boldsymbol{R}=\begin{bmatrix} \cos\gamma\cos\psi+\sin\gamma\sin\theta\sin\psi & -\cos\gamma\sin\psi+\sin\gamma\sin\theta\cos\psi & -\sin\gamma\cos\theta \\ \cos\theta\sin\psi & \cos\theta\cos\psi & \sin\theta \\ \sin\gamma\cos\psi-\cos\gamma\sin\theta\sin\psi & -\sin\gamma\sin\psi-\cos\gamma\sin\theta\cos\psi & \cos\gamma\cos\theta \end{bmatrix}^{\mathrm{T}} \tag{7-12}$$

根据旋转矩阵 $\boldsymbol{R}$，反解欧拉角：

$$\theta=\arcsin[\boldsymbol{R}^{\mathrm{T}}(23)] \tag{7-13}$$

$$\gamma=\arctan\left(-\frac{\boldsymbol{R}^{\mathrm{T}}(13)}{\boldsymbol{R}^{\mathrm{T}}(33)}\right) \tag{7-14}$$

$$\psi=\arctan\left(-\frac{\boldsymbol{R}^{\mathrm{T}}(21)}{\boldsymbol{R}^{\mathrm{T}}(22)}\right) \tag{7-15}$$

若点 P 在 IMU 坐标系下的坐标为 $\boldsymbol{A}$，在雷达坐标下的坐标为 $\boldsymbol{B}$，则两者的关系可以表达为：

$$\boldsymbol{A}\boldsymbol{T}_{3D}=\boldsymbol{B} \tag{7-16}$$

(2) 标定方案

IMU 和激光雷达坐标系的参数标定流程如图 7-5 所示，标定步骤如下：

① 采集地理坐标系标志点的原始数据和激光雷达坐标系下的点云数据；

② 因为 IMU 和差分全球导航卫星系统（Global Navi-gation Satellite Systems，GNSS）的原点基本重合，可使用 IMU 传感器测量得到的姿态角计算 IMU 与地理坐标系之间的转换矩阵，求解 IMU 坐标系下标志点的坐标数据；

③ 对激光雷达测量的原始点云数据进行预处理，找到标志点对应的点云坐标；

④ 对 IMU 和激光雷达坐标系下的标志点数据进行数据拟合，求得坐标系转换矩阵；

⑤ 将步骤②得到的 IMU 坐标系下的标志点坐标经过步骤④求解得到的转换矩阵计算，转移到雷达坐标系中，与步骤③中得到的测量数据进行对比，进行误差分析。

至此，标定方法转变为通过数据拟合、优化的方法求解 IMU 坐标系与雷达坐标系之间坐标转换矩阵。传统的方法是采用最小二乘法求解，随着 SLAM 技术的发展，基于三维点云匹配技术的点云拼接方法日趋成熟。本节借鉴三维点云匹配思路，将这一标定问题转换为两帧点云拼接的问题，进而通过点云匹配方法求解两个坐标系的坐标转换矩阵。

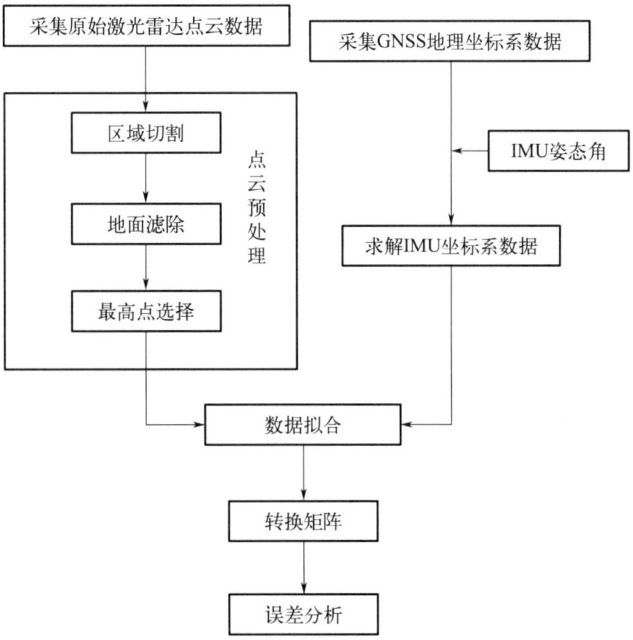

图 7-5　IMU 和激光雷达坐标参数标定流程

7.2.3 相机-激光雷达标定

在介绍激光雷达与相机联合标定的工作之前，需要对其中所涉及的几何基础进行一定的介绍。为了减少标定工作量，对于激光雷达与多相机的数据融合，首先需要对单个激光雷达以及多相机进行联合标定，得到激光雷达坐标系和多个相机坐标系之间的转换关系（旋转与平移），这样可以将所得到的激光点云数据投影到相机坐标系下，进而完成两个传感器数据的融合。在完成了多相机之间的标定工作后，现在针对激光雷达与单相机之间的标定几何原理，以棋盘格为例进行介绍（棋盘格中的特征点可以由其他标定物代替），如图 7-6 所示。

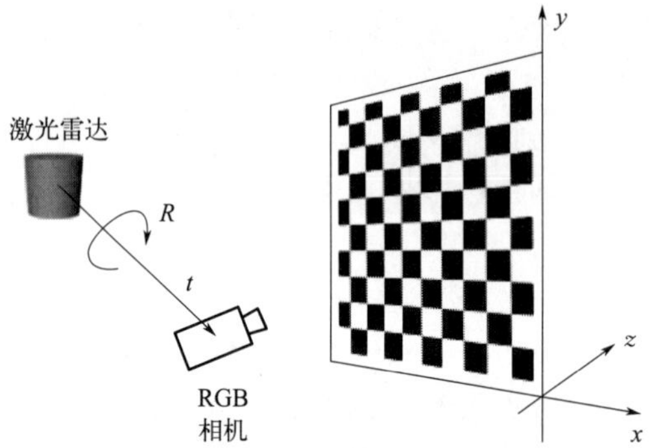

图 7-6　多相机标定可视化结果

通过激光雷达与相机同时观察一个参照物，如棋盘格，由相机捕获的图像数据为二维的平面数据，由(u,v)表示，激光雷达捕获的为三维点云数据，用(x,y,z)表示。标定的目的就是建立一个转化矩阵 $\boldsymbol{M}$，将三维的激光点云（x，y，z）映射到二维的图像数据(u,v)中，其数学关系为：

$$\begin{bmatrix} u \\ v \\ 1 \end{bmatrix} = \begin{bmatrix} f_u & 0 & u_0 \\ 0 & f_v & v_0 \\ 0 & 0 & 1 \end{bmatrix} [\boldsymbol{R} \mid \boldsymbol{t}] \begin{bmatrix} x \\ y \\ z \\ 1 \end{bmatrix} = \boldsymbol{M} \begin{bmatrix} x \\ y \\ z \\ 1 \end{bmatrix} = \begin{bmatrix} m_{11} & m_{12} & m_{13} & m_{14} \\ m_{21} & m_{22} & m_{23} & m_{24} \\ m_{31} & m_{32} & m_{33} & m_{34} \end{bmatrix} \begin{bmatrix} x \\ y \\ z \\ 1 \end{bmatrix} \tag{7-17}$$

式中，(f_u,f_v,u_0,v_0)是相机参数；f_u 和 f_v 是相机像素坐标系下 XY 轴方向尺度因子（水平方向和垂直方向的有效焦距）；u_0 和 v_0 是图像坐标系的中心点，又称主点坐标；$\boldsymbol{R}$ 为激光雷达坐标系到相机坐标系的旋转矩阵；$\boldsymbol{t}$ 为平移矢量。因此，相机坐标系下二维坐标（u，v）为：

$$u = \frac{m_{11}x + m_{12}y + m_{13}z + m_{14}}{m_{31}x + m_{32}y + m_{33}z + m_{34}} \tag{7-18}$$

$$u = \frac{m_{21}x + m_{22}y + m_{23}z + m_{24}}{m_{31}x + m_{32}y + m_{33}z + m_{34}} \tag{7-19}$$

通过计算整理，可以推导得出约束关系：

$$\begin{bmatrix} x & y & z & 1 & 0 & 0 & 0 & 0 & -ux & -uy & -uz & -u \\ 0 & 0 & 0 & 0 & x & y & z & 1 & -vx & -vy & -vz & -v \end{bmatrix} \begin{bmatrix} m_{11} \\ m_{12} \\ m_{13} \\ m_{14} \\ m_{21} \\ m_{22} \\ m_{23} \\ m_{24} \\ m_{31} \\ m_{32} \\ m_{33} \\ m_{34} \end{bmatrix} = \begin{bmatrix} 0 \\ 0 \end{bmatrix} \tag{7-20}$$

根据不同姿态下的标定板，可以得到一系列的线性方程，求解线性方程，得到的参数即为标定参数。

对于本系统采用的雷达相机系统，具体的标定几何关系的建立方法如下。通过前面的工作，本节已经标定获取了相机的内参数据，相机的内参数据主要表现为焦距、图像中心与部分的尺度信息。而激光雷达与相机的标定主要求解的是雷达坐标系与相机坐标系之间的转换关系。具体思路还是通过找到对应的匹配特征点，基于激光雷达可以找到每个标定板的位置，得到对应的法向量与距离，即可以求出点到平面的距离，通过线性结构得到初始解，再基于参数拟合或者非线性优化得到对应的外参信息。具体的关系如图 7-7 所示。

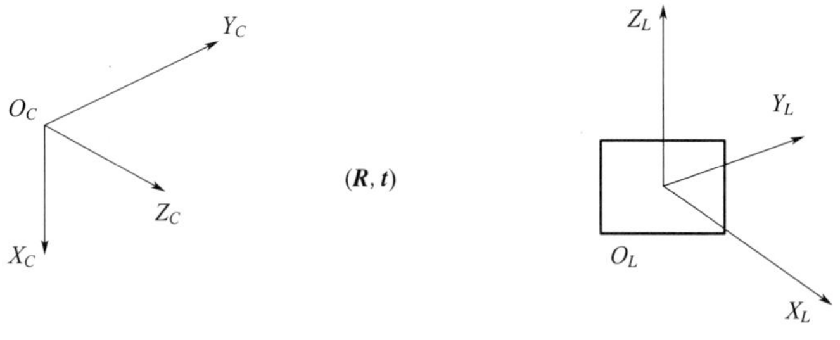

图 7-7　激光雷达与相机坐标转换

图中，O_L-$X_LY_LZ_L$ 表示激光雷达坐标系，O_C-$X_CY_CZ_C$ 表示相机坐标系，($\boldsymbol{R}$，$\boldsymbol{t}$) 表示 O_L-$X_LY_LZ_L$ 与 O_C-$X_CY_CZ_C$ 的转换关系，也就是待求的外参。其中，$\boldsymbol{R}$ 表示旋转变换，其是一个 3×3 的正交矩阵，$\boldsymbol{t}$ 表示平移变换，其是一个三维向量。假设一个三维点在激光雷达坐标系中的坐标为 $\boldsymbol{P}_L=(X_L, Y_L, Z_L)$，其对应投影到相机坐标系中的坐标为 $\boldsymbol{P}_C=(X_C, Y_C, Z_C)$，则其坐标转换关系可以表示为：

$$P_C = RP_L + t \tag{7-21}$$

对于相机模型，以针孔相机为例，一个相机坐标系中的点 $\boldsymbol{P}_c$ 可以映射到图像坐标系中，对应的点为(u,v)，其典型的相机模型表示如下：

$$\begin{bmatrix} x \\ y \\ z \end{bmatrix} = \begin{bmatrix} \alpha_x & s & u_0 \\ 0 & \alpha_y & v_0 \\ 0 & 0 & 1 \end{bmatrix} \begin{bmatrix} X_C \\ Y_C \\ Z_C \end{bmatrix} \tag{7-22}$$

$$\begin{bmatrix} u \\ v \end{bmatrix} = \begin{bmatrix} x/z \\ y/z \end{bmatrix} \tag{7-23}$$

式中，α_x 和 α_y 是焦距，其单位为像素；u_0 和 v_0 是图像坐标系的中心，其单位为像素；s 为尺度因子。通过平面的单应性，将激光雷达扫描的平面看作 $Z=O$，则可以将点的变换转换为平面的变换，具体表达式如下：

$$s\begin{bmatrix} x \\ y \\ 1 \end{bmatrix} = \begin{bmatrix} h_{11} & h_{12} & h_{13} \\ h_{21} & h_{22} & h_{23} \\ h_{31} & h_{32} & h_{33} \end{bmatrix} \begin{bmatrix} X \\ Y \\ 1 \end{bmatrix} \tag{7-24}$$

其也可以简写为以下形式：

$$s\boldsymbol{p}' = \boldsymbol{HP}' \tag{7-25}$$

式(7-25) 中，$\boldsymbol{H}$ 是具有 8 个自由度的非奇异三维矩阵，当获取一定量的激光图像匹配点，即可以采用 DLT 算法求解 $\boldsymbol{H}$，在相机内参已知的情况下，通过 SVD 分解 $\boldsymbol{H}$ 即可得到 ($\boldsymbol{R}$，$\boldsymbol{t}$)，也就是标定激光雷达与相机所得的外参，到此完成激光雷达与相机的内外参标定。

7.3 基于多传感器融合的 SLAM 算法

在 SLAM 领域，ORB、SLAM2、LSD 属于纯视觉领域，LOAM、Lego-LOAM 属于纯激光领域，除此之外还衍生出视觉激光结合、激光 IMU 结合，甚至三者结合的算法，本节介绍的 VLOAM 和 LIMO 算法就是属于视觉和激光结合的算法。其中，VLOAM 算法更偏向于是一种激光 SLAM 算法，而 LIMO 算法更偏向于是一种视觉 SLAM 算法。

7.3.1 利用激光雷达进行深度增强的视觉 SLAM 算法（LIMO）

本节介绍了一种较为新颖的利用激光雷达进行深度增强的视觉 SLAM 算法，将激光雷达和视觉结合了起来。通过 Lidar 提取深度，通过视觉提取特征进行跟踪，并基于关键帧 BA 预测机器人运动。

(1) 总体框架

LIMO 算法的总体框架如图 7-8 所示。

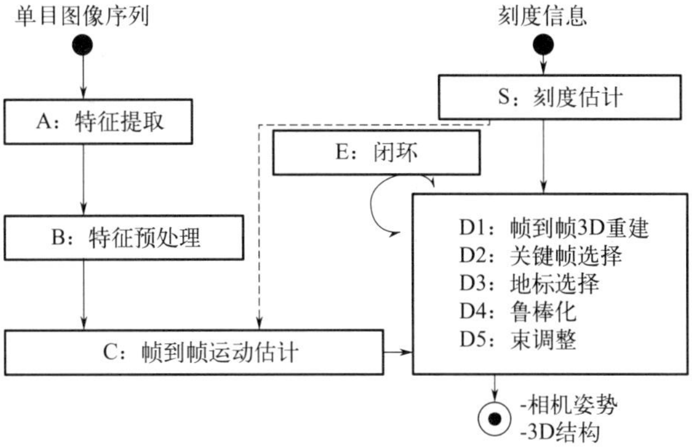

图 7-8　LIMO 总体框架图

从图 7-8 中可以看出，LIMO 算法框架主要包括特征提取、特征预处理、帧间运动估计、尺度估计、BA 和回环检测，整体上就是一个完整的 VSLAM 的算法框架，区别较大的地方就是接入了激光进行尺度估计，组合激光准确的深度估计和相机的强大特征追踪能力。换句话说，LIMO 就是一种激光深度增强的 VSLAM 算法。

（2）特征提取和预处理

图 7-8 中，A 模块负责特征提取和跟踪，并采用了深度学习方法去除动态物体上的特征点，其特征点描述子的提取和匹配速度是 2000 个点对 30～40ms。

尺度估计：所谓尺度估计就是指通过激光来估计视觉特征点的深度。首先将激光点云投影到对应的相机坐标系中，然后对每个特征点执行如下步骤。

① 估计方法

首先将激光点云转换到相机坐标系下，并投影到相机平面。对于每个图像上的特征点 f，采取如下步骤：

a. 在特征点 f 周围选取一组激光雷达投影的点集 F。

b. 对于点集 F，继续通过筛选分割，选出前景的部分，作为新的集合 F_{seg}。

c. 将新的集合 F_{seg} 拟合一个平面 p，如果 f 是地面点，那么将采用其他的方法。

d. 通过将平面 p 和特征点 f 对应的视线相交，得到其深度。

e. 对获得的深度进行测试。如果该深度结果能够被接受，则满足条件，视线和平面法向量的夹角必须小于阈值。另外，如果预测的深度超过 30m，也将丢弃该深度预测值。

② 点集 F 的选取

上述中已经谈到要在特征点 f 的周围选取一组激光雷达投影点的点集 F。接下来则选取图像平面上围绕点 f 的矩形框内的点。矩形大小的选择必须要避免平面估计过程中的歧义性，如图 7-9 所示。

如图 7-9 中绿色小点为特征提取过后的特征点，红色点为投影到相机平面的激光点。为了避免平面估计失败，应当选择不共线的红色点，如图 7-9(c) 所示。

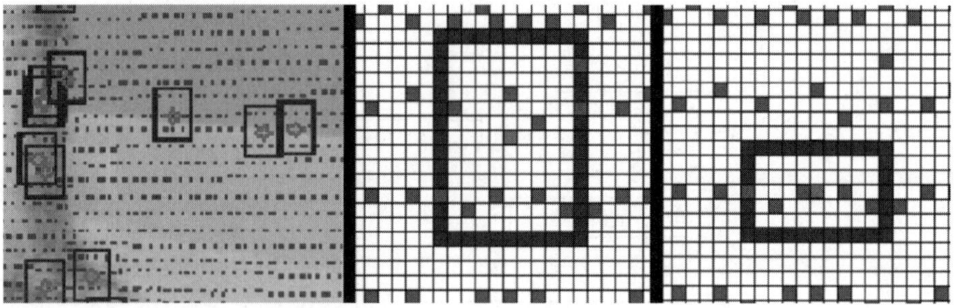

(a) (b) (c)

图 7-9　点集 F 的选取（见书后彩插）

③ 前景分割

假设特征点 f 正好处于建筑物的平坦表面（中间）时，平面假设会很好地被满足，并且可以通过点集 F 准确地预测平面。然而，特征点常常是位于边边角角的位置，而很少位于平坦平面的中间，因此预测深度经常出现如图 7-10 所示的歧义。

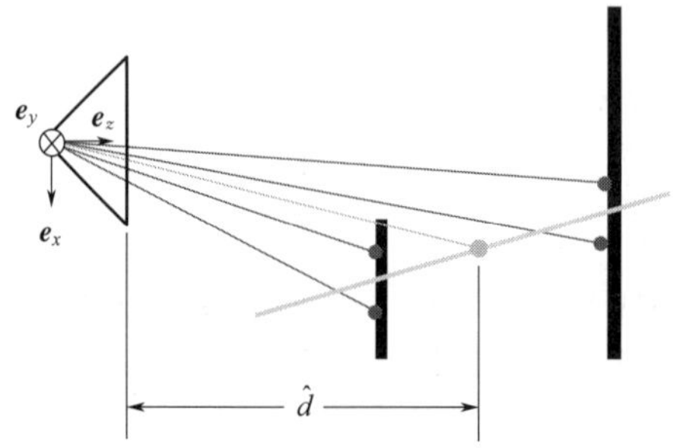

(a) 错误的深度估计

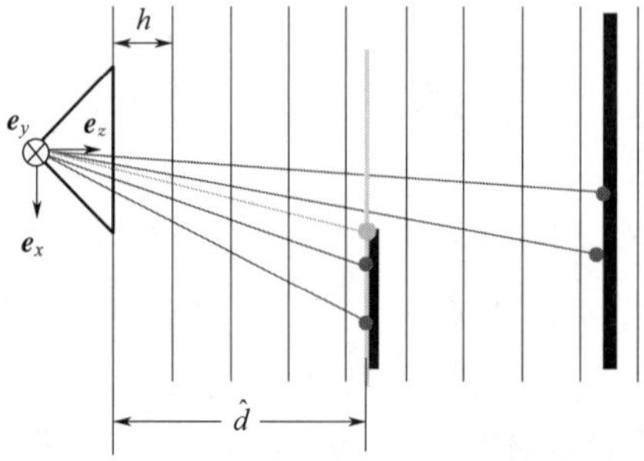

(b) 只考虑前景的激光投影点，从而正确估计深度

图 7-10　预测深度歧义

为了解决这个问题，将集合 F 中的激光点插入到深度直方图当中，直方图的 bin size 为 0.3m。如果存在前景和后景的差别，反映在直方图上就会是一个 gap，由于特征点 f 是一个前景图中的边缘，通过选择直方图中最近的显著 bin 区间对应的激光点，就可以实现对于前景图的分割工作。通过分割出来的对应点组成的 F_{seg}，就可以很好地预测特征点 f 周围的平面方程。

④ 平面拟合

从 F_{seg} 中选择三个点组成三角形 F_{Δ}，进行平面拟合，并且要使得这个三角形的面积最大。如果三角形面积过小，就不再进行深度预测。然后通过选取的这个三角形进行平面估计，进而进行深度估计。

⑤ 特殊情况

尽管如此，在实际环境中也会出现特殊情况，如当地面点无法采取上述方法预测深度时，即 Lidar 在垂直方向上的分辨率不够时，如图 7-11 所示。

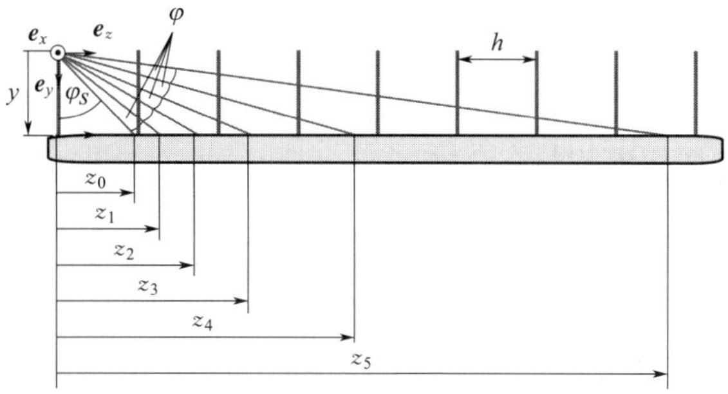

图 7-11 特殊情况的预测

图 7-11 是汽车在高速场景下行驶发生的特殊情况。高速行驶过程中，地面特征点是非常重要的，然而激光雷达在垂直方向上的分辨率不够，会产生较大的误差，减小系统的鲁棒性，所以必须采取相应的措施。首先从激光点云中提取出地面平面，并采用 RANSAC 方法进行优化。对于地面点，不去进行上述的前景分割，并直接采用如前的估计方法，先选一个点集 F，然后选取比此前更大的 F_{Δ} 三角形。对于地面上的特征点进行特殊处理，首先从激光点云中提取地面，然后直接利用地面点云拟合平面，而不需要进行点集 f 的选取和前景分割。该方法和 VLOAM 大同小异。

(3) 帧间估计

LIMO 的帧间估计和 VLOAM 中的视觉里程计类似，也是将特征点分为具备深度的特征点和不具备深度的特征点，整体的残差计算公式如下：

$$\underset{x,y,z,\alpha,\beta,\gamma}{\operatorname{argmin}} \sum_{i} \rho 3d \rightarrow 2d(\|\varphi_{i,3d\rightarrow 2d}\|_2^2) + \rho_{2d\rightarrow 2d}(\|\varphi_{i,2d\rightarrow 2d}\|_2^2) \tag{7-26}$$

其中

$$\boldsymbol{\varphi}_{i,3d\rightarrow 2d} = \overline{p_i} - \pi[p_i, P(x,y,z,\alpha,\beta,\gamma)] \tag{7-27}$$

$$\boldsymbol{\varphi}_{i,2d\rightarrow 2d} = \overline{p_i} F\left(\frac{x}{z},\frac{y}{z},\alpha,\beta,\gamma\right)\overline{p_i} \tag{7-28}$$

由上述公式可知，具备深度的特征点构建的 PnP 问题，即将前一帧三维空间点投影到后一帧二维平面上，并与对应特征点构建距离残差，这和前面提到 VLOAM 中构建的方法不同也更为常见。对于后端优化，实际上就是构建了一个基于滑窗的 BA 问题，具体形式为：

$$\underset{P_j\in P, 1_i\in \Gamma, d_i\in \Delta}{\operatorname{argmin}} \quad w_0\|v(P_1,P_2)\|_2^2 + \sum\sum w_1 p_{\phi}(P\|\phi_{i,j}(1_i,P_i)\|_2^2) + w_2 p_{\xi}(\|\xi_{i,j}(1_i,P_j)\|_2^2 \tag{7-29}$$

第一项

$$v(P_1,P_0)=\|\text{translation}(P_0^{-1}P_1)\|_2^2-s \tag{7-30}$$

表示滑窗中最旧的两帧之间的平移不能变化过大，s 为该两帧优化前的平移值。

第二项

$$\phi_{i,j}(l_i,P_j)=\overline{1_{i,j}}-\pi(1,P_j) \tag{7-31}$$

指的是滑窗中的特征点在图像上的重投影误差。

第三项

$$\xi_{i,j}(1_i,P_j)=\widehat{d_{i,j}}-[0\quad 0\quad 1]\tau(1_i,P_j) \tag{7-32}$$

对有深度的点进行深度约束，优化后的点的深度和估计的深度差距不能过大。以上就是帧间约束的基本介绍。

(4) 后端优化

后端优化的四个主要部分为：①关键帧选取；②地标选取；③代价函数选取；④鲁棒性方法。

① 关键帧选取

关键帧的选取用到了全局 BA 算法，该算法效果较好，但是计算量太大、时间太久，所以用一个窗口来选取部分帧进行优化，还要保证这个窗口尽可能地大。那么，选取关键帧就是这么一个折中的方法，通过选取关键帧，使得局部 BA 的范围更大，同时还保持着适中的计算复杂度，利用的历史信息更多更全面，从而更好地优化位姿。

对于关键点 SLAM 来说，Frame 是个很重要的实体对象，连续历史信息关联在 Frame 上，关键帧（Keyframe）就是选取用来进行在线优化的 Frame。例如，转弯的地方关键帧数量要多且密集，对于机器人静止的场景，周围还有很多移动物体，那么如果判断结果发现平均光流小于一定数值，就不添加关键帧，其余所有（即未被添加，也未被剔除的）就每间隔 0.3s 添加一个关键帧。

另外一个关键问题就是滑动窗口大小的确定。判断当前关键帧和最新添加的关键帧之间的关联地图点的数量多少，如果没有达到阈值，就将当前帧设定为窗口中的最后一帧。同时，这个滑动窗口不能过短。

② 地标选取

地表选取原则如下：良好的观测性；规模小，减少计算复杂性；没有外点、误检测；三维空间和二维图像上都均匀分布。

对于地标的选取，一开始不进行选取的工作，而是先进行点的匹配，首先进行三角化的匹配，然后对匹配的点进行测试。根据与车辆距离的远近，划分了远、近、中三个距离范围的点。其中：

近点（Near）：对平移估计重要，但很难测量，因为光流很大。

中点（Middle）：对旋转和平移重要，随机选择部分来避免局部最优值。

远点（Far）：对旋转重要，并便于追踪，但不能恢复平移量，因而取一部分。具体如图 7-12 所示。

接着采用体素对路标点进行滤波处理，使得路标点的分布更加均匀。通过引入周围点的语义信息，分配更多的权重给不容易移动的物体，而分配更少的

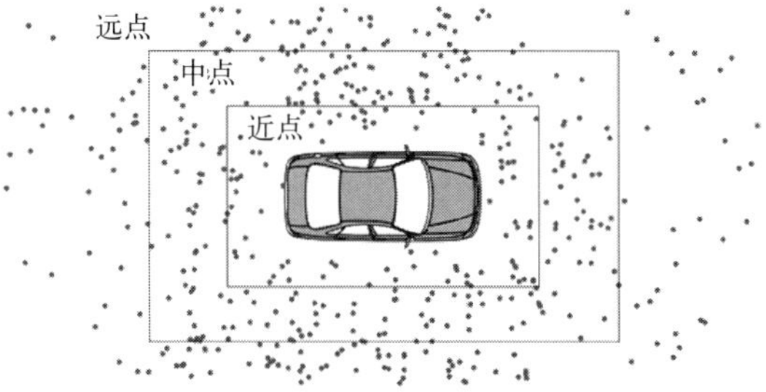

图 7-12　点的匹配

权重给容易移动和变换位置的物体。

③ 代价函数选取

为了将深度信息也放到 BA 中进行优化，增加一个代价函数，来补偿路标深度和测量深度之间的偏差：

$$\varepsilon_{i,j}(l_i,P_j)=\begin{cases}0, & l_i \text{ 没有深度估计} \\ \hat{d}_{i,j}-[0\quad 0\quad 1]\tau(l_i,P_j), & \text{其他}\end{cases} \tag{7-33}$$

式中，l_i 是路标点；τ 是从世界坐标系到相机坐标系的投影；$\hat{d}_{i,j}$ 是通过上述的方法获得的深度估计，是在过程（b）所述方法获得的深度估计；下标 i 和 j 是指只对能够提取到路标深度的点和位姿进行关联。

对于可获得大量深度估计的城市场景，这是解决捆绑调整的充分措施。然而，在高速公路的情况下，捆绑调整只能依赖于十几个可能容易出错的深度估计。因此，必须采取额外的措施。在这里，优化窗口中前一帧的运动通常是最准确的运动，因为它包括给定时刻的最大信息。因此，添加一个额外的代价子函数，来惩罚与其平移向量长度的偏差，如下述公式：

$$v(P_1,P_0)=\hat{s}(P_1,P_0)-s \tag{7-34}$$

$$\hat{s}(P_1,P_0)=\|\text{translation}(P_0^{-1}P_1)\|_2^2 \tag{7-35}$$

式中，P_0、P_1 是优化窗口中的最后两个姿势；s 是一个常数；$\hat{s}(P_1,P_0)$代表进行位姿优化前的值。以这种方式，尺度的变化被正则化，估计更平滑并且对离群值更鲁棒。

④ 鲁棒性方法

如③当中所描述的，用语义信息对外点进行初步的去除。最终，根据筛选得到的 Landmarks、Keyframes 进行相应的优化过程，整个优化问题如下，采用了三个权重作为代价函数的损失函数：

$$\underset{P_j\in P_{sets},l_i\in L_{sets},d_i\in D_{sets}}{\operatorname{argmin}}=\omega_0\|v(P_1,P_0)\|_2^2+\sum_i\sum_j\omega_1\rho_\xi[\|\phi_{i,j}(l_i,P_i)\|_2^2]+\omega_2\rho_\xi[\|\xi_{i,j}(l_i,P_i)\|_2^2] \tag{7-36}$$

问题的优化采用了小概率最小二乘法这种最小二乘优化方式，并在 KITTI 视觉里程计 Benchmark 上对该算法进行了测试。进行激光雷达和视觉特征点数据关联的方式是进行反投影和平面拟合，并把地面上的点进行分开处理。采用的算法框架基本上还是稀疏特征点的 BA 优化框架，整个优化问题由三个代价子函数组成。

（5）评估对比

最后，对算法效果进行了评估对比，其效果评估对比如图 7-13 所示。

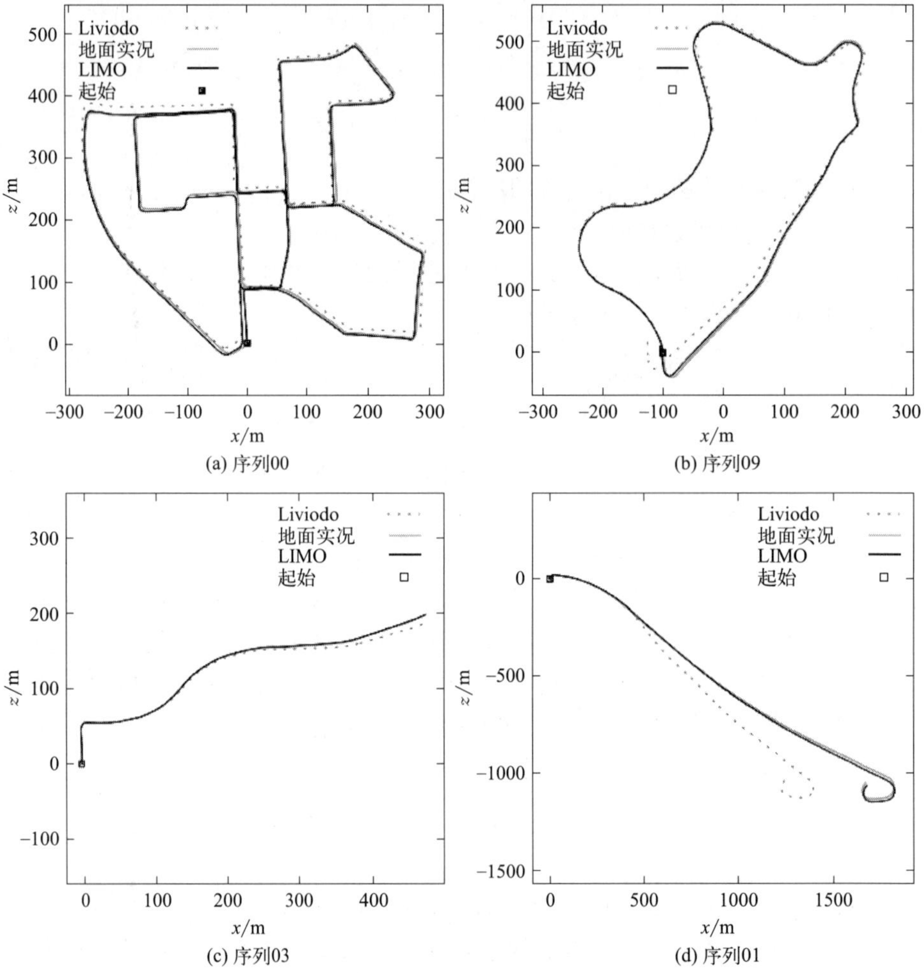

图 7-13　实验效果图

通过对比可以看到，加入激光进行深度估计相对原始的视觉里程计在效果上确实有明显提升，由于算力、跨平台之类的因素，在激光雷达和视觉特征点之间进行数据关联的方法还有待探索提升。此外，算法整体精度相对 VLOAM 并没那么高。

7.3.2 利用视觉里程计提供先验的激光 SLAM 算法（VLOAM）

LIMO 将激光雷达和视觉结合起来，通过 Lidar 提取深度，通过视觉提取特征进行跟踪，在效果上得到了相应的提升。LIMO 偏向于视觉 SLAM 算法，而本节介绍的算法则更加偏向于激光 SLAM 算法，即利用视觉里程计提供先验的激光 SLAM 算法 VLOAM。

(1) 总体框架

VLOAM 算法的总体框架如图 7-14 所示。

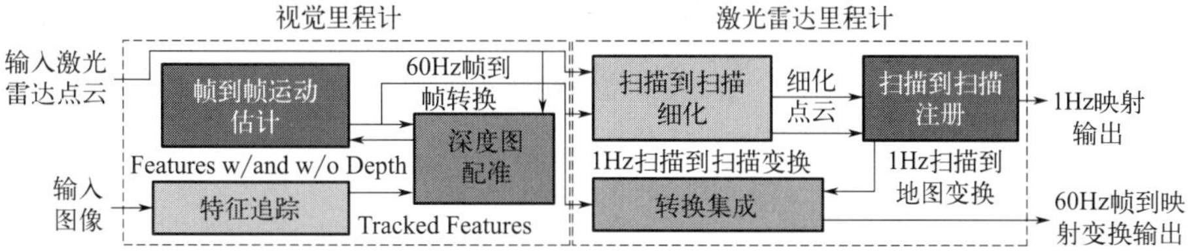

图 7-14　VLOAM 算法框架图

此融合算法提出了一个视觉激光融合的框架，提出了一个将视觉测距和激光雷达测距结合在一起的基本原理的框架。该方法在性能上比目前的技术水平有所提高，特别是对激进运动和暂时缺乏视觉特征的运动。拟议的在线方法从视觉测绘开始，以估计自我运动，并以高频率但低保真度的扫描激光雷达注册点云。然后，基于扫描匹配的激光雷达测距法同时完善了运动估计和点云注册，并且展示了实验数据集以及使用 KITTI 测绘基准的结果，其平均平移和旋转误差在基准中排名第一，然后基于激光雷达的 scan-match 来优化运动估计和点云对，在 KITTI 的 01 序列达到了 0.75%的位置漂移，系统在高速运动和照明变化的场景中也有很高的鲁棒性。

由于视觉里程计需要在光线渐变、特征比较多的场景中运行；激光在测量点云的时候存在运动畸变（激光采集一帧点云需要 0.1s，所以一帧的点并不是在同一时刻采集的），因此激光雷达的运动往往需要大量的变量来求解。不仅如此，在平面较多的退化场景中，scan-match 也很容易失败。这个系统包括两个交替的过程：一个是视觉里程计以 60Hz 的速度来估计运动；另一个则是激光里程计利用低频率 1Hz 来优化运动估计，去除由于里程记的漂移造成点云的运动畸变。

对无畸变的点云进行匹配并配准以逐步构建地图。视觉里程计解决快速的运动，激光雷达可确保在不良照明条件下的低漂移性和鲁棒性。实验结果表明地图很准确，无需进行后期处理。尽管闭环可以进一步改善地图精度但此算法选择不这样做，因为这项工作的重点是实现更精准的里程计。

V-LOAM 可以利用不同类型的测距传感器，在有先验地图的时候本系统也可以只定位。实验证明，利用鱼眼相机可以得到更好的鲁棒性，但是由于大视角和严重的畸变，其精度比较差，经过激光雷达优化后精度可以得到提升。

由图 7-15 所示，VLOAM 采用相机和激光雷达紧耦合的方式，旨在使用单目相机结合三维激光雷达进行运动估计和测量。视觉测距法以高频率但低保真度估计运动，以注册点云，然后，激光雷达测距法以低频率匹配点云，以完善运动估计并逐步建立地图。激光雷达测距法还可以消除因视觉测距法的漂移而造成的点云的失真。两个传感器的结合使该方法即使在快速运动和不理想的照明条件下也能准确地绘制地图，从而仅需一个摄像机即可恢复运动。同时，考

图 7-15　视觉雷达测距图（见书后彩插）

虑了由视觉里程计的漂移引起的点云畸变，即将漂移建模为短时间（1s）内的线性运动，并在扫描匹配期间使用线性运动模型校正畸变。

VLOAM 用于估计相机和雷达系统的运动，并利用估计的位姿构建环境地图。假设相机是通过中央相机模型来建立的，利用这个模型系统可以使用常规的鱼眼相机来定位。假设相机内参已知，相机和激光雷达外参通过标定已得到，VLOAM 利用一个坐标系来表示两个传感器。为了简化计算，选择相机坐标系作为机体坐标，所有激光点都投影到相机坐标系中。

VLOAM 解决的问题可以表述为：利用在传感器坐标系 $\{S\}$ 中得到的相机获得的图像和激光雷达得到的点云，确定传感器坐标系 $\{S\}$ 和世界坐标系 $\{W\}$ 的位姿变换关系，在 $\{W\}$ 系中构建地图。

VLOAM 算法整体分为视觉里程计 VO 和激光里程计 LO 两部分，视觉里程计以 60Hz 的频率运行，通过激光获得一部分视觉特征点的深度，其输出位姿变换积分后为帧间变换估计（Sweep to Sweep Refinement）提供先验，而激光里程计以 1Hz 进行帧间变换估计以及帧到地图的位姿估计（Sweep to Map Registraion），并最终融合视觉里程计的 60Hz 输出和激光里程计的 1Hz 输出作为最终的 60Hz 输出。可看出来，VLOAM 主要有如下特点：

① 核心其实是以 LOAM 为基础的激光里程计，视觉里程计仅仅是提供了先验，视觉里程计完全可以由 IMU 或者其他高频里程计代替；

② 视觉里程计的优势是可以提供高频输出，但是没有尺度，且对于光照、纹理等要求比较强，激光里程计的优势是对环境要求较低并可以构建地图，但是输出频率较低，因此从某种程度上说，VLOAM 算法很好地利用它们的特点进行互补才达到相对较好的效果。

最后位姿的输出是集成了这两部分，然后按照图像的帧率进行输出。下面具体分析下各个部分的算法原理。

（2）视觉里程计

利用激光雷达的点云和视觉里程计得到位姿对齐和一个深度图。计算运动的时候，按照深度来源划分可以得到三种特征点：

① 来自深度图的特征点；

② 利用先前的位姿三角化得到的特征点；

③ 没有深度的特征点。

最后的运动模型可以定义为：

$$\boldsymbol{S}_{\boldsymbol{X}_i^k}=\boldsymbol{R}\boldsymbol{S}_{X_i^{k-1}}+\boldsymbol{T} \tag{7-37}$$

如果第 k 帧特征的深度可用，可以直接把这个深度关联到 $k-1$ 帧的特征深度。由于这里还没有计算 $k-1$ 到 k 的位姿，所以还不能通过深度图或者三角化得到第 k 帧的特征深度。这样就可以求出来第 k 帧的 z：

$$(\boldsymbol{S}_{\overline{Z}_i^k}\boldsymbol{R}_1-\boldsymbol{S}_{\overline{x}_i^k}\boldsymbol{R}_3)\boldsymbol{S}_{X_i^{k-1}}+\boldsymbol{S}_{\overline{Z}_i^k}\boldsymbol{T}_1-\boldsymbol{S}_{\overline{x}_i^k}\boldsymbol{T}_3=0 \tag{7-38}$$

$$(\boldsymbol{S}_{\overline{Z}_i^k}\boldsymbol{R}_2-\boldsymbol{S}_{\overline{y}_i^k}\boldsymbol{R}_3)\boldsymbol{S}_{X_i^{k-1}}+\boldsymbol{S}_{\overline{Z}_i^k}\boldsymbol{T}_2-\boldsymbol{S}_{\overline{y}_i^k}\boldsymbol{T}_3=0 \tag{7-39}$$

式中，$\boldsymbol{R}_i$ 和 $\boldsymbol{T}_i$，$i\in\{1,2,3\}$，表示 $\boldsymbol{R}$ 和 $\boldsymbol{T}$ 的第 i 行。对于 k 帧和 $k-1$ 帧都没有深度的点：

$$\begin{bmatrix}-{}^S\overline{y}_i^k\boldsymbol{T}_3+{}^S\overline{z}_i^k\boldsymbol{T}_2\\+{}^S\overline{x}_i^k\boldsymbol{T}_3-{}^S\overline{z}_i^k\boldsymbol{T}_1\\-{}^S\overline{x}_i^k\boldsymbol{T}_2+{}^S\overline{y}_i^k\boldsymbol{T}_1\end{bmatrix}\boldsymbol{R}\,{}^S\overline{\boldsymbol{X}}_i^{k-1}=0 \tag{7-40}$$

所以一个点如果有深度另外一个没有，就用式(7-38)、式(7-39)，两个点都没有深度就用式(7-40)。在求解运动时所有的方程用 6 个未知数来表示运动估计问题，运动估计采用一个鲁棒的拟合框架来解决特征跟踪误差。利用上边两个公式得到每个点的权重，残差越大权重越小，当残差大于某个阈值时认为其是外点，需要剔除。设置其权重为 0，如果找到收敛或满足最大迭代次数，则优化将终止。

建立深度图的时候，只添加相机前边的雷达点，那些在一定时间前的点就被丢弃。深度图会进行降采样保证常数的密度，还要把这些点投影到已经得到位姿的 $k-1$ 帧。使用距离和两个角度在球面坐标上表示深度图上的点，这些点基于两个角坐标存储在 2D KD 树中。当深度图中的点关联到特征点的时候，在深度图中找到三个和特征点最近的深度点组成一个平面，利用相机中心到平面的视线插值得到特征点的深度。如果多次跟踪特征点在深度图中始终得不到深度，就用三角化得到深度。

(3) 雷达里程计

从视觉得到的帧到帧的运动估计可以利用激光里程计做优化。从粗到细的处理点云有两个重要的步骤：

- 匹配连续的扫描点云来优化位姿估计；
- 扫描到地图配准来对准点云到地图上。

图 7-16 中对应的深度图和重建视觉特征的示例中，彩色点代表深度图，其中颜色代表高程，绿点是其要素距离，来自深度图，蓝点通过运动结构获得

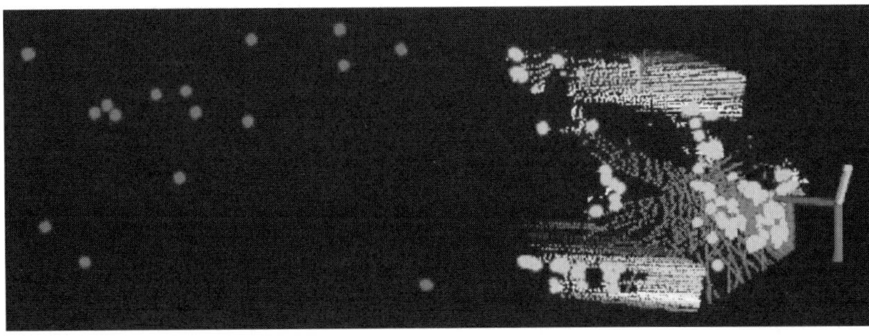

图 7-16　点云优化位姿估计（见书后彩插）

（图中的红点具有未知的距离）。

图 7-17 表示的是 sweep-to-sweep 的优化过程。灰色的线表示视觉里程计估计的传感器的非线性的运动。漂移经常被看作慢运动，所以在一个 sweep 中把模型构建为恒速的（黑色的线表示）。当利用视觉恢复的运动来对齐点云，漂移会导致点云畸变。sweep 到 sweep 的优化过程代表一个线性的运动模型来匹配点云，去除畸变。从扫描中检测到的边缘点和平面点见图 7-18。

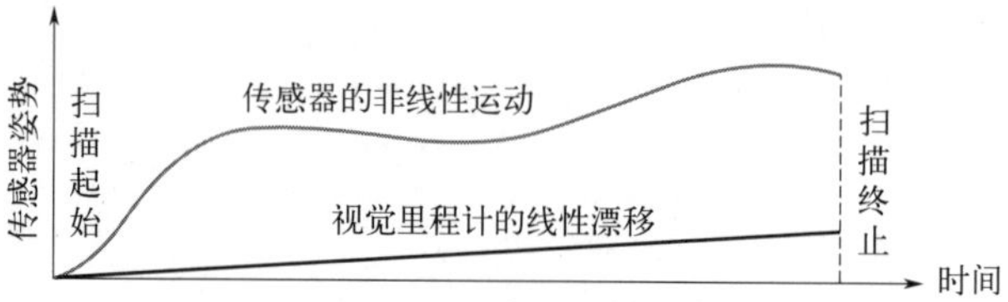

图 7-17　视觉测距仪漂移图

图 7-18　从扫描中检测到的边缘点（蓝色）和平面点（绿色）的例图（见书后彩插）

把线特征和平面特征存在两个容器中，利用 $m-1$ 帧的特征和 m 帧的特征匹配，匹配之后 $m-1$ 帧点云的畸变就被去除。所以对于当前的 sweep 只需要用线性的运动模型。定义 T' 表示第 m 个 sweep 的运动漂移，对于当前帧点 i（线特征或者面特征）的运动漂移，可以定义为：

$$T'_i = T'(t_i - t^m)/(t^{m+1} - t^m) \tag{7-41}$$

在 $m-1$ 帧的线特征中找两个和当前帧线特征最近的点，在 $m-1$ 帧的平面特征中找三个和当前特征最近的点，这里用两个 3D 的 KD 树，一个存储线特征点，一个存储平面特征点。计算特征点的距离为：

$$f(S_{X_i^m}, T'_i,) = d_i \tag{7-42}$$

式中，$S_{X_i^m}$ 是世界坐标系下点 i 的对应点；d_i 是对应的距离。融合上面两个公式，可以得到关于 T' 的方程，目标是最小化距离来得到 T'，利用每个线和面特征构建上述方程，利用带有合适鲁棒核函数的 LM 算法来优化。计算 T' 以后就可以去除 m 帧中点云的畸变了，如图 7-19 所示。

最后，sweep-to-map 的对齐步骤配准无畸变的点云。记录 Q^m 是第 m 个 sweep 之后的点云。对齐 P_m 和 Q^{m-1}，然后融合这两个点云生成 Q^m。具体的融合过程是：在 Q^{m-1} 利用特征值和特征向量检测特征，一个特征值远远大于

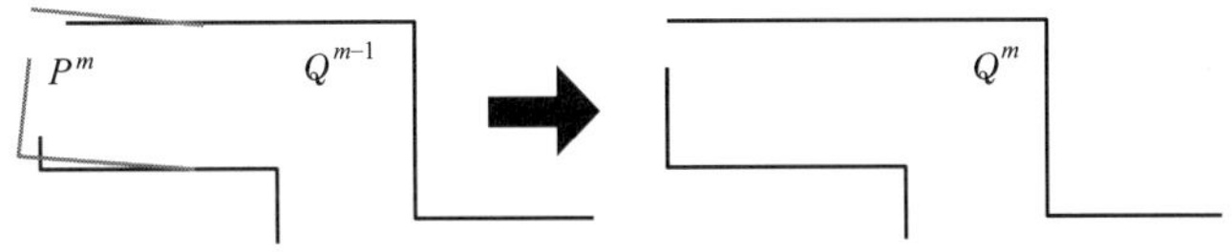

图 7-19 扫描到地图配准步骤图

另外两个的时候，这个点云簇就是一个线特征；两个特征值差不多大小，远远大于第三个的时候就是一个面特征。扫描匹配的过程包含迭代寻找最近点，和没有运动模型的 sweep-to-sweep 的优化过程类似。

把 P_m 和地图对准后，在世界坐标系中表示传感器位姿。尽管这些位姿只是在 sweep 后计算，把它和帧到帧的视觉里程计得到的位姿混合，最后里程计发布的频率和图像的帧率一样。

通过注册后配准在地图上，地图上的传感器姿势可以表示在世界坐标系 $\{W\}$ 上。由于这些转换是每次扫描计算一次，就将它们在视觉转换里程计中进行高频率帧到帧运动。如图 7-20 所示：频率高的以图像帧速率集成姿势输出，黑色曲线代表激光雷达测程法在低频下的变换。关于传感器在世界坐标系 $\{W\}$ 中的姿势：灰色曲线表示由视觉测程法以高频发布的变换，其中包含帧到帧的运动。这两个转换集成到以图像帧速率生成高频传感器姿势输出。转换集成如图 7-20 所示。

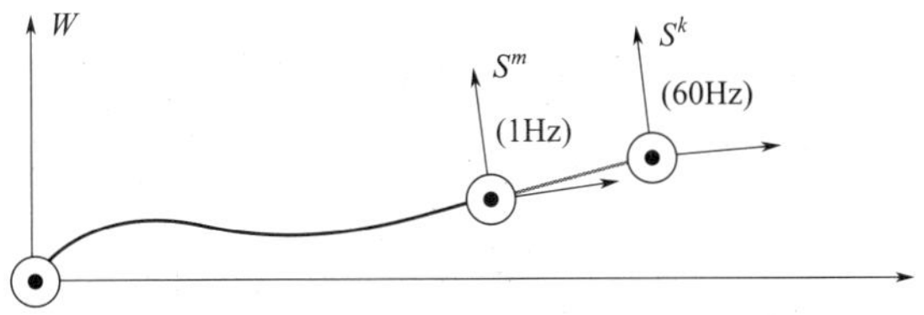

图 7-20 转换集成的图示

(4) 评估对比

VLOAM 在两个传感器系统上进行了验证，一个使用广角相机和激光雷达传感器，另一个使用鱼眼相机和激光雷达传感器。

首先使用两个相机设置进行精度测试，一个是广角相机（76°水平视场），另一个是鱼眼相机（185°水平视场），为了同时获取这两幅图像，在原始相机下方安装了另一台相机，并设置为相同的配置，只是分辨率稍有不同。原来的摄像头是 752×480 像素，而第二个摄像头是 640×480 像素，这是因为鱼眼镜头提供了一个圆形区域的像素信息，进一步扩展相机的水平分辨率只是扩大了黑色区域。

图 7-21 和图 7-22 显示了在室内和室外环境中的精度测试结果。在这两项测试中，传感器由一个以 0.7m/s 速度行走的人持有。图 7-21(a) 和图 7-22(a) 显示了测试的样本图像。在图 7-21(a) 中，第一行是来自广角相机，第二行是来自鱼眼相机的相应图像。在图 7-22(a) 中，由于空间有限，只显示来自广角相机的图像，图 7-21(b) 和图 7-22(b) 显示了运动估计的结果。比较四条轨迹：两条分别来自广角相机和鱼眼相机的视觉测距，另外两条由激光雷达测距改进。

可以看到，鱼眼相机的漂移速度（绿色曲线）比广角相机（红色曲线）快，因为图像失真更严重。然而，由激光雷达测距仪改进的轨迹（蓝色和黑色曲线）差别不大，表明激光雷达测距仪能够纠正视觉测距仪的漂移，而不管漂移量如何，图 7-21(c)、图 7-22(c) 显示了与图中蓝色曲线相对应的地图。图 7-21(a)、图 7-22(a) 中标有数字 1～4 的图像分别是在图 7-21(c)、图 7-22(c) 中 1～4 的位置拍摄。

(a)

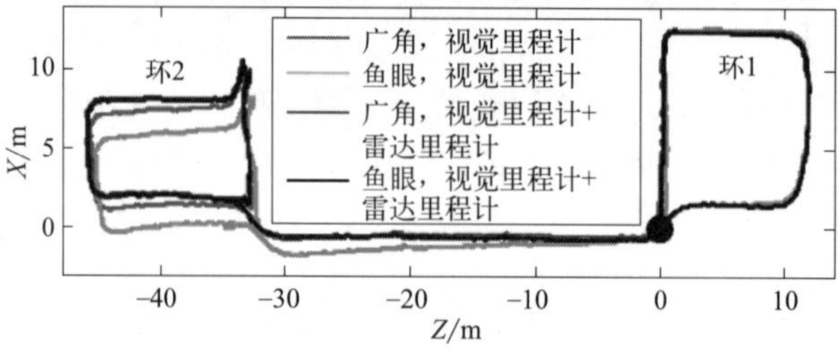

(b)

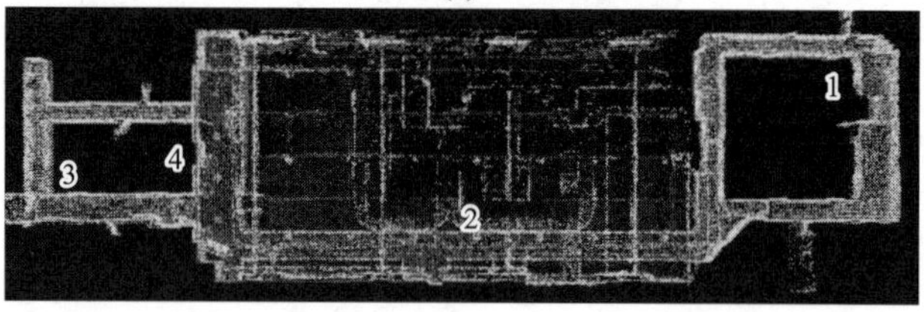

(c)

图 7-21　测试 1 的结果（见书后彩插）

(a)

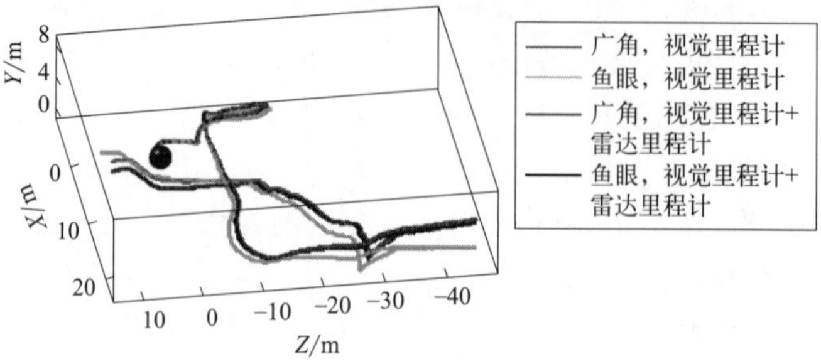

(b)

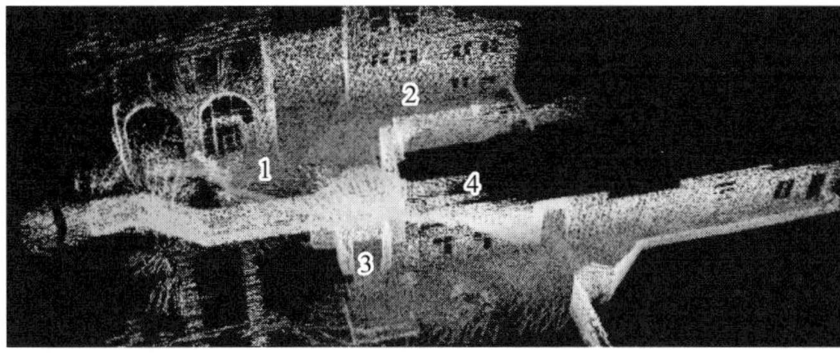

(c)

图 7-22　测试 2 的结果：户外精度（见书后彩插）

通过实验结果表明，在 KITTI 的 01 序列达到了 0.75%的位置漂移，系统在高速运动和照明变化的场景中也有很高的鲁棒性。VLOAM 的实验结果还显示传感器在高速移动时的鲁棒性更强，并且不会受到重大照明变化的影响。

本章小结

随着传感器技术、数据处理技术、计算机技术、网络通信技术、人工智能技术、并行计算软件和硬件技术等相关技术的发展，尤其是人工智能技术的进步，新的、更有效的数据融合方法将不断推出，多传感器数据融合必将成为未来复杂工业系统智能检测与数据处理的重要技术，其应用领域将不断扩大。多传感器数据融合不是一门单一的技术，而是一门跨学科的综合理论和方法，并且是一个不很成熟的新研究领域，尚处在不断变化和发展中，以下是多传感器融合 SLAM 还存在的问题及发展趋势。

(1) 存在问题

尚未建立统一的融合理论和有效广义融合模型及算法，对数据融合的具体方法的研究尚处于初步阶段，还没有很好解决融合系统中的容错性或鲁棒性问题，关联的二义性是数据融合中的主要障碍，数据融合系统的设计还存在许多实际问题。

(2) 发展趋势

建立统一的融合理论、数据融合的体系结构和广义融合模型；解决数据配准、数据预处理、数据库构建、数据库管理、人机接口、通用软件包开发问题，利用成熟的辅助技术，建立面向具体应用需求的数据融合系统；将人工智能技术，如神经网络、遗传算法、模糊理论、专家理论等引入数据融合领域；利用集成的计算智能方法（如模糊逻辑＋神经网络、遗传算法＋模糊＋神经网络等）提高多传感融合的性能；解决不确定性因素的表达和推理演算，如引入灰数的概念；利用有关的先验数据提高数据融合的性能，研究更加先进复杂的融合算法（如在未知和动态环境中，采用并行计算机结构多传感器集成与融合方法的研究等）；在多平台/单平台、异类/同类多传感器的应用背景下，建立计算复杂程度低，同时又能满足任务要求的数据处理模型和算法；构建数据融合测试评估平台和多传感器管理体系；将已有的融合方法工程化与商品化，开发能够提供多种复杂融合算法的处理硬件，以便在数据获取的同时就实时地完成融合。

参考文献

[1] 吴昱晗，王蕴宝，薛庆全，等．一种基于点云匹配的激光雷达/IMU联合标定方法［J］．电子技术应用，2019，45（12）：78-82.

[2] 欧阳毅．基于激光雷达与视觉融合的环境感知与自主定位系统［D］．哈尔滨：哈尔滨工业大学，2019.

[3] 祝宏，曾祥进．多传感器信息融合研究综述［J］．计算机与数字工程，2007，35（12）：46-48.

[4] 石晏丞，李军．汽车自动驾驶领域的传感器融合技术［J］．装备机械，2021（03）：1-6，12.

[5] 赵炯，王伟．基于传感器融合技术的电动汽车自动驾驶系统的开发［J］．制造业自动化，2013，35（9）：43-46.

[6] 王伟．基于智能机器人的多传感器信息融合技术［J］．电子测试，2022（01）：81-83.

[7] 李永强，唐旭东，李兆凯，周云虎．移动机器人的多传感器信息融合［J］．西北工业大学学报，2021，39（S1）：59-65.

[8] Siljak D D. Decentralized Control of Complex Systems［M］. Courier Corporation，2011.

[9] Qin T，Li P，Shen S. Vins-mono：A robust and versatile monocular visual-inertial state estimator［J］. IEEE Transactions on Robotics，2018，34（4）：1004-1020.

[10] Graeter J，Wilczynski A，Lauer M. Limo：Lidar-monocular visual odometry［C］//RSJ international conference on intelligent robots and systems，2018：7872-7879.

[11] Deng J，Czarnecki K. MLOD：A multi-view 3D object detection based on robust feature fusion method［C］//IEEE Intelligent Transportation Systems Conference，2019：279-284.

[12] Wang Z，Zhang Z，Zhu W，et al. A Robust Planar Marker-Based Visual SLAM［J］. Sensors，2023，23（2）：917.

[13] Cremers D. Direct methods for 3D reconstruction and visual slam［C］//Fifteenth IAPR International Conference on Machine Vision Applications，2017：34-38.

[14] Taketomi T，Uchiyama H，Ikeda S. Visual SLAM algorithms：A survey from 2010 to 2016［J］. IPSJ Transactions on Computer Vision and Applications，2017，9（1）：1-11.

[15] Hartley R，Zisserman A. Multiple View Geometry in Computer Vision［M］. Cambridge University Press，2003.

[16] Szeliski R. Computer Vision：Algorithms and Applications［M］. Springer，2022.

[17] Sons M，Lategahn H，Keller C G，et al. Multi trajectory pose adjustment for life-long mapping［C］//IEEE Intelligent Vehicles Symposium，2015：901-906.

[18] Caselitz T，Steder B，Ruhnke M，et al. Monocular camera localization in 3D lidar maps［C］//RSJ International Conference on Intelligent Robots and Systems，2016：1926-1931.

[19] Engel J，Stückler J，Cremers D. Large-scale direct SLAM with stereo cameras［C］//RSJ International Conference on Intelligent Robots and Systems，2015：1935-1942.

[20] Gräter J，Schwarze T，Lauer M. Robust scale estimation for monocular visual odometry using structure from motion and vanishing points［C］//IEEE Intelligent Vehicles Symposium，2015：475-480.

[21] Nützi G，Weiss S，Scaramuzza D，et al. Fusion of IMU and vision for absolute scale estimation in monocular SLAM［J］. Journal of Intelligent & Robotic Systems，2011，61（1-4）：287-299.

[22] Cordts M，Omran M，Ramos S，et al. The cityscapes dataset for semantic urban scene understanding［C］//Proceedings of the IEEE Conference on Computer Vision and Pattern Recognition，2016：3213-3223.

[23] Shi J. Good features to track [C] //Proceedings of IEEE Conference on Computer Vision and Pattern Recognition，1994：593-600.

[24] Torr P H S，Zisserman A. MLESAC：A new robust estimator with application to estimating image geometry [J]. Computer Vision and Image Understanding，2000，78 (1)：138-156.

[25] Torr P H S，Fitzgibbon A W. Invariant fitting of two view geometry [J]. IEEE Transactions on Pattern Analysis and Machine Intelligence，2004，26 (5)：648-650.

[26] Graeter J，Strauss T，Lauer M. Momo：Monocular motion estimation on manifolds [C] //20th International Conference on Intelligent Transportation Systems，2017：1-6.

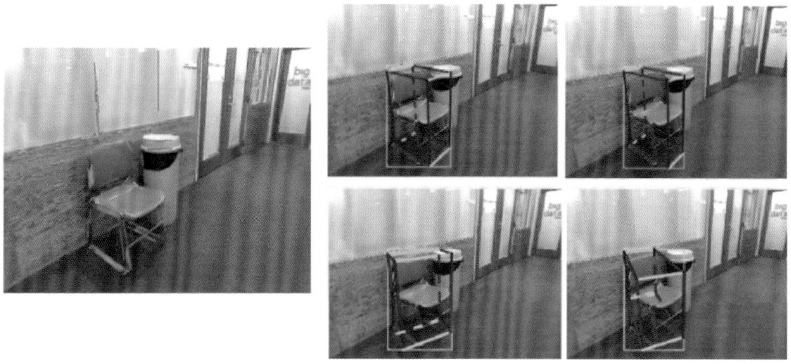

图 3-17　包围框提案得分

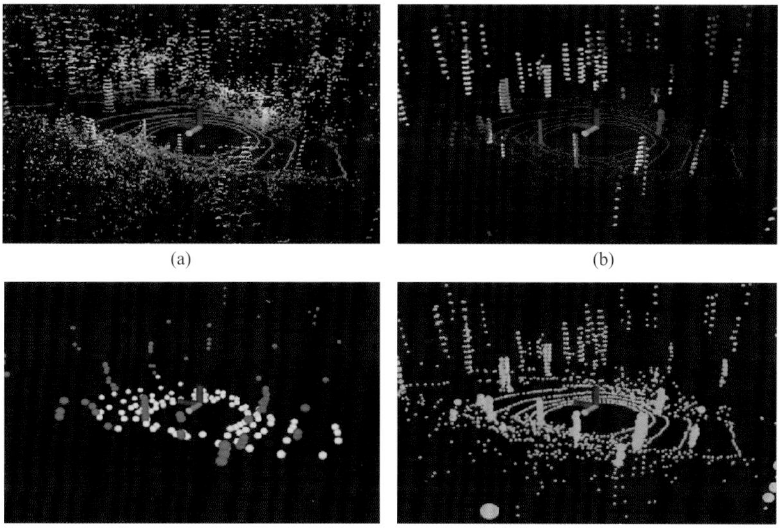

(a)　(b)　(c)　(d)

图 5-14　噪声环境中扫描的特征提取过程

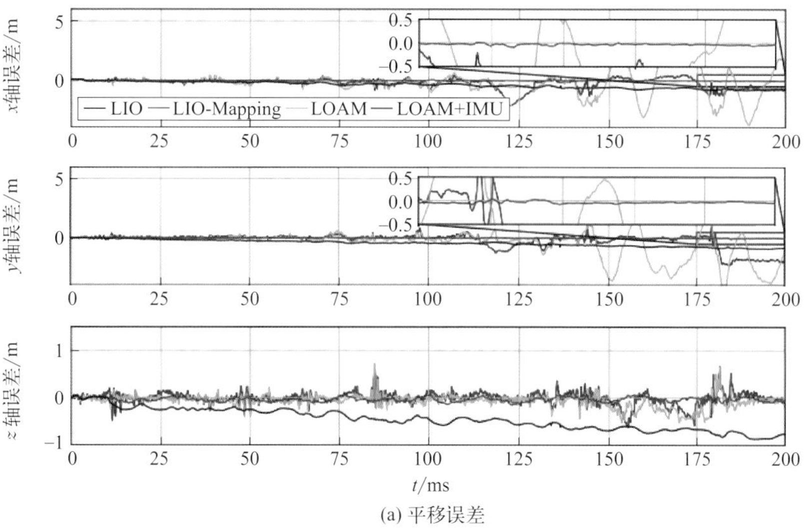

(a) 平移误差

图 6-7

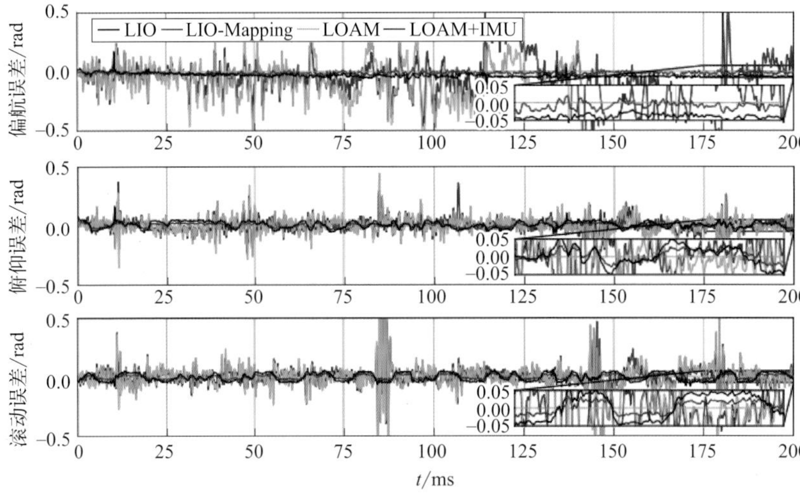

(b) 旋转误差

图 6-7　平移误差和旋转误差

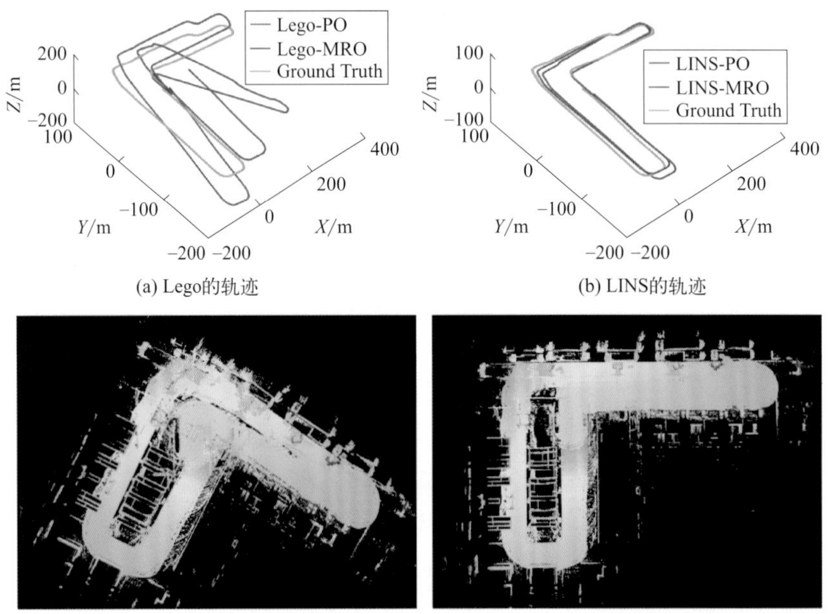

(a) Lego的轨迹　　(b) LINS的轨迹

(c) Lego绘制的地图　　(d) LINS绘制的地图

图 6-12　Lego 和 LINS 估计的轨迹和绘制的地图

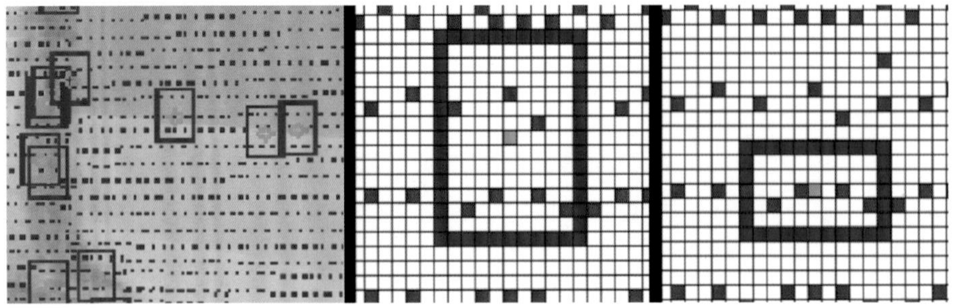

(a)　　(b)　　(c)

图 7-9　点集 F 的选取

图 7-15　视觉雷达测距图

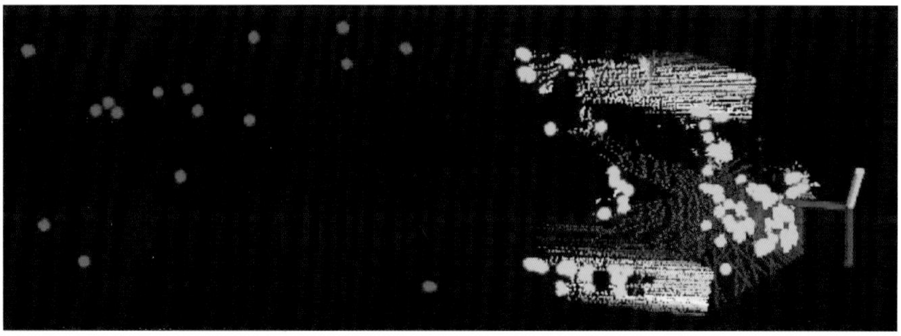

图 7-16　点云优化位姿估计

图 7-18　从扫描中检测到的边缘点(蓝色)和平面点(绿色)的例图

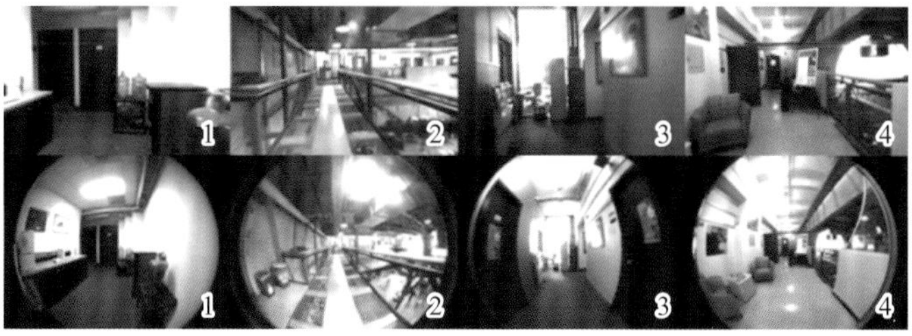

(a)

图 7-21

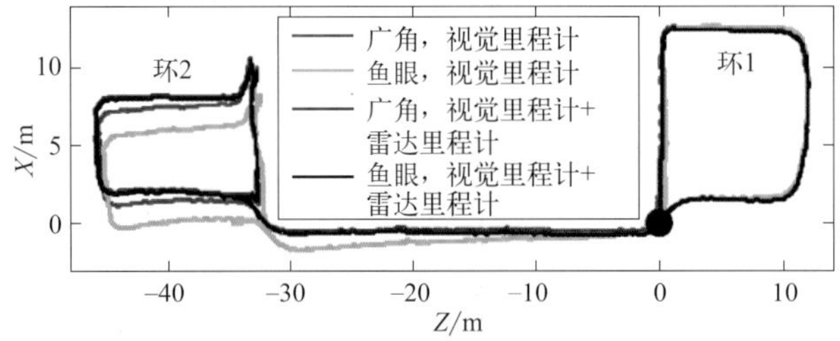

(b)

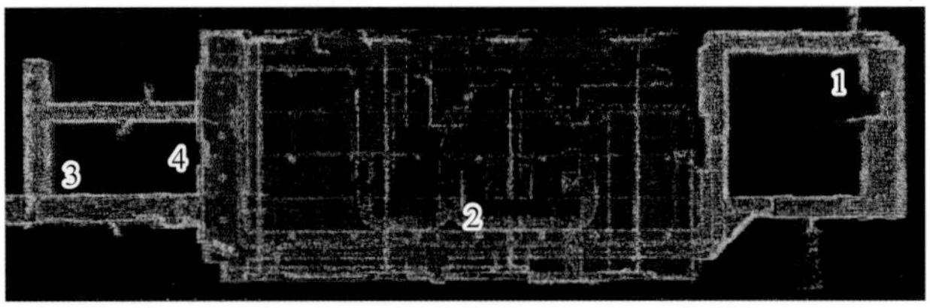

(c)

图 7-21　测试 1 的结果

(a)

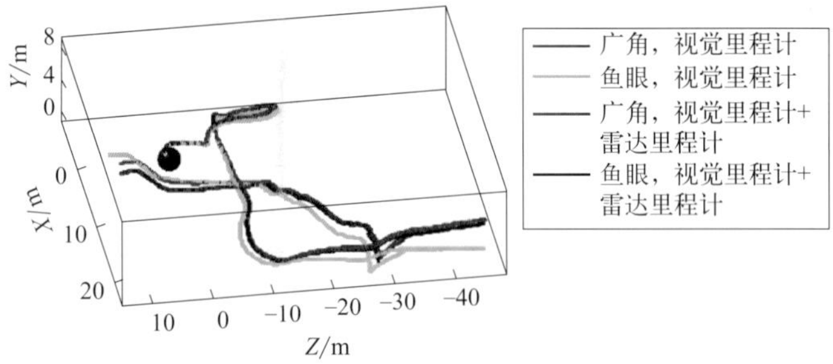

(b)

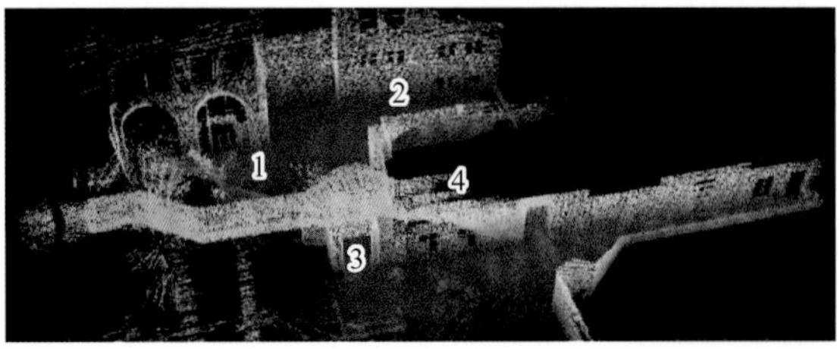

(c)

图 7-22　测试 2 的结果：户外精度